KB131710

우리와의 철학적 대화

우리와의 철학적 대화

1판 1쇄 인쇄 2020. 8. 20.
1판 1쇄 발행 2020. 8. 25.

지은이 이승종

발행인 고세규
편집 강영특 디자인 박주희 마케팅 신일희 홍보 반재서
발행처 김영사
등록 1979년 5월 17일 (제406-2003-036호)
주소 경기도 파주시 문발로 197(문발동) 우편번호 10881
전화 마케팅부 031)955-3100, 편집부 031)955-3200 | 팩스 031)955-3111

저작권자 © 이승종, 2020
이 책은 저작권법에 의해 보호를 받는 저작물이므로
저자와 출판사의 허락 없이 내용의 일부를 인용하거나 발췌하는 것을 금합니다.

값은 뒤표지에 있습니다.
ISBN 978-89-349-9105-2 93100

홈페이지 www.gimmyoung.com   블로그 blog.naver.com/gybook
페이스북 facebook.com/gybooks   이메일 bestbook@gimmyoung.com

좋은 독자가 좋은 책을 만듭니다.
김영사는 독자 여러분의 의견에 항상 귀 기울이고 있습니다.

• 이 저서는 연세대학교 학술연구비의 지원으로 이루어진 것임.

이 도서의 국립중앙도서관 출판시도서목록(CIP)은 서지정보유통지원시스템 홈페이지
(http://seoji.nl.go.kr)와 국가자료공동목록시스템(http://www.nl.go.kr/kolisnet)에서
이용하실 수 있습니다.(CIP제어번호 : CIP2020031474)

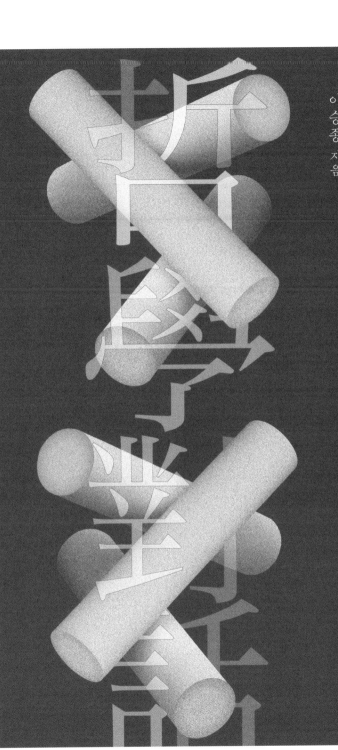

이승종 지음

우리와의 철학적 대화

김영사

책머리에

정거장 플랫폼에
내렸을 때 아무도 없어,

다들 손님들뿐,
손님 같은 사람들뿐,

집집마다 간판이 없어
집 찾을 근심이 없어

빨갛게
파랗게
불 붙는 문자도 없이

모퉁이마다
자애로운 헌 와사등에
불을 켜놓고,

손목을 잡으면

다들, 어진 사람들

다들, 어진 사람들

봄, 여름, 가을, 겨울,

순서로 돌아들고.

　스물여덟의 짧은 생애를 살다 간 영원한 청년 시인 윤동주가 일제하에서 체험한 삶의 모습을 그린 〈간판 없는 거리〉라는 시를 읽는다. 손님 같은 익명의 사람들도 손목을 잡으면 다들 어진 사람들이라는 그의 말이 가슴 저리게 와닿는다. 당시보다 윤택해진 시대에 그보다 갑절이 넘는 삶을 살고도 주위 사람들에 대해 저런 따스하고 정갈한 마음을 가져보지 못한 내가 부끄러워진다.

　지금까지 나는 읽은 글에 내 생각을 섞어본 책을 지어냈다. 그것은 3인칭으로 주어진 글과 1인칭인 나 사이의 2인칭적 대화로 이루어져 있다. 3인칭적 텍스트와 1인칭적 생각의 접점에서 양자를 넘어서는 어떤 돌파구를 찾으려 한 것이다. 동과 서를 가리지 않고 내 관심이 이끄는 글을 찾아 읽었지만, 지금까지 지어낸 나의 책이 준거하고 있는 글의 저자들은 모두 먼 과거에 속한 사람들이다. 나의 학문은 죽은 사람들과의 대화인 유령학인 셈이다.

　물론 나는 동시대 사람들, 즉 살아 있는 사람들의 글도 읽었고 그 과정에서 이들에 대한 내 생각을 가다듬을 수 있었다. 동시대 사람들이다 보니 그 글들의 저자는 나와 직간접으로 연결되어 있었다. 그래서 나는 죽은 사람들의 경우와는 달리 그들과 직접 대화하는 축복을 누릴 수 있었다. 그들은 나이의 고하를 떠나 내게 많은 것을 일깨워주었고, 그들의 논지에 대해 내가 긍정을 하건 부정을 하건 빚진 바가 컸다.

시간의 흐름은 누구도 거역할 수 없는 법이어서 나를 가르친 귀인들도 벌써 하나둘 세상을 떠나고 있다. 그만큼 내 삶이 깎여나가는 느낌이다. 성장하는 학생들과의 새로운 만남도 있지만 그들도 떠난 사람들을 대체하지는 못한다. 사람은 저마다 그리고 누구에게나 특별한 존재이기 때문이다. 그래서 나는 더 시간이 흐르기 전에 그들과의 대화 기록을 책으로 갈무리하고자 한다. 그것이 내겐 부족하나마 윤동주가 말한 바 그들의 손목을 잡는 방식인 것이다.

이 책에서 나는 내가 걸어온 철학의 길에서 만난, 내게 영향을 미친 동시대 사람들로 대화 상대자의 범위를 설정했다. 그러다 보니 자연스레 20세기와 21세기 한국이라는 지역성과, 철학이라는 주제가 기준이 되었다. 그렇다고 동시대 한국의 철학자들을 망라한 것은 아니다. 내성적인데다 단조롭고 고독한 삶을 추구하는 내게 영향을 주지 못한 동시대 한국의 철학자들은 얼마든지 있다. 내가 선정한 사람들이 꼭 우리 시대를 대표하는 철학자인 것도 아니다. 나의 선택은 자의성에서 자유롭지 못하다.

나의 선택에는 스스로 설정한 기준의 관점에서도 예외가 되는 사람들이 있다. 첫째로 고유섭은 일제 때 인물인 관계로 직접 만난 적이 없다. 그러나 나는 그가 성장한 인천에서 초·중·고등학교를 나왔고, 그가 가르쳤던 연희전문학교를 계승한 연세대학교에서 수학하고 또 오랫동안 재직해왔으니, 그와의 인연은 각별하다고 할 수 있다.

둘째로 서영은은 철학자가 아니라 소설가이다. 그러나 그녀의 작품들은 학창시절 나를 사로잡았고 철학의 길로 이끌었다. 러셀Bertrand Russell이 자신의 《서양철학사》에서 시인 바이런에 한 장을 할애한 것처럼, 나는 내가 걸어온 철학의 길의 한 장을 그녀에게 헌정하고 싶었다.

셋째로 로티Richard Rorty는 미국의 철학자이다. 그러나 나는 한국과 미국에서 때로는 그가 발표자인 학술회의의 사회자로서, 때로는 논평자로서, 때로는 청중으로서 그와 교류하며 그를 존경하게 되었다. 그에 대한 국내 학자들의 연구가 상당히 축적되어 있으리만치 한국 현대철학의 포스트모던postmodern적 경향에 그가 일조한 바가 크다는 점을 감안해 그를 이 책에 포함하기로 했다.

책의 말미에서 나는 연구서로 기획된 책의 규칙을 잠시 어기며 평소와는 달리 주관적인 면모를 살짝 내비치기도 했다. 내가 걸어온 철학의 길을 짧게나마 돌아보았고, 학생들과의 대화에서는 그들의 대화 상대자가 된 탓에 불가피하게 대화를 주도하기도 했다. 전 세대로부터 배우고 동시대를 살며 생각한 바를 다음 세대에게 전수해주고픈 마음에 그리한 것으로 부디 너그러이 양해해주었으면 한다. 내가 부각되는 것은 꺼리지만 화폭에 화가 자신이 작게나마 그려진 동양화의 운치 정도로 보아주기 바란다.

원고에 대한 귀중한 논평과 대화의 수록을 허락해주신 김형효 교수님(한국학중앙연구원), 서영은 선생님(소설가), 한정선 교수님(감리교신학대학교), 이남호 교수님(고려대학교), 김혜숙 교수님(이화여자대학교), 최신한 교수님(한남대학교), 이상훈 교수님(대진대학교), 박원재 박사님(율곡연구원), 김영건 박사님, 강신주 박사님, 여은희 선생님(TV 드라마 작가), 강성만 선생님(한겨레)께 머리 숙여 감사드린다. 값진 추천의 글로 책을 빛내주신 정과리 교수님(연세대학교), 고영진 교수님(일본 도시샤대학교), 김한라 교수님(서강대학교), 그리고 최종 원고의 몇 꼭지를 읽고 비판을 해주신 홍진기 교수님(가톨릭관동대학교), 원고를 선정해 정성스레 다듬어주신 강영특 선생님(김영사)께도 깊은 감사의 마음을 전한다.

이 책에서 연구의 주제로 거론한 분들의 철학을 비판하는 과정에서 잘못 짚은 부분이 한두 군데가 아닐 텐데 넓은 아량으로 이해해주시고 질정해주시기를 부탁드린다. 필자의 글에서건 아니면 다른 논평자의 글에서건, 이 책 말미의 참고문헌에 실린 문헌이 본문에서 거론되는 경우 괄호 안에 그 책의 해당 페이지를 밝혔다.

이 책의 수익금은 도움이 필요한 곳에 모두 기부할 것을 약속드린다.

2020년 가을

이승종

seungcho@yonsei.ac.kr

들어가는 말

최근《한국현대철학》을 출간한 정대현 교수는 20여 년 전 이렇게 말한 바 있다.

> 한국철학 공동체는 진정한 의미에서 아직 구성되지 않았고 〔…〕 활발한 논문발표는 있지만 그들이 분야별로도 하나의 흐름을 이루지는 않았고 상호작용도 없고 공유하는 문제의 틀마저 없다고 보인다. 한마디로 아직 충분한 대화가 없는 것이다. 한국철학공동체의 구성을 위해서 〔…〕 필요한 것은 '어떤 철학적 문제(들)의 공유'이다. (정대현 1993, 144쪽)

한국철학 공동체 내에서의 대화와 상호작용의 부재가 철학적 문제들의 공유를 가로막고 있다는 것이다. 20여 년 전의 진단이지만 이러한 상황이 개선되었다고 보기는 어렵다. 2000년에 창간되어 오늘에 이르고 있는 한국분석철학회의 학회지인《철학적 분석》의 편집규정에도 "한국철학 공동체가 그동안 세계 문맥과의 연대에 치중하다가 한국 문맥과의 관련에 소홀하지 않았나 생각"한다는 문구가 적혀 있다. 정대현 교수의 진단이 한 개인의 주관적 견해가 아님을 간접적으로 입증해주고 있는 것이다.

한국의 철학자들은 다른 학자들과 마찬가지로 취업, 재임용, 승진을 위한 연구업적을 채우기에 바쁜 실정이다. 설령 한국철학계에서 주목할 만한 업적이 나온다 해도 그것에 관심을 가져줄 여유가 없다. 정대현 교수의《한국현대철학》에 대한 한국철학계의 침묵이 그 좋은 예이다. 우리 철학계의 이러한 분과 상태를 비판적으로 점검하고 무언가 돌파구를 마련하려는 목적에서《우리와의 철학적 대화》를 구상하게 되었다.

정대현 교수의《한국현대철학》에는 500여 명의 한국 현대철학자들이 등장하지만, 대체로 그들 각각의 연구를 소개하고 요약하는 수준에 그치고 있다. (같은 주제를 다루는 다른 책들도 일반론을 넘어서지 못하고 있기는 마찬가지이다.) 그 책을 통해서 한국현대철학의 현황을 백과사전적으로는 알 수 있지만, 그것만으로는 철학을 한다고 할 수 없다.《우리와의 철학적 대화》에서 우리는 한국현대철학의 소개가 아니라 한국의 학자들과 철학을 하려 한다. 대화는 그 철학함의 방법을 아주 일반적으로 표현한 것인데, 사실은 비판, 부연, 비교, 분석 등의 다양한 방법이 동원된다. 현존하는 한국의 학자들을 망라하기보다는 연구의 대상이 되는 학자들을 선택과 집중의 원칙하에 선별해, 그들과 직접 학술적으로 교류하는 밀착 연구의 형태를 띤다.

네이글Thomas Nagel은《타자의 마음》에서 자신에게 영향을 준 학자들에 대해 아주 심도 있게 논의하고 있는데, 거론되는 이들 대부분이 그와 동시대 철학자들이다(Nagel 1995). 네이글의 책은 그가 다루고 있는 학자군의 범위에 있어서나 깊이에 있어서나 우리의 책과 유사하다. 그러나 다른 점도 있는데 그는 오직 학자들 하나하나를 다룰 뿐 이들 사이의 연계성이나 계보에 대해서는 거론하지 않고 있다. 우리는 우리나라의 학자들을 대상으로 삼으면서 그들이 속해 있는 현대철학의 지형도 및 예술을 포함한 인접분야와의 관계에 대해서도 거론하여 이 책을 학제적 연구로 전개하려 한다. 아울러 현대철학이 현재의 지형도를 갖추기까지의 역사적 계보를 추적하여, 이 책이 학제적 횡단橫斷 연구이자 계보학적 종단縱斷 연구가 되도록 이끌어나갈 것이다.

이 책은 4부 10장으로 구성되며 각 장에는 내용에 연관되는 토론과 보론補論들이 배치된다. 본문과 그에 대한 토론을 새끼 꼬기 식으로 배치한 까닭은 본 연구가 초연한 학술서임을 넘어서, 연구의 내용을 그때그때 학술적 대화의 무대에 올려 토론을 통해 비판받고 보완되는 실시간의 워크숍이기를 지향해서다. 책의 제목이 대화인 만큼 이 책에서는 실제의 대화와 토론이 강조될 것이다. 철학은 그 난해성으로 말미암아 그동안 대중으로부터는 물론이거니와 심지어 학술계에서도 외면 받아온 편인데, 이는 철학자들의 글쓰기가 오직 소수의 해당 전공분야 철학자들을 염두에 둔 것이기 때문이기도 하다. 철학에 전통적으로 통通학문적이고 학제적인 성격이 있어왔음을 감안할 때 이는 결코 바람직하다고 보기 어렵다.

이 책은 대중서나 교양서가 아니라 학술서를 지향하지만, 소수의 해당 전공자들만을 겨냥한 것이 아니라 인문학, 나아가 문학이나 예술과 같은 인접 분야의 고급 독자들에게도 널리 읽히기를 기대한다. 불통의 전문성만을 고수하다 고립을 자초해 위기에 빠진 한국현대철학이 나아가야 할 새로운 방향의 하나를 이 책이 보여줄 수 있기를 희망한다. 대화가 없었던 독백의 한국현대철학을 학술광장으로 이끌어 거기서 공적인 검증을 받고자 하는 것이 이 책의 체제를 대화 중심으로 방향 잡은 주된 연유이다.

《우리와의 철학적 대화》는 총 네 부로 구성된다. 1부 '현대철학의 지형도'는 그 제목이 함축하듯이 한국현대철학에 직접적으로 영향을 준

현대철학의 면모를 조망하는 네 편의 글과 이와 연관되는 토론으로 이루어진다.

1장인 '동일자의 생애: 서양 철학사의 지형도'는 전통 철학에서 현대철학으로의 이행을 동일자에서 타자로의 주제 변환의 관점에서 서술하는 종단 연구이자, 이 책이 놓이게 될 포스트모던이라는 지성사적 배경을 깔아주'는 일종의 빈제문에 해당한다.

2장인 '한국현대철학의 지형도'는 서양현대철학이 한국에 수용되면서 형성된 한국현대철학의 지형도를 대륙철학과 영미철학 사이의 대립구도를 중심으로 그려본다.

3장인 '철학과 사회'는 분석철학이 한국에 수용되는 과정과 현황, 한국철학의 정체성 문제, 학제 간 연구와 융합연구, 역사철학 등의 주제를 대화로 풀어낸다.

4장인 '철학사의 울타리와 그 너머: 로티와 김상환 교수'는 각론에 해당하는데 대표적 탈현대 사상가로 국외에서는 로티를, 국내에서는 김상환 교수를 택하여 이들의 탈현대적 철학사론이 지니는 문제점들을 비판적으로 검토한다. 두 차례 방한하여 자신의 탈현대 사상을 국내에 알린 로티나, 저술과 번역을 통하여 프랑스의 탈현대 사상을 국내에 유행시킨 김상환 교수에 대한 논의는 탈현대 사상과 우리 사이의 조우에서 빚어진 이해와 오해를 선명하게 부각시킨다.

1부의 토론과 보론으로는 네 차례의 학술토론, 한정선 교수의 논평 등이 배치된다.

2부 '고유섭과 서영은'은 '고유섭의 미술철학'과 '우리는 누구인가: 서영은 문학의 철학적 독해'라는 두 편의 이끄는 글과 이와 연관되는 보론과 토론으로 이루어진다. 우리는 한국의 미학자이자 예술사가인 고유섭과 소설가 서영은을 철학의 광장으로 초대하여 학제적 횡단 연구를 수행한다.

5장인 '고유섭의 미술철학'은 고유섭의 저술들에 대한 독해를 통해 우리 예술사의 철학을 살펴보는데, 이 과정에서 우리 학계가 전통으로부터 전수받은 문화소文化素들의 함축과 한계를 가늠한다. 그런 점에서 이 장은 철학과 고古미술 사이의 횡단 연구이자 동아시아 사유의 계보에 대한 종단 연구의 역할을 함께 수행한다.

6장인 '우리는 누구인가: 서영은 문학의 철학적 독해'는 서영은의 소설들을 니체의 철학과 견주어가며 허무주의의 극복이라는 이 시대의 과제에 대한 하나의 시도로 읽어낸다. 서구의 시대정신이 우리 문학에 미친 영향과 그에 대한 우리의 응답을 짚어보는 장인데, 우리 문학과 서구의 철학이 함께 만나 생산적인 대화와 창의적 상상력의 향연을 펼쳐 보인다.

2부의 토론과 보론에서는 고유섭을 주제로 한 국내외에서의 학술토론, 서영은을 주제로 한 문학평론가 이남호 교수, 철학자 강신주, 김혜숙 교수 등과 같은 국내의 대표적 학자들과의 생생한 지상논쟁으로 안내하고, 서영은의 귀중한 답론들을 선보인다.

3부 '김형효와 박이문'에서는 우리 시대의 대표적 한국철학자로 김형효와 박이문을 집중 조명한다. 박이문과 김형효가 세상을 떠난 지금, 뒤늦게나마 이 두 거장의 철학을 평가하는 자리를 마련하고자 한다.

7장인 '김형효의 노장 읽기'의 주요 텍스트인 김형효의《노장사상의 해체적 독법》은 포스트모던 사상으로 우리 학계에 소개된 해체주의를 동아시아의 대표적 사유의 하나인 노장사상에 접목시킨 획기적 저서이다. 이 책의 성공에 영향 받아《노자에서 데리다까지》를 위시해 여러 종의 유사한 연구물들이 출간되기도 했는데, 이로 말미암아 동양의 고전 사유가 현대의 철학과 종적으로 연결될 수 있는 가능성을 확보하는 계기가 되었다. 이 장에서 우리는 노장에 대한 김형효의 해체적 독법의 의의와 문제점을 몇 가지 범주로 대별해 구체적이고도 비판적으로 거론한다.

8장인 '박이문의 철학세계'에서는 박이문의 광활한 사유세계를 탐사하는 작업을 진행한다. 박이문은 국문 저술 이외에도 영문으로 쓰인 방대한 분량의 저술들이 있는데, 이들은 그 중요성에 비해 국내에서는 지금까지 조명을 받지 못했다. 우리는 그의 국문 저술뿐 아니라 영문 저술들을 섭렵하여 그가 전개하는 논지의 결함과 문제점들을 비판하고 보완해나가는 데 주력한다. 이 장은 예술과 생태학으로까지 뻗쳐 있는 박이문의 넓은 관심사를 추적하는 학제 간 횡단 연구의 형태로 전개된다.

3부의 토론과 보론에서는 김형효의 답론과 김영건, 박원재 등 국내 학자들의 토론문 및 그에 대한 답론과 토론, 박이문을 주제로 한 최신한 교수의 논평과 답론을 선보인다.

4부 '토론과 대화'에는 한국철학자에 대한 글들로 이루어진 9장과 우리의 철학관에 대한 몇 편의 대화로 이루어진 10장이 배치된다.

9장 '토론과 스케치'에서는 승계호, 이기상, 이진경, 박영식, 최진덕 등 국내외에서 활동해온 대표적 한국현대철학자들의 저술들을 비판적으로 거론하여 이들이 기여한 한국현대철학의 현황을 조망한다. 이들은 주제학, 존재론, 사회철학, 언어철학, 유학 등의 분야에서 각기 큰 족적을 남긴 바 있는데, 이들에 대한 각론적 연구는 저 분야들에 대한 국내외 연구의 현황을 점검할 수 있는 계기가 될 것이다. 그 외에 내가 걸어온 철학에의 길을 자전적 형식으로 돌아본다.

10장에서는 이 책에서 거론된 한국의 학자들과의 조우를 통해 길어낸 우리의 철학을 언론인, 작가, 학생들과의 대화로 풀어낸다. 이 시대가 철학에 부과하는 사명, 철학의 본령이 기술문명 시대에 굴절을 겪게 되는 과정, 미래의 철학이 나아가야 할 방향 등을 한국 사회의 당면 문제들과 결부해 하나하나 살펴나간다. 이는《우리와의 철학적 대화》라는 방식에 입각해 나만의 일방적인 독백이 아닌 대화 참가자들과의 변증법적 대화를 통해 성취될 것이고, 그 과정에서 해당 주제들에 대해 하나의 목소리가 아니라 다양한 목소리들이 때로는 상충되며, 때로는 협화음을 내며 의미 있는 사유를 전개해나갈 것이다.

맺음말에서는 나의 문제의식과 철학 편력을 그동안 출간해온 다섯 권의 저서와 연구번역서를 중심으로 정리한다. 이를 바탕으로 저 문제의식에 대한 나름의 생각을 스케치해본다.

우리의 철학은 1인칭적 표현 인문학이나 3인칭적 설명 과학을 지양한다. 1인칭적 표현 인문학은 검증 장치가 없는 독단론으로 흐르기 쉽고, 3인칭적 설명 과학은 질적 학문인 철학의 방법이 되기에는 피상적인 계량 분석에 머무르곤 한다. 반면 이 책에서 우리가 추구하는 2인칭적 철학은 교감을 중시하는 대화 해석학으로 요약되는데, 본 연구는 이러한 우리의 철학을 우리 시대의 학자 및 예술가와 직접 조우하여 소통함으로써 실천하는 방향으로 전개된다.

나는 이 책《우리와의 철학적 대화》를 오랜 기간 동안 준비해왔다. 연구의 대상인 학자와 문인을 직접 만나 그들과 대화하고 토론하면서 책을 구상해왔다. 이 책에서 거론되고 있는 사람들 중에 만나지 못한 사람은 일제 때 요절한 고유섭뿐이다. 로티는 그가 두 차례 방한했을 때 사회자, 논평자로서 거의 모든 일정에 참여하였고, 그 후 미국에서도 재회한 바 있다. 재미 철학자 승계호 교수는 그가 대우재단 초청으로 석학연속강좌의 연사로 방한했을 때 준비위원으로서 모든 일정을 함께 소화하였다. 박이문은 그가 특별초빙교수로 연세대에 재직하던 시절 사사하였으며, 이를 인연으로 그의 전집발간위원으로 활동하였다. 그 밖에 이 책에 등장하는 모든 인물들과 (고유섭을 제외하고는) 직접적인 학술교류를 해 왔다.

《우리와의 철학적 대화》는 대화와 피드백을 존중하는 2인칭적 연구서인 만큼 이 책에서 연구의 대상으로 삼고자 하는 학자 및 예술가와는 책의 집필 과정 중에 그 내용에 대해 직접 만나 대화하고 비판적 조언을 받았다. 그중 생산적인 대화와 비판은 본문에 직접 반영해 이 책이 명실공히 대화 해석학의 결실이 되도록 하였다.

아쉬운 것은 이 책을 준비하는 사이 벌써 그 연구 대상들이 하나둘 세상을 떠나고 있다는 점이다. 로티, 박영식, 박이문, 김형효 등이 이미 고인이 되었다. 거장들의 타계로 우리 학계에도 세대교체가 이루어지고 있는데, 한국의 학계가 워낙 현재 중심적이다 보니 사라져가는 거장들에 대한 제대로 된 평가는 찾기 어려운 실정이다.

한 학계가 연구 역량을 축적하려면 선대의 연구에 대한 정당한 평가와 비판적 계승이 있어야 한다. 그렇지 못한 학계는 늘 해외 학술동향과 같은 외풍에 휩쓸리는 종속성을 탈피하지 못하게 된다. 그렇게 수입된 해외의 학문이 설령 한국에서 어떤 성과를 낸다 해도 그것이 제대로 평가·계승되지 못한다면, 이 또한 밑 빠진 독에 물을 붓는 오류를 반복하게 된다.

본 연구서에서 우리는 절실히 요청되는 우리 학문에 대한 정당한 평가 작업을 수행하려 한다. 아울러 우리는 그 과정에서 선배의 학문에 대한 평가를 넘어 나름의 철학적 비전을 제시하려 한다. 한국에서는 이 두 작업이 서로 연결되는 일이 드물었다. 선행 연구에 대한 심도 있는 논의가 별로 없었기 때문이기도 하고, 자신의 학문을 개진한다 해도 그것이 어떤 학문적 배경에서 잉태된 것인지가 불분명했다. 본 연구서는 이러한 오류들을 극복해 우리 철학의 어제와 오늘과 내일을 창의적으로 이어나가는 역할을 수행하고자 한다.

4부 토론과 대화

1부

현대철학의 지형도

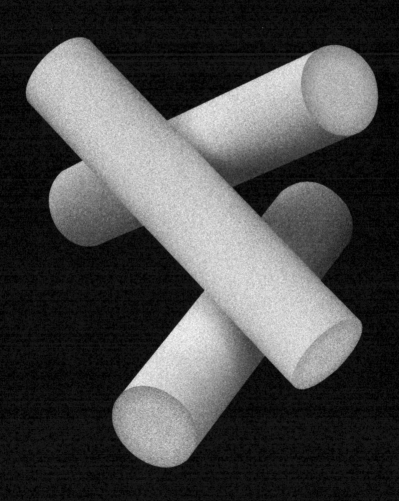

1장
동일자의 생애: 서양 철학사의 지형도

사물들을 유사한 것으로 보고
또 같게 보는 것은
시력이 약하다는 징후이다.
_니체

1. 철학사의 시대

헤겔은 철학이 곧 철학사라고 말한 바 있다. 철학자는 자신의 철학이 철학사를 새로이 조명하는 계기가 되고 또 그것을 넘어서는 것이기를 꿈꾼다. 나르시시즘에 도취된 미네르바의 올빼미는 황혼 무렵이 되어서야 제 날개를 편다.

우리 시대의 철학자들도 저마다의 철학사관을 바탕으로 자신의 철학을 구상한다. 하이데거는 서양 철학사를 존재 망각의 역사로 본다. 데리다는 이성중심적 현전現前의 형이상학이 서양 철학사의 헤게모니를 장악해왔다고 본다. 그들은 자신들의 철학이 이러한 철학사의 한계선상에 놓여 있다고 말한다.

이들의 철학사관이 지나치게 거시적인 것으로 여겨진다면 근대 이후의 철학사를 문제 삼는 철학자들에 귀 기울여도 좋다. 리오타르Jean-

François Lyotard는 모더니즘과 포스트모더니즘의 프리즘으로 근대 이후를 서술하고 있고, 로티는 같은 시기 동안 자연의 거울로서의 철학의 이념이 정립되고 또 깨어지는 이야기를 들려주고 있다. 우리 시대는 크고 작은 철학사의 시대이다.

역사에는 여명과 황혼이 있게 마련이다. 성경의 저자와 플라톤, 그리고 하이데거는 역사의 찬란한 여명과 그 이후의 타락에 대해서 이야기한다. 성경에 의하면 천지를 창조한 신이 인간을 위해 마련한 에덴동산은 신과 인간이 명령과 복종에 의해 하나로 이어진 행복과 평화의 낙원이었다. 그러나 인간이 금단의 열매를 따 먹음으로써, 즉 신의 명령을 어김으로써 행복과 평화는 깨어졌고 인간은 신의 낙원에서 추방되었다.

플라톤에 의하면 인간의 영혼은 원래 진리의 본질이 되는 이데아계의 이데아들과 친숙했었다. 그러나 인간의 영혼은 악을 저지르고 그 대가로 땅에 떨어져 육신에 사로잡히고 만다. 이 과정에서 이데아에 대한 기억은 완전히 상실되고 대신 인간은 욕망의 노예가 되어 고통을 겪게 된다.

하이데거에 의하면 그리스 문명의 여명기에 활동했던 파르메니데스와 헤라클레이토스는 모든 존재자가 존재 안에 있음을 망각하지 않았던, 로고스와의 조화 속에 있었던 철학사 이전의 '사상가'였다. 이들의 위대한 '사상'에서 '철학'으로의 이행은 소피스트에 의해 준비되고, 소크라테스와 플라톤에 의해 이루어졌다. 그들에 의해 오늘에까지 이르는 존재 망각으로서의 철학사가 시작된 것이다.

고향을 떠나온 자는 인생의 황혼 무렵까지도, 아니 황혼기에 접어들수록 더욱 고향을 동경한다. 성경의 저자는 십자가에 못 박힘으로써 인간의 죄를 대속代贖한 '예수'를 통해서, 플라톤은 잊혀진 이데아계를 상기하는 '철학자'를 통해서, 하이데거는 존재의 목자인 '사상가'와 존재에 귀 기울이는 '시인'을 통해서 자신들의 꿈을 실현해본다.

그러나 데리다가 볼 때 찬란한 역사의 여명, 되돌아가야 할 고향은 존재하지 않는다. 그것은 철학자들 각자가 쓴 철학사라는 텍스트의 줄거리의 일부일 뿐이다. 여명기의 신, 이데아, 존재와의 조우는 영원히 연기된다. 우리에게는 텍스트로서의 역사만이 있을 뿐이다. 향수병자들이 써내려온 텍스트의 역사는 이제 황혼기로 접어든 것이다.

2. 태초의 언어

언어는 흔히 매체 중에서 우리에게 가장 친숙한 것이자 또한 가장 오래된 것으로 꼽힌다. 아니, 언어는 그 어떠한 것보다도 더 오래된 것인지도 모른다. 성경은 "태초에 말씀이 있었다"라고 적고 있다. 왜 태초에 말씀, 즉 언어가 있었을까?

언어는 오랫동안 의사소통의 매체와 동일시되어왔다. 우리는 이 장에서 이러한 동일시가 매체적 언어관, 매체의 형이상학에서 비롯되었음을 철학사 읽기를 통해 밝혀내려 한다. 언어가 의사소통의 매체로 간주되기 이전에, 그보다 훨씬 더 오래 전에 언어는 인간의 생존과 직결되는 도구였다. 인간이 지구상에 처음 출현했을 때 그가 당면한 최대의 문제는 생존의 문제였을 것이다. 자연은 인간에게 종종 적대적이기 때문이다. 생존에 필요한 초보적인 작업은 세상만물을 인간의 입장에서 갈라 보는 것이었다. '나'와 나 아닌 것, 먹을 수 있는 것과 없는 것, 더운 것과 찬 것, 해로운 사람과 이로운 사람 등등. 이러한 여러 가름을 해나가다 인간은 가름을 좀 더 용이하고 체계적으로 하기 위해 '이름'을 고안하게 되었을 것이다. 먹을 수 있는 것은 '음식'으로, 없는 것은 '독'으로, 해로운 사람은 '적'으로, 이로운 사람은 '친구'로 등등. 언어는 바로 이러한 가름의 작업에서 비롯되었을 것이다.

다음 단계의 작업은 자연을 인간의 입장에서 이해하는 것이었다. 어떻게 해서 이러저러한 현상이 일어나는지, 왜 일어나는지, 그리고 그 의미는 무엇인지에 대해 인간은 물음을 던지고 그것에 어떤 답을 찾거나 구성했을 것이다. 이 작업 역시 그의 생존과 직결되는 것이다. 가령 기상현상과 생태계의 먹이 사슬을 이해 못했다면 그는 얼어 죽거나, 굶어 죽거나, 다른 동물의 먹이가 되었을 것이다.

인간이 세상만물을 이해하는 과정에서 그는 지식을 형성하게 되었을 것이다. 초보적 단계에서 지식은 순수하게 체험적인 것이지만 그것은 곧 언어적인 것으로 변환되었을 것이다. 지식이 전제로 하는 가름이 그러하듯 지식 자체도 마찬가지로 언어의 사용에 의해 보다 명확하고 체계화된 모습을 갖추게 된다. 그리고 무엇보다도 우리가 지식을 언어화했을 때 비로소 다른 사람과 그 지식에 관한 의사소통이 가능해진다. 이처럼 언어는 의사전달을 가능케 하고 세상만물의 가름과 이해의 결집으로서의 지식을 창출하는 역할을 동시에 수행한다.

인간이 세상만물을 갈라 보는 작업은 생존을 위한 동기에서 출발했지만 그것엔 이미 일정한 가치가 개입된다. 애초에 가름의 작업은 인간중심적인 것이었다. 가령 먹을 수 있는 것과 없는 것, 뜨거운 것과 찬 것의 가름 등은 모두 인간을 중심으로 한 가름이다. 자연을 이해하고 지식을 구성하는 작업에도 사정은 마찬가지이다. 인간이 사는 지구를 우주의 중심으로 본 천동설, 인간을 만물의 척도로 본 프로타고라스의 철학, 인간의 열 손가락에 맞춘 10진법의 수학 등이 모두 인간중심적 사고방식의 구체적 귀결이다.

인간중심적 사고의 한 특징은 질서의 강조에 있다. 그것은 인간의 생존을 위협하는 혼돈과 파국의 세계, 삶의 무상성, 불가해성에 맞서 최소한의 안식처를 확보하려는 인간의 몸부림이기도 하다. 가름과 이해, 지식 형성과 의사소통에 개입하는 언어는 바로 이러한 질서에의 갈망을 실현하고 있다(PI, §98).[1] 말씀, 즉 언어는 카오스의 세계에 던져진 빛이다. 그것은 세계와 삶을 우리에게 이해 가능한 의미로서 밝힌다. 그렇게 밝혀진 세계는 더 이상 카오스가 아닌 질서의 세계이다. 이를 비트겐슈타인은 다음과 같이 표현하고 있다.

> 질서 있는 세계나 무질서한 세계가 모두 가능해서 우리의 세계는 그중 질서 있는 세계라고 말할 수는 없다. 가능한 모든 세계에는 설령 그것이 복잡한 질서라 해도 질서가 있다. 마치 공간 안에도 점의 질서 있는 분포와 무질서한 분포가 있는 것이 아니라 점의 모든 분포가 질서 있는 것처럼 말이다. (NB, 83쪽)

요컨대 비트겐슈타인에 의하면 무질서한 세계는 불가능하다. 혹은 그것은 참된 세계가 아니다. 참된 세계는 언제나 질서 있는 세계이다. 이러한 생각의 뿌리는 고대 그리스의 철학에까지 거슬러 올라간다.

---

1 이 책에서 비트겐슈타인의 작품은 CV, NB, PI, TLP 등 약호로 표기된다. 참고문헌 참조.

3. 동일자의 탄생

서양 철학사의 여명기인 고대 그리스에서 나의 생존을 위한 질서 확보의 형이상학적 표현은 나 자신에 대한 확고부동한 자리매김으로서의 동일자 개념의 형성과 그것에의 집착으로 나타난다. 동일자 개념의 형성 과정은 다음과 같은 논증으로 구성될 수 있다.

모든 존재자는 자기 자신과 동일하다.
따라서 모든 존재자는 자기 동일성을 소유하고 있다.
따라서 모든 존재자는 자기 동일자이다.

자기 동일성은 모든 존재자에 깃든 절대적 질서이다. 그것은 각각의 존재자가 자기 자신에 대해 맺고 있는 확고한 관계이다. 그것은 세계의 어떠한 변화와 위협에서도 면제된 불변의 안식처를 각각의 존재자 안에 마련한다. 이러한 동일성 개념을 바탕으로 그리스의 존재론은 다음과 같이 전개된다.

(1) 모든 존재자는 자기 자신과 동일하다.
(2) 자기 동일자로서의 존재자는 자기 이외의 존재자를 자기의 부정으로서의 타자로 규정한다. 즉, 타자는 자기 동일자로서의 존재자가 자기의 존재를 부정적으로 투사한 귀결이다.
(3) 자기 동일자로서의 존재자는 자기와 같지 않은 타자와 부정적 관계를 이룬다. 즉, 자기 동일자는 그 부정으로서의 타자와 양립할 수 없다.

위의 세 명제를 근간으로 구성된 그리스의 존재론은 동일자 존재론이라 부를 수 있다. 그런데 이러한 세 명제로부터 다음과 같은 논리적 법칙이 각각 연역될 수 있다.

(1) 동일률: 모든 명제는 자기 자신과 동일하다.
(2) 배중률: 모든 명제는 참이거나 거짓이다.
(3) 모순율: 모든 명제는 동시에 참이면서 거짓일 수 없다.

이러한 세 법칙에 의거한 그리스의 논리학은 동일자 논리학이라 부를 수 있다. 동일자 논리학에서 논리적 추론은 전제의 진리치를 결론이 보존하는 것을 논증의 타당성의 기준으로 삼는다. 타당한 논증과 추론은 전제의 자기 동일성이 보존되고 반복되는 동어반복의 과정이다. 이렇게 하여 존재론적 질서와 논리적 질서는 자기 동일성의 확보라는 하나의 이념으로 통합된다. 이러한 통합을 전제했을 때 동일자 존재론으로부터 동일자 논리학을 연역하는 작업은 그 역순으로도 전개될 수 있다. 요컨대 우리는 모든 명제가 그 자신과 동일하다는 동일률의 원칙에서 동일자 개념을 끌어내고 이와 함께 배중률과 모순율을 정립한 뒤, 이로부터 동일자 존재론의 세 명제를 연역할 수 있을 것이다.

그런데 동일자 존재론을 동일자 논리학으로 연역하는 작업, 혹은 그 역작업은 어떠한 근거에서 가능한 것일까? 그 실마리는 잘 알려진 다음과 같은 사실에서 찾아진다.

(1) 주어 + 술어의 문장 구조, 즉 주어를 서술하는 술어를 주어가 소지하는 방식으로 구성되는 그리스어를 비롯한 인도-유럽어의 문장 구조는, 주어에 해당하는 실체가 술어에 해당하는 속성을 소지하는 실체중심

적 존재론을 함축한다. 술어를 주어가 소지함으로써 명제의 자기 동일성이 확보되듯이, 다양한 속성들을 자기 동일성이라는 시멘트로 접합함으로써 자기 동일자로서의 실체가 형성된다.

(2) 그리스철학에서 진리의 개념은 대응, 일치의 개념과 동의어이다. 대응과 일치로서의 진리 개념은 존재자의 자기 동일성, 동일률로 표현되는 명제의 자기 동일성에서 동시에 싹튼다. 모든 존재자는 자기 자신과 일치하며 모든 명제는 자기 자신과 일치하기 때문이다. 존재자와 명제에 공유된 이러한 자기 동일성이 곧 세계와 언어의 로고스이다.

(3) 그리스어의 'einai'는 i) 계사로서의 "이다"be, ii) 양화사로서의 "있다"exist, iii) 동치로서의 "…와 같다"is the same as, iv) 진리 서술로서의 "…는 참이다"is true 등의 방식으로 다양하게 사용될 수 있는 다의어이다. 요컨대 i) 서술, ii) 존재, iii) 동일성, iv) 진리의 이념은 하나의 언어, 하나의 뿌리에서 연원한다(Kahn 1973; 1976; 1986).

존재자의 자기 동일성에서 싹튼 대응, 일치로서의 진리를 아리스토텔레스는 명제의 속성으로 귀속시킨다. "사실을 사실이라 **말함**이 곧 진리이다"(Aristotle 1984b, 1011b). 그러나 명제를 참이게 만드는 것은 존재하는 사실이다. 사실과 명제 사이의 관계는 원본과 복사본의 관계와 같다. 원본, 즉 존재하는 사실이 복사본, 즉 명제의 진리 여부를 결정한다(Allen 1993, 9쪽).

4. 인식하는 동일자

세계를 자기 동일적 질서의 관점에서 정리하려는 그리스철학은 세계를 하나의 구조로 본다. 그리스철학에서 구조는 중심과 주변의 이분법을 바탕으로 하고 있다. 이 현상적 세계는 가변적이고 개연적인, 그래서 자기 동일싱이 지켜지지 않는 '위험스런' 세계이다. 우리의 현상적 삶은 이러한 위험에 그대로 노출되어 있다. 그러나 다행히도 이러한 위험스런 세계는 세계의 주변적 모습에 불과하다. 현상적 세계 너머에, 혹은 그 배후에 진정한 실재의 세계가 존재한다. 실재의 세계는 영원한 자기 동일적 질서의 세계이다. 자기 동일적 질서가 곧 세계의 중심이다. 현상계의 무상성과 혼돈이 세계의 감각적인sensible 측면이라면 실재계의 영원성과 자기 동일적 질서는 세계의 이성적intelligible 측면이다. 인간은 이 이성적 질서를 직관하는 지혜의 삶을 통해 삶의 무상성을 극복한다.

세계의 이원적 구조

이 이원적 구조는 앞서 살펴본 실체와 속성의 이분법적 존재론에도 그대로 적용된다. 즉, 구조의 중심에 자기 동일적 실체를, 주변에 감각적 속성을 대입하면 존재의 이원적 구조가 성립된다.

변화하는 감각적 주변 너머의 영원한 자기 동일적 중심을 무엇으로 규정하느냐 하는 것은 철학자들마다 차이가 있다. 무한정자(아낙시만드로스), 수(피타고라스), 로고스(헤라클레이토스), 일자(파르메니데스), 이데아(플라톤), 형상(아리스토텔레스) 등등. 그러나 자기 동일적 질서가 구조의 중심에 자리한다는 점에서, 그리고 언제나 주변에 비해 중심이 강조된다는 점에서 이들 사이의 차이는 주목할 만한 것이 못 된다. 아울러 위의 그림에서 백색과 음영으로 묘사되었듯이 구조의 중심과 주변은 전통적으로 빛과 그림자에 비유된다. 구조의 주변은 세계의 그림자일 뿐, 참다운 세계가 아니다. 플라톤의 동굴의 우화에 의하면 인간은 동굴 속(즉, 구조의 주변)에 갇혀 그 암벽에 비친 세계의 그림자만 볼 수 있는 죄수의 운명에 처해 있다. 그러나 그는 사슬을 풀고 세상 밖(즉, 구조의 중심)으로 나와 세계를 햇빛 아래 있는 그대로 볼 수 있다.

중세의 신과 인간, 하늘과 땅, 신의 나라神國와 인간의 나라의 대조 역시 이러한 이분법적 구조를 실현하고 있다. 빛의 은유(예컨대 신의 계시)도 반복된다. 고대 그리스의 실체/속성의 이분법은 중세의 수아레스Francisco Suarez를 경유해 근대의 데카르트로 계승된다. 데카르트는 인식의 주체를 실체로, 인식의 내용을 이루는 표상을 그 속성으로 정립한다. 여기에 자기 동일적인 어떤 인식적 시멘트, 예컨대 칸트가 말하는 통각이 인식되는 다양한 내용을 하나로 통합시켜 인간의 인식적 자기 동일성을 확보한다. 인식은 인식되는 내용에 따라 역할 분담을 수행한다. 인간의 이성은 세계의 이성적 중심을 인식하고, 감성은 세계의 현상적 주변을 경험한다. 이성적 인식은 실재 세계에 대한 참된 인식episteme을 산출하며, 감성적 경험은 현상적 세계에 대한 억견doxa을 산출한다. 즉, 인식의 중심은 세계의 중심을, 인식의 주변은 세계의 주변을 각각 인식한다. 그리고 인간의 이성을 세계의 중심을 밝히는 빛으로 규정하는 것이 근대 계몽en-**light**-enment주의의 이념인 것이다.

인식의 이원적 구조

근대 이전에 인간의 인식은 세계를 수동적으로 반영하는 역할에 머물러 있었다. 빛은 세계의 중심에서 인식의 중심으로 향했었다. 그러나 근대의 인식론에 의하면 인간의 인식은 세계에 대한 이해를 능동적으로 구성한다. 빛은 이성에서 나와 세계를 비춘다. 천체가 인간이 사는 지구를 중심으로 운동하는 것이 아니라 그 역이 사실이라는 코페르니쿠스의 탈인간중심주의적 혁명은 근대 인식론의 경우 역방향으로 관철된다. 칸트의 코페르니쿠스적 혁명에 의하면 세계는 인간의 이성에 의해서만 밝혀진다. 그러나 이성을 구조의 중심으로 간주한다는 점에서 칸트의 혁명은 그리스의 전통을 계승하고 있다.

5. 말하는 동일자

앞서 보았듯이 언어는 세계에 대한 이해와 인식의 과정에 깊이 관여한다. 그런데 데리다(Derrida 1967b)에 의하면 서양 철학사의 이성중심주의는 다음과 같은 연유에서 음성중심주의이다. 생각이란 무엇인가? 그것은 내 마음속에서 진행되는 소리 없는 독백, 침묵의 소리, (물리적) 소리 없는 (내면의) 소리이다. 소리 없는 독백은 내가 한 말을 내가 듣는 과정이기에 의미가 순수하게 보존되는 완전한, 이상적 의사소통이다. 내가 말하고 내가 듣는 이 침묵의 소리가 사적 언어private language의 인식론적 기원이다. (태초의, 그리고 중세의 신도 말씀으로 우리에게 계시를 내리지 않았는가?) 그러나 중요한 것은 소리, 말 그 자체가 아니다. 소리는 의미의 매체일 뿐이다. 그리고 생각에서처럼 물리적 소리는 아예 제거될 수도 있다. 물리적 소리와 거기에 새겨진 이성적 의미가 합쳐 음성언어가 이루어진다. 그러나 의미가 음성언어의 중심이고 소리는 주변일 뿐이다.

음성언어의 이원적 구조

인식이 그러하듯 의미는 세계와의 관계에 의해 얻어진다. 세계에 대한 의식의 관계를 의식의 지향성이라 부른다면 의미는 이 지향성의 구체적 단위이다. 소리에 담긴 우리의 생각과 의도가 세계 인식의 코페르니쿠스적 혁명을 수행한다.

이성중심주의와 한 짝을 이루는 음성중심주의에 의하면 문자언어는 음성언어의 기록일 뿐이다(Aristotle 1984a, 1, 16a 3 참조). 음성언어의 의미는 문자언어에 의해 복사된다. 음성(소리)이 의미의 매체라면 문자는 매체의 매체이다. 그래서 문자언어의 의미는 명제로, 그 명제를 소지하는 문자는 문장으로도 불린다. 문자언어의 중심인 명제는 음성언어의 의미를 복사하고 있다. 문자언어의 주변인 문장은 명제라는 복사된 의미를 소지하는 '매체의 매체'이다.

문자언어의 이원적 구조

음성중심주의에 의하면 의미의 완전한 보존은 사적 언어에 의한 독백에서만 보장된다. 음성언어이든 문자언어이든 공적인 언어로 타자와 의사소통하는 순간 그 의미는 오염되고 만다. 공적 언어는 내가 뜻하는 바를 있는 그대로 실어 나르기에 꼭 적합한 언어가 아닐뿐더러, 그 언어가 타자에게 이해되는 문맥은 나의 그것과 이질적일 수밖에 없기 때문이다. 음성언어를 복사하는 문자언어의 경우에 그 오염은 극에 달한다. 내가 쓴 글은 원칙적으로 누구에 의해서도 어떠한 문맥에서도 읽힐 수 있기 때문이다. 그로 말미암은 오해를 방지할 수 있는 방안은 애초에 불가능하다. 결국 의미의 순수성을 보존하려는 자의 삶은 "고독한 정신의 삶"(Husserl 1901, 35쪽)일 수밖에 없다.

이성적인 것과 감각적인 것의 이분법, 그리고 이성적인 것이 중심에 서는 구조는 과학 지식의 지형에도 그대로 적용된다. 과학 지식의 구조적 중심은 수학, 논리학 등 순수 이론적/형식적 과학들이다. 반면 여타의 과학은 경험적 내용의 학문들로서 지식의 주변을 이룬다. 경험적 학문은 때로 이성적 학문의 형식을 경험적으로 해석함으로써 얻어진다. 예컨대 뉴턴 물리학은 유클리드 기하학의 경험적 해석에 의해, 상대성 이론은 비유클리드 기하학의 경험적 해석에 의해, 양자역학은 파동 함수의 경험적 해석에 의해 얻어진 것으로 볼 수 있다.

과학 지식의 이원적 구조

콰인(Quine 1951)에 의해 제시된 과학 지식의 이러한 중심/주변 구도는 사실 그가 비판하는 칸트적 분석/종합판단의 전통에 의해 마련된다. 전통적으로 수학, 논리학은 분석판단으로, 여타의 경험과학은 종합판단으로 여겨져왔기 때문이다. 아울러 중심을 이루는 분석판단, 즉 수학과 논리학은 앞서 살펴본 그리스의 동일자 논리학의 이념을 그대로 관철하고 있는 동어반복이다. 그리스에서 근대, 현대의 콰인까지 동일자의 이념은 존재론에서 인식론으로, 다시 언어철학/과학철학으로 그 담론의 장을 바꾸었을 뿐 여전히 보존되고 있는 것이다.

6. 해체되는 동일자

그러나 동일자 이념의 계승을 결정적으로 굴절시킨 몇 가지 계기가 20세기 전후에 마련되었다. 그것은 수학, 물리학, 언어학, 이렇게 세 분야에서의 혁명에서 찾아진다.

(1) 수학의 전통적 양대 산맥인 대수와 기하의 가교가 데카르트의 해석학을 통해서 정립되고, 다시 19세기에 해석학의 산수화arithmetization가 수행됨으로써 수학의 기초가 수론, 특히 자연수론으로 집약된다. 자연수론의 체계화는 페아노(Peano 1889)에 의해 비로소 이루어진다. 페아노의 체계에서 각각의 수는 그 어떠한 고유한 본질도 갖지 않는다. 1은 0의 후자이고, 2는 1의 후자일 뿐이다. 요컨대 1에겐 독립적 자기 동일성이 아니라 수의 좌표계에서 0과 2 사이의 사이 나눔Unter-Schied으로서의 차이성Unterschied만이 부여될 뿐이다. 수의 체계란 사이 나눔으로서의 차이성의 체계이며 따라서 개별적 수는 서로 독립된 자기 동일자라기보다는 서로가 서로를 사이 띄우는 타자이다.

(2) 전통적으로 양quantity과 질quality은 서로 대립되는 범주였다. 양과 양적 차이는 각각 수와 수적 차이로 표현될 수 있지만 질과 질적 차이는 그렇지 않다는 것이 전통적 견해였다. 그러나 질과 질적 차이도 수와 수적 차이로 표현될 수 있음이 물리학에서 모범적으로 증명되었다. 질의 전통적 예인 색을 살펴보자. 색이란 무엇인가? 그것은 빛의 현상이다. 빛의 파동설은 빛의 스펙트럼에서 색상의 차이를 빛의 파장의 차이로 설명한다. 파장이란 파동의 한 정점에서 다음 정점까지의 거리를 말한다. 거리 개념이 수 개념으로 환원될 수 있으므로 결국 색의 개념, 그리고 색상의 차이는 수 개념, 수적 차이로 환원된다.

(3) 언어학에서의 혁명은 소쉬르(Saussure 1915)의 음소론에 의해 이룩된다. 음소는 특정 언어에서 소리의 단위이다. 한 언어 내에서 음소의 실재성은 주로 그것이 그 언어의 다른 음소와 차이를 이룬다는 사실로부터 도출된다. 예컨대 영어에서 음소 /p/는 /t/, /k/, /b/ 등 다른 음소들과 차이를 이룬다. 아울러 어떠한 음소도 그것이 속해 있는 음소의 체계와 동떨어져서 개별적으로 기술되거나 확정될 수 없다. 음소가 비록 한 언어 안에서 단위가 되는 개별적인 소리이기는 하지만 그것은 그 언어의 소리의 전 체계를 전제로 하고 있다. 그리고 그 체계는 차이의 체계이다. 결국 음성언어에는 오직 차이성만이 있으며 음소들은 서로 차이성으로만 얽히는 소리의 타자이다(Garver and Lee 1994, 2장).

동일자의 철학에서 차이성이 동일성에 비해 파생적 개념이었다면 위의 세 경우에서는 거꾸로 차이성에 비해 동일성이 파생적 개념이다. 즉, 위의 (1), (2), (3) 어느 경우에서나 동일성은 차이성이 부재할 경우, 그리고 오직 그 경우로만 한정된다.

위의 세 과학에서 정립된 차이성과 타자의 이념은 우리 시대의 철학에 어떻게 투영되고 있는가? 우리는 그 현황을 비트겐슈타인과 데리다의 철학에서 가장 극명하게 확인할 수 있다.

(1) 청년 비트겐슈타인(TLP)의 철학은 그리스의 진리 대응설과 소쉬르의 언어학의 절묘한 접합으로 묘사될 수 있다. 놀라운 사실은 비트겐슈타인의 작업이 아리스토텔레스와 소쉬르를 전혀 읽지 않은 채 독자적으로 이루어졌다는 점이다. 비트겐슈타인은 세계와 언어, 좁혀 말해 세계의 사실과 그것을 서술하는 명제가 대응, 일치의 관계를 이룸으로써 진리의 개념이 정립된다는 그리스의 진리관을 수용한다. 대응과 일치를 가능케 하는 세계와 언어 사이에 공유된 그리스의 로고스에 해당하는

것이 비트겐슈타인에 있어서 논리적 형식이다. 그러나 논리적 형식의 본질과 기능은 자기 동일성과 그 보존이 아니라 차이성과 그 흩뿌림이다. 논리적 형식은 언어와 세계에 공유된 차이성의 그물망이다. 이 그물망의 성격은 소쉬르적인 것이다. 소쉬르에 있어서 음소가 독립적으로는 아무런 의미와 역할을 부여받지 못하는 것처럼, 비트겐슈타인에 있어서 세계의 본질을 구성하는 대상, 존재하는 세계를 구성하는 사실, 언어를 구성하는 요소명제, 요소명제를 구성하는 이름은 모두 그 자체 독립적으로는 아무런 의미와 역할을 부여받지 못한다. 그들 각각의 의미와 역할은 세계와 언어에 공유된 차이성의 체계로서의 논리적 형식에 의해서 주어진다. 요컨대 청년 비트겐슈타인의 철학은 다음의 세 명제로 요약된다.

  i) 언어는 차이성의 체계이다.
 ii) 세계는 차이성의 체계이다.
iii) 언어와 세계의 차이성의 체계는 동일한 것이다.

언어가 세계를 그림으로써 얻어지는 의미와 진리는 차이성의 체계로서의 언어가 세계의 차이성을 그대로 복사하고 반복함으로써 가능하다.

(2) 비록 데리다가 소쉬르를 부분적으로 비판하고 있고 비트겐슈타인을 직접 거론하지는 않지만, 데리다는 소쉬르의 계승자이자 청년 비트겐슈타인의 비판자로서 간주될 수 있다. 데리다는 언어에는 차이성만이 있을 뿐이라는 소쉬르의 명제를 수용한다. 그는 이를 철학에 적용하여 실체, 로고스, 주체 등 전통적 자기 동일자를 차이성으로 분쇄하고 해체한다. 데리다가 보기에 청년 비트겐슈타인의 명제 iii)은 분쇄되고 해체되어야 할 최후의 동일성을 표현하고 있다. 그것은 서양 철학사의 여명기

에 등장했던 최초의 동일자 이념의 메아리이기도 하다. 보다 온전한 언어의 차이성은 세계의 차이성과의 동일성도 부정해야 한다. 세계의 차이성, 그리고 언어와 세계의 차이성에 있어서의 동일성은 모두 성립될 수 없는 개념이다. 오직 언어, 텍스트의 차이성만이 있을 뿐이며 소위 세계의 차이성은 언어, 텍스트의 차이성의 일부, 투사, 그림자에 불과하다. 동일성과 차이성은 동일화하고 차별화하는 작업이 없이는 독립적으로 성립할 수 없는 언어적, 텍스트적 개념이기 때문이다. 따라서 언어, 텍스트의 차이성은 세계 그 자체의 차이성과의 만남, 일치의 사건을 영원히 연기시킨다. 여명기의 동일자와 진리는 우리 곁에서 영원히 떠나간다(연기된다). 데리다(Derrida 1968)는 이러한 의미를 함축하는 차이성을 차연différance이라고 부른다. 그것은 차이와 연기의 두 의미가 융합된 개념이다. 차이와 연기로서의 차연은 그 어떠한 동일자도 허용하지 않는 완전한 타자의 계기이다.

(3) 자신의 젊은 날의 생각을 재반성하는 후기 비트겐슈타인(PI, §§ 215-216)은 동일자 철학의 핵심 원리인 동일률이 사실은 다음과 같은 이유에서 난센스라고 본다. 모든 존재자(혹은 명제)가 자기 자신과 동일하다는 말의 의미는 무엇인가? 우리는 하나의 존재자가 둘로 복사되어 서로 비교되는 경우, 혹은 존재자의 자리에 구멍이 패어 있고 존재자가 그 구멍에 꼭 들어맞는 경우를 상상한다. 그리고 우리는 이것이 동일률의 의미를 형성한다고 생각한다. 그러나 그것은 상상의 유희일 뿐이다. 상상의 유희로 말미암아 의미를 얻게 되는 동일률이 무슨 쓸모가 있단 말인가? 무엇이 무엇과 같다, 동일하다는 말은 인간에 의한 비교의 작업을 전제로 한다. 비교라는 실천적 작업과 무관한 본질적 동일성, 원초적 동일성이란 성립할 수 없는 형이상학적 사변의 산물일 뿐이다.

비트겐슈타인은 전통 철학의 문제점을 '통일에의 열망'으로 요약한다. 이는 모든 개별적인 것들을 공통된 단일성으로 근거 지으려는 사고의 경향을 지칭한다. 그는 이러한 경향이 언어의 영역에서 유래한다고 본다.

> 물론 우리를 혼란스럽게 하는 것은, 낱말들을 귀로 듣거나 또는 원고나 인쇄물에서 눈으로 볼 때 이들이 획일적으로 나타난다는 점이다. 왜냐하면 이 낱말들의 **쓰임**이 우리에게 그렇게 분명하지 않기 때문이다. 우리가 철학을 할 때는 더욱 그렇다! (PI. §11)

낱말들의 외양적인 통일성으로부터 모든 개별적 낱말에 공통된 하나의 기능이 있다고 생각하는 경향, 혹은 모든 문장에 공통된 하나의 기능이 있다고 생각하는 경향이 생겨난다. 이로부터 다시 언어의 의미가 근본적인 통일성에 의해 지배되고 있으며 체계적 전체로 묶일 수 있다는 생각이 싹튼다.

언어가 근본적인 동일성을 기초로 성립되었다는 생각은 우리에게 드러난 세계의 다양성과 경험의 유동적인 섞임들과는 질적으로 다른 개념의 영역을 만들어낸다. 그리고 이 개념의 영역에서 나름의 위계와 작동으로 산출된 것들이 철학적 체계들이다. 동일자 철학은 우리에게 드러난 (다양하고 개별적인 사건과 사물이 유기적으로 복합되어 있는) 세계를 그와는 질적으로 다른 (단일한 기능으로 추상되고 확장된) 개념 체계로 환원하여 설명하려 한다.

동일자 철학이 언어의 외양적 통일성에 현혹되어 우리에게 드러난 세계와는 질적으로 다른 개념 체계를 인위적으로 구성하는 데서 비롯되었다면, 그에 대한 비판과 해체의 작업은 자연히 그러한 개념 체계의 발생을 막거나 그것을 원래의 출발점으로 복귀시키는 작업이 된다. 이는 비트겐슈타인의 말을 빌리면 "언어라는 수단을 통해 우리의 이해력에 걸린 마법에 대항하는 투쟁이다"(PI, §109). 전통 철학으로 하여금 체계를 만들게 하는 추상된 언어의 영역이 그 자체 자립적인 근거를 가진 것이 아니라 자연적 세계에서 유래한 것이라면, 철학적 개념과 체계의 해체 작업은 하나의 기능과 단일성으로 언어가 고착되기 이전의 지점을 명확히 함에 의해서 가능할 것이다. 전통 철학이 사용하는 개념들과 그에 의해 산출된 체계가 자립적이고 무한한 절대에 이르기까지 확장되는 데 반해, 일상 언어는 그것의 의미를 만들어내는 세계의 자연적 사실들과 조건들에 의해 제약되고 제한되어 있기 때문이다.

7. 구조의 탈중심화

데리다는 앞서 살펴본 일련의 이분법적 구조에도 해체적 비판의 메스를 가한다. 구조에서 중심은 언제나 영원불변의 이성적인 것으로 자리매김 되어왔다. 영원불변한 것은 변화될 수 없기에 다른 것에 의해 대체될 수도 없다. 그러나 서양 철학사는 구조의 역사이자 중심 대체의 역사이다. (어떻게 불변의 중심에 역사가 있을 수 있단 말인가?) 중심의 자리는 각 시대마다 철학자들이 고안한 많은 이성적 개념에 의해 연쇄적으로 대체되어 왔다.

또한 서양철학자들은 중심과 주변의 관계를 설명하는 데 실패해왔다.

중심은 자족적인 완벽한 것이기에 다른 것에 의존할 수 없고, 따라서 주변의 것과 관계 맺을 필요가 없는 것처럼 보인다. 중심은 "구조 안의 구조이다"(Derrida 1967d, 279쪽). 그러나 이데아는 현상에 참여하고, 인식하는 정신은 육체에 거주하고, 수학은 물리학에 적용된다. 플라톤의 참여론의 실패(이승종 1993c), 데카르트의 심신 이원론의 실패(Churchland 1988, 2장), 흄-라이프니츠-칸트의 분석/종합판단 구분의 실패(Quine 1951), 프레게Gottlob Frege의 플라톤주의의 실패(이승종 1993a)는 구조에서 중심과 주변의 관계를 제대로 설명하는 것이 얼마나 어려운지를 반복해서 예증하고 있다.

언어에 있어서도 사정은 마찬가지이다. 콰인(Quine 1960)-데이빗슨(Davidson 1984)의 해석론은 원초적 해석의 상황에서 왜 의미가 불확정적일 수밖에 없는지, 아울러 명제와 문장의 구분이 왜 원칙적으로 유지될 수 없는지를 논증한다(이승종 1993b). 비트겐슈타인(PI, §§243-315)의 사적 언어 논증은 나만이 알 수 있는 사적 언어가 왜 성립될 수 없는지, 왜 언어는 공적일 수밖에 없는지를 해명하고 있다(이승종 2002, 5장). 의미가 불확정적이라면 의미와 그것을 실어 나르는 매체와의 구분은 더 이상 유지되기 어렵다. 사적 언어가 불가능하다면 사적 언어의 존재를 토대로 한 음성중심주의는 더 이상 유지되기 어렵다. 이는 곧 의미가 애초부터 오염될 수밖에 없음을 뜻하는가? 순수한 의미, 완전한 의사소통이란 무엇인가? 동일자 철학에서 그것은 의미가 자기 동일성을 보존한 채 고스란히 반복되는 것을 뜻했다. 그러나 반복은 진공관 안에서 초시간적으로, 초공간적으로 이루어지는 것이 아니다. 반복은 우리의 역사적 삶에서 다양한 문맥에 접맥graft되어, '때문은' 공적 언어에 의해, 그리고 이질적인 타자에 의해 실현될 수밖에 없다. 데리다는 반복iteration의 어원인 'iter'가 산스크리트어의 'itara', 즉 타자other에 뿌리를 두고 있음을 상기시킨다(Derrida 1971a, 315쪽). 반복을 통해 의미는 여러 문맥에 '흩뿌려disseminate'진다(Derrida 1972a). 의미는 산종散種이다. 산종으로서의 의미는 의미의 영원성, 이성의 영원성, 중심의 영원성을 불가능하게 한다(Derrida 1977, 54쪽).

지금까지 살펴본 여러 갈래의 움직임은 모두 구조의 탈중심화, 탈중심주의, 탈이분법을 지향하고 있다. 그것은 애초의 이성적인 것과 감각적인 것의 구분, 그리고 이성중심주의가 자의적인 것이었음을 일깨워준다. 이분법이 지양된 마당에 탈중심화 운동은 구조 자체의 붕괴를 초래하지는 않을까? 데리다(Derrida 1967d, 284쪽)에 의하면 우리에게는 구조 밖의 다른 영역이 마련되어 있지 않다. 우리에겐 오염된 기존의 언어 이외의 순수한 제3의 언어가 마련되어 있지 않다. 우리는 주어진 구조 안에서, 주어진 언어로 구조와 언어를 비판하는 것 이외에 다른 방법이 없다. 따라서 데리다는 후기 구조주의자도 탈구조주의자도 아니다. 구조에 전, 후기가 있을 수 없으며 구조를 탈피할 수도 없기 때문이다.

8. 삶으로서의 언어

사적 언어의 요구, 동일자 논리학의 투명한 순수성, 순수이성의 이상을 해체한 후 되돌아온 이 거친 땅(PI, §107)에서 언어란 무엇인가? 비트겐슈타인은 실제 언어와 그 쓰임의 다양성을 도구의 그것에 견주어 볼 것을 제안한다. 도구가 그 자체로는 우리의 삶과 아무런 관련이 없지만 실제의 작업 상황에서 쓰일 때 제 기능을 발휘하는 것처럼 언어도 그 자체로는 의미가 없지만 실제로 쓰일 때 비로소 그 의미를 드러낸다. "모든 기호는 **그 자체만으로는** 죽은 듯이 보인다. **무엇이** 기호에 생명을 불어넣는가?—쓰임 속에서 기호는 **살아 있다**"(PI, §432). 그러나 지금까지 우리는 이 살아 있는 언어의 생동성보다는 언어를 통해 전달되는 의미에 더 관심을 가졌다. 우리의 이러한 관심은 언어가 언어 이전의 이성적인 의미를 전달하는 도구요 매체라는 매체적 언어관에 영향 받은 바 크다.

언어가 도구와 같다는 비트겐슈타인의 말을 언어를 의미 전달의 도구나 매체로 보는 매체적 언어관의 입장에서 이해해서는 안 된다. 오히려 쓰임이 곧 언어의 의미라는 비트겐슈타인의 명제(PI, §43)는 매체적 언어관의 비판을 함축한다.

> 내가 언어로 생각할 때, 언어적 표현과 함께 '의미들'이 내 마음속에 떠오르지는 않는다. 오히려 언어 자체가 생각의 수단이다. (PI, §329)

언어는 언어 아닌 무엇을 전달하는 도구나 매체가 아니다. 언어가 전달한다고 여겨져온 의미는 언어 독립적인 것이 아니라 그 자체 언어적인 것이다. 도구와 그 쓰임이 그러한 것처럼 쓰임으로서의 의미는 전적으로 인간의 구체적 삶의 맥락에 얽혀 있다. 언어가 인간의 구체적 삶의 맥락에서 쓰이기 때문이다. 이처럼 쓰임을 통해 살아나는 도구로서의 언어가 우리의 삶과 그 복잡한 의미망을 형성한다. "명령하고, 질문하고, 이야기하고, 잡담하는 일은 걷고, 먹고, 마시고, 노는 일과 마찬가지로 우리 자연사自然史의 일부이다"(PI, §25). 명령하고, 질문하고, 이야기하고, 잡담하는 등의 언어 사용은 우리의 삶의 일부이기도 하다. 언어와 우리의 삶은 이처럼 불가분리의 관계에 있는 것이다.

언어의 사용은 도구의 사용이 그러한 것처럼 인간의 실천이다. 그리고 이러한 실천이 인간의 삶을 형성한다. 언어의 쓰임을 구체적으로 보여주려는 비트겐슈타인의 기술 작업, 언어의 일의적 쓰임이 탐구의 결과가 아니라 전통 철학의 요구 조건이었음을 밝히는 데리다의 해체 작업은 전통 철학과 같은 '이론'이 아니라 '실천'이다. 전통 철학은 이성적 이론이 실천에 선행한다는 이상에 사로잡혀 실천의 영역을 왜곡해왔다. 전통 철학에 대한 비트겐슈타인과 데리다의 비판은 실천이 이론의 전제임을 보여준다. 새로운 언어관, 즉 삶으로서의 언어는 이러한 실천의 철학을 위해 마련된 디딤돌이다.

1.1 과학사상연구회에서의 토론[2]

장회익 지금까지 우리는 사실이 따로 있어서 그것을 언어가 서술한다고 생각했습니다. 청년 비트겐슈타인도 마찬가지였던 것 같습니다. 그의 후기 사상에 기초한 오늘의 발표는 그러한 언어 독립적 사실이라는 것이 별 뜻이 없으며, 사실은 언어에 의해 호출되어 삶에서 사용될 때, 언어의 일부로서 의미를 갖게 된다는 것이 요지인 것 같습니다. 오늘의 발표에서 여러 번 나오는 중심과 주변과의 관계가 언어의 의미와 어떻게 연관되는지 설명해주십시오.

이승종 서양 철학사에는 각 시대마다 주도적 화제들이 있었습니다. 고대에는 존재, 중세에는 신, 근대에는 인식, 현대에는 언어가 그 예입니다. 각 화제를 당대의 철학자들은 어떤 하나의 구조로 파악했고 그 안에 중심과 주변을 나누어 배치했습니다. 고대에는 존재의 구조를 실재와 현상으로 나누어 각각 중심과 주변에 두었습니다. 중세에는 신과 인간을 같은 방법으로 배치했습니다. 근대에는 인식의 구조를 이성과 감성으로, 현대는 언어의 구조를 의미와 소리(혹은 문자)로 각각 나누어 중심과 주변에 배치했습니다. 데리다와 비트겐슈타인은 서양 철학사에서 반복되어 온 이러한 구조 형성과 그에 동반되는 이분법적 서열화를 해체하고 비판

---

2 이 절은 1장의 초고와 다음의 책을 주제로 1998년 3월 20일에 대우재단빌딩에서 있었던 과학사상연구회에서의 토론을 옮긴 것이다. Garver and Lee 1994. 토론 참가자는 다음과 같다. 장회익(서울대 물리학과 교수), 서광조(세종대 경제학과 교수), 구승회(동국대 윤리문화학과 교수), 박은진(서원대 교양학부 교수).

합니다. 이분법적 구조에는 형이상학적 전제, 숨은 가정들이 반성되지 않은 채 잠복해 있는데 그 핵심은 이성중심주의, 현전의 형이상학, 음성중심주의입니다. 이들을 해체했을 때 남는 것은 구조뿐이고 그 구조 안에는 중심과 주변이라는 것이 없습니다. 구조의 탈중심화가 비트겐슈타인과 데리다가 생각하는 것이지요. 여기서 비트겐슈타인과 데리다의 노선이 갈라지게 됩니다. 데리다는 구조만이 있다는 말을 텍스트 바깥에는 아무것도 없다는 말로 표현합니다. 데리다에게 있어서 구조는 곧 텍스트이니까요. 따라서 구조의 탈중심화는 텍스트의 탈중심화이기도 합니다. 그런데 비트겐슈타인에 있어서 구조 바깥에는 사람의 삶이 있습니다. 그에 의하면 언어는 저 삶의 문맥에서 사용을 통해 의미를 부여받습니다. 반면 데리다에 있어서 의미는 텍스트에 산종되어 있습니다. 철학사에 대한 비판, 구조 안의 이분법적 가치 매김이 갖고 있는 숨은 형이상학을 폭로하고 해체하는 노선은 같지만, 그다음의 언어의 의미에 대한 관점은 이처럼 서로 다르다고 할 수 있습니다.

장회익 언어가 지칭하는 대상이 있기 마련인데, 비트겐슈타인과 데리다도 언어의 대상이 존재한다는 것만큼은 인정하는 것입니까?

이승종 비트겐슈타인의 경우 언어의 지시체도 지칭하는 언어게임의 일부입니다. 그는 언어의 기능을 이름표와 같은 것으로 보는 철학자의 시각을 비판합니다. 언어는 대상에 대응하는 이름표가 아니라 측정자ruler와 같은 것입니다. 측정자로 대상을 재는 것처럼 언어로 대상을 이해한다는 것입니다. 언어의 의미는 사용에서 찾아야 합니다. 지칭도 사용의 한 예로 보아야 합니다.

데리다의 경우 언어의 지시체는 텍스트의 일부입니다. 그는 모든 것이 텍스트라고 봅니다. 심지어 원자탄도 텍스트라고 말합니다. 그는 고전적인 의미에서의 언어관, 즉 언어와 대상의 이분법을 해체합니다. 그렇게 해서 형성된 구조가 텍스트인데 이 구조는 이분법으로 고정된 것이 아니라 역사 속에서 살아 움직이는 것입니다.

서광조 언어와 사람이 같다, 언어가 의미나 해석보다 앞선다는 뜻인가요?

이승종 그렇게 보려면 몇 가지 전제가 필요합니다. 데리다는 언어에 잉여 의도가 있다고 봅니다. 텍스트를 지은 저자의 의도를 읽어내는 것이 텍스트에 대한 전통적인 이해지만, 데리다에 의하면 텍스트가 형성되면 저자는 그 텍스트의 의도나 의미의 독점권을 상실합니다. 그는 저자의 의도를 역전시키는 글 읽기의 방식을 제안합니다. 통상적인 글 읽기를 비판하고 거꾸로 읽어나가는 겁니다. 데리다는 후설Edmund Husserl과 같이 엄밀학을 지향하고 있는 철학자의 텍스트에서도 모순과 갈등을 찾아냅니다. 이러한 읽기 방식이 저자의 의도를 정확하게 반영하는지는 확실하지 않습니다.

구승회 소크라테스의 대화 방식과 해체적 글 읽기에 유사성은 없습니까?

이승종 소크라테스, 데리다, 비트겐슈타인은 그들이 지향하는 철학의 이념에 있어서 유사성이 있습니다.

구승회 그렇다면 데리다/비트겐슈타인과 서양 철학사 사이에는 어떠한 연속과 단절이 있습니까?

이승종 서양 철학사에서 소크라테스의 정신은 올바로 계승되지 않았습니다. 플라톤이 소크라테스의 사상을 대화편들을 통해 알렸다지만, 후기 대화편들은 소크라테스적이지 않습니다. 그것들은 소크라테스의 대화라기보다는 플라톤의 창작에 가깝습니다. 소크라테스는 이론을 거부했고, 대화를 어떤 인위적인 결론으로 이끌려 하지 않았습니다. 그러나 이후 서양 철학사를 주도한 것은 소크라테스가 아니라 플라톤이었습니다. 화이트헤드도 서양 철학사를 플라톤 철학의 각주라 했습니다. 플라톤 이래 20세기의 후설에 이르기까지 철학의 담론들은 외형적으로는 변했을지 몰라도 내용에 있어서는 같은 이념이 반복되었습니다. 넓은 의미에서의 플라톤적 이념 말입니다. 데리다와 비트겐슈타인은 서양 철학사를 이끌어온 플라톤주의의 헤게모니를 적시하고 이를 해체하려 했다고 평가할 수 있습니다.

구승회 "구조 바깥에는 아무것도 없다"는 논제는 데리다 이전에 알튀세르Louis Althusser의 논제이기도 한데 데리다의 경우 저 논제는 구조 바깥에 대해서는 말해서는 안 된다는 것인지, 그의 대안은 무엇인지 설명해주십시오.

이승종 데리다의 견해를 살짝 하버마스Jürgen Habermas의 용어로 표현하자면 플라톤 이래로 서양 철학사를 주도해온 이성중심주의는 과학 및 기술문명과 짝을 이루며 생활세계를 식민화하고 있습니다. 이제는 그 누구도 과학기술이라는 시스템에서 벗어나 면제될 수 없습니다. 서양 철학사에 대한 데리다와 비트겐슈타인의 비판은 이성 이외의 다른 목소리, 예컨대 시간성, 역사성, 구체성, 각자성 등을 동결함으로써 얻어진 인위적인 메커니즘이 공간적으로는 지구 전체에, 시간적으로는 철학사 전체에 울타리를 치고 있음을 보여주고 있습니다. 우리는 이성이라는 이름하에 이루어진 광기와 폭력을 고발하고 있는 푸코Michel Foucault를 그들 곁에 나란히 세울 수 있겠습니다. 그렇다고 이들이 어떤 유토피아적인 대안을 역설하는 철학자들이라고 보기는 어렵습니다. 김상환 교수님은 데리다가 바깥을 모색한다고 해석합니다만 저는 그렇게 보지 않습니다.

서양 철학사라는 담론의 지평에 드리워진 억압적 위계질서를 해체하는 작업은 일견 추상적이지만 현실과 무관하지는 않습니다. 이분법적 위계를 벗어났을 때 이전에 상대적으로 덜 주목받았던 주변에 관심을 두게 되고, 그로 말미암아 삶을 있는 그대로 보게 됩니다. 억압이나 폭력을 자각하고 그로부터 자유로워질 수 있는 계기를 얻게 되는 것입니다.

구승회 글의 논지를 너무 데리다 쪽으로 끌고 온 것 아닙니까? 특히 47쪽에 "쓰임으로서의 의미는 전적으로 인간의 구체적 삶의 맥락에 얽혀 있다"는 말과 "언어 자체가 생각의 수단이다"라는 말 사이에 논리적인 간극이 있는 것 같습니다. 비트겐슈타인을 너무 데리다의 해체주의적인 방식으로 해석한 데서 오는 잘못 같습니다.

이승종 "언어 자체가 생각의 수단이다"라는 말은 언어가 주체이고 생각이 거기에 종속된다는 뜻이 아니라, 생각도 언어적이라는 것입니다. 데리다에 견주어 비트겐슈타인을 이해하는 것은 전통적인 해석이 아니겠지만,

우리는 비트겐슈타인이 자신을 분석철학자로 간주하지 않았음을 주목할 필요가 있습니다. 과학에 경도된 카르납Rudolf Carnap이나 러셀 류의 분석철학은 비트겐슈타인이 보기에 그가 비판하고자 했던 과학주의입니다.

박은진 음성언어와 문자언어가 같은 것입니까? 역사적으로 볼 때 문자언어가 음성언어보다 우위에 있는 것 같은데요.

이승종 음성중심주의는 음성언어가 1차적이고 문자언어가 2차적인 언어라고 여겼습니다. 음성중심주의는 소리를 주변으로, 소리 없는 이성적인 의미를 중심으로 봅니다. 데리다는 문자언어가 음성언어를 베낀 2차적인 언어라는 음성중심주의의 논제를 비판합니다. 음성중심주의에 대한 강박적인 집착은 데카르트와 후설의 사적 언어에서 잘 나타납니다. 내가 한 말을 내가 들어 오해의 여지가 없게 하자는 것이 이성중심주의의 한 버전인 음성중심주의적 언어관입니다. 그에 따르면 타자와의 의사소통이 일어나는 순간 오염이 일어난다는 것입니다. 후설은 이상한 딜레마에 빠집니다. 확실성을 보존하려면 의사소통을 끊어야 하고, 의사소통을 하려면 확실성을 버려야 하는 거죠. 이러한 딜레마 사이에서 후설의《논리연구》는 삐걱거리게 됩니다. 데리다가 볼 때 후설의 딜레마는 형이상학적 편견에서 나온, 해체되어야 할 틀일 뿐입니다.

선생님께서 질문하신 음성언어와 문자언어 사이의 실제 역사상의 위계 문제는 데리다와는 직접 관련이 없는 것 같습니다. 그는 두 언어의 역사적 위계가 아니라 두 언어에 대한 철학자들의 형이상학적 위계를 비판하려는 것이기 때문입니다. 두 언어에 대해 각각의 형이상학적 구조를 만들고 그 구조를 이원화해서 이론화하는 경향성을 비판하려는 것입니다.

1.2 한국외국어대에서의 토론³

질문 언어가 갖고 있는 실천의 문제를 어떻게 보십니까? 그리고 언어의
이분법적 문제가 "도道를 도라고 말하면 도가 아니다"라는 노자의 사고와
연관성이 있는 것 같은데요.

이승종 제 발표에서 데리다와 비트겐슈타인이 동반관계로 등장했기 때
문에 그들의 관점에서 실천의 문제에 답해보겠습니다. 그들 철학이 전통
철학사에 대한 비판임을 상기할 필요가 있습니다. 그들이 보기에 서양 철
학사에서 언어와 사유는 구체적인 삶의 문맥에서 추상화되어, 보편화된
이상주의적인 이론체계로 환원되어 설명되어왔습니다. 철학사는 곧 이
론의 역사인데 이론은 언어의 추상화와 사고의 정형화를 동반함으로 말
미암아 우리의 삶과 세계를 제대로 보는 데 걸림돌이 되어왔다는 거죠.
　철학자에게 실천은 철학함과 분리될 수 없습니다. 그런 맥락에서 하
이데거는 생각도 실천이라고 했습니다. 데리다와 비트겐슈타인의 경우
에는 기존의 철학사가 저지른 과오, 일방적인 세계 이해를 비판하고 해
독제의 역할을 하는 것이 실천의 출발입니다. 데리다의 후기 저작에서는
인종차별의 문제를 비롯한 사회적 이슈도 다루어지고 있습니다. 반면 비
트겐슈타인은 하늘을 우러러 한 점 부끄러움 없는 삶을 살고자 자기 자
신과 사투를 벌였던 사람입니다. 글쓰기를 통해 철학적 질병의 치료를

3　이 절은 1장의 초고와 다음의 책을 주제로 1998년 1월 22일에 한국외국어대학교에서 있었
　던 외대대학원 학술연구 연합 겨울학교 발표회에서의 토론을 옮긴 것이다. Garver and Lee
　1994.

실천하기도 했지만, 자신을 개선하기 위한 실천을 경주했습니다. 그는 자신이 먼저 바뀌어야 세상이 바뀔 수 있고, 자신이 구원되어야 세상이 구원될 수 있다고 생각했습니다.

두 번째 질문은 이분법에 대한 비판과 노자의 사유 사이의 관계에 관한 것이었지요. 정형화된 (유가의) 철학을 비판하면서 그 한계를 보여준다는 점에서 도가의 사유는 데리다와 비트겐슈타인의 사유와 유사합니다. 이론으로 모든 것을 설명하려는 서양 철학자들의 눈에 동양철학은 자신들의 이론적인 수준에 도달하지 못한 것으로 폄하되어왔습니다. 그렇지만 이론화가 가져오는 세계에 대한 일방적 인식의 폐해를 비판하고 그것을 반성적으로 체화하는 노력으로서 도가적 사유가 의미가 있다고 봅니다. 이성중심주의에 대한 데리다와 비트겐슈타인의 철학과 도가의 사유 사이의 접점이 여기에 있습니다.

질문 노자는 《도덕경》에서 도를 도라고 말하면 도가 아니라고 말하면서 도에 대해서 계속 말하고 있습니다. 노자의 그러한 언어행위를 어떻게 보시는지요?

이승종 자기모순으로 보이지만 이것도 하나의 철학하는 방법으로서 노자에 국한된 것만도 아닙니다. 이성을 가지고 이성을 비판하는 칸트, 언어를 가지고 언어를 비판하는 데리다와 비트겐슈타인도 노자의 방법과 유사합니다. 기존의 언어가 어떻게 형이상학적인 편식에 의해서 오염되어왔는가 하는 점을 바로 그 언어로 비판하는 것입니다. 해석학적 선순환virtuous circle이라고 할 만한 이들의 방법은 악순환vicious circle의 오류와는 구별되어야 합니다. 그러나 데리다나 비트겐슈타인의 언어비판을 그들의 의도와는 달리 다시 이론화하는 작업이 있어왔습니다. 경계해야 할 것은 순환론보다는 저 이론화의 유혹이라고 봅니다.

질문 미국에서의 데리다 수용에 비추어 한국에서 데리다가 어떻게 수용되어야 할지에 대한 선생님의 견해가 궁금합니다. 데리다가 주목하는 것은 해석인 것 같은데, 예를 들어 루소가 말하는 내용이나 개념에 대한 그의 해석이 갖는 함의가 무엇인지요.

이승종 1966년 미국의 존스홉킨스대에서 구조주의를 주제로 한 학술대회가 개최되었는데, 당시 소장 학자였던 데리다가 구조주의의 거장인 레비스트로스를 비판한 논문 〈인문과학 담론에서의 구조, 기호, 게임〉으로 주목받기 시작합니다.[4] 그가 미국의 학계에 결정적으로 알려지게 된 것은 1973년 《목소리와 현상》이 영어로 번역되면서부터이며, 이후로 그는 세계적인 스타로 자리 잡게 됩니다. 그의 철학에 대해서는 두 가지 해석이 있습니다. 하나는 그를 독일 관념론을 계승하는 정통 철학자로 보는 가셰Rodolphe Gasché의 초월론적 해석이고, 다른 하나는 그를 철학의 종결자, 아이러니스트로 보는 로티의 해석입니다.

한국에서 데리다의 수용은 미국의 그것에 비해 아직 고유한 색깔을 띠고 있지는 못합니다. 한국의 학계는 그보다는 데리다를 충실히 연구하고 이해하는 일에 더 관심이 있는 것 같습니다. 이는 비단 데리다에 국한

---

4 이 논문을 포함해 존스홉킨스대에서의 학술대회에서 발표된 논문들은 다음의 논문집으로 출간되었다. Macksey and Donato 1970.

된 것이 아니라 서구 학문의 수용 과정에서 두드러지게 나타나는 한국적 현상입니다. 주자학에 대한 조선 유학자들의 수용 태도와 무관하지 않다고 봅니다. 신채호 선생은 조선에 "석가가 들어오면 조선의 석가가 되지 않고 석가의 조선이 되며, 공자가 들어오면 조선의 공자가 되지 않고 공자의 조선이 되며, 무슨 주의가 들어와도 조선의 주의가 되지 않고 주의의 조선이 되려 한다. 그리하여 도덕과 주의를 위하는 조선은 있고, 조선을 위하는 도덕과 주의는 없다"고 했는데 데리다를 비롯한 외래 사유의 수용에 유념해야 할 점이라고 생각합니다.

데리다는 제도나 폭력성에 대한 저항정신을 철학으로 승화하고 있습니다. 철학사에도 폭력이 있었으며 그 폭력은 이성이라는 이름하에 은폐되고 합리화되었다는 것이 그의 주장입니다. 그는 루소의《언어기원론》을 비롯해 상대적으로 주목을 받지 못했던 텍스트들을 발굴해 그 중요성을 환기시켰다는 점에서도 공헌한 바가 크다고 할 수 있습니다. 루소의《언어기원론》을 음성중심주의가 가장 선명하게 부각된 텍스트로 간주해 이를 해체적으로 읽어낸 텍스트가 데리다의 대표작인《그라마톨로지에 대하여》입니다.

1.3 연세대에서의 토론[5]

한자경 비트겐슈타인의 언어 중심적 철학과 선불교의 탈언어적 철학은 서로 대립되는 관계에 있지 않습니까? 비트겐슈타인의 언어철학과는 달리 선불교는 언어 너머의 직관과 깨달음을 강조하기 때문입니다.

이승종 비트겐슈타인은 그의 생애 전반에 걸쳐 언어의 한계 문제를 화두로 철학했습니다. 이는 아마 그가 존경했던 칸트의 영향일 것입니다. 칸트가 이성비판을 통해 인식의 한계를 규정하려 했던 것처럼, 비트겐슈타인은 언어비판을 통해 말할 수 있는 것의 한계를 규정하려 했습니다. 청년 비트겐슈타인에 있어서 이러한 시도는 말할 수 있는 것과 보여지는 것 사이의 구분으로 정립됩니다. 그리고 그는 말할 수 있는 것보다 말할 수 없는 것, 즉 보여지는 것이 더 중요하다고 강조했습니다. 의미가 쓰임이고 규칙의 따름이 실천이라는 후기 비트겐슈타인의 주장 역시 언어의 의미가 언어적으로 설명되어야 할 것이라기보다는, 쓰임과 실천을 통해 보여진다는 것으로 해석될 수 있습니다. 이를 뒷받침하는 다음과 같은 구절들이 있습니다.

> 우리가 이해에 실패하는 주된 요인은 우리가 우리 낱말의 쓰임을 **통찰**通察 **하지** 못하는 데 있다. (PI, §122)

---

5 이 절은 1장의 초고를 주제로 1997년 5월 3일에 연세대학교에서 있었던 성철선사 탄신 86주년 기념 학술회의에서의 토론의 일부를 옮긴 것이다. 토론 참가자는 다음과 같다. 한자경(이화여대 철학과 교수), 박우현(경기대학교 교양학부 대우교수).

우리의 잘못은 사실들을 '원초적 현상'으로 보아야 할 곳에서 어떤 설명을 구한다는 데 있다. 〔…〕

중요한 것은 우리의 체험을 가지고 언어게임을 설명하는 것이 아니라, 언어게임을 확인하는 것이다. (PI, §§654-655)

박우현 선문답과 사적 언어는 같은 것입니까?

이승종 그렇지 않습니다. 비트겐슈타인의 사적 언어 논증은 서구 철학사에 있어서 데카르트 이래로 심화되어온 인식론의 헤게모니에 대한 반발의 일환입니다. 사적 언어가 불가능하다는 비트겐슈타인의 논증이 참이라면, 데카르트, 로크, 후설 등으로 대변되는 인식론의 전통은 그 근원에서 흔들리게 됩니다. 반면 선문답은 깨달음을 위해 고안된 언어 사용입니다. 그것은 우리로 하여금 사물을 전혀 새로운 방식에서 보게 하는 일종의 충격 요법에 해당합니다. 그리고 이 충격을 통해 우리는 그동안 우리를 사로잡은 그릇된 형이상학과 인식론의 미망迷妄에서 해방됩니다. 이 점에서 선문답의 이념은 서구 형이상학과 인식론의 비판과 극복을 꾀하는 비트겐슈타인 철학의 이념과 근접해 있습니다. 비트겐슈타인이 강조하는 일상 언어는 형이상학적, 인식론적 오용誤用과 왜곡에서 벗어난 언어입니다. 이러한 의미에서 일상 언어의 일상성은 바로 선문답이 깨우치고자 하는 바에도 근접해 있지 않나 생각합니다.

질문 발표자는 "우리에겐 오염된 기존의 언어 이외의 순수한 제3의 언어가 마련되어 있지 않다"고 말했습니다. 그러나 불교의 언어가 바로 이러한 제3의 언어라고 보지는 않습니까?

이승종 이 글에서 전개된 오염의 두 의미를 구분할 필요가 있습니다. 첫째로 데카르트, 로크, 후설 등의 사적 언어주의자들이 말하는 오염입니다. 그들에 의하면 사적 언어를 통해 보장되는 의식의 순수성과 투명성은 의사소통의 순간에, 공적 언어를 사용하는 순간에 오염됩니다. 이 경우 오염 자체가 문제가 아니라 사적 언어주의자들의 그릇된 전제, 즉 의사소통=오염이라는 등식이 문제입니다. 둘째로 앞서 살펴본 형이상학적, 인식론적 언어 사용(오용)으로 빚어지는 오염입니다. 하이데거와 데리다에 의하면 어떠한 언어도 이러한 오염에서 자유로울 수 없습니다. 2,500년간의 서양철학사가 지속적으로 언어를 오염시켜왔기 때문입니다. 아울러 이러한 오염된 언어에 대한 대안의 언어는 없습니다. 제가 보기에 불교의 언어란 별도로 존재하지 않습니다. 불교에서 사용하는 언어도 우리가 사용하는 바로 그 언어입니다. 그리고 우리에겐 우리가 사용하는 바로 이 언어밖에 주어져 있지 않습니다. 문제는 언어 자체가 아니라 언어의 사용에 있습니다. 오염은 그릇된 언어 사용에서 빚어진 것입니다. 불교의 선문답과 비트겐슈타인의 치료적 철학은 바로 이러한 언어의 오용에서 비롯된 오염과 질병을 극복하고자 마련되었다고 봅니다.

2장
한국현대철학의 지형도

1. 사회과학 방법논쟁

분과화가 현대 학문의 특징이라지만 한국현대철학은 서양현대철학의 지형도를 바탕으로 양분되어 있다고 해도 과언이 아니다. 한국에서 대륙철학과 영미철학을 각각 대표해온 현상학회와 분석철학회가 만났던 것은 1985년 단 한 차례에 불과하다. 지향성을 주제로 했던 이 두 학회의 합동 세미나에서 발표된 글들에서조차 양 진영 사이의 교차적 언급이나 참조는 발견되지 않는다. 현상학자가 분석철학회에서, 혹은 분석철학자가 현상학회에서 양자 사이의 공통된 주제에 관해 발표하는 일은 적지 않은 용기를 필요로 하는 모험이다. 지향성에 관한 한전숙 교수(한전숙 1996)의 현상학적 연구와 정대현 교수(정대현 1992)의 분석적 연구는 서로에 대해 그 수준의 눈높이 이상의 원거리에 놓여 있는 것이 우리의 현실이다. 사정이 이러하다면 한국에서 현상학과 분석철학 연구자 사이에 공유된 철학적 문제에 관한 논쟁을 찾아보기 어려운 것은 수긍이 가는 일이다. 서양에서도 이러한 논쟁이 드물다는 사실을 위안 삼을 수밖에 없는 처지이다.

1970년대 초에 우리의 관심을 끌 만한 아주 예외적인 논쟁이 한 번 있었다. 당시 연세대 철학과 교수로 재직하던 이규호 교수와 정치학을 전공한 미국 조지아대의 이영호李永鎬 교수 간에 있었던 사회과학 방법 논쟁이 그것이다. 1960년대에 포퍼Karl Popper와 아도르노Theodor Adorno 사이에 벌어졌던 독일의 실증주의 논쟁을 연상시키는 이 논쟁에서 대륙의 현상학적, 해석학적 방법론과 영미의 실증주의적 방법론은 정면으로 충돌하였다. 이규호 교수는 대륙의 다양한 현대철학사조를 하나의 관점에서 일관된 방법론으로 정리하면서 영미 실증주의의 한계와 이데올로기적 보수성을 명쾌한 논지로 비판하였고, 이영호 교수는 실증주의의 경험적 접근법을 명징하게 부각시키면서 이규호 교수의 비판을 조목조목 반박하였다.

이규호 교수는 객관성과 가치중립성을 표방하는 실증주의에 대해 실증주의가 중시하는 경험적 증거의 타당성을 결정하는 기준 자체가 인간이 지니고 있는 관심과 전제에 의해 지배되고 있음을 역설한다. 그는 다음과 같이 말한다.

문제의식이나 문제 제시에 있어서뿐 아니라, 거기에서 드러난 경험적 사실을 파악하고 인식하는 데 있어서도 늘 일정한 해석을 거치게 된다. 왜냐하면 사회과학이 거기에 의존하는 경험적인 사실은 역사적이고 사회적인 성격의 것으로서, 감성적인 지각에 의해서 단순히 확인할 수 있는 감각적 경험의 사실과는 달리, 역사적인 전통과 사회적인 인간관계가 얽

헌 간주체적intersubjektisch인 경험의 사실이기 때문이다. 이러한 복합 관계로서의 간주체적인 경험의 사실들은 그것을 해석하는 〈관점들〉에 따라서 늘 다르게 드러난다. (이규호 1974b, 55-56쪽)

이영호 교수는 실증주의의 경험적 접근법에 여러 제한조건과 어려움이 있음을 시인한다. 그러나 그렇다고 해서 객관성과 가치중립성의 이념을 포기해서는 안 된다. 그는 다음과 같이 말한다.

그러면 이와 같은 많은 제한적 조건에도 불구하고 사회과학에서 경험적 접근법을 쓰는 것이 정당화되는가?
    이에 대한 답은 주저 없이 긍정적이다. 경험적 증거를 강조하고 가능한 한 정밀한 계량을 기도하는 것은 사회과학을 과학화하는 유일한 길이기 때문이다. 이와 같은 접근법을 쓰지 않고 사회 현상에 대한 인간의 지식의 과학성을 증대할 수 없기 때문이다. (이영호 1974, 36쪽)

사회과학도 과학인 이상 과학화해야 되며, 과학화를 위해서는 경험적 접근법을 통해 실증을 거듭하는 수밖에 없다. (이영호 1974, 47쪽)

사회과학의 객관성과 가치중립성을 둘러싼 이들 사이의 논쟁으로 말미암아 양 진영 간의 입장의 차이는 분명해졌고, 아울러 양 진영의 방법론적 차이성에 대한 세인의 관심이 고조되었다. 더 이상 논쟁의 양상을 띠진 않았지만 양 진영의 방법론을 각각의 입장에서 정리하고 더욱 상세히 소개하는 글들이 뒤에 잇따랐다는 사실이 이를 입증한다. 그러나 돌이켜볼 때 이 논쟁은 그 희소성의 가치에도 불구하고 여러 면에서 아

쉬움과 부족함을 남기고 있다.[1]

첫째, 논쟁의 무대가 철학 학술지가 아니라 시사 교양지(《정경연구》)였다는 점이다. 논쟁의 발단이 된 이규호 교수의 글은 이 교수 스스로가 시인하고 있듯이 "연구 발표라기보다는 구라파의 철학계의 동향을 귀국 보고 형식으로 이야기해달라는 요청에 의해서, 최근의 여러 가지 중요한 철학적 과제들 중의 하나를 택해서 이야기한 것"(이규호 1974b, 48쪽)이었다. 이규호 교수의 글에 대한 이영호 교수의 반박문 역시 이영호 교수 자신의 말대로 "경험적 접근법에 대한 이해를 증진시키"(이영호 1974, 30쪽)려는 계몽적인 것이었다. 요컨대 논쟁의 무대나 거기에서 오고 간 글의 성격이 애초부터 본격적인 학술 논쟁으로 심화되기 어려운 상황이었다. 실제로 논쟁은 이영호 교수의 반박문에 대한 이규호 교수의 답론으로 짧게 마무리되고 말았다.

둘째, 논쟁에서 경합하게 된 방법론들이 대륙과 영미 양 진영을 대표하고 있는 것으로 보기에는 각각 나름대로의 어려움이 있다는 점이다. 논쟁의 발단이 된 이규호 교수의 글은 후설의 현상학, 가다머Hans-Georg Gadamer의 해석학, 후기 비트겐슈타인의 언어철학, 하버마스의 비판이론 등 입장을 달리하는 일군의 대륙 철학 사상들을 총망라하여 이들이 하나로 수렴된 견해를 표방하고 있는 것처럼 묘사하고 있다. 반면에 이규호 교수의 글에서 그에 맞서는 방법론으로는 영미철학의 경험적 접근법의 사회과학적 버전의 하나인 행태주의가 등장한다. 이규호 교수가 구성한 이 대결 구도는 다윗과 골리앗의 싸움을 연상케 하는 불평등한 구도

---

1 이규호 1974c에 실린 글들을 참조할 것.

이다. 이 점에서는 이 논쟁의 모태라 할 수 있는 1960년대 독일의 실증주의 논쟁과 대조를 이룬다.

셋째, 논쟁이 철학적 사조 간의 대결이 아니라 대륙의 철학과 영미의 사회과학 간의 대결 양상으로 전개되었다는 점이다. 대륙철학의 입장에 선 이규호 교수가 다채로운 철학 사조들을 동원하고 있는 데 반해, 영미 사회과학의 입장에 선 이영호 교수는 영미철학을 대변하는 것으로 보기에는 다소 협소하게 느껴지는 사회과학의 경험적 접근법만을 소개하고 있다. 역으로 이영호 교수는 사회과학에서의 실증주의가 지닌 구체적 방법과 정신에 대해 확고한 이해와 논리를 보여주고 있는 데 반해서, 이규호 교수의 실증주의관은 다소 도식적이고 편중된 감이 있다. 이는 논쟁이 한국의 철학자와 미국에서 가르치는 정치학자 사이에 사회과학 방법론을 주제로 벌어졌다는 데서 기인하는 것으로, 이러한 틀에서 대륙과 영미의 철학적 정수가 심도 있게 논의되기는 어려웠다고 본다.

2. 오해와 이해

논쟁에 참여한 쌍방은 모두 상대편의 입장을 제대로 이해하지 못했던 것 같다. 논쟁의 발단이 된 이규호 교수의 논문에서 콩트에서 빈 서클에 이르기까지 대륙에 기반을 둔 실증주의와, 그와는 전통을 달리하는 영미 사회과학의 행태주의, 그리고 자극-반응의 도식에 의존하는 스키너의 행동주의가 서로 구별되지 않은 채 한데 묶여 비판되고 있다는 것도 문제이다. 이규호 교수는 "실증주의적인 경험 분석의 사회과학들은 사회의 표면적인, 그리고 부분적인 사실들을 정리할 수 있으나 그 사회의 심층적인 구조적인, 그리고 생동적인 요인을 파악하지 못한다"(이규호 1974a, 28쪽)면서, 그러한 사회과학은 "특수한 이데올로기적인 관심과 의도 아래서 다듬어진 기술학"(이규호 1974a, 28쪽)이기 때문에 실증주의자들은 "학자라기보다는 기술자"(이규호 1974a, 28쪽)라고 몰아붙인다. 이영호 교수는 실증주의에 대한 비판이 이해 부족에서 초래된 "정당화될 수 있는 비판 이상의 비판"(이영호 1974, 29쪽)이라고 응수하면서, "철학이나 윤리학을 과학화할 수 없듯이 사회과학을 철학화나 윤리학화할 수는 없다"(이영호 1974, 47쪽)고 주장한다. 이영호 교수의 말을 인용해보자.

> 서투른 계량보다 경우에 따라서는 능숙한 문학적인 묘사가 오히려 더 만족스럽게 느껴질지 모른다. 그러나 계량적인 연구는 그런 연구의 반복과 축적을 통해 정밀성을 증대시킬 가능성이 있지만 탐질적探質的인 예술은 그것이 불가능하다. (이영호 1974, 44쪽)

이규호 교수는 실증주의자를 일종의 기술자로 보고 있고, 이영호 교수는 경험적 접근법을 채택하지 않는 학자들을 일종의 예술가로 보고 있다.

그러나 설령 이규호 교수의 주장대로 실증주의적 사회과학이 기술학이라 하더라도 이를 추구하는 실증주의자가 학자가 아니라 기술자라는 그의 비판은 온당치 않다. (기술과학자는 없는가? 기술과학자는 학자가 아니라는 말인가?) 실증주의적 방법이 사회 비판 작업에도 동원된다는 사실은 이규호 교수의 이러한 비판을 약화시킨다. 실증주의적 사회과학이 사회의 표면적이고 부분적인 사실들의 정리에 그친다는 주장도 정작 그에 대한 심도 있는 정당화는 결여하고 있다.

계량적 연구와는 달리 질적 연구의 경우 연구의 반복과 축적이 불가능하다는 이영호 교수의 주장도 정당화를 결여하고 있기는 마찬가지이다. 계량적인 방법에 반대되는 질적 접근법이 예술과 같은 것이라는 주장은 철학을 포함하는 인문학, 그리고 예술에 대한 심각한 오해를 노정하고 있다. 예술은 방법론이 아니고 철학과 인문학은 예술과 구별된다. 요컨대 이규호 교수는 실증주의자와의 논쟁을 철학자와 기술자의 논쟁으로, 이영호 교수는 질적 방법론자와의 논쟁을 과학자와 예술가의 논쟁으로 간주하고 있었다. 상호 간의 이러한 철저한 몰이해 속에서 벌어진 논쟁이 생산적인 결실을 거두기는 어려웠다.

이러한 여러 이유와 한계로 말미암아 이규호 교수와 이영호 교수 사이에 벌어진 사회과학 방법논쟁은 비록 그것이 척박한 우리 학계에 미친 공헌을 십분 인정한다 해도 대륙철학과 영미철학 사이의 본격적 논쟁으로 보기는 어렵다. 박동환 교수는 "우리나라 인문사회학계에 수용된 인본주의와 실증주의 논쟁은 그러한 주의형성의 역사적 경위에 대한 반성이 전혀 없이 이루어졌기 때문에, 다만 서양의 인문사회학도들 사이의 논쟁을 아주 피상적으로, 때로는 왜곡해서 되풀이한 것에 불과"(박동환 1993, 143쪽)하다고 평가한다. 그는 다음과 같이 말한다.

우리는 인본주의 및 실증주의 방법론을 각각 서양의 역사정신이 한편으로는 인간의 자기 긍정과 지양의 창조정신으로서 그리고 다른 한편으로는 인간 이성의 끊임없는 자기반성과 해방을 시도하는 객관정신으로서 나타난 두 개의 얼굴이라고 이해해야 한다. (박동환 1993, 150쪽)

홍미로운 것은 박동환 교수가 자기반성과 해방의 정신을 실증주의에 귀속시키고 있다는 점이다. 앞서 우리는 이규호 교수를 좇아 세계에 대한 인식이 특정의 전제 또는 제약조건들 위에서 성립함을 살펴본 바 있다. 박동환 교수는 이로부터 "반드시 어떤 한 특정의 전제 또는 관점에 집착하는 당파적, 이데올로기적 선택이 요청된다고 하는 주장은 나올 수 없다"(박동환 1993, 283쪽)고 본다. 실증주의야말로 바로 이러한 당파적, 이데올로기적, 전제 제약적 사유로부터 가능한 한 해방을 추구하려는 탈이데올로기적 비판철학이라는 것이다.

실증주의 논쟁은 그 진원지인 대륙과 영미 학계에서 이제 더 이상 자취를 찾아보기 어렵다. 상황이 바뀌어 (1) 과학에 대한 영미 학계의 이해가 쿤Thomas Kuhn의 출현 이후로 크게 변모해 실증주의가 더 이상 과학 방법론을 대변하기 어려워졌다는 점, (2) 이로 말미암아 과학 방법론으로서의 실증주의에 대한 비판 자체가 상당히 의미를 상실했다는 점, (3) 실증주의에 대한 비판 세력이 포스트모더니즘이라는 새로운 상대와 힘겨운 마지막 승부를 벌이고 있다는 점 등을 그 이유로 꼽을 수 있다. 우리 학계에서도 이러한 대세에 밀려서인지 방법론에 대한 논의는 급격히 약화되어 이제는 학회 주최 측의 주문에 의해서만 간간이 명맥을 유지하고 있을 뿐이다.

3. 타인에게 말 걸기

한국에서 대륙철학 전공자와 영미철학 전공자 사이에 두드러진 논쟁은 없었지만 서로에 대한 수용적, 혹은 비판적 언급, 그리고 양자를 종합하거나 극복하려는 시도가 전혀 없었던 것은 아니다. 비록 그것이 본격적으로 이루어진 것은 아니라 해도 우리는 이들 희귀한 논의에서 서구에서조차 서로가 서로에 대해 타자로 완벽히 갈라진 대륙철학과 영미철학이 한국에 수용되어서는 서로에게 어떻게 말을 걸 수 있는지에 대한 귀중한 흔적을 보게 된다.

1. 대륙철학 연구자로서는 드물게 《기호논리학》을 저술한 바 있는 소광희 교수는 영미의 언어철학에 대해 다음과 같이 비판하고 있다. 첫째, 언어를 대상 언어와 메타언어로 계층화하는 과정에서 정작 이 역할을 분담시키는 "가장 생생하게 살아서 활동하는 언어는 숨어버리고 만다"(소광희 1998, 26쪽). 둘째, 러셀과 비트겐슈타인의 그림 이론이나 언어-세계 동형론과는 달리 "언어는 실재와 반드시 대응하는 것만은 아니"다. "개념은 있으되 그 개념에 상응하는 실제적 대상이 없는 경우가 허다하다"(소광희 1998, 26쪽). 셋째, 일상 언어를 진위의 잣대로만 재는 것은 "삶의 생생한 현장에서 고찰되어야 할" 일상 "언어의 효용성"을 간과하는 결과를 초래한다(소광희 1998, 27쪽). 넷째, 언어를 명제의 차원에 한정시키면 "명제화된 것보다 훨씬 유의의한 것, 예컨대 침묵이나 눈짓, 표정, 어떤 거동 등은 언어의 범주로부터 배제"되고 만다(소광희 1998, 27쪽).

소광희 교수의 이러한 비판은 영미철학 바깥에서 나왔다는 점에서 경청할 만하다. 특히 우리 학계의 영미철학 전공자에게서 영미의 언어철학을 비판하고 자성하는 목소리를 듣기가 어렵다는 점을 감안할 때 그의 비판은 더욱 가치를 지닌다. 여기서 상세히 거론할 수는 없지만 그가 지적한 네 가지 문제는 작금의 영미 언어철학의 핵심적 쟁점이요 과제들이기도 하다.

2. 현상학자 이영호李英浩 교수는 현상학과 분석철학의 관계에 대해 다음과 같은 견해를 피력한다. "현상학은 자연과학의 경험적 입장에 비판적인 경향을 띠고, 분석철학은 이에 호응하는 입장을 띤다"(이영호 1999, 168쪽). 그러나 양자는 "현대 철학의 과제를 '엄격한 학문으로서의 철학'의 정립에 둔다는 점"에서 "'철학의 학문성'의 문제에 공통적인 시선을 던진다"(이영호 1999, 168쪽). 하지만 "한편에서는 경험적 사실에 궁극적인 근거를 찾고, 다른 편에서는 주관의 선험적 영역 내에 폐쇄된 영지를 확보한다"(이영호 1999, 169쪽)는 점에서 분석철학과 현상학은 갈라진다. 이영호 교수는 "이 두 개의 영역이 어떻게 통일적 조화를 이룩할 수 있는가 하는 것이 오늘날 철학에 종사하는 사람들이 풀어야 할 과제"(이영호 1999, 169쪽)라고 말한다.

엄격한 학문으로서의 철학의 학문성 문제에 공통적인 시선을 던진다는 점에서 현상학과 분석철학이 서로 대화하고 조화할 수 있다는 이영호 교수의 제언은 대륙철학과 영미철학 사이에 공유되어온 문제의식이 무엇인가를 구체적으로 환기시켜주고 있다. 이 사실은 두 철학 사조를 애초부터 갈라서 수용해온 우리 철학자들이 오랫동안 잊고 있었던 사실이기도 하다.

3. 분석철학자 김여수 교수는 후설의 진리론을 다음과 같이 비판한다. 후설에 의하면 명증은 진리의 체험이며, 진리는 지향된 것과 주어진 것 사이의 일치이다. 여기서 지향된 것은 의식의 일부로서의 의미나 형상이며, 주어진 것은 주관적으로 해석된 감각소여이다.

그렇다면 주관적인 것과 주관적인 것이 일치한다고 하여 그것이 객관적인 것이 될 수 없으며 또 명증이라는 주관적 체험에 의하여 강화된다고 하여 객관적인 것이 될 수도 없다는 것은 명백하다. 주관론적 인식 체계 속에서의 객관성 확보의 문제는 후설의 현상학이 선험 철학화하고 생활 세계 철학으로 확대되는 과정에서 마치 목에 걸린 가시처럼 반드시 해결되어야 할, 그러나 좀처럼 해결되지 않는 문제로 계속 남는다. (김여수 1981, 28-29쪽)

김여수 교수의 비판은 분명 현상학의 핵심을 찌르고 있다. 따라서 한국의 현상학자들로부터 의당 어떤 응답이 있었어야 했다고 본다. 김여수 교수와 함께 한국의 분석철학계를 이끌어온 이명현 교수(이명현 1997, 302쪽)와 엄정식 교수(엄정식 1990, 300쪽)는 현상학을 일종의 형이상학으로 보고 있다. 이러한 평가에 대한 현상학자들의 견해는 아마 부정적일 것이다. 그러나 이 문제에 대해서도 아직 어떠한 응답도 없다. (혹시 우리는 서로가 쓴 글은 아예 읽지 않는 것은 아닐까?)

4. 영미철학 전공자로서는 드물게 대륙철학을 어우르는 철학을 구상해온 이명현 교수는 언어, 상호주관성, 실재론, 이렇게 세 개념 축을 바탕으로 현대 서양철학의 다양한 흐름을 다음과 같이 정리한다. 비트겐슈타인의 사적 언어 논증이 보여주는 철학적 논점은 **"나의 의식을 거점으로 삼고 수립되는 모든 철학은 언어의 성립가능성을 배제한다"**(이명현 1997, 230쪽)는 것이다. 나와 타인이 서로 만나는 상호주관적 차원이 언어가 성립할 수 있는 전제조건이다. 이명현 교수는 데이빗슨Donald Davidson, 퍼트남Hilary Putnam, 썰John Searle, 아펠Karl-Otto Apel, 하버마스의 철학이 이러한 상호주관적 차원으로 수렴하고 있다고 본다. 그는 나 밖에 있는 타인들과 사물 세계가 나의 의식에 독립해서 존재한다는 보통 사람의 존

재론을 실재론으로 정의한다. 실재론은 언어 가능성의 전제조건을 제공하는 존재론일 수 있다. 실재론으로의 전환은 다름 아닌 우리 의식으로부터 타인과 사물을 포함하는 상호주관적인 차원, 우리의 차원으로의 전환을 뜻한다. 여기서 그는 "**상호주관적 차원, 언어, 실재론**이 하나의 **동심원적 관계**에 놓여 있다는 하나의 통찰에 도달"(이명현 1997, 235쪽)한다.

이명현 교수의 구상은 포괄적이고 독창적이다. 그러나 이 교수의 구상은 그 자신도 시인하고 있듯이 본격적인 분석을 위한 하나의 예비적 시론試論에 머물고 있다. 이 교수는 신문법이라는 새로운 형태의 철학을 구성한 바 있다. 현대철학의 좌표에 대한 그의 이해는 신문법 철학과 맞물려 있기 때문에 이에 관한 상세한 논의는 별도의 지면이 필요하다고 생각한다.

'학회'라는 엄숙한 명칭은 현상학회와 분석철학회를 독문학회와 수학회와 같은 상호 이질적인 학술 단체처럼 보이게 한다. 그래서 이들 학회에서 논의되는 현상학과 분석철학은 철학이라는 한 울타리 안에서 진행되고 있는 사조가 아니라 독문학이나 수학이 서로에 대해 그러한 것처럼 자기 정체성이 전혀 다른 별개의 학문인 것 같은 인상마저 풍긴다. 그러나 이러한 인상은 기껏해야 절반만이 참이다. 현상학과 분석철학은 서로 간의 차이에 대해서는 분명한 편일는지 몰라도 정작 각자 자기 자신의 정체성에 대해서는 위기와 혼란을 겪고 있기 때문이다. 이러한 위기와 혼란은 20세기 서구 철학 전반에 드리워진 운명이기도 하다.

20세기 서구 철학사는 수많은 사조들이 난립한 제자백가의 시대였다. 학문이 제도화되는 자본주의의 흐름을 타고 우리 학계에도 학회가 적지 않게 생겨나게 되었다. 그러나 사조의 제도화는 사조의 화석화를 불러올 수 있음을 우리는 잊어서는 안 된다. 제도화로 말미암아 화석화되는 사조는 권위로 화하면서 배타성을 띠게 된다. 그때 학회는 교회나 친목 단체 같은 성격으로 변모할 수 있고, 그곳에서 복음과 격률을 어기는 파격이나 이교도/이방인의 목소리는 발붙이기 어렵게 된다. 그 어느 때보다도 풍요로운 사조의 만개를 목격한 우리 시대에 불어 닥치는 철학의 정체성 위기는 이러한 외적 풍요가 초래한 거품에 가려버린 진정한 비판적 철학 정신의 위기인지 모른다.

2.1 논평2 (한정선)3

이승종 교수의 논문은 20세기 대륙철학과 영미철학 사이의 방법론에 대한 논쟁을 크게 대륙의 현상학과 영미의 분석철학을 중심으로 정리하고 있다. [...] 논평자는 이승종 교수가 분석철학에 정통하면서, 현상학자와 분석철학자가 공유하는 담론의 장을 매개해준다는 점에서 신선한 자극이 되어주고 있음을 매우 높이 평가한다. 그런데 좀 더 나아가, **논평자는 이승종 교수가 후설의 언어현상학적 방법론이나 여타의 현상학적 방법론에 대비되는 언어분석철학의 특유한 학적 방법론의 특성과 다양성을 해명해줄 것을 부탁하고 싶다. 그리고 이 두 방법론의 융합 가능성(이를테면 해석학과 현상학이 융합 가능했듯이) 아니면 불가능성에 대한 그의 생각도 궁금하다.** 적어도 이승종 교수의 논문의 제목이 암시하듯, 이 둘 사이의 방법론 논쟁에 관심이 있다면 말이다.

논평자는 이 두 학적 방법론이 서로 자신의 관심과 방법과 지평을 해명하는 데에 몰두하였기 때문에, 자연히 타자와 논쟁하는 문제에 있어서는 소홀히 할 수밖에 없었다고 생각한다. 그러나 이 둘이 서로 꼭 배타적일 필요는 없다. 오히려 상호보완적이어야 바람직하다고 보아야 할 것이다. 왜냐하면 현상학이 언어분석 방법론(언어행위이론으로 또는 언어게임이론으로 접근하는 방법론 등등) 자체에만 만족할 수는 없다고 하더라도,

---

2 이 절과 2.2는 2장의 초고를 주제로 1999년 6월 5일에 이화여자대학교에서 있었던 한국철학회에서의 논평의 일부와 토론을 옮긴 것이다.

3 감리교신학대 종교철학과 교수.

언어행위나 언어게임 등등의 문제를 배제할 수 없기 때문이며, 또한 분석철학도 언어를 매개로 일어나고 있는 우리의 의미작용Bedeutungsakt을 이미 언제나 전제로 하고 있는 한, 언어현상학에 의해서 보충될 필요가 있기 때문이다. 그리고 여기서의 언어현상학도 《논리연구》의 언어현상학과 같이 좁은 의미의 차원을 훨씬 넘어서서 좀 더 포괄적인 삶의 맥락 속에서 언어 현상에 접근하는 넓은 의미의 언어현상학으로 이해할 필요가 있다.

논문의 후반부에서 **이승종 교수**는 한국의 현상학자들과 분석철학자들 사이의 **수용적·비판적 언급**과, 두 분야를 종합하거나 극복하려는 시도가 있었음을 언급하고 있다. 그 가운데서도 이승종 교수가 동조하는 김여수 교수에 의존하는 현상학 비판(후설처럼 의식의 명증성에 의존하는 현상학 비판, 이 책, 72쪽 이하)은 '현상학'의 가장 취약한 핵심을 찌르는 비판이라기보다는, 어떤 학적 방법론을 쓰더라도 결국은 의식의 주관성을 통해서도 객관성을 확보하는 문제에 부딪칠 수밖에 없는, 모든 학적 방법이 자신의 인식을 정당화시키기를 시도한다면 반드시 통과해야 할 마지막 관문이다. 우리들 자신의 현상학에 대한 편협한 시각을 제거한 후라면, 현상학 자체 속에 의식의 유아론적 고립주의를 벗어난, 즉 상호주관적 의식의 선험성도 있으며, 역사적으로 변화하는 의식 밖의 세계에 지향적으로 관계하는 상관적 존재론도 주관적 인식체계 속에 이미 언제나 수용하는 통로가 있음을 알게 될 것이다. 이에 대해 이승종 교수가 어떻게 생각하는지 묻고 싶다.

그리고 이명현 교수와 엄정식 교수가 **현상학을 일종의 형이상학으로 본다**고 이승종 교수는 보고하고 있는데, 그것이 사실이라면 어떤 의미에서 '형이상학'이라고 하는지를 일단 검토해보아야 되겠지만, 어쨌든 그것은 **현상학을 매우 편협한 시각으로 보고 있지 않나** 하는 의구심이 논평자에게는 일어난다. 한국철학계에서의 현상학에 대한 이해는 후설에 관한 한 의식철학으로서의 현상학 부분과 하이데거의 실존현상학 내지 해석학적–현상학 정도에서 그치기 때문에 **편협한 경향이 있고,** 그 이외에 **다양한 현상학의 패러다임들이** 있는 것을 간과하는 경향이 있다. **논평자는 이처럼 편협한 현상학 이해에 대해 이승종 교수는 어떻게 생각하고 있는지 그 입장을 듣고 싶다.** [⋯]

이승종 교수는 **한국에서의 현상학과 분석철학**이 서로 소원한 위치에서 전혀 다른 별개의 학문인 듯한 태도를 취하고 있다고 지적하면서, **이들 두 분야가 서로 자신의 정체성의 위기를 겪고 있다고 하는데, 그것이 무슨 말인 지, 어떻게 해야 정체성을 찾고 위기를 극복하는 것인지 좀 더 자세히 설명해주 기를 논평자는 부탁하고 싶다.**

2.2 한국철학회에서의 토론[4]

이승종 현상학과 분석철학의 융합 가능성이 궁금하다는 질문과 현상학과 분석철학이 정체성의 위기를 어떻게 극복할 것인가 하는 한정선 교수님의 질문을 하나로 엮어서 답변하겠습니다. 현상학과 분석철학은 이제 더 이상 어느 한 사상가의 철학이 아닙니다. 또한 두 사조가 각각의 이름으로 묶이는 데 요구되는 필요충분조건을 제시하기도 어렵습니다. 결국 오늘날의 현상학과 분석철학은 다양한 일군의 철학자들을 지시하는 데 쓰이는 일종의 이름표라고 생각합니다.

이렇게 두 사조의 정체성이 매우 느슨해진 것은 두 사조가 자신의 영역을 확장하거나 노선을 다양화시키는 과정에서 초래된 귀결이기 때문에 저는 이러한 정체성 위기를 극복하자는 주장을 펴는 것이 아닙니다. 하지만 여전히 두 사조 간에는 대화와 교류의 가능성이 열려 있다는 것을 이 두 사조 사이에 이루어진 상호 간의 희소한 논쟁을 환기시킴으로써 보여주려 했던 것이 제 발표문의 취지였습니다.

한정선 교수님은 김여수 교수님의 비판을 문제 삼고 있습니다. 그러나 저는 김여수 교수님의 비판에 전적으로 동조하는 것이 아닙니다. 후설은 김여수 교수님의 서술과는 달리 주객의 일치를 문제 삼았다기보다는 이 일치가 이미 지향성에 의해 이루어졌음을 전제한 후에 일치를 가능케 하는 지향적 관계를 서술하고 분석하려 했기 때문입니다. 물론 우

---

4   토론 참가자는 다음과 같다. 한정선(감리교신학대 종교철학과 교수), 엄정식(서강대 철학과 교수), 이명현(서울대 철학과 교수), 이종관(성균관대 철학과 교수).

리는 후설의 서술과 분석이 올바로 이루어졌는지를 문제 삼을 수 있을 것입니다. 한정선 교수님은 현상학의 상호주관성과 역사의식을 거론하여 김여수 교수님의 비판에 응수하고 있지만, 역으로 그러한 논점이 현상학 내에서 제대로 논의되었는지의 타당성 여부를 다시 문제 삼을 수 있습니다.

현상학을 형이상학으로 보는 엄정식 교수님과 이명현 교수님의 견해에 대한 질문은 그분들께로 돌리기로 하겠습니다.

엄정식 제가 의식한 형이상학은 칸트가 비판했던 형이상학이 아니라, 인식론과 밀착된 형태의 형이상학, 즉 칸트가 《형이상학 서설》을 말할 때의 바로 그 형이상학이었습니다. 선험성의 강조, 반실증주의적 과학관이 후설의 형이상학적 기조가 된다는 말이었습니다. 현상학을 부정적으로 비판하고 편협하게 해석하고자 하는 것이 제 의도는 아닙니다.

이명현 후설의 철학은 데카르트의 전통을 따르자는 것이 그 취지이기 때문에 인식론으로 보아야 한다고 봅니다. 그러나 인식론과 형이상학의 구별 자체가 어렵고, 후설 철학을 넓은 의미에서의 형이상학이라고 볼 수 있다고 생각합니다. 저 역시 후설을 반박하고자 하는 의미에서 현상학을 형이상학이라고 본 것은 아닙니다. 썰이 《지향성》을 저술했을 때 그의 취지는 현상학과 분석철학의 접점을 보이기 위한 것이었습니다. 이승종 교수의 논문도 그런 맥락이며, 그의 생각에 동조합니다. 그리고 덧붙여서 현상학의 '현상'이라는 말 자체가 모호해서 개념적 혼란이 야기될 수 있고, 그런 맥락에서 논평자의 지적이 있었던 것 같습니다. 의식 안에서 드러나는 본질 직관이 후설의 후기에서 생활 세계로 가면서 과연 지지될 수 있는지의 문제가 있습니다.

한정선 문제는 그런 혼란이 현상학자들 안에서는 일어나지 않는다는 것입니다.

이종관 이승종 교수의 논문은 분석철학과 현상학을 만나게 하는 시도이고, 그 시도는 중요하다고 생각합니다. 이 교수는 만남의 단초를 지향성에서 잡았는데 저는 대안적 단초를 수리철학과 논리철학에서 잡아봅니다. 후설은 직관주의로, 다른 이들은 형식주의로 서로 길이 갈리게 되었습니다. 그 이유를 연구해보는 것이 분석철학과 현상학의 만남을 위해 더 좋은 방안이라고 생각합니다.

3장

철학과 사회[1]

1. 분석철학

이상훈[2] (사회) 한국철학계가 앞으로 다루어야 할 과제와 주제를 분석철학을 중심으로 말씀하시되, 그런 논의를 하시면서 연구 주변 여건과 학회에서 연구 활동을 어떻게 촉진시킬 것인가 하는 방안들도 말씀해주시면 감사하겠습니다. 정해진 틀 속에서 말하기보다는 다각적으로 말씀해주시면서 우리가 세계 철학계에 기여할 수 있는 방안을 논의해주셔도 좋겠습니다. 회고, 과제, 전망 중 과제, 전망 쪽에 집중해서 말씀해주시되, 과

---

1 이 장은 2009년 10월 10일에 한국철학회 사무실에서 있었던 한국철학회 중진 좌담회에서의 토론의 일부를 발췌해 옮긴 것이다.

2 대진대 철학과 교수.

제는 학문 내적이어도 되고, 인접 전공과의 연관, 사회현실과의 연관 속에서 짚어주셔도 좋겠습니다. 그런 것을 통틀어서 말씀을 나누시되, 그와 관련된 한국철학회의 미래 비전이나 전망 등을 마무리로 언급해주시는 구도가 됐으면 합니다. […]

이승종 1980년대 이전까지는 주로 분석철학의 원론적 내용들이 소개되었지요. 특이한 점은 분석철학자들 중에서 비트겐슈타인이 우리에게 큰 친화력과 영향력을 행사했다는 것입니다. 그의 관점을 통한 분석철학의 학습이 80년대 이전까지 연구의 중요한 면모라고 볼 수 있습니다.

1단계 학습이 끝난 80년대 이후로는 관심 분야가 다양해지고 심도 있는 개별 연구들이 나오기 시작합니다. 분석철학이 전통적인 철학을 지양하고 철학을 과학화하려는 이념에서 비롯된 학문이기 때문에, 우리나라에서 분석철학의 연구경향도 과학과의 연관하에서 정리해볼 수 있다고 생각합니다. 80년대 이후의 분석철학 연구의 두드러진 경향은 현대 과학 중 크게 네 분야와 협력관계에 들어가게 된다는 점입니다. 그 넷이란 수학, 인지과학, 물리학, 생물학입니다.

(1) 수학과의 협력관계는 분석철학을 창시한 프레게나 러셀이 당대의 영향력 있는 수학자들이었다는 점에서 그리 놀라운 일이 아닙니다. 그들에서 비롯된 수리논리학에 대한 연구는 물론이고 수학 기초론의 세 패러다임들—형식주의, 논리주의, 직관주의—에 대한 연구도 우리 학자들에 의해 전개되고 있습니다.

(2) 인지과학에서는 계산주의, 연결주의, 인공지능 등이 분석철학과 유관한 연구 주제입니다. 인지과학회의 창립과 맞물려 이 분야에 관심 있는 철학자들의 활동이 눈에 띕니다.

(3) 물리학에서는 현대 물리학 이론의 양대 패러다임인 상대성 이론과 양자역학이 철학자들의 관심을 끌고 있습니다. 특히 양자역학 분야에서는 철학적으로 흥미로운 주제들이 아직 미결의 상태로 널려 있기 때문에 앞으로의 활발한 연구가 기대됩니다.

(4) 생물학은 가장 늦게 그러나 가장 강렬하게 철학자들의 관심을 받고 있습니다. 올해가 다윈이 《종의 기원》을 발표한 지 150주년이 되는 해라 진화론에 대한 학회가 많았습니다. 그 전에는 휴먼 게놈 프로젝트가 성공을 거두면서 유전자 연구, 분자생물학 등이 우리나라에서 생물학에 관심을 가진 철학자들에게 영향을 주었습니다.

이러한 네 분야에서 현대 분석철학의 주요한 조류들, 즉 수학과 연관된 수학철학, 인지과학과 연관된 심리철학, 물리학과 관련된 물리학의 철학, 생물학과 연관된 생물학의 철학이 최근 들어 가장 많은 관심을 받고 있다고 할 수 있습니다. 이러한 흐름은 철학의 과학화라는 이념에서 비롯된 분석철학이 콰인의 표현대로 자연화되는—철학이 자연과학의 일부로 편입되는—과정으로 볼 수도 있습니다. 그 외에 분석철학이 전통적으로 강세를 보여온 언어철학, 윤리학, 존재론 분야에서의 연구도 꼽을 수 있습니다.

이상훈 그런 동향들이 국내 철학계에서 심층적인 연구가 진행되었다고 하셨는데, 세계 철학계와의 연관성 속에서 조망되었던 경우를 좀 더 소개해주시겠습니까? 연구동향에서 세계 철학계와의 근접성이나 공로 같은 부분이 있으면 좋겠습니다.

이승종 우리의 문화가 세계화로 방향 잡혀가면서, 철학을 전공하는 학생들이 분석철학의 산실인 영어권으로 유학을 가면서 자연히 외국과의 교류가 많아졌습니다. 외국의 저명한 학자 분들도 많이 우리나라에 방문하여 중요한 강연들을 해주었고요.

가장 주목할 만한 것은 2008년에 있었던 세계 철학자대회입니다. 그중에서도 한국철학회가 마련한 특별 세션들(KPA special sessions)이 기억에 남습니다. 이 세션들에서 현대 영미철학계의 기라성 같은 학자들이 훌륭한 발표를 해주었습니다. 우리가 그들과 대등하게 토론을 벌인 것도 자랑스럽습니다.

일찍이 그 초석을 놓은 분은 김재권 교수였습니다. 김재권 교수가 80년대 이후에 우리나라에 자주 방문하여 강의와 발표를 하였고 우리 학자들이 그의 철학에 영향 받게 되면서 이를 통해 세계 철학과의 직접적인 교류에 더 많은 관심을 갖게 되었습니다. 이후로 교류의 스펙트럼이 더 넓어지고 깊어졌습니다.

이상훈 인접학문 분야와의 연관성 속에서 주제가 발전하고 있다고 하셨는데, 그것이 철학계만의 관심인지 아니면 그들 학문영역에서도 마찬가지로 철학계를 주목하고 있는 것인지 궁금합니다. 말하자면 인접학문 분야와의 융합적인 연구가 어느 정도로 밀도 있게 진행되고 있는지와 또한 철학 내부의 타 전공 사이와의 소통 문제에 대해서도 말씀해주셨으면 합니다.

이승종 근대 이후 학문의 경향은 분과주의라고 할 수 있겠습니다. 다양한 학문들이 가지를 치면서 빠른 속도로 전문화되기 시작하죠. 사실 과학자들은 개별과학의 칸막이 안에 갇혀 있다는 느낌을 받습니다. 그러다 보니 전체적인 조망을 할 수 있는 기회가 원천적으로 박탈된 것이 아닌가 생각합니다. 각자의 역할, 기능, 과제에 함몰되다 보니 자기가 연구하는 분야가 어떤 지형도에 놓여 있는지, 어떤 연원에서 비롯된 것인지에 대한 감을 잡기가 어렵습니다.

철학에서도 전문화의 경향이 우세하긴 하지만, 철학은 만학萬學의 왕이고 오랜 역사를 가지고 있기 때문에 길라잡이와 소통의 역할을 해낼 능력과 권한이 아직 남아 있다고 봅니다. 그래서 과학자와 철학자가 같이 연구를 하게 되면 철학자는 과학의 분야들을 서로 소통시켜주고 과학의 기본 전제와 개념을 점검하고 이를 통해 전문화된 분과에 매몰된 과학자들의 안목을 넓혀줄 수 있다고 생각합니다. 이 과정에서 철학도 과학으로부터 풍요로운 정보를 얻게 되고 과학자들도 자신들의 연구의 의미와 위상에 대해서 재고할 수 있는 계기를 얻게 되고요.

2. 한국철학

이상훈 "한국철학이 무엇이냐?" 하는 정체성 문제를 거론해보겠습니다. 우리 사회에서 이루어진 영미철학적 전통들이, 현대 인접학문과의 교류 속에서 국내적인 발전을 이루고 있다고 하셨는데, 그런 부분이 한국철학이라는 범주로 묶일 수 있는 건지 아니면 한국철학이라는 범주로 묶기에는 부적합한 건지에 대한 논의도 필요하다고 봅니다. 우리 사회에서 여러 철학 전공들이 묶여서 한국철학적인 부분에 대한 정체성을 확립할 수 있는 것일까요? 이 부분에 대해서 전망이나 과제를 짚어주셨으면 합니다.

이승종 저는 국적이 없는 철학이라는 것은 말이 안 된다고 생각합니다. 모든 것이 다 번지수가 있는 것이고, 오는 메시지에는 발신자와 수신자가 있게 마련입니다. 발신자와 수신자가 잊혀진 상태에서 발신이나 수신을 논하는 것에는 문제가 있습니다.

한국철학 연구에 대해서 아쉬운 것은 정체성 의식이 부족한 게 아닌가 하는 점입니다. 우리가 어디로부터 왔는지를 밝혀줄 우리의 상고사와 상고사상에 대한 연구가 원천적으로 이루어지기 어렵게 되어 있는 상황이 문제라고 봅니다. 일전에 《한국철학사상가연구》(한국철학사연구회 2002)라는 책을 읽은 적이 있는데 그 책은 9세기의 인물인 최치원에서 시작합니다. 다른 책은 7세기의 인물인 원효를 한국사상의 새벽으로 묘사하고 있습니다(고영섭 2009). 그 이전에는 우리나라에 사상가가 없었겠습니까? 우리나라에는 서양이나 중국의 고대 사상가에 필적할 만한 인물이 없었을까요? 저는 그렇지 않았을 거라고 봅니다.

우리 상고사에 대한 문헌이 희소하고, 설령 남아 있다 해도 현대 실증학문의 잣대를 충족하지 못한다는 이유로 너무 쉽게 폄하되곤 합니다. 우리 상고사에 관련된 유물을 탐사하거나 발굴하려 해도 그것들이 반도의 바깥에 있어서 현실적으로 어려움이 많습니다. 이러한 문제에 대한 결자해지_結者解之_, 발상의 전환이 있어 우리의 상고 사유를 회복하는 연구가 선행되어야 한국철학의 정체성 문제가 바로 설 것이라고 봅니다. 원시반본_原始返本_의 지혜가 우리에게 필요합니다.

이상훈 철학계 내에서 기피하는 경향이 있지만, 어떤 면에서 인지철학을 하는 사람이 전통 철학에 대해서도 언급할 수 있어야 하고, 충효에 대해서도 현대화된 이해를 제안하는 것이 자연스러워야 한다고 봅니다. 이제 우리 내부의 칸막이를 어떻게 앞으로 철학에서 걷어낼 것인가에 대한 방안들에 대해 좀 말씀해주시죠.

이승종 철학과 인접학문 간의 대화도 어렵지만 사실 그보다 더 어려운 것이 철학 안에서의 소통입니다. 이것은 결국 제도의 문제라고 생각합니다. 철학 안에서의 대화가 어려운 것은 전공이라는 전문성 때문인 것 같습니다. 서로 간의 영역이 있고, 그 영역에 안주하다 보니 근본주의, 교조주의에 빠지기가 쉽습니다. 영역을 조금이라도 크로스오버하면 자기검열의 빨간 신호등이 켜지기 때문에 각자들 조심하게 되는 것입니다. 위험성을 몸으로 아는 것이지요.

이러한 문제에 대한 답은 가까이 있다고 생각합니다. 제도나 전공, 소속이 중요한 것이 아닙니다. 철학은 사태를 총체적인 관점에서 다루는 학문이므로 사태적합적인 탐구를 지향하여 사태에 천착할 때 칸막이의 문제는 해소됩니다. 전통적인 것을 현대적인 관점에서 접근하는 것도 바람직한 일이겠지만, 사태가 드러나기 위해서 다양하고 입체적인 시도를 해보는 것이 더 중요합니다. 방법론을 배워서 적용하는 것만으로는 부족합니다. 철학은 응용학문이 아니기 때문입니다.

오히려 고전이야말로 진정한 학제적 작업의 산물이라고 생각합니다. 고전이 쓰이던 당시는 학문이 분과되기 이전이기 때문에 여러 분야를 넘나드는 것이 당연시되었습니다. 문사철文史哲이 하나로 통합되어 있던 때였죠. 이러한 흐름에서 나온 고전이 지향하는 사태적합적 탐구 정신을 배워야 한다고 봅니다. 반면 현대의 철학적 작품들은 자기 분야에서는 전문적 깊이를 보여주기도 하지만, 사태적합성이라는 측면에서 사태의 풍성함을 드러내는 데에는 아쉬움이 있고 그 울림도 작은 편이라고 생각합니다.

이상훈 중요한 지적을 하셨습니다. 하나는, 철학은 종합적인 사태 그 자체를 다루어야 한다는 것이고, 둘째로 사태를 다룸에 있어서 지혜를 고전 자체로부터 끌어낼 수 있다는 점이었습니다. 한국철학회가 어느 쪽으로 방향 잡을 것인가도 사실 거기에 다 들어 있는 것 같습니다. 이제는 분석철학을 중심으로 한 영미철학과 한국철학의 관점에서 앞으로 후학들이 어떤 연구를 더 했으면 좋겠는지 말씀해주시기 바랍니다.

이승종 분석철학이 철학의 과학화를 목표로 수학자들에 의해 만들어진 학문이어서 과학과의 밀접한 연관하에 흘러오다 보니, 과학의 이념이 여전히 맹신되고 있습니다. 진보의 이념이 그것입니다. 진보는 계속 발전한다는 뜻입니다. 저는 과학보다는 기술이 진보에 더 적합한 분야라고 생각합니다. 기술 분야에서는 하루가 멀다 하고 새 상품이 쏟아져 나오고, 새 것이 나올 때마다 옛것들이 퇴물이 되어버립니다. 이러한 상황이 점점 현대인들로 하여금 진보를 맹신하게 만듭니다. 진보에 대한 맹신은 옛것이 틀리거나 나쁘고 새것이 맞거나 좋다는 생각을 초래합니다. 이로 말미암아 역사는 하찮은 것으로 희화화戲畵化됩니다. 역사성 자체가 사장되고 있는 것입니다.

　철학은 공시적으로는 사태를 파악하는 학문이고 통시적으로는 흐름을 파악하는 학문입니다. 흐름을 보고 그 흐름을 잡아내는 것이 동양에서나 서양에서나 철학의 본령입니다. 그런데 진보의 이념을 전제로 새것만을 좇다 보면 흐름을 놓치게 됩니다. 이것이 우리가 현대 학문을 할 때 경계해야 할 모더니티의 그늘이라고 생각합니다. 하이데거는 '진리'

의 그리스 어원이 '알레테이아aletheia'임에 주목합니다. 망각을 의미하는 'lethe'에 부정어 'a'가 붙어 있는 'aletheia'의 축자적 의미는 탈망각입니다. 진리는 망각된 역사의 흐름을 회복하고 그 흐름에 대한 기억을 호출하는 것입니다. 그것이 진리의 본령이고 철학의 터전이라고 생각합니다. 진보에 대한 반성과 역사성의 회복이 우리에게 요구되는 과제입니다.

이상훈 철학의 문제제기에 대해서 다른 학문의 반향은 적은 편이다. 그런 부분에 대해서 우리의 대응방식이나 소통구조에 문제가 있는 것은 아닐까? 지금 인접학문과 열심히 공동연구나 융합을 하려고 하지만, 그 부분에 문제점이 있는 것은 아닌지? […]

이승종 1925년에 최남선 선생이 저술한 《불함문화론》은 우리 역사의 시원始原이 동북아를 중심으로 중동과 유럽에까지 그 영향을 미친 불함문화 권역에서 비롯되었다는 대담한 가설을 펼쳐 보이고 있습니다. 이처럼 우리의 관점에서 세계를 이해하고, 우리를 중심에 놓고 세상을 설명하고 해석하려는 시도가 언젠가부터 우리 학계에서 실종되었습니다. 우리의 과거는 중국에 의존해 있고 우리의 현재나 미래는 서구에 의존해 있다는 사대주의 콤플렉스에서 빨리 헤어 나오는 게 중요한 과제입니다. 그러기 위해서는 말씀하신 대로 우리의 입장에서 세계 철학사를 쓰는 등 다양한 시도가 필요합니다. 우리의 역사의 뿌리로 소급해가면서 거기에서 세계문화에 기여할 수 있는 원류를 발굴하고 파악하는 작업에 신경을 써야 한다고 생각합니다.

이상훈 세 개의 키워드가 나온 것 같습니다. 하나는 철학은 사태 자체를 다루는 것이고, 그러한 우리의 학문 특성을 더 발전시키자. 두 번째로, 한국인의 시각에서 세계 철학사를 본다든지, 또 우리의 관점에서 세계를 설명하려는 것을 더 이상 주저하지 말자. 세 번째로는 그러기 위해서도 좀더 고전을 탄탄히 읽거나, 아니면 우리의 사상 등에 주목해서 더 발전시킬 수 있는 방안에 후학들이 주목해야 한다는 점이었습니다. 후학들에게 당부하는 말씀 하나하고, 현재 학문 분야에서 우리에 대한 관심 못지않게 철학을 무시하는 현상이 왜 나타났는가, 그것을 통해 철학이 위기를 맞고 있다는 말이 왜 나오는가에 관해 이야기해주셨으면 좋겠습니다.

이승종　하이데거에 따르면 철학은 '반시대적'입니다. 친親시대적인 학문은 철학일 수 없다는 그의 말에 저는 동의합니다. 철학과 현실이 맞아떨어질 수가 없습니다. 각자 길이 다르기 때문입니다. 우리 시대에는 '자본'이 모든 것을 장악하고 있고 현실은 자본의 흐름대로 흘러가게 되어 있습니다. 이것이 이 시대의 역운歷運입니다. 하지만 철학은 다릅니다. 철학은 시대의 역운과 같이 갈 수 없는 것이라고 생각합니다.

　셰익스피어는《햄릿》에서 "시대가 탈구脫臼되어 있다"는 말을 한 적이 있습니다. 저는 햄릿의 그 명제가 우리 시대에도 유효하다고 봅니다. 자본이 모든 권역을 지배하는 중심에 자리하고 있는 것은 사실이지만, 그것의 표면 효과로서의 문화와 학문은 지리멸렬하게 파편화되어가고 있습니다. 우리 시대의 대표적 코드인 문화 다양성이나 포스트모더니티 같은 이념도 그러한 파편화를 부추기는 역할을 하고 있습니다. 사유의 표현인 문화와 학문이 파편화되는 것에 대해서는 철학도 책임이 있습니다. 철학은 탈구된 것을 제자리로 돌려 맞춰야 하는 역할을 해야 한다고 봅니다. 철학은 시대의 흐름에 영합하거나 그 요구에 부응하기보다는 시대를 비판하고 선도해야 한다고 생각합니다.

물론 시대나 대중이 철학에 요구하는 것 중에 철학의 입장에서 들어주어야 할 것이 있기는 합니다. 철학이 시대를 등져서는 안 되고 필요하다면 시대의 갈증을 풀어주어야 합니다. 하지만 많은 경우 시대나 대중들은 철학으로부터 자기가 듣고 싶은 이야기만을 들으려 할 뿐입니다. 이러한 요구에 순응하는 철학은 결과적으로 기존의 틀을 인정하고 그것에 자신을 맞추게 됩니다. 그러나 진정으로 철학이 해야 할 일은 잘못된 틀을 비판하고 다른 비전을 제시하는 것입니다.

3. 철학의 역할

이상훈 최종 회담 주제로 접근하고 있는데요, 우리 중진들이 한국철학의 미래를 개척하기 위해 어떤 역할들을 해야 할 것인가 하는 것을 중점적으로 마무리 지으면서 좌담회를 일단락할 수 있을 것 같습니다. 여러 사회 현실과 연관시키는 부분에서 정작 중진들이 적극적으로 참여하고 논의를 발전시키는 데 오히려 소극적이지 않나 하는 자성도 필요하다는 느낌이 들던데요, 실제로 소장학자들은 인접학문과의 연관 속에서 논의를 심도 있게 전개시켜가는 반면에, 중진들은 몇몇 분의 경우는 열심히 하시지만, 많은 분들이 침잠되어 있는 게 아닐까요? […] 비판적 사고와 논술에 대해서도 말씀해주시지요.

이승종 비판적 사고와 논술이 철학계 외부에서 주어진 주제라는 점에

유의해야 합니다. 대학 입시와 관련해서 철학계에 논술이라는 화두가 주어졌고, 로스쿨law school과 관련해서 비판적 사고라는 화두가 주어진 것입니다. 외부의 이러한 주문에 철학이 응답한다는 것은 기존의 제도와 체제를 인정하고 공고히 하는 역할을 한다는 것이지요. 그런 역할을 하는 순간 철학이 제도와 체제에 대한 비판의 목소리를 내는 데 한계가 있기 마련이라는 점을 명심해야 할 것입니다.

비판적 사고와 논술이 중요하기는 합니다. 특히 미국에서는 그 중요성에 일찍이 눈을 떠서 이에 대한 교육이 일반화되어 있습니다. 왜 그럴까요? 미국은 다인종사회입니다. 너무나 다양한 인종들이 모여 살기 때문에 서로가 서로를 완전히 알 수 없습니다. 서로의 이질적인 배경을 이해할 기회도 많지 않고요. 그래서 아예 서로의 배경에 대한 고려 없이 (무지無知의 베일) 오로지 서로의 말에 초점을 맞추어 논의를 풀어가려는 프로그램을 강구하게 됩니다. 논리적 관점에서 말의 타당성 여부에 합리성의 척도가 자리매김되는 것입니다.

합리성이라는 것은 여러 방식으로 자리매김이 가능하다고 생각합니다. 예컨대 한국에서는 한 사람을 이해하려 할 때 그의 부모님은 무얼 하시는지, 어디 사람인지 등 그 사람의 배경과 지금까지의 삶의 궤적을 먼저 묻습니다. 반면 미국에서는 그 사람의 현재 능력이 중요합니다. 교육에서도 그 능력을 표현할 수 있는 말과 글의 정확성과 타당성이 강조됩니다.

비판적 사고나 논리논술의 실제는 논리라는 게임의 규칙을 익히는 것입니다. 비판적으로 혹은 논리적으로 사고하고 말하려면 일단 그 게임의 규칙을 따라야 합니다. 그것을 어기면 그 사고나 말은 불합리하고 비논리적인 것으로 비난받게 됩니다. 이러한 게임은 이상적 시민사회를 전제로 하고 있습니다. 서로가 백지상태에서 평등하게 만났을 때 상대를 말로 설득하는 논리를 익히는 것이 시민사회 성원의 덕목입니다. 재판장에서 이루어지는 검사와 변호사 사이의 공개 토론도 이러한 게임의 한 유형이기 때문에 로스쿨에서 논리교육이 중시되는 것입니다.

그러나 논리와 비판적 사고는 다른 한편으로 말과 사고가 어떠한 궤직에서 제기된 것인지에 대한 통시적 고찰을 기세하고 말해진 바, 생각한 바의 공시성만을 강조하는 폐단을 안고 있습니다. 시간성에서 보아야 할 말과 사고를 공간화할 우려가 있다는 것입니다. 공시성의 차원에서도 말과 사고가 놓여 있는 위상, 즉 문맥이 말과 사고의 논리에 배경을 이루고 있다는 점이 충분히 고려되지 않고 있습니다. 이는 인간의 사고를 다른 조건이 일정하다는ceteris paribus 반反사실적 가정─반문맥적이고 비통시적인 가정─하에 전개되는 과학적 사고에 끼워 맞추려는 현대의 자연주의적 경향을 반영하고 있습니다.

이상훈 [⋯] 사립대학이 주축을 이루고 있는 대한민국 현실에서, 대학에 대한 정부지원금이 아직 미미합니다. 고등교육의 질적 향상을 위해서는 고등교육법 내의 재정확립을 위한 근거를 마련하고, 이를 통해 지역을 기반으로 활성화되고 있는 사립대학교에 대해서 중점적인 지원들이 이루어질 필요가 있다고 생각합니다. 이런 일에 철학교수들이 나서서 다른 분야, 다른 학회들과 연대해서 공동노력을 활발하게 하는 이른바 철학의 정치화 영역도 좀 더 활성화되어야 하고, 이것이 중진들의 일이 아닌가 생각합니다.

이승종 모든 일에는 양면성이 있는 것 같습니다. 저는 후속 세대를 위해서, 철학의 발전을 위해서, 정부 차원에서 더 많은 관심과 지원이 있어야 한다는 점에 원칙적으로 동의합니다. 그러나 그 지원의 반향에 대한 숙고가 필요합니다. 자본주의 사회에서 지원은 곧 돈을 의미합니다. 저는 돈이 철학을 망쳐놓고 있다고 생각합니다. 철학에 돈이 돌기 시작하면서 돌아올 수 없는 강을 건넌 것입니다. 철학은 사실 연구자의 생계만 보장된다면 돈 없이도 연구할 수 있는 학문입니다. 그러나 지금은 대다수의 철학 연구자가 생계를 보장받지 못하는 상황에서 철학 연구에는 돈이 풀리는 이상한 상황이 전개되고 있습니다. 돈은 자기 나름의 고유한 논리가 있는데 그 논리에 철학이 종속되어 철학 연구의 방향이 돈에 의해 달라지고 있습니다.

어떤 철학적 주제가 왜 중요한가에 대한 심도 있는 논의보다는 어떻게 사업단을 만들고 그 사업단의 사업이 어떻게 하면 연구비를 지원받을 수 있는지, 어떻게 마감기한에 맞춰서 계획서와 보고서를 작성해야 하는지, 연구비는 어떻게 정산해야 하는지가 더 중요한 일이 되어가고 있습니다. 철학자가 자신이 비난했던 일차원적 인간을 닮아가는 것은 아닌지요. 철학하는 활동이 진리탐구의 즐거움이 아니라 생계를 위해 돈을 버는 노동으로 바뀌고, 철학자가 생존의 벼랑 끝으로 내몰리는 노동자가 되는 살풍경이 이 시대의 모습이고 우리의 서글픈 자화상입니다. 돈 없이는 살 수 없지만 돈이 들어오면 모든 것이 돈에 따라 달라진다는 사실에는 철학과 철학자도 더 이상 예외가 아닙니다.

이상훈 이제 후학들에 대해서, 혹은 철학계에 대해서 말씀하시고 싶은 부분을 마무리로 말씀해주셨으면 합니다.

이승종 철학자는 철학을 해야 합니다. 철학은 사유의 작업이고, 사유의 작업은 정신적인 것입니다. 그런데 지금은 물질 만능의 시대입니다. 그것이 근대성이라는 이념의 귀결입니다. 모든 것이 물질과 자본에 종속되고 그것이 합리성이라는 이름으로 재생산되는 시대에도 정신문명이 가능하다는 것을 철학자가 사유의 이름으로 보여주어야 합니다. 정신문명의 계승이라는 철학의 사명은 예나 지금이나 달라지지 않았습니다 근대 이후로 단절된 지성사를 다시 이어주고, 굽혀진 것을 펴고, 막힌 부분을 뚫어야 합니다.

동양에서도 상황은 크게 다르지 않다고 봅니다. 유교가 문명의 패러다임으로 군림하기 전까지는 다양한 흐름들이 공존했는데 예컨대 우리의 경우 조선왕조가 성립되면서 유교 이외의 다른 흐름들이 절맥되거나 억압되었습니다. 유교적 합리성이라는 하나의 질서로 문물의 틀이 잡히면서 정신문명이 고갈되기 시작한 것입니다. 결국 그러한 자기 소진의 끝자락에서 밀려드는 서구의 물질문명에 무릎을 꿇고 거기에 쉽게 동화되어버렸습니다.

우리는 서양과 동양에서 각각 사유의 소진을 초래한 서구적 근대성과 유교적 합리성으로부터 그보다 더 오랜 사유의 시원으로 돌아가 볼 필요가 있습니다. 캠벨Joseph Campbell은《천의 얼굴을 가진 영웅》(Campbell 2008)에서 흥미로운 주장을 합니다. 신화는 인간 사유의 가장 오래된 형태의 하나인데 비록 여러 문명마다 다양한 옷을 입고 나타나기는 하지만 그 원형은 하나라는 것이죠. 같은 것이 계속 다양한 방식으로 재생산되는 것이 신화의 역사라는 것입니다. 니체가 말한 동일자의 영겁회귀를 연상케 하는 그의 주장을 저는 일리 있는 작업가설로 받아들이고자 합니다. 사유의 시원으로 소급해 들어갈수록 지금의 잡다하고 파편화된 사유의 원천을 만나고 그 풍성함을 체험할 수 있지 않을까 생각합니다.

사유의 원천에서 비롯되어 그것을 간직하고 기록한 것으로 신화 말고도 고전古典이 있습니다. 철학은 그 고전에서 자신의 생명력을 얻을 수 있다고 생각합니다. 물론 근대 이후의 탁월한 현전現典들도 많이 있지만 우리는 근대성의 세례를 받기 이전의 고전들을 통해 과거의 사람들이 무엇을 어떻게 보고 이해했는지에 대해서도 더 많은 관심을 기울여야 합니다. 고전과 현전의 흐름을 이어주고 그것들을 서로 소통시키는 온고이지신溫故而知新의 과제가 공자의 시대나 지금의 우리 시대에나 마찬가지로 요청되고 있다고 생각합니다.

4. 융합연구[3]

이승종 저는 철학이 다른 학문에게 줄 수 있는 비장의 정보는 없다고 봅니다. 철학자들이 이를 빨리 고백하는 게 바람직하다는 생각입니다. 이 시대의 철학자들에게 어떠한 기대도 하지 않는 게 좋겠다는 것이 저의 입장입니다. 처음 제가 철학과에 들어와서 받은 충격이 생각납니다. 제가 철학에서 기대한 것은 세상을 바로 보는 눈과 이를 실천하는 수행이었는데 유감스럽게도 교육과정에서 관법觀法과 같은 수행법은 배제되어 있었

---

3 이 절은 2013년 12월 20일에 있었던《철학과 현실》, 100호 기념 특별좌담, 〈철학, 과학, 그리고 융합연구 어디로 가는가?〉에서의 토론의 일부를 발췌해 옮긴 것이다.

습니다. 제가 배운 것은 대체로 근대 이후 학문의 분과화 세례를 거친 고도로 전문화된 철학들이었습니다. 그러한 전문적 철학 기술의 전수와 연마가 철학자가 되는 길이라고 교육받았습니다. 궁금한 것은 철학과 신입생들 중에 철학의 어느 한 분야에서 전문가가 되려는 목적으로 철학과를 지원한 학생이 과연 얼마나 될까 하는 점입니다. 돌이켜보면 철학은 오늘 논의되는 융합과는 정반대되는 길을 걸어왔습니다. 철학은 이제 다른 학문과 크게 다르지 않고 철학자는 다른 학자와 크게 다르지 않게 되었습니다. 그러나 철학은 본래 이런 모습이 아니었습니다. 철학자는 과거에는 성인, 현자, 선지자를 뜻했습니다. 이를 새삼 거론하는 이유는 그들이야말로 오늘의 관점에서 보자면 통합적으로, 혹은 융합적으로 사유하고 또 그 사유대로 살았다는 점을 환기하기 위해서입니다. 근대 이후로 철학이 여러 분과로 가지를 치게 되면서 전통적인 의미의 통합적인, 수행적인 철학은 고사되고 망각되고 왜곡되었습니다. 현재 불어닥치는 학문 간의 융합과 초학제적인 연구의 요구에 즈음하여 시대가 철학자에게 지혜를 물을 때, 그런 분과화된 갈래의 하나만을 익힌 전문가로서의 철학자는 처방에 앞서 먼저 자신을 돌아볼 필요가 있습니다. 근원으로 돌아가 철학의 본래성을 회복하는 원시반본의 과정이 수반된 연후에야 융합에 대한 철학적인 논의가 성숙해질 수 있을 것으로 생각합니다.

5. 역사철학[4]

이승종 중국은 미국이나 다른 서구의 열강들과는 달리 역사적으로 우리와 떼려야 뗄 수 없는 미묘한 관계를 가져왔습니다. 중국은 베트남, 인도, 한국, 일본 등 주변국들을 건드리는 데서 볼 수 있듯이, 대국굴기 大國崛起를 추구하는 패권주의적 방향으로 가고 있습니다. 이는 어제오늘의 일이 아니라 중화주의로 요약되는 역사적 경향성이기도 합니다. 중국이라는 이름의 국가는 20세기 이전에는 존재하지 않았습니다. 중국이 상징하는 중원은 영토 개념이었습니다. 그 영토를 누가 차지하느냐를 놓고 여러 종족 사이에 오랫동안 각축이 있어왔지요. 한족이 가져간 적도 있고, 혹은 한족이 소위 이적들이라고 말하는 다른 민족들이 가져간 적도 있습니다. 청나라의 영토가 현재 중국 영토의 바탕이 된 셈인데, 청나라도 한족이 아닌 만주족이 세운 나라입니다. 그런데 중국은 현재 자신의 영토에서 일어난 모든 역사와 문명은 다 자신의 것이라고 주장합니다. 그러나 한때 독일이 유럽의 대부분을 점령했다 해서 그 이전 유럽의 역사가 독일의 역사가 되는 것은 아닙니다. 지금 중국은 우리의 역사의 상당 부분을 동북공정이라는 이름으로 가져가려 하고 있습니다. 그렇지 않아도 우리 고대사에 대한 사료가 부족한 실정인데 고대사에 대한 사료나 문헌을 독점하다시피 하고 있는 중국이 이를 기화로 우리 고대사를 자신의 것으로 전유하려는 것입니다. 중국으로부터 역사를 되찾는 일이 시급한 과제입니다. 중국 중심의 동양사관에서 벗어나 우리의 역사적 계보를 바로 세워야 그로부터 우리가 세계 문명에 공헌할 수 있는 계기와 추진력을 얻을 수 있습니다. […]

---

4 이 절은 2014년 5월 14일에 석학과 함께하는 인문강좌, 〈신문명은 새로운 사고의 틀을 요청한다〉와 관련해 경향신문사에서 있었던 사전 토론의 일부를 발췌해 옮긴 것이다.

동양과 서양이 교섭은 있었지만 서양인들이 동양에서 해법을 찾거나, 동양을 서양과 동등한 위상에 놓은 적이 없습니다. 하이데거조차도 서양의 문제는 전적으로 서양인들의 몫이라고 말합니다. 서양의 이러한 태도는 지금도 달라진 게 없다고 봅니다. 동양이나 서양이나 전 지구적 세속화의 과정을 밟아왔습니다. 통합적이고 전인적이던 동양의 학문에도 서양의 근대성에 걸맞은 합리주의나 절차적 정당화 등의 요소가 두입되면서 서양과 같은 방향의 세속화가 일어납니다. 송대의 신유학이나 조선의 성리학이 그 대표적인 예입니다. 그러나 군사력에서 신무기를 앞세운 서양에 패하면서 동양적인 것은 은폐의 길을 걷게 되었습니다. 동양의 권역인 한반도에서 오늘날 우리가 체험하는 것은 서양보다 더 극단적인 물질주의와 배금주의입니다. 이러한 상황에서 동양은 해답이 아니라 문제로 다가옵니다.

몇 차례 위기를 겪기는 했지만 그 와중에도 자신의 지적 전통을 나름대로 면면히 간직해왔던 서양에 비해, 이 땅에서 지적 전통은 식민 지배와 서구화 과정에서 절맥되다시피 했습니다. 우리는 과거에 대한 왜곡과 망각을 강요당했고 정체성에 크나큰 상처를 입었습니다. 그로 말미암아 우리는 눈부신 외적 성장에도 불구하고 피폐해진 심성을 아직도 회복하지 못한 채 방황하고 있습니다. 단절된 역사를 해원解寃하고 잃어버린 정체성의 기억을 회복해 온고이지신으로 재정립하는 것이 우리에게 놓인 과제입니다. 은폐되었던 동양 정신이 새로이 탈은폐될 때 우리 안의 동양적인 유전자도 세계 문명에 창의적으로 기여할 수 있는 계기와 추진력을 얻게 될 것입니다.

4장
철학사의 울타리와 그 너머: 로티와 김상환 교수

1. 태초에 주석이 있었다

호랑이는 죽어서 가죽을 남기고 철학자는 죽어서 언어를 남긴다. 철학은 개념어로 짜인 이야기이다. 탈레스가 서양 철학사에서 최초의 철학자로 꼽히는 이유의 하나는 그가 남긴 이야기가 철학사에서 가장 오래된 것이기 때문이다. 이것은 탈레스 이전에 있었을, 그러나 소실되고 만 많은 철학 이야기들의 운명에 견주어볼 때 분명 행운이 아닐 수 없다. 남아 있는 가장 오랜 철학 이야기가 탈레스의 것이기에 서양 철학사는 그가 남긴 이야기로부터 시작된다.

우리는 이야기를 듣고 읽으면서 자랐다. 우리는 듣고 읽은 이야기에 대해 말하거나 쓴다. 우리는 또한 듣고 읽은 이야기를 모방해서, 혹은 잇대어서, 혹은 그와 다른 방향에서 이야기를 계속한다. 철학자들의 경우에도 사정은 마찬가지이다. 철학자 몽테뉴는 일찍이 다음과 같이 말한 바 있다.

> 어떤 다른 주제들에 관한 것보다 책들에 관한 책이 더 많다. 우리는 단지 서로에 대해 주석만을 쓸 뿐이다. (Montaigne 1958, 349쪽)

이는 우리 시대의 철학자들에게도 타당하다고 본다. 예컨대 무어G. E. Moore는 다음과 같이 적고 있다.

> 세계나 여타의 학문이 내게 철학적인 문제를 제기한 것은 아니었다고 생각된다. 나로 하여금 철학적인 문제에 봉착하게 했던 것은 다른 철학자들이 세계나 여타의 학문에 대해서 한 말이었다. (Moore 1968, 14쪽)

데리다는 아마도 "주석만을 쓸 뿐"인 철학자의 대표 격일 것이다. 그의 주석은 주석되는 책보다 긴 경우가 왕왕 있다. 그의 처녀작은 후설의 짤막한 텍스트인 〈기하학의 근원〉에 대한 아주 긴 서문이었고, 대표작인 《그라마톨로지에 대하여》도 언어를 주제로 한 소쉬르와 루소의 텍스트에 대한 길고 창의적인 주석으로 이루어져 있다(Derrida 1962; 1967b).

비트겐슈타인은 종종 몽테뉴의 명제에 대한 대표적 반례로 간주되어 왔다. 그는 제도권 교육과정에서 논의되는 고금의 철학 이야기를 거의 읽지 않았을 뿐 아니라 독창적으로 자신만의 이야기를 짜나간 천재(혹은 아마추어?)라는 견해가 지배적이었다. 그러나 이러한 평가는 절반만 참이다. 비트겐슈타인이 철학과 교육과정에 속한 철학 이야기를 읽지 않은 제도권 밖의 인물이었던 것은 사실이지만, 그는 그 이외의 많은 이야기들을 읽었을 뿐 아니라 그로부터 영향 받았음을 시인하고 있다.

비트겐슈타인은 다음과 같이 말한다.

> 내 사유가 사실 재생산적일 뿐이라는 데는 일리가 있다. 나는 내가 하나
> 의 사유 노선을 **창안해내었다**고는 결코 믿지 않는다. 나는 언제나 다른 누
> 군가에게서 그것을 얻었을 뿐이다. 나는 다만 그것을 명료화라는 나의
> 작업을 위해 즉시 열렬히 수용했을 뿐이다. (CV, 19쪽)

설령 이것이 사실이라 해도 이는 비트겐슈타인 자신에게 국한된 개인
적인 경우가 아닐까? 예컨대 자신의 사유에 독창성이 없다는 자기변명
에 불과하지 않을까? 그러나 비트겐슈타인은 그렇게 생각하지 않았다.
그는 이 문제를 유태적 정신의 한 특징이라고 보았다.

> 유태적 정신은 자그마한 풀 한 포기나 꽃 한 송이조차 생산해낼 수 없다.
> 유태적 정신의 방법은 오히려 남의 정신 속에서 자라난 작은 풀이나 꽃
> 을 그려내어 그로써 포괄적인 그림을 기획하는 것이다. [⋯]
> 　다른 사람의 작품을 그 사람 자신보다 더 잘 이해하는 것은 유태적 정
> 신의 전형이다. (CV, 19쪽)

이는 과연 데리다나 비트겐슈타인과 같은 유태적 정신에게만 해당되
는 말일까? (몽테뉴와 무어는 유태인이었는가?) 혹시 이는 철학자 모두의
운명이 아닐까?
만일 그렇다면 탈레스는 최초의 서양 철학자가 아니다. 그의 철학 이
야기는 남의 철학 이야기에 대한 주석이었을 것이기 때문이다. 이는 탈
레스의 것 말고도 다른 철학 이야기가 이미 있었음을 함축한다. 이를 일

반화하면 우리는 결코 최초의 철학자를 만날 수 없다. 최초의 철학자는 우리와 마찬가지로 주석가이기 때문이다. 결국 태초에 있었던 말씀은—만일 그것이 철학적인 말씀이었다면—주석이었다. (그런데 그것은 누구, 혹은 무엇에 대한 주석이었을까?)

철학은 시작도 끝도 없는 이야기이다. 철학 이야기가 본질적으로 다른 철학 이야기에 대한 주석이라면 말이다. 철학자는 결코 전혀 새로운 이야기를 만들지 못한다. 그는 다만 하나의 이야기에 다른 이야기를 덧댈 뿐이다. 그런데 철학의 전개 과정에 대해 좀 색다른 견해를 제시하는 우리 시대의 철학자들이 있다. 로티와 데리다가 바로 그들이다. 로티는 서구의 전통 철학의 쇠퇴와 이를 대체하는 문학 문화의 대두를 역설하며, 데리다는 기존의 철학사에 울타리를 설정하면서 동시에 그에 대한 해체를 지향한다. 우리는 이 장에서 이들의 철학사론을 차례로 살펴보고자 한다. 데리다의 경우에는 아울러 그의 해체 철학을 국내에 널리 알린 김상환 교수의 해석을 비판적으로 거론할 것이다.

2. 로티의 이야기 속으로

2001년 한국을 방문한 로티는 서양 철학사 전체를 자신의 메타적인 관점에서 거론하는 긴 논문을 발표하였다.[1] 당시에 발표한 〈구원적 진리의

---

1 로티는 2001년 6월 11일 서울 세종문화회관에서 한국학술협의회 주최로 열린 석학연속강

쇠퇴와 문학 문화의 발흥: 서구 지성인들이 걸은 길〉**2**이라는 제목의 글에서 현대 서양 사상의 현황을 '구원적 진리의 쇠퇴와 문학 문화의 발흥'으로 요약한다. '구원적 진리'는 '내가 무엇을 해야 할 것인가에 대한 궁극적인 해답이 존재한다'는 믿음이다. 이러한 믿음은 절대적 진리나 사물의 실제 존재 방식이 우리에게 우리가 무엇을 해야 할 것인가를 말해줄 수 있다는 믿음의 연장선상에 있다. '구원적 진리'를 믿는 사람은 절대적이고 보편적인 진리가 존재하듯이 우리의 삶도 절대적이고 보편적인 원리에 기초해야 한다고 생각한다.

그러나 로티는 '구원적 진리'에 기초한 세계관은 쇠퇴하고 있으며, 그 자리를 '문학 문화'가 차지하게 되었다고 말한다. 문학 문화의 도래를 주장하는 사람들은, 탐구란 문제 해결의 과정이며, '인간이 어떻게 살아야 하는가', '인간이 무엇이 되어야 하는가'에 대한 보편적인 해답이 존재하지 않기 때문에, 그것에 대한 참신한 물음을 끊임없이 제기하고 해답을 찾아야 한다고 생각한다. 내가 무엇을 할 것인가에 대한 반성의 과정은 영원히 지속될 수밖에 없기 때문에 '구원적 진리'는 존재하지 않는다는 것이다. 우리의 삶이 궁극적으로 지향해야 할 이상은 존재하지 않으며, 중요한 것은 여정뿐이다. 따라서 '문학 문화'에서는 '궁극적 목표'가 아니라 '상상력'과 '유용성'이 중요하다.

좌 특별 강연의 일부로 이 논문을 발표한 바 있다.

2 "The Decline of Redemptive Truth and the Rise of a Literary Culture: The Way the Western Intellectuals Went." 이 논문은 "Philosophy as a Transitional Genre"라는 이름으로 개작되어 다음의 논문집에 수록되었다. Benhabib and Fraser 2004. 또한 같은 이름의 축약본이 로티의 다음 논문집에 수록되어 있기도 하다. Rorty 2007. 이 장에서 로티의 논문 인용문 쪽수는 다음에 수록된 논문을 준거로 하였다. Benhabib and Fraser 2004.

a) 상상력의 공장

로티는 구원적 진리관에 기초한 전통적 철학사에 대한 대안으로서의 문학 문화의 장점을 이렇게 말한다.

> 서서히 모습을 나타내고 있는 문학 문화의 위대한 미덕은 그것이 젊은 지식인들에게 구원의 유일한 원천은 인간의 상상력이며, 이러한 사실은 절망이 아니라 자랑이라는 것을 말해준다는 데 있다. (Rorty 2004, 13쪽)

그러나 상상력으로 모든 일이 끝나는 것만은 아니다. 문학뿐 아니라 과학과 철학도 상상력에 의존한다. 과학과 문학과 철학은 상상력을 처리하는 방식에서 차이를 보인다. 이상적으로 말해 과학에서 상상력은 이론화되어 실험과 관찰을 통해 검증된다. 문학에서 상상력은 문학의 각 장르를 통해 작품화되어 독자를 감화한다. 철학에서 상상력은 철학적 텍스트를 이루어 상대를 설득한다. 이 과정을 도표로 정리해보면 아래와 같다.

	상상력의 공정	공정의 생산물	생산물의 체크	체크의 결과
과학	이론화 형식화 수학화	과학 이론	실험 관찰 논박	검증 ∨ ~검증
문학	작품화	문학 작품	읽기 감상 평론	감화 ∨ ~감화
철학	글쓰기	철학 텍스트	성찰 분석 토론	설득 ∨ ~설득

과학과 문학과 철학은 서로 완전히 다르지도 완전히 같지도 않다. 인지적 설득을 주된 목적으로 한다는 점에서 과학과 철학은 서로 닮았다. 형식언어가 아닌 자연언어로 쓰이는 텍스트라는 점에서 문학과 철학은 서로 닮았다. 그러나 그 누구도 철학을 문학이나 과학과 혼동하지는 않을 것이다. 옳고 그름이 주된 척도로 작용한다는 점에서 철학은 여전히 문학과 구별되고, 그 척도의 성격이 과학과 일치하지만은 않는다는 점에서 철학은 여전히 과학과 구별된다. 그러나 그 경계를 선명하게 확정지어야 할 필요는 없어 보인다. 과학과 문학, 철학 모두가 인간의 작업이라는 점에서 영역의 엄격한 구분은 비생산적일뿐더러 실용주의적이지 못하다. 오히려 경계선상에 길을 내어 상호 간의 가로지르기와 대화를 장려하는 것이 바람직할 것이다.

종교, 철학, 과학, 문학은 모두 인류 문명의 위대한 유산이다. 현시점에서 이들 사이의 이행이나 어느 하나의 종언을 성급하게 선포할 이유는 없다고 본다. 하이데거의 표현을 빌리자면 이들은 모두 존재자를 드러내는 탁월한, 다양한 방식들이다. 이들의 공존을 존중하고 모색하는 것이 올바른 과제일 것이다.

b) 사적 취미

로티는 종교, 철학, 과학, 문학의 위상을 이행이나 종언과 같은 시간적 구도에서보다 영역 구분이라는 공간적 구도하에서 설정한다. 그에 의하면 논증에 근거하는 과학은 사회적 협력과 합의를 추구하는 공적 영역에 귀속되고, 종교, 철학, 문학을 통한 구원의 추구는 공적 합의가 다 담아내지 못하는 사적 영역에 귀속된다(Rorty 2004, 22, 27쪽). 우리는 공적 영역이 사회적 합의를 지향하는 이론의 영역이라면, 사적 영역은 본래성과 자율성을 지향하는 개인적 실천의 영역이라고 생각한다. 하이데거 철학의 줄거리를 이루는 존재사태Ereignis와 본래성Eigentlichkeit 개념에 새겨진 'eigen'이라는 어근은 이론의 보편성이 아닌 실천의 개인성, 혹은 고유성을 강조하고 회복하기 위해 고안된 것으로 볼 수 있다.

그러나 로티는 사적 영역에 속하는 종교, 철학, 문학을 통한 구원의 추구를 개인적 취향의 문제로 돌리면서 이 담론들을 탐조探鳥나 우표 수집 등 취미 생활의 목록에 포함시킨다(Rorty 2004, 27쪽). 그리고 종교, 철학, 문학이 취미의 목록이라면, 이러한 담론들을 통해 우리가 추구하는 구원의 정체도 결국은 취미라는 귀결이 따라 나온다. 그렇다면 로티가 서구 지식인들이 걸어왔다고 주장하는 여정, 요컨대 종교를 통한 구원에서 철학을 통한 구원으로, 그리고 마지막으로 문학을 통한 구원으로의 여정은 일관된 취미 추구의 과정에 지나지 않는다. 그리고 그것은 취미 생활에 속하는 문제이기에 각 개인 말고는 왈가왈부할 문제가 못된다. 이러한 지성사관의 문제는 철학과 문학의 학문 공동체와 동호인 클럽을 구분하지 못한다는 데 있다.

로티의 입장에 설 때 철학과 문학의 학문 공동체에서 이루어지는 토론과 비판은 철학과 문학의 역사를 이루어온 토론과 비판과 함께 무의미한 것으로 부인될 수 있다. 한 걸음 더 나아가 철학과 문학의 학문 공동체나 철학과 문학의 역사성마저 무의미한 것으로 부인될 수 있다 (Rorty 2004, 22쪽 참조). 개인적 취미 생활이 동호인 클럽으로 반드시 연대화할 필요가 없으며 탐조 취미의 역사성이 문제될 필요가 없는 것처럼, 개인적 취미로서의 철학과 문학도 공동체나 역사성을 운위할 필요가 없기 때문이다. 개인의 취미는 각자의 성취와 즐거움을 보장하면 그만인 것이다.

종교, 철학, 문학을 통한 구원을 취미의 문제로 환원하는 지점에서 로티의 입장은 일종의 환원론으로 화한다. 그리고 환원의 귀착점이 사적 영역이라는 점에서 종교, 철학, 문학의 언어는 사적 언어로 화한다. 이는 그가 일관되게 추구해온 다원주의와 모순된다. 그리고 구원이 사적 취미라는 로티의 주장은 종교, 철학, 문학을 통해 구원을 희구해온 사람들을 불쾌하게 만든다. 사랑의 정체가 성욕이라는 프로이트의 주장이 사랑 에 찬론자들을 불쾌하게 했던 것처럼 말이다. 혹시 로티는 사람들의 이러한 불쾌감을 즐기는 (악)취미를 갖고 있는 것은 아닐까?

3. 데리다와 김상환 교수

서양 철학사에 대한 또 하나의 색다른 시각을 제시하고 있는 데리다의 해체 철학은 적어도 그의 대표작들이 우리말로 번역되기 전까지는 국내 학계에 주로 김상환 교수의 저술들을 통해 알려지게 되었다. 김상환 교수는 자신의 저서 《해체론 시대의 철학》이나 〈철학(사)의 안과 밖〉과 같은 후속 논문에서 데리다의 철학사론이 지니는 중요성과 의의를 숙지하고 이에 대한 나름의 해석을 시도한 바 있다. 데리다의 주요 저술들이 상당수 우리말로 번역된 지금 우리는 이제 데리다의 철학과 이에 대한 김상환 교수의 해석이 지니는 의의와 문제점을 돌아보고자 한다.

a) 철학사의 울타리
김상환 교수는 국내에 해체론이라는 용어를 회자시킨 《해체론 시대의 철학》에서 탈현대적 해체론의 철학사적 연역을 시도하면서 해체론이 철학사를 총량적으로 탈구성하지 못했음을 비판하였다. 김 교수에 의하면 탈현대적 해체론은 "형이상학적 초월을 단일하게 규정하고자 했다는 점에서 이제까지 철학사 안에서 태어났던 대부분의 철학과 마찬가지로 독단을 되풀이하고 있는 것처럼 보인다"(김상환 1996, 236쪽). 김 교수는 해체론의 형이상학 이해를 다음과 같이 요약한다.

> 과거는 거기서 〔…〕 하나의 전경이나 그림이 된다. 다시 말해서 과거 전체가 "모두 하나"가 되어 어떤 단일성을 획득한다. 과거 전체가 어떤 하나의 규정성 밑에 놓이게 되는 것이다. 가령 하나의 철학이 자신의 새로움을 의식하자마자 기존의 철학 이론들은 모두 "하나같이" 오류로서 또는 불충분한 사유로서 현상한다. 현재가 도달한 높이의 관점에서부터 일종의 거대한 추상이 과거로 미치는 것이다. 이 거대한 추상 속에서 사상되는 것은 무엇보다 과거의 이론들 간의 연대기적 거리와 시간상의 차이이다. 과거의 이론들이 속하는 각각의 특정한 역사적 상황이 시야 밖으로 사상될 뿐만 아니라, 그 상황 속에서 그 이론들이 누리던 역동성 자체가 사상된다. 다만 과거 역사 전체는 일의적 규정성 밑에 놓이면서 거의 비시간적인 평면이 되고 어떤 비역사적인 논리적 체계로 변모된다. 과거의 역사 전체는 일목요연하게 뜯어볼 수 있는 어떤 정지된 그림이 되는 것이다.
>
> 우리는 데리다가 자신의 해체 전략을 요약하는 대목에서 이런 사실을 발견할 수 있다. (김상환 1996, 216쪽)

김상환 교수에 의하면 해체론이 형이상학에 설정하는 울타리는 "비시간적 단위로서의 어떤 사유 공간", "외연의 범위"(김상환 1996, 217쪽)이고 해체는 일종의 "방법적 전략"(김상환 1996, 167쪽)이다. 이어서 김상환 교수는 해체론이 철학의 역사를 "단선적으로 해석하고 있지 않은가"(김상환 1996, 234쪽) 하고 반문한다. 이러한 비판을 바탕으로 김 교수는 그 책에서 "형이상학의 "상"이 의미하는 형이상학적 초월의 다의적 의미를 역사직으로 재구성"(김상환 1996, 236쪽)하려 한다.

데리다의 해체론에 대한 김상환 교수의 비판은 타당한가? 사실 김 교수의 비판은 해체론에 가해진 많은 비판 중 하나의 전형에 속한다. 이에 대해 데리다는 자신이 철학 혹은 형이상학을 결코 동질적인 어떤 것으로 해석하고 있지 않음을 강조한 바 있다. 그는 다음과 같이 역설한다.

> 나는 또한 어떤 "단일한" 형이상학이 결코 존재하지 않음을, 여기서 "울타리"가 결코 어떤 동질적인 영역에 테를 두르는 순환적 제한이 아니라 보다 꼬인 구조임을 종종 언급해왔다. (Derrida 1978, 57쪽)

> 형이상학의 "울타리"는 선으로 이루어진 형태를 [⋯] 지닐 수 없을 것이다. 형이상학의 울타리는 무엇보다 어떤 원형이 아니며, 그래서 내면적으로 자기 자신에 동질적이고 따라서 그 바깥도 동질적일 수밖에 없는, 그런 동질적 영역을 테두리 짓는 원형이 아니다. 그 경계는 언제나 상이한 균열과 단층의 형태를 취하고 있고, 모든 철학적 문헌들은 그에 대한 배당의 자국 혹은 그 할당의 상처를 지니고 있다. (Derrida 1972e, 77쪽)

형이상학을 동질적이고 단일한, 고유하고 동일한 어떤 닫힌 영토로 보는 것은 데리다가 비판하고자 하는 파르메니데스(예컨대 단편 5번, 8번)

(Wright 1948, 41-46쪽)를 시조로 하는 이성중심주의자들의 해석이다. 영토의 안과 밖을 울타리로 확연히 구분하는 것도 데리다가 아니라 바로 그들이다. 데리다는 오히려 그들이 닫아놓은 영토에 구멍을 내고 흠집을 내어 그 틈 사이로 동질성에 이질성을, 단일성에 다수성을, 고유성에 타자성을, 동일성에 차이성을 접목시키려 한다. 그리고 그 계기는 영토 바깥으로부터가 아니라 바로 이성중심주의의 영토 안을 지배하는 논리의 균열로부터 찾아진다. 이 균열로부터 이성중심주의자들이 자신의 영토를 표시하려 쳐놓은 울타리의 해체가, 그리고 이로 말미암아 울타리 안팎의 경계가 무너지는 "초월"의 사건이 일어난다. 플라톤의 파르마콘과 루소의 보충대리는 데리다가 이들 이성중심주의자들의 텍스트에서 찾아낸 균열의 좋은 예이다. 이들 텍스트의 해체를 통해 이룩되는 초월의 사건은 결코 단일한 의미를 지니지 않는다.

　마찬가지 이유에서 해체론은 "비시간적 단위로서의 어떤 사유 공간"에서 전개되는 "방법적 전략"으로만 보기 어렵다. 이 문제에 대해서는 데리다 자신에게도 어느 정도 책임이 있다. 데리다의 말을 직접 들어보자.

> 당신은 전략에 관한 말을 너무 많이 들었다. 전략은 내가 특히 언제나 **종국에 가서** 명백히 자기 모순적인 방식으로, 그리고 나 자신을 궁지에 몰아넣는 위험 부담을 안고 〔…〕 단지 이 전략이 최종적인 것이 아니라는 것만을 분명히 하기 위해서 과거에 아마 남용했던 말인 것 같다. (Derrida 1983, 50쪽)

　울타리에 대한 김상환 교수의 해석은 울타리를 공간적인 의미로만 해석한다는 점에서 아쉬움을 남긴다. 우리가 만일 헤겔과 마르크스의 변증법을 비시간적 단위로서의 어떤 사유 공간에서 전개되는 방법적 전략으로만 본다면, 우리는 변증법의 많은 중요한 의미를 놓치게 될 것이다. 이러한 측면에서 김 교수의 해석이 혹시 데리다의 해체론을 몰역사적 진공관의 "궁지에 몰아넣는 위험"성을 내포하고 있지는 않은지 염려된다. 하이데거와 데리다에 있어서 울타리는 형이상학을 완결시키는 역사적 과정, 행위를 의미한다. 따라서 그것은 시간직 단위로서의 역사의 울타리이기도 하다.

《해체론 시대의 철학》 이후에 출간된 김상환 교수의 논문 〈철학(사)의 안과 밖〉에서 해체론에 대한 비판은 자취를 감추었다. 오히려 김상환 교수는 해체론이 철학사를 얼마나 총량적으로 탈구성해냈는지(3절), 그리고 형이상학적 초월을 얼마나 다양하게 규정하고 있는지(4절)를 서술하고 있다. 아울러 《해체론 시대의 철학》에서 "순정한 형태의 철학"(김상환 1996, vi쪽)으로 묘사되었던 해체론은 〈철학(사)의 안과 밖〉에서는 "숙명적 오염", "이종교배", "혼혈적 생성"의 철학으로 고쳐서 묘사되고 있다. 이러한 방향 전환은 데리다의 해체론을 더욱 정확하고 성숙하게 그려낸다는 점에서 바람직한 것이다. 다만 전환과 그 이유가 명백히 언급되었으면 좋았을 것이다.

그러나 〈철학(사)의 안과 밖〉에서 해체론은 여전히 "방법적 전략"(김상환 1999, 407쪽)으로, 그것이 해체하는 것은 "어떤 동일한 구조 전체"(김상환 1999, 407쪽)로 묘사되고 있다. 또한 해체론적 철학사관은 다음에서 보듯 여전히 공시적 관점에서만 해석되고 있다.

해체론은 〔…〕 간접적으로 철학사 전체와 관계한다. 그리고 이때 철학사는 그 문헌과 주제를 필연적 효과처럼 파생시키는 어떤 공시적 체계나

구조로서 설정된다. (김상환 1999, 408쪽)

이러한 관점에서 김상환 교수는 같은 논문에서 해체론을 "논리적 재구성"(김상환 1999, 408쪽)에 관여하는 "메타 철학"(김상환 1999, 410쪽)으로 규정하기에 이른다. 그러나 해체론은 메타 철학이기에 앞서 과거와 현재의 실제 텍스트를 현장으로 삼고 그 텍스트의 해체를 근간으로 하는 철저한 작업의 철학이다. 해체론에 관한 메타 철학적 논의들이 종종 공허하고 안이해 보이는 이유는 그 논의들에 텍스트라는 현장이, 그리고 텍스트 해체라는 작업이 결여되어 있기 때문이다. 이러한 논의들은 해체론을 미리 짜인 방법적 프로그램이나 전략으로 보고, 정작 텍스트의 해체는 이 방법적 프로그램이나 전략을 연역적으로 적용하는, 그래서 어느 텍스트에 대해서나 반복이 가능한 작업 정도로 간주한다. 그러나 데리다의 해체론은 개별적 텍스트에 대한 구체적 해체 작업에서 출발하여 이들 각각으로부터 철학에 관한 소위 메타적 논의를 간접적으로 수렴해내는 일종의 귀납적 과정이다.

〈철학(사)의 안과 밖〉에서 김상환 교수는 "해체론이 마지막에 가서 구하는 것"이 "구조가 아니라 울타리"(김상환 1999, 409쪽)라고 말한다.

> 구조가 해당 문헌을 총체적으로 재조직하는 질서라면, 울타리는 그 구조를 낳고 지배하는 형이상학적 사유의 질서, 나아가서 그 질서를 낳고 그 안의 형성에 개입하는 바깥을 표시한다. (김상환 1999, 410쪽)

이는 울타리가 구조보다 넓은 외연을 갖는다는 말로 풀이된다. 그런데 김상환 교수에 의하면 이 울타리보다 넓은 외연을 갖는 것이 있다.

"일반적" 텍스트는 흔적(차연)의 운동 전체에 대한 이름이고, 따라서 형
이상학의 안과 밖을 표시하는 "울타리"보다 넓은 외연을 지닌다. (김상환
1999, 421쪽)

부등식은 이행적transitive이므로 우리는 "울타리가 구조보다 넓은 외연
을 갖는다", "텍스트가 울타리보다 넓은 외연을 갖는다"는 김상환 교수
의 명제로부터 "텍스트가 구조보다 넓은 외연을 갖는다"는 결론을 끌어
낼 수 있다. 그러나 김 교수의 글에 함축되어 있는 이러한 결론은 데리다
의 다음과 같은 명제와 상충된다.

내가 텍스트라고 부르는 것은 소위 "현실적", "경제적", "역사적", "사
회-제도적"이라 불리는 모든 구조들을 뜻한다. (Derrida 1990, 273쪽)

요컨대 데리다에게 텍스트는 구조와 다르지 않다. 텍스트, 울타리, 구
조를 외연적 넓이의 차이로 구분하는 김상환 교수의 견해가 데리다의
입장과 다르다는 것은 김 교수와 데리다가 이 문제에 대해 상이한 길을
걷고 있음을 뜻하는가?

b) 세상 밖으로

김상환 교수의 글을 관통하는 중요한 주제의 하나는 안과 밖이다. 《해
체론 시대의 철학》에서 김 교수는 형이상학적 사유에 울타리가 있을 뿐
아니라 그 울타리의 바깥도 있음을 "실감"하고, 형이상학의 본성에 대한
총체적 인식의 문제가 "형이상학의 "안"에서가 아니라 그것을 한정하고
상대화하는 "바깥"의 관점에서만 비로소 물음으로 제기되고 해결"(김상

환 1996, 172쪽)될 수 있다고 보고 있다. 이러한 주장은 〈철학(사)의 안과 밖〉을 비롯한《해체론 시대의 철학》이후의 여러 글에서도 일관되게 제시되고 있다.

그런데 우리는 김상환 교수의 글에서 이러한 주장과 쉽게 부합되지 않는 데리다의 목소리를 듣게 된다. 예컨대 〈철학(사)의 안과 밖〉에서 김 교수가 인용한 데리다의 명제를 모아보자.

[…] 모든 개념들은 우리가 여기서 문제 삼는 형이상학적 울타리 안에 사로잡혀 있다. 이 울타리가 우리의 담론의 마지막을 장식하는 한에서, 우리는 그것 이외에 다른 것을 알지 못하며 그것 이외에 다른 것을 생산하지 않는다. (Derrida 1967a, 148쪽, 김상환 1999, 409쪽에서 재인용)

[어떤 것을 해체한다는 것은] 그것을 그 총체성 안에서 반복하면서 그리고 그것을 가장 확실시된 명증성 안에서 뒤흔들면서 [해체한다는 것이다]. (Derrida 1967a, 107쪽, 김상환 1999, 411쪽에서 재인용)

해체의 운동은 바깥으로부터 그 구조를 움직여놓지 않는다. 그 운동은 오로지 그 구조 안에 거주하는 한에서 가능하고 힘을 발휘할 수 있으며, 또 그런 한에서 정확히 충격을 가할 수 있다. (Derrida 1967a, 39쪽, 김상환 1999, 415쪽에서 재인용)

체계의 힘과 작용력은 정확히 말해서 모든 위반을 규칙에 따라 "가짜의 출구"로 변형시켜버린다. (Derrida 1972b, 162쪽, 김상환 1999, 422쪽에서 재인용)

해체는 그것이 스스로 참여하는 갈등적이고 차별성을 띤 문맥들 밖의 어느 다른 곳에 순수하고 본래적이고 자기 동일적인 방식으로 존재하지 않는다. 그것은 오로지 그것이 행하는 것, 그것으로부터 행해지는 것일 뿐이고, 그것이 [사건으로서] 일어나는 곳에 있다. (Derrida 1990, 260-261쪽, 김상환 1999, 423쪽에서 재인용)

이들 인용문이 전하는 메시지는 분명하다. 데리다(그리고 하이데거(이승종 2010, 3장 참조))에 의하면 서양의 개념어와 사유는 그리스적 의미의 이성적인 것이다. 철학사라는 울타리 바깥의 체험을 개념화하려는 시도는 따라서 숙명적으로 다시 이 이성적 개념어와 이성적 사유에 의해서 이루어지게 마련이다. 철학사의 울타리 바깥에 있는 철학사, 개념적 사유와 개념적 언어의 울타리 바깥에 있는 개념적 사유와 개념적 언어가 불가능한 것이기에 울타리 바깥으로의 어떠한 외출도 그 외출이 개념어로 서술되는 순간 울타리 안으로 되돌려지게 마련이다. 데리다가 볼 때 후설, 푸코, 레비나스Immanuel Levinas의 철학은 안으로 되돌려진 외출의 대표적 사례이다(Derrida 1967c; 1964a; 1964b 참조). 데리다는 다음과 같이 말한다.

우리가 외출을 형이상학을 넘어서는 순수하고 단순한 절차로 이해한다면 그러한 외출은 없다. [⋯] 외출의 모든 몸짓은 우리를 울타리 안쪽으로 다시 밀어 넣는다. (Derrida 1972e, 21쪽)

요컨대 철학사적 전통과 언어의 반복이 없이는 외출을 위한 출구는 마련되지 않는다. 그리고 그 반복 안에서 출구란 없다.

데리다에게 울타리 바깥은 비개념적인 방식으로 등장한다. 예컨대 그는 다음과 같이 말한다.

우리는 울타리 바깥의 희미한 빛을 언뜻언뜻 보여주는 빈틈을 지적해야 한다. (Derrida 1967a, 25쪽)

이 빈틈에 해당하는 차연과 흔적은 데리다에 의하면 개념이 아니다. 개념은 의미를 결집하는 이성중심주의적 도구이다. 그러나 개념에 고유한 것으로 간주되어온 의미는 해체에 의해 산종된다. 이 산종을 가능케하는 차연과 흔적이 개념일 수 없는 이유는 바로 여기에서 찾아진다. 빈틈으로 들어오는 개념 아닌 희미한 빛은 철학의 여백이다.[3] 그러나 이여백은 바로 해체라는 틈내기에 의해서만 간접적으로 얻을 수 있을 뿐이다. 데리다가 의미하는 철학의 진정한 여백은 또 하나의 철학을 위한 자리가 아니다. 우리는 그것을 김상환 교수를 좇아 "기존의 철학과 다른 유형의 철학"(김상환 1999, 399쪽)으로서의 해체론의 자리로 간주할 수도 있다. 그러나 이때 우리는 데리다가 철학을 서양 철학사가 반복해온 "흔적의 환원"(김상환 1999, 425쪽) 작업과 동일시하고 있음을 상기할 필요가 있다. 아마도 그 자리는 "철학이 불가능해지는 지점"일 것이다.

돌이켜보면 서양 철학사의 각 시대를 주도한 담론은 이러한 지점을 때때로 남겨두고 있었다. 인식론이 주도적 패러다임이던 칸트의 시대에

---

3 여기서 "희미한 빛"은 데리다에게 있어서 반드시 적합한 표현만은 아니라는 생각이 든다. 그가 〈백색 신화〉에서 지적하고 있는 태양중심주의를 연상시키기 때문이다(Derrida 1971b 참조).

인식의 영역 바깥에 놓였던 누메나noumena가 그 좋은 예이다. 언어철학이 주도적 패러다임인 우리 시대를 이끌어온 비트겐슈타인, 하이데거, 데리다에게서 우리는 동일한 몸짓을 본다. 청년 비트겐슈타인이 언어의 한계 바깥에 말할 수 없는 것으로서 설정한 "신비스러운 것das Mystische", 하이데거가 끝없이 자신을 (개방하면서) 은폐하는 것으로서 설정한 "존재", 그리고 데리다가 이름할 수 없는 것으로 간주한 "흔적"과 "치연"은 이들 언어철학의 거장들이 남겨둔 마지막 카드이다. 이들은 언어철학이라는 담론으로 환원되지 않는 이 이름 아닌 이름들의 중요성을 강조한다. 그러나 칸트가 누메나에 대해서 그러했던 것처럼, 이들은 이 이름 아닌 이름들에 대해서 많은 이야기를 남기지 않았다. 아니 남길 수 없었다. 이 이름 아닌 이름들은 철학이라는 이름으로 이야기되기를 거부하는 "취급 불가능자"이기 때문이다. 김상환 교수의 빼어난 글이 (혹은 김 교수가 인용하는 데리다의 텍스트가) 이 대목에서 신비스런 느낌을 주는 아쉬운 스케치에 그치는 까닭은 바로 이러한 저간의 사정 때문이다. 비트겐슈타인, 하이데거, 데리다가 편찬한 서양 철학사에서 우리가 얻는 메시지가 있다면 그것은 "취급 가능자"보다 "취급 불가능자"를 주목하라는 것이다. 이것은 그들이 그토록 경계했던 또 하나의 이분법, 또 하나의 중심주의(취급 불가능자 중심주의?)가 아닐까? "취급 불가능자"는 과연 자신을 "취급할" 다가오는 다음의 시대를 기다리고 있는가? 그 시대의 철학자는 누구인가?

4. 후기

한때 모더니즘과 포스트모더니즘을 이야기의 규모로 구분하여 모더니즘을 큰 이야기(혹은 거대 담론)로, 포스트모더니즘을 작은 이야기(혹은 미시 담론)로 분류하던 적이 있었다. 그리고 데리다와 로티는 각각 대륙과 미국을 대표하는 포스트모더니스트로 간주되기도 했다. 돌이켜보면 이 역시 모든 것을 계량적으로 그리고 스테레오타입으로 분류하는 시대와 사회의 분위기에 편승한 편의주의적 발상법이다.

작은 이야기를 지향하는 포스트모더니스트라는 데리다와 로티의 이야기보다 더 큰 이야기는 적어도 철학에서는 불가능하기까지 하다. 그들은 다름 아니라 과거와 현재, 그리고 미래의 철학사 전체를 이야기하고 있기 때문이다.

데리다와 로티는 포스트모더니스트라는 이름으로 묶이기도 어려운 이질적인 사상가들이다. 하이데거의 후기 철학에 빚지고 있는 데리다의 해체는 하이데거의 후기 철학에 대해 비판적인 로티에게는 낯선 사유이며, 듀이로 대표되는 미국의 지적 전통을 계승하고 있는 로티의 실용주의는 그와는 다른 지적 전통에서 나온 데리다에게는 마찬가지로 낯선 사유이다. 오히려 그들은 포스트모더니스트로서가 아니라 서양 철학사 전체에 대해 큰 이야기를 하고 있는 메타 철학자로서 한데 묶일 수 있을 것이다.

이 장에서는 이들이 전개하는 철학사에 대한 큰 이야기들의 허점들을 비판적으로 점검해보았다. 데리다의 경우에는 김상환 교수의 해석이 지니고 있는 문제점들과 의문점들을 주로 짚어보았다. 로티의 경우에는 철학과 문학 사이의 유사하면서도 다른 관계에 대한 오해와 대안적 시각의 사적 성격이 문제로 부각되었고, 데리다의 철학사론에 대한 김상환 교수의 해석에서는 울타리 개념에 대한 공간적 이해와 그 바깥에 대한 애매한 논의가 문제점으로 지적되었다.

5. 부록: 형이상학 밖으로의 외출

김상환 교수의 《해체론 시대의 철학》(김상환 1996)은 무엇보다도 서양 철학사의 울타리를 그린 하이데거와 데리다의 탈현대적 해체론 철학을 주된 화제로 삼고 있다. 이 책의 장점과 미덕은 탈현대적 해체론 철학의 깊은 철학사적 뿌리를 충실히 연역해내고 있을뿐더러, 그것이 탈현대 사회에 미치는 광범위한 내파를 예술에 가까운 빼어난 문체로 서술하고 있다는 점이다.

김상환 교수는 탈현대적 해체론의 철학사적 연역에서 한 걸음 더 나아가 해체론이 철학사를 총량적으로 탈구성하지 못했음을 비판한다. 김교수에 의하면 탈현대적 해체론은 형이상학적 초월을 단일하게 규정하고 있다는 점에서 독단론이다. 이러한 비판을 바탕으로 김 교수는 형이상학의 '상'이 의미하는 형이상학적 초월의 다양한 의미를 역사적으로 재구성하려 한다. 그래서 김 교수는 형이상학적 사유에 울타리가 있을 뿐 아니라 그 울타리의 밖도 있음을 '실감'하고, 형이상학의 본성에 대한 총체적 인식의 문제가 형이상학의 '안'에서가 아니라 그것을 한정하고 상대화하는 '바깥'의 관점에서만 비로소 물음으로 제기되고 해결될 수 있다고 주장한다.

그러나 김상환 교수의 이러한 울타리 '바깥'으로의 외출은 위험한 것이다. 하이데거와 데리다가 철학사의 울타리를 울타리 안쪽에서 그릴 수밖에 없다고 했을 때, 그들은 사유와 언어의 울타리 그리기에 대한 칸트와 비트겐슈타인의 인식에 동참하고 있다. 그들에게서 중요한 것은 울타리의 인식과 그 드러냄이지 울타리 바깥의 모색이 아니다. 철학사의 울타리 바깥에 있는 철학사, 사유와 언어의 울타리 바깥에 있는 사유와 언어가 불가능한 것이기에 울타리 바깥으로의 외출도 성립할 수 없다. 물론 우리는 울타리가 잘못 그려져 있거나 혹은 궁극적인 울타리가 없을 가능성을 고려해볼 수 있다. 그러나 잘못 그려진 울타리는 해체를 통해 탈구성되어야 할 것이고, 이로 말미암아 울타리 바깥으로의 외출은 결국 성립하지 않게 될 것이다. 그리고 궁극적인 울타리가 없는 경우에는 잠정적 울타리 바깥으로의 외출은 사소한 문제가 되고 만다.

하이데거와 데리다, 칸트와 비트겐슈타인이 김상환 교수의 외출에 동참하지 않는 까닭은 무엇일까? 그 이유는 그들이 김 교수가 기도하는 외출이 철학사에서 되풀이되어온 초월에의 무제약적 갈망이며, 형이상학적 가상과 유혹에의 초대임을 잘 알고 있기 때문이다. 그들이 드러내려 했던 울타리는 아인슈타인이 드러낸 천체 물리학의 울타리, 하이젠베르크Werner Heisenberg가 드러낸 입자 물리학의 울타리, 괴델Kurt Gödel이 드러낸 수학 기초론의 울타리와 같은 성질의 것이었다. 울타리는 제한이 아니라 궁극적인 한계로 이해되어야 한다. 광속도 너머의 초광속도, 불확정성 너머의 확정성, 불완전성 너머의 완전성이 불가능한 것처럼 철학사, 사유, 언어의 궁극적 울타리 너머로의 외출이 불가능하다는 해체론자들을 위시한 한계의 철학자들의 지적을 우리는 상기해야 할 것이다.

2부

고유섭과 서영은

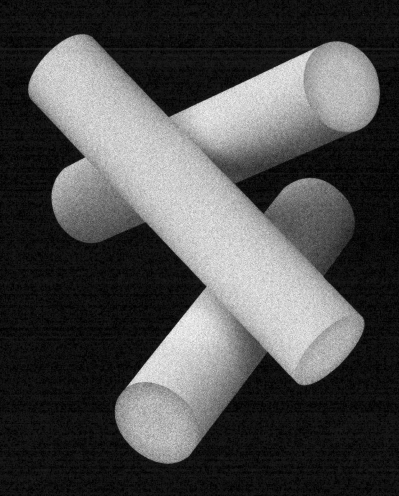

5장

고유섭의 미술철학

우리는 오늘 사회 속의 인문학이라는 주제에 대해 논의하기 위해 이 자리에 모였다. 발표자 각자가 이 주제에 대한 한국과 싱가포르의 견해를 발표하는 자리이다.[1] 평상시에 우리가 스스로를 한국인, 싱가포르인, 동북아인, 동남아인으로 부르는 경우는 드물다. 우리는 통상적으로는 자신의 이름으로 스스로를 호칭한다. 하지만 최소한 오늘 이 자리에서 우리는 저마다 한국인, 싱가포르인, 동북아인, 혹은 동남아인이다. 각 술어들은 우리가 속해 있는 나라나 지역의 이름에서 유래한다. 이처럼 우리는 각자 살고 있는 장소와 연관되어 있다. 장소는 우리가 딛고 서 있는 토대이다. 우리는 이를 토착화 논제라고 부르고자 한다.

---

1   이 자리는 2018년 1월 13일에 싱가포르 남양이공대에서 있었던 남양이공대 문과대-연세대 문과대 공동학술심포지엄을 뜻한다. 거기서 이 장의 초고를 발표하였다.

그러나 장소는 우리가 누구인지를 확정하는 기준이 되지 못한다. 예컨대 동북아인들이 공유하는 본질은 존재하지 않는다. 그들 사이에는 느슨한 가족유사성만이 있을 뿐이다. 우리는 이를 비본질주의 논제라고 부르고자 한다. 그러므로 우리가 각각 한국과 싱가포르의 견해를 대변할 때 우리는 기본적으로 토착적 비본질주의자인 셈이다.

토착적 비본질주의의 적은 세계화주의이다. 세계화주의는 우리가 지역적 경계를 넘어서 단 하나뿐인 이 지구촌의 세계 시민이 되어야 한다는 견해라는 점에서 토착화에 반대하고, 세계 시민이라는 본질의 공유를 주장함으로써 비본질주의에 반대한다.

세계화주의가 주장하는 세계 시민이 갖추어야 할 조건은 두 가지이다. 첫째, 세계 시민은 자유 시장경제체제를 옹호해야 하며 최소한 그 체제의 적이어서는 안 된다. 둘째, 세계 시민은 세계화주의가 지구촌의 공식 언어로 간주하는 영어를 사용할 수 있어야 한다. 이 두 요구 조건을 한데 묶어보면 본질주의적 세계화주의는 영어권의 가치에 경사된 지역주의임이 드러난다.

우리는 지구촌이 플라톤의 국가와 같은 추상적이고 이상적인 공동체가 아님을 보았다. 그것은 자유 시장경제체제라는 현실적 질서와 영어라는 특정 자연언어를 차용한다.[2] 그런데 그 이유는 무엇인가? 자유 시장경제체제와 영어가 전 지구촌에 확산되어 있기 때문인가? 우리는 그 역이 사실에 더 가깝다고 본다. 즉, 지구촌이라는 개념 자체가 자유 시장

2　지구촌은 누구에게나 열려 있지 않다. 그 촌은 영어를 사용하는 자유 시장경제체제 옹호자나 그의 친구만을 환영한다.

경제체제와 영어라는 영어권의 가치를 전 세계에 확산하기 위해 고안된 것이다. 지구촌은 이상적 목적에 붙여진 이름이 아니라 전 세계를 하나의 네트워크로 묶으려는 환원 근거에 붙여진 이름이다.

　우리는 자유 시장경제체제가 고도로 발달한 싱가포르에서 영어로 인문학에 대한 한국과 싱가포르의 견해를 주제로 철학적 토론을 펼치기 위해 이 자리에 모였다. 우리는 환원이 아니라 토론을 목적으로 하고 있지만, 자유 시장경제체제나 영어와 같은 환원의 요소들은 이 자리에서도 불가피하게 영향력을 행사하고 있다. 세계화주의가 관철하고자 하는 환원의 침투는 실로 무소부재하다.

　우리가 한국과 싱가포르 고유의 견해를 논의할 수 있기 위해서는 우리의 시계를 뒤로 돌릴 필요가 있다. 그러한 견해들이 작금의 세계화주의의 압도적인 공세에 직면해 급격한 변화를 겪기 이전으로 말이다. 그랬을 때 비로소 그러한 견해들이 두드러져 보이게 된다. 시계를 뒤로 돌리는 동작은 세계화의 영향력이 가장 강력한 동아시아에서 그 지역의 가치를 찾기 위해서는 더욱 절실히 요구된다.

1. 윈도우

〈예술 작품의 근원〉에서 하이데거는 예술 작품을 진리의 구현물이라고 보았다. 예술 작품이 건립하는 세계는 원래는 그가 대지라고 부른 질료적 성질에 의해 은폐되어 있었지만, 작품 속에서 바로 그 질료와의 투쟁을 통해 질료와 함께 스스로를 탈은폐해내고 있다. 이 탈은폐의 사건이 하이데거가 말하는 진리이다(Heidegger 1935-1936). 진리를 간직하고 있는 예술 작품은 그러한 점에서 역사적이다. 대지와 세계 사이의 투쟁을 통해 작품이 탈은폐하고 있는 것이 다름 아닌 역사이기 때문이다. 역사는 전승과 계승의 계주繼走와 같은 것이다. 전하는 자가 조상이고 이어받는 자가 후손이겠지만, 전함과 이어받음이 하나의 계통을 이루면서 펼쳐지는 역사의 계주에서 모든 인간은 저마다 조상으로부터 그 계통을 이어받는 후손이면서 다시 그 계통을 전해주는 조상이 된다. 그러나 이 모든 것은 결코 손쉽게 이루어지는 것이 아니다. 고유섭의 표현을 빌리자면 "그것은 오히려 '피로써' '피를 씻는' 악전고투를 치러" "피로써, 생명으로써 얻으려 해야만 얻을 수 있는 것"이다(고유섭 1940b, 107쪽). 역사의 계통을 형성하면서 그것을 주고받는 인간을 역사적 인간이도록 하게 해주는 것이 예술 작품이다.

우리가 살펴보려는 예술과 역사에 대한 고유섭의 견해는 그의 짧은 글 〈고대미술연구에서 우리는 무엇을 얻을 것인가〉에 가장 선명한 방식으로 집약되어 있다. 그 제목 자체가 고유섭이 천착한 필생의 주제이기도 한 이 물음에 대해 그는 이렇게 대답한다.

잡다한 미술품을 횡(공간적)으로 종(시간적)으로 계열과 체차遞次를 찾아 세우고, 그곳에서 시대정신의 이해와 시대문화에 대한 어떤 체관을 얻고자 한다. […] 우리는 미술의 연구를 통하여 개별적으로 시대, 시대를 애무하고 관조하고 이해하려 하며, 전적으론 인생관·세계관을 얻으려 한다. (고유섭 1937a, 184-185쪽)

고유섭에게 고대미술은 곧 역사의 창과 같은 것이다. 고대미술 연구를 통하여 그는 과거의 역사와 거기에 담긴 인생관, 세계관을 복원하려한다. 우리 눈앞에 드러나 있는 고대의 미술작품이 간직하고 있는 보이지 않는 철학을 역사적으로 소급해내는 것이 그에게 주어진 과제이다. 고대미술 연구는 보이는 미술의 연구이자 물러선 역사의 연구이며 보이지 않는 철학의 연구인 것이다. 보이지 않는 것과 물러선 것이 보이는 것을 통해 미치는 힘과 메시지를 체험하고 해독하는 직업이 고대미술 연구의 알파와 오메가이다. 분화된 근대의 언어로 표현해서 달라 보일 뿐이지 사실 이 세 갈래의 분야들은 원래 서로 중첩되거나 밀접하게 연관되어 있던 영역이 아니었던가.

그런데 우리는 먼저 고유섭이 연구하는 고대미술이 구체적으로 어느 시간과 공간에 놓여 있는지를 물어야 한다. 그는 자신의 연구 주제를 조선의 고대미술로 방향 잡으면서 고대를 우리 역사가 단절된 1910년의 한일합방 이전으로(고유섭 1932b, 79쪽), 조선을 현재의 반도를 지칭하는 영토 개념으로 각각 이해하였다(고유섭 1966, 54쪽). 이와 관련해 그는 조선을 민족과 동일시하는 견해에 대해 비판적 입장이다.

> 민족 문제는 상부구조의 역사적 사회적 이해에 대해 조그만 도움도 없는 것이다. […] 어느 종류의 민단이 조선 문화의 근원을 이뤘는가가 문제가 아니요, 조선이란 한계 […] 구역 내에서의 생활의 변천이 어찌 표현되어 왔는가가 문제이다. (고유섭 1966, 54-55쪽)

고유섭은 자신이 위에서 사용한 "조선이란 한계"에 대해 그것이 국가적 의미에서의 한계가 아님을 분명히 하고 있다. "만일 그러한 의미에서 본다면, 국가의 성패로 인해 변동되는 한계와 그로 말미암은 인종의 가감, 이합의 변화를 처리할 도리가 없을 것이다"(고유섭 1966, 54쪽). 조선을 하나의 민족이나 국가로 이해하지 않겠다는 그의 입장은 받아들일 만하다. 조선을 조선이게 하는 것은 자연과학적 개념인 혈통이나 사회과학적 개념인 국가에 앞서는, 조선이라는 정체성을 형성하는 예술과 역사와 철학文史哲의 인문 정신이다. 정통성을 구성하는 진정한 계승의 대상은 이러한 정신적인 것이지 피나 체제가 아니다(고유섭 1940b, 106-107쪽).

그런데 고유섭은 "서술의 편의상" 조선의 한계를 현재의 반도를 중심으로 한다고 선언한다(고유섭 1966, 54쪽). 과연 서술의 편의라는 그야말로 편의적인 이유만으로 조선을 반도로 국한해도 좋은가? 그의 이러한 반도사관은 조선 역사의 정통 계보를 이루어온 고조선, 부여, 고구려, 발해 등을 조선미술사 연구 영역 안으로 온전히 포용할 수 없다는 원초적 한계를 지닌다. 그가 조선미술사 연구의 선구자였음을 감안할 때 그의 사관이 갖는 이러한 한계는 이후의 조선미술사 연구에도 적지 않은 영향을 미쳤음을 부정할 수 없다.[3] 그러나 다른 한편으로 조선미술사 연구를 통해 조선의 역사와 인생관과 세계관을 드러내려 했다는 점에서 그는 조선미술사를 미술철학에 접목시키는 데 결정적인 기여를 하였다. 이 장에서는 고유섭의 이러한 기여를 계승해 더욱 심화 확충하는 작업을 전개하고자 한다. 이 과정에서 그의 논지에서 발견되는 몇 가지 문제점들을 살펴보고, 글의 말미에서 반도사관이 조선미술사 연구에 초래한 왜곡을 적시해 바로잡을 것이다.

---

3 한반도의 자연에 대한 묘사로 시작하는 우리 시대의 대표적 한국 미술사인 김원용·안휘준의《한국미술의 역사》도 고유섭의 미술사관이 지니는 한계에서 벗어나지 못했다는 평가를 면할 수 없다. 김원용·안휘준 2003, 14쪽 참조.

2. 동과 서

우리는 고유섭의 연구 주제가 조선의 고대미술임을 보았다. 그리고 동의할 수는 없지만 그가 조선을 한반도와 동의어로 간주함을 보았다. 그런데 조선은 반도이기에 앞서 동양에 속하고 미술은 예술에 속한다. 그러므로 조선의 고대미술은 동양의 예술이라는 문맥을 배경으로 이해되어야 한다. 그리고 동양의 예술은 서양의 예술과의 상대적 비교하에 이해될 수 있다. 고유섭에 의하면 예술이 자신의 이법理法을 만들어가는 과정과 방법에서 동과 서에는 큰 차이가 있다. 서양에서는 예술이 자신의 독립적인 이법을 만들어 개별적으로 전개되지만, 동양에서는 자연과 인간을 포괄한 하나의 총괄적이고 보편적인 이법이 있고 예술도 이 이법과의 연계하에 전개된다(고유섭 1943, 194-195쪽). 동양의 예술은 이러한 연계에 의해서 영속성과 포괄성을 확보한다. 영속성은 예술 배후의 전통이 새로운 정신으로써 부단히 연마됨을, 포괄성은 예술이라는 개체로써 전체의 이법을 표현함을 의미한다.[4] 반면 서양의 경우에는 예술이 전체적인 이법이 아닌 분별적인 이법의 자각에 그침으로써 그 자신 한낱 개체에 머물고 말아 종국에는 예술로서의 존재 가치마저 잃게 된다.

그러나 고유섭의 이러한 평가는 사실 동양 예술의 과거와 서양 예술의 현재를 비교함으로써 내려진 것이라는 점에 유의해야 한다. 서양 예술도 과거에는 그가 말한 총괄적 이법과의 연계하에 전개되었다. 철학적

---

4 그러나 앞으로 보겠지만 예술이 철학이나 윤리에 종속될 때 예술은 고사하고 만다. 따라서 여기서의 연계는 예술의 "예술로서의 분한성分限性"을 부정하는 것으로 이해되어서는 안 된다. 고유섭 1943, 195쪽 참조.

이법에 바탕을 둔 고대 그리스의 비극이나 종교적 이법에 바탕을 둔 중세 유럽의 미술이 그 대표적 예이다. 두 노인의 성격을 비교할 때 한 노인의 어린 시절의 성격과 다른 노인의 현재 성격을 비교하는 것은 일반적으로 적절한 비교라고 보기 어렵다. 특히 노인들의 현재 성격이 그들의 어린 시절과 판이하게 다를 경우 이러한 비교는 더욱 그 적실성을 잃게 된다. 그런 점에서 고유섭이 시도한 동서 예술의 비교는 양대 예술 전체에 대한 온전한 비교라기보다 동양 예술의 과거와 서양 예술의 현재의 일반적 특징을 나름의 관점에서 서로 대비시킨 것으로 보아야 한다.[5]

고유섭은 동과 서의 예술관에 대한 논의를 동양화와 서양화와의 차이를 예로 구체화시켜나간다. 그는 비록 "술어의 엄밀한 내포와 외연을 무시하고 규정하자면"이라는 단서를 달기는 하지만, 동양화를 "황하와 양자강 중간의 비옥한 천지와 온화한 자연의 혜택 속에서 자라난 문명의 소산"으로서의 중국화로 간주한다(고유섭 1936c, 175쪽). 이러한 규정도 지나치게 자의적이라는 비난을 면할 수 없다. 이 규정대로라면 그가 현재의 반도로 정의한 조선의 그림은 동양화에 속하지 못하거나 동양화로서의 대표성을 갖지 못하기 때문이다.[6]

---

5 예술을 포함하는 동양 문명 전체가 정체되어 있고 서양의 전통 예술은 이미 죽었다는 헤겔의 관점을 전제로 고유섭의 대비 구도는 불가피한 선택이었다는 답변도 생각해봄 직하다. 동양의 산 (그러나 정체된) 예술을 서양의 죽은 (그러나 위대했던) 예술과 비교할 수 없으므로, 산 예술들끼리 서로 비교하기 위해 차선책을 택한 것으로 말이다. 그러나 이러한 답변이 위의 비판을 비껴갈 수는 없다고 본다. 아울러 동양 문명 전체가 정체되어 있다는 헤겔의 견해는 동양화의 근본을 운동태로 보는 고유섭의 견해와 잘 어울리지도 않는다. 조선미술의 역사에서 커다란 변화들을 감지하고 이를 진지하게 탐침해나가는 고유섭의 자세에서 우리는 동양을 정체된 공간으로 보는 헤겔의 모습을 찾기 어렵다.

6 이 문제에 대해서는 8절에서 보다 상세히 논하기로 한다.

고유섭은 중국미술이 "자연의 은총을 찬미하고 그와 일체되기를 욕구"했던 데 반해, 서양미술은 "자연에 대한 항쟁"과 "인간 자신의 끊임없는 노력"에서 출발하는 문명의 소산이라고 본다. 그런데 그는 중국미술이 회귀하려 했던 자연은 "운동의 경향태"인 반면, 서양문명이 중심에 놓은 인간은 "완성태"라고 단언한다(고유섭 1936c, 175-176쪽). 서양문명이 인간을 경향태가 아닌 완성태로 간주했다는 그의 주장은 납득하기 어렵다. 고대 그리스의 비극에서부터 현대의 실존철학에 이르기까지 그 반대의 경우가 더 참에 가깝다고 할 수 있기 때문이다.

　고유섭은 운동태를 근본으로 하는 동양화는 선線에서, 존재태(정지태)를 근본으로 하는 서양화는 면面에서 시작한다고 주장한다. 완성태인 인간의 신체(인체)도 "면의 가장 이상적인 집합체"이다. 선은 운동하고 면은 정지해 있는 까닭에 대해 그는 선은 방향성이 있고 면은 그렇지 않기 때문이라고 한다(고유섭 1936c, 176-178쪽). 일견 직관적으로 납득은 가지만 그것이 예술심리학적 차원을 넘어 과연 객관적으로 타당한 이유일 수 있는지에 대해서는 확신이 서지 않는다. 우리는 영화나 TV 등 각종 동영상물을 통해 면의 운동을 보는 데 너무 익숙해졌기 때문이다. 동양화가 운동태를 근본으로 하고 서양화가 존재태를 근본으로 한다는 주장 역시 정당화되기 어려운 지나친 일반화라는 생각이 든다. 운동하는 선과 정지해 있는 면이 각각의 출발점이기 때문이라는 설명은 순환론이나 선결문제 요구의 오류를 범하고 있다. 그가 면의 집합체로 간주한 인간의 신체도 드로잉drawing에서처럼 선을 근본으로 운동의 경향태로 표현할 수 있을 것이다. 신체 자체가 선인지 면인지의 논쟁은 무의미하다. 신체는 선도 면도 아닌 3차원적 입체이기 때문이다. 신체를 어떻게 표현할 것인가에 대해서는 입체(조각), 면(회화), 선(드로잉) 등 다양한 선택이 가능할 것이다. 그 어느 경우에도 신체를 면으로 단정할 필연적인 이유는 없다고 본다.

3. 윤리와 유희

고유섭은 예술을 포괄하는 동양의 이법이 무엇인지에 대해서 구체적으로 서술하지는 않고 있다. 그러나 그것이 그가 고대미술 연구를 통하여 얻으려 했던 인생관이나 세계관과 연관되어 있음을 짐작할 수 있는 근거들이 있다. 예컨대 동양의 도자와 서양의 도자를 비교하는 글에서 고유섭은 다음과 같이 말한다.

> 서양의 도자예술품에 대해서는 처음부터 예술을 감상하는 태도로써 임함을 요하나, 동양 도자는 처음부터 한 개의 생生의 역사를 들여다보려는 심리로써 보아야 한다. 서양 자기의 평가조준은 미술적 규범에 있으나, 동양 도자의 평가조준은 인생관이란 데 있다. (고유섭 1936b, 368쪽)

앞서와 마찬가지로 어느 시기의 어느 도자에 대한 언급인지가 밝혀져 있지 않다는 문제가 있기는 하지만 동양 예술이 인생관의 관점에서, 그것도 생의 역사라는 통시적인 관점에서 평가되어야 함을 역설하고 있는 중요한 구절이다. 또한 다른 글에서 고유섭은 고구려 쌍영총의 고분벽화나 신라 석굴암과 같은 "예술품에 대해 어떠한 규범에 입각하여 또는 순수 미학적 규범에 입각하여 비판하려는 우愚를 삼가고 오로지 그곳에서 역사성·사회성을 들여다볼" 것을 제안하고 있다(고유섭 1936a, 201쪽). 지금까지 살펴본 바를 이 장의 맨 첫머리에서 인용한 〈고대미술연구에서 우리는 무엇을 얻을 것인가〉의 구절에 대입해보면, 그는 결국 예술을 횡(사회)과 종(역사)의 문맥에서 고찰하여 각각의 시대정신과 시대문화를 이해하고 궁극적으로는 인생관·세계관을 드러내려 한 것이다.

고유섭이 이해한 동양 예술은 예술을 위한 예술이 아니라 인생을 위한 예술이다. 이 구분으로써 예술의 동과 서를 가르는 것은 무리가 따르지만 적어도 그가 동양 예술을 어떻게 이해하고 있는지를 조명하는 데 "인생을 위한 예술"은 유익한 출발점이 될 수 있다. 인생을 위한 예술은 "미美의 감계주의鑑戒主義"의 "변형된 연장"이다. 미의 감계주의란 "미를 미대로 결정시키려 하지 않고, 미를 광의의 윤리의 도가니 속에서 녹여내려는 운동이다"(고유섭 1940c, 117쪽). 그러나 인생을 위한 예술을 감계주의의 연장으로 간주하는 고유섭의 해석은 인생과 예술을 윤리적 관점에 고착시켜 이해하는 데서 한계를 드러낼 수 있다. 지나친 감계주의는 인생뿐 아니라 예술에도 장애가 되기 때문이다.[7]

이러한 문제점을 스스로 인식하고 있었던 고유섭은 예술을 유희에 결부시킴으로써 감계주의의 경직성을 완화할 계기를 마련한다. 그는 실러(Schiller 1794)가 언급한 유희를 "강압적인 의무이행 같은 속박을 느끼지도 않고" "자연히 도덕에 화순해지는 것"으로 해석한다.[8] 그리고 도덕적

---

[7] 이에 대해서는 4절에서 보다 상세히 논하기로 한다.

[8] "自和順於道德"《논어》의 〈태백泰伯〉편에서 "악에서 완성한다成於樂"는 구절에 대한 주희의 집주集註에서 인용한 표현이다.

인간만이 미를 유희하고 미에서만 유희할 수 있다는 점에서 실러의 유희론은 공자가 말한 "예에서 노닌다"[9]는 표현의 의미와도 동일하다고 본다(고유섭 1941a, 127-129쪽). 유희는 미와 윤리 사이의 건강하고도 탄력 있는 관계를 표현하는 개념이다. 미와 윤리를 유희와 양립 가능한 것으로 순화시켜, 인생을 위한 예술을 윤리와 미가 한데 어우러지는 즐거운 놀이로 해석해내고 있는 것이다.

고유섭의 예술 유희론은 조선의 고미술을 비애悲哀의 관점에서 파악한 야나기 무네요시(야나기 무네요시 1920)나 궁핍의 관점에서 파악한 맥퀸(McCune 1962) 등의 조선미술사관을 극복하는 데도 유용할 수 있다. 일제 강점기에 나라를 잃고 신음하던 조선의 모습에서 얻은 인상을 조선미술사 전체를 보는 창으로 확대 고정시켰던 이들 외국인들의 조선미술사관에 비해, 예술의 유희성을 부각시키는 고유섭의 시도는 먼 옛날부터 춤과 노래를 즐겼던 우리 조상들의 신명 넘치는 예술관을 이해하는 데도 결정적 실마리로 작용할 수 있다. 앞으로 보겠지만 이 신명은 고유섭의 사유 세계에서 생명의 예술철학과 애니미즘과 샤머니즘의 세계관으로 구체화되어 전개된다.

9 《論語》, 〈述而〉, 遊於藝

4. 생명으로서의 예술

고유섭은 자신이 예술에 결부시키는 유희는 "진실성이 없고 윤리성이 없고 항구성이 없는 감각적 오락"과는 무관한 것임을 분명히 한다(고유섭 1941a, 128-130쪽). 그가 보기에 예술을 이러한 상식적 의미의 유희로 해석하는 것은 자신의 화두인 조선의 고미술에는 특히 가당치 않은 견해이다. 그는 다음과 같이 말한다.

> 나는 지금 조선의 고미술을 관조하고 있다. 그것은 여유 있던 이 땅의 생활력의 잉여잔재가 아니요, 누천년간 가난과 싸우고 온 끈기 있는 생활의 가장 충실된 표현이요, 창조요, 생산임을 깨닫고 있다. 그러함으로 해서 예술적 가치 견지에서 고하의 평가를 별문제하고서, 나는 가장 진지로운 태도와 엄숙한 경애와 심절深切한 동정을 가지고 대하고 있는 것이다. 만일에 그것이 한쪽의 '고상한 유희'에 지나지 않았다면 '장부의 일생'을 어찌 헛되이 그곳에 바치고 말 것이냐. (고유섭 1938, 89쪽)

조선의 고미술에 대한 진지하고 실존적인 태도에서 우리는 나라 잃은 식민지 지식인으로서의 고유섭이 지녔던 결연한 마음을 확인할 수 있다. 그렇다고 해서 그가 동양 예술의 관점에서 재해석해낸 유희의 의미를 조선의 고미술에 적용할 수 없는 것으로 속단해서는 안 된다.

다음에서 알 수 있듯이 고유섭이 앞서 유희로써 표현하고자 했던 바는 다름 아닌 생명이다.

> 예술을 유희같이 생각하는 사람이 누구냐. '유희'라는 말에 비록 '고상한

정신적'이란 형용사를 붙인다 하더라도 '유희'에 '잉여력의 소비'라는 뜻이 내재하고 있다면, 예술을 위하여 용서할 수 없는 모욕적 정의라 할 수 있다. 예술은 가장 충실한 생명의 가장 충실된 생산이다. 건실한 생명력에 약동하는 영원한 청년심靑年心만이 산출할 수 있는 고귀하고 엄숙한 그런 것이다. 〔…〕 예술은 가장 진지로운 생명의 가장 엄숙한 표현체가 아니냐. (고유섭 1938, 88쪽)

예술이 표현하고 창조하고 생산하는 생명이 살아 있고生 생기 있고活 힘찬力 것이라는 의미에서만 예술은 유희일 수 있다.[10] 이 역동적인 생명의 유희를 윤리로써 속박하려는 우리 조상의 지나친 감계주의에 대해 고유섭은 다음과 같이 통렬한 비판을 가하고 있다.

나는 우리의 조상이 한껏 자유로워야 할 생명을 너무나 윤리적인 편견으로 속박지어 고사시켜버린 것을 항상 원망하는 자이다. 우리는 윤리적이기 전에 먼저 생명적이어야 하겠다. 자유로운 생명 그 자체에 약동하고 싶다. 생명을 잃은 윤리는 절대 악 이외의 아무것도 아니다. 과거의 위대한 예술은 이 윤리를 무시한, 무시보다도 애초에 생각도 않던 자유인의 손에서 산출되었다. 진정한 예술은 진정한 생명에서만 나올 수 있는 것이므로, 진정한 예술은 곧 진정한 생명 그 자체이다. (고유섭 1938, 88쪽)

---

10 여기서 언급한 생명의 세 가지 성격, 즉 살아 있음生, 생기 있음活, 힘참力은 고유섭이 아름다움을 종합적 생활감정으로 정의할 때 '생활'의 의미를 형성하고 있다. 이에 대해서는 6절에서 다시 논의하기로 한다.

생명은 윤리에 앞선다. 동양의 예술이 지향하는 전체적인 이법도 생명의 하위 명제일 뿐이다. 그런 점에서 인생을 위한 예술로서의 동양의 예술은 궁극적으로 생명을 위한 예술이다. 유희와 생명은 예술을 전체적 이법에 연계시키는 동양 예술의 전통이 빠지기 쉬운 경직된 감계주의에 대한 예방제요 해독제이다.

아울러 위의 인용문에서 고유섭이 원망의 대상으로 묘사한 "우리의 조상"은 조선 시대의 조상에 국한됨을 유의할 필요가 있다. 그가 보기에 생명으로서의 예술을 윤리적인 편견으로 속박지은 것은 다름 아닌 조선 시대의 유교이기 때문이다(고유섭 1966, 45쪽). 그의 이러한 견해는 조선 시대의 미술을 "가장 통일된 한국적인 미술"로 보는 우리 시대의 대표적 미술사가의 시각(김원용·안휘준 2003, 15쪽)과 정면으로 배치되는 것이기도 하다.

5. 연세 애니미즘

고유섭이 묘사하고 있는 생명의 예술이 놓인 자리는 동양이고 그중에서도 삼국시대의 조선이다. 생명의 예술은 흑선黑線에서 시작하는 운동태로 상징된다. 색으로써 "존재태를 표현하는 것"이 서양화라면, 흑선으로써 "만물의 자연의 도道의 운동태를 상징하는 것"이 동양화이다.[11] 이로 말

---

11 선에 대한 고유섭의 이러한 역동적 해석은 조선 고미술에서의 선을 "눈물로 충만된 선"으로

미암아 "동양화는 상징적이 되고 사의적寫意的이 되고 연역적이 된다." 반면 "서양화는 사실적[12]이요 인상적이요 귀납적이다." 원근법에 있어서도 대상을 존재태로서 보는 까닭에 서양화는 나와 대상이 한 점에서 일치한 채 정지되어 있는 관계로 "대상의 이동은 물론이려니와 눈의 이동도 용서할 수 없다." 반면 "대상을 운동태에서 보고 경향태에서 보려는 동양화는 대상을 이동시키든지 또는 보는 나의 위치를 이동시킨다." 그래서 같은 산에 대한 묘사라도 서양화와 달리 동양화는 산에 올라 내려다보고 바라보고 훑어보고 걸어본 것을 모두 표현하는 조감도식, 파노라마식이다(고유섭 1936c, 179-181쪽).[13]

보는 야나기 무네요시의 해석(야나기 무네요시 1922, 190쪽)에 대한 비판으로 새길 수 있다.

12 이 낱말의 의미가 무엇인지에 대해서는 다음 각주의 하단에서 살펴볼 것이다.

13 고유섭의 글 〈동양화와 서양화의 구별〉을 요약해 정리해보면 다음과 같다(고유섭 1936c).

	동양화	서양화
이법의 성격	총괄적	분별적
예술의 위상	전체 속의 개체	낱낱의 개체
예술관	인생을 위한 예술	예술을 위한 예술
자연에 대한 태도	찬미와 합일	항쟁과 맞섬
근본 요소	선	면
존재론	운동태	존재태(정지태)
	경향태	완성태
표현 방법	(선을) 그림	(색을) 칠함
기법적 특징	상징적	사실적*
	사의적寫意的	인상적
	연역적	귀납적
묘사의 방식	조감도식/파노라마식	실체경식實體鏡式

생명의 예술이 지향하는 운동성은 고구려의 고분벽화에서 공시적 공간을 넘어 통시적 시간으로 확장된다. 덕흥리 고분의 전실前室 벽은 도리를 경계로 아래쪽에는 무덤 주인공의 생전의 생활상이 묘사되어 있고, 위쪽 천장 벽에는 그가 죽어서 돌아가는 타계他界인 천상계를 표현하는 각종 성수聖獸와 별자리들이 그려져 있다.[14] 이는 무덤의 주인공이 이 세계를 떠나 천성계로 이어지는 삶을 계속한다는 세계관을 반영하고 있다(변태섭 1958, 58-59쪽). 고분의 벽화가 표현하고 있는 세계관은 세속의 세계를 천상의 세계로 연장하고 그리로 이끌어 서로 통하게 한다는 점에서 늘임과 이끔과 서로 통함의 의미를 동시에 지니는 '연'延과 세계를 의미하는 '세'世를 조합한 '연세적'延世的 세계관으로 부름직하다.

무용총 현실玄室 왼쪽 벽에는 가창대와 무용수들이 양쪽에 늘어서서 춤과 노래를 하는 가운데 무덤 주인공의 혼령이 말을 타고 저승길을 떠

원근법	삼원법三遠法: 고원법高遠法, 심원법深遠法, 평원법平遠法	투시법
봄의 방식	보아감	보고 있음
초점	다수	단일
	이동	고정
화폭	횡축장축/권축卷軸	정방형
화가의 위치	화면 안	화면 밖
작품과 예술가	동일	독립

* 원문이 한글로 표기되어 있어 '사실적'이 '事實的'인지 '寫實的'인지 확인할 수 없다. 전자라면 '상징적'에 대비되고 후자라면 '사의적'寫意的에 대비된다고 볼 수 있다. 후자의 경우라면 도표상의 '인상적'은 '상징적'에 대비되도록 그 위치가 변경되어야 할 것이다.

14 도리를 경계로 한 지상의 세속적인 세계와 천상의 세계 사이의 구분은 무영총, 각저총에서도 발견된다. 장천 1호분처럼 도리를 따로 표시하지 않은 고분의 경우에도 천장 벽과 그 아래 사방벽의 공간을 나누어 각각 천상계와 지상계를 상징하고 있다.

고구려 덕흥리 고분 전실 묘사도

나는 장면이 묘사되어 있다. 죽음이 종말이 아니라 새로운 세계로의 출발이기에 슬픔으로 맞이하지 않고 춤과 노래로 저승길을 배웅하는 것이다. 사후 세계에 대한 명확한 인식이 없는 고대 중국의 세계관에 비해[15] 고구려의 고분벽화는 영혼의 이동을 전제로 확장된 시공간과 거기에 담긴 웅혼한 중층적 세계를 생동적으로 묘사해내고 있다.

고유섭은 우리 미술에서 보이는 운동태에 대한 미의식이 형이하적인 물리적인 운동성에 대한 관심이라기보다 생명성을 고조하려는 데서 나온 형이상적인 "신교적信敎的 방면의 의식의 발로"라고 간주한다. 그 신교의 핵심은 생물적인 것과 비생물적인 것에서 동시에 생명성을 보는

---

15 "삶도 잘 알지 못하는데, 어찌 죽음을 알겠느냐?"는 공자의 언명이 하나의 결정적 근거가 된다. 그에게는 아마 고구려 고분벽화가 괴력난신怪力亂神의 표현으로 비쳐졌을 것이다.
《論語》, 〈先進〉, 未知生 焉知死
《論語》, 〈述而〉, 子不語怪力亂神

고구려 무용총의 가무배송도歌舞拜送圖

애니미즘animism이다. 통구 사신총의 귀기둥隅柱이 귀신으로 형상화되어 있다든지, 해와 달이 각각 세 발 달린 금 까마귀와 두꺼비로, 방위方位가 사신四神으로, 기氣의 움직임이 구름의 흐름으로 형상화되어 있는 것이 그 좋은 예이다.[16] 우리의 애니미즘은 "정물적인 것을 동적인 것으로 용이하게 환치시킬 수 있게 한 동시에" "힘에 대한 초상식적인 해석을 강조시킨 수단이 되고", "이러한 생동적 운동성은 마침내 중국에 있어서 저 유명한 '기운생동氣韻生動'론을 낳게 한 선구적 경향이었"다고 본다(고유섭 1940a, 271-272쪽).

---

16 강우방 교수는 고구려 벽화와 조선 단청의 구름무늬, 넝쿨무늬, 불꽃무늬 등이 우주의 신령한 기운靈氣을 형상화한 것이며 이 영기무늬가 추상무늬에 그치지 않고 영기화생靈氣化生의 세계관으로 전승되었다는 해석을 제시하고 있다(강우방 2007).

고구려 무용총의 수렵도

　애니미즘의 예술관은 상징주의와 신비주의인데 이를 작품을 통해 해석한다면 그것은 직감적인 것이 아니고 설명적인 것이며 인상적인 것보다는 기억적인 것에 쏠려 있고, 사실적이라기보다는 관념적이고 개념적이다. 예컨대 수렵의 장면을 그릴 때에도 말 타고 활 쏘는 사람과 내닫는 사슴, 호랑이 사이에 그것이 산속에서 일어난 일이라는 점을 표현하기 위하여 산을 그리고, 또 천지공간의 구별을 보이기 위하여 구름을 그리는 등 형태의 중복을 무릅쓰고라도 설명의 역할을 다하려는 의사가 작용하고 있다.

　고유섭은 "사실寫實하려는 의욕"을 떠나 "사의화似意化의 경지에 이른[17] 설명 구조가 당시에는 커다란 미의식으로 작용하고 있었던 것으로 본다 (고유섭 1932a, 294쪽; 1940a, 274쪽). 이 과정에서 기억의 재생(즉, 설명을 위한 재현)과 구조의 환상적 흥미가 결합되어 환상, 괴기, 신비의 세계가 현실, 자연, 인상의 세계와 동일하게 취급된다. 상상과 현실, 괴기와 자연, 합리와 비합리가 서로 구별되지 않은 채 한데 어우러지는 생동적 추상주의는 확장되고 심화된 애니미즘의 세계관이자 예술관이다. 고유섭은 이러한 형이상적 성질이 민족의 신흥이라는 일종의 형이하적 기세와 적절히 부합되이 강조된 것이 곧 조선의 삼국 시기 미술의식의 중요한 한 계기를 이룬 것으로 평가한다(고유섭 1940a, 272-275쪽).

고유섭이 우리의 고미술에서 발견한 애니미즘은 샤머니즘과의 연관 하에 이해되어야 한다. 샤머니즘은 인간의 영靈이 죽음을 넘어 영원히 산다는 생명관, 죽음으로써 조상들이 머무는 천상계로 돌아간다는 타계관他界觀, 타계로 간 조상의 혼령이 새로 태어나는 아기의 몸에 실려 다시 이승으로 돌아온다는 윤회관을 골자로 하는 북방적 세계관이다. 샤먼은 현실 세계와 천상의 타계, 산 자와 죽은 자, 자아와 타자가 서로 통할 수 있도록 해주는 소통의 매개자이다. 윤회론이 함축하는 순환적 시간론과 타계관이 함축하는 다층적 공간론을 양대 축으로 구성된 샤머니즘은 인간의 삶을 하늘과 땅 사이의 일상 세계에 한정시켜 이해하는 유교나 이 세상에서의 불로장생을 희구하는 도교의 세계관과 뚜렷이 구별된다. 샤머니즘의 세계관은 유교와 도교로 대표되는 고대 중국의 현실적이고 비종교적인 세계관보다(고유섭 1966, 37쪽) 불교의 세계관과 유사하다. 조선에 전래된 불교가 샤머니즘과 양립할 수 있었던 까닭도 이러한 유사

---

17 고유섭은 그러나 "삼묘리 벽화에 이르러서는 사실寫實과 사의寫意의 두 고개를 밟고 지나 혼연한 한 지경에 이르렀"다고 말하고 있다(고유섭 1932a, 297쪽).

성에 기인한 것이라고 할 수 있다(서정록 2001, 371쪽).

6. 모순으로서의 삶

조선의 고미술에 투영된 생명으로서의 예술은 애니미즘과 샤머니즘의 세계관을 바탕으로 하고 있다. 특히 고구려의 미술에서 그것은 유희의 "힘 있는 운동"으로 전개된다. 고유섭은 이를 일컬어 '고딕적'이고 '요발적拗撥的'이라고 규정하고 있다(고유섭 1932a, 294-295쪽). 괴기함과 혼융을 각각 의미하는 이 규정 중에서도 특히 후자는 한편으로는 조선의 특질인 잡다성과 연관되고(고유섭 1966, 30쪽), 다른 한편으로는 조선 고미술의 특징인 모순적 성격의 공존으로 확장된다. 모순적 성격의 공존 논제는 규율적인 데 미美가 있고 또 규율적인 데서 미가 상실된다는 역설로 표현된다. 이 역설은 형태미를 구성하는 제반 규율들을 섭렵하는 과정에서 고유섭이 내린 결론으로서, 바로 그 규율들의 위반을 통해 새로운 의미의 미가 성취될 수 있음을 함축하고 있다. 그는 이 역설을 공자의 "종심소욕불유구從心所慾不踰矩"를 패러디한 "종심소욕불유규從心所慾不踰規"로 요약하면서 다음과 같이 말한다.

> 욕欲; pathos과 규規; logos를 항상 생생하게 종합하도록 힘써라. 죽은 종합이 아니요, 창조적 종합을 힘써라. 최고의 예술은 그곳에 비로소 나오느니라. (고유섭 1937b, 112쪽)

여기서의 규율이 'logos'라면 그것은 형태미에 관한 규율을 넘어서 그것을 포함하는 총체적 이법으로 새길 수 있다. 상식의 문법에서 서로 모순의 관계를 이루고 있는 욕과 규는 유희정신에 의해 "종심소욕불유규從心所慾不踰規"라는 창조적 종합을 이루고, 그곳에서 예술은 최고의 경지에 이르게 된다는 것이다.

고유섭은 조선의 고미술에서 규율의 준수와 위반이라는 모순을 통해 욕과 규의 창조적 종합이 다양한 방식으로 성취되고 있다고 본다. 예컨대 조선의 건축은 각 부의 세부비례가 중국이나 일본의 조형미술에 비해 완전히 나누어지지 않지만, 바로 이러한 이유 때문에 예컨대 '창살'의 구성같이 매우 환상적인 구성을 얻는다. 형태가 형태로서의 완형을 갖지 않고 왜곡된 기형과 파격을 이루는 비정제성非整齊性과 비균제성非均齊性에서 오히려 공상적이고 음악적인 율동성을 띠게 되는 것이다(고유섭 1941b, 87-89쪽).[18]

형식적인 제약을 탈피하는 풍부한 상상력과 구성력에서 우러나온 이러한 형태적 다양성·다채성으로서의 기교적 발작이 우리의 고미술 작품에 부려져 있는 '멋'이다(고유섭 1940b, 109쪽). 고유섭은 이 멋과 어원적으로 연관되는 '맛'의 두 유형으로 구수한 큰 맛과 고수한 작은 맛을 조선 고미술의 대칭적 맛으로 꼽고 있다. 전자는 순박·순후淳厚한 데서 오는 온아한 맛으로서 조선미술 전반에서, 특히 신라의 미술품에서 현저히 느낄 수 있다. 후자는 적은 것으로의 응결된 감정으로서 예컨대 조선

---

18 고유섭이 강조한 비정제성은 조지훈의 연구에도 수용되고 있다(조지훈 1964). 반면 에카르트는 조선의 고미술을 예술의 규범과 수학적 비례에 입각한 고전적 특성을 지니는 것으로 보아 고유섭의 견해와 대조를 이룬다(Eckhardt 1929).

백자의 색조 같은 데서 그 구체적인 일반 예를 볼 수 있는 단아한 맛이다(고유섭 1940b, 110쪽).¹⁹ 이들 모순되는 맛들은 앞서의 불완전하고 선율적인 형태와 어우러져 조선의 고미술에서 적요寂寥와 명랑이라는 모순된 성격을 형성한다. 그는 "질박·둔후·순진이 형태의 파조跛調라는 것을 통해, 다시 '적요한 유머'를 통해, '어른 같은 아이'의 성격을 내고 있다"며 특히 조선의 불상조각에 이 어른 같은 아이가 많다고 말한다(고유섭 1941b, 88쪽). 그 외에 경주의 봉덕사종, 조선조의 청화자기靑華瓷器 등도 구수히 크면서 동시에 단아하면서 우아한 모순적 성격을 한 몸에 이루어내고 있다고 본다(고유섭 1941b, 91쪽).

조선 고미술의 또 다른 모순적 성격으로 고유섭은 '무기교의 기교', '무계획의 계획'을 꼽는다. '무기교의 기교', '무계획의 계획'에 반대되는 '기교적인 기교', '계획적인 계획'은 기교와 계획이 분별적 의식에서 나와 직접 여건인 구체적 생활에서 분리되고 추상되어 독자적인 의식을 갖게 된 기교요 계획이다. 반면 '무기교의 기교', '무계획의 계획'은 기교와 계획이 생활과 분리되고 분화되기 이전의 것으로, 구체적인 생활 그 자체의 생활본능의 양식화에서 나오며 이 생활과 함께 운명을 같이하고 있다. 이 특징은 한편으로는 조선의 고미술이 반영하고 있는 "종심소욕불유규從心所慾不踰規"의 이념을 표현하고 있으며, 다른 한편으로는 조선의 고미술이 일반 대중적 생활의 전체 호흡을 그대로 담고 있는 민예적民藝的인 것임을 의미한다고 볼 수 있다. 그래서 고유섭이 보기에 조선의 고

₁₉ 고유섭은 단아한 작은 맛은 외부적 자연적 지리적 환경의 소치이고 구수한 큰 맛은 무관심, 체념 등의 생활 태도, 둔하면서도 땅에 뿌리 깊이 밀착해 있는 생활의 면 등의 소치라고 풀이한다(고유섭 1941b, 90-91쪽).

미술은 생활 및 신앙과 분리되어 있지 않다(고유섭 1941b, 85-87쪽). 그가 아름다움을 종합적 생활감정의 이해작용으로 간주하면서 이 생활감정이 시대를 따라 변화하고 있기에 그것이 풍부하게 담겨 있는 예술 작품에 대한 역사적 관찰이 중요하다고 역설한 것도 같은 맥락에서이다(고유섭 1934, 116쪽). 예술 작품이 표현하고 있는 아름다움에 심겨진 생활은 앞서 살펴본 생명의 맥락에서 생명의 살아 움직임으로 이해되어야 힐 것이다. 논리가 모순의 배제를 이념으로 하는 모순율에 묶여 있다면, 조선 고미술의 화두인 생명은 이를 넘어선다는 점에서 윤리뿐 아니라 논리에도 앞선다.

애니미즘과 샤머니즘에서 시작한 조선 고미술에 대한 고유섭의 논의가 일련의 모순적 성격들을 거쳐 민예와 생활감정으로 귀결된다는 사실은 그가 이 모든 성격들을 조선의 일반 민중들의 삶에 녹아들어가 있는 것으로 파악하고 있음을 함축한다. 애니미즘과 샤머니즘의 연세적 세계관이나 조선 고미술의 이러저러한 모순적 성격들은 무당이나 예술가들만의 세계관이나 인생관이 아니라 조선 민중들 전체의 세계관이자 인생관인 것이다. 애니미즘, 샤머니즘, 모순 등은 모순율과 과학주의로 요약되는 서양의 이성과 학문이 배척해온 세계관이요 이념이다. 이들은 동양의 문화권역에서조차 중국의 유교적 세계관과도 뚜렷이 구분된다. 이는 지금까지 이 글에서 논의해온 동양이 중국으로 대표되는 단 하나의 문화권역이 아님을 의미한다.

7. 접화군생

조선의 토대를 이루는 고조선의 강역에서는 거석巨石 문화, 채도彩陶 문화, 빗살무늬토기 문화, 세석기細石器 문화 등 신석기 시대를 대표하는 4대 문화가 모두 발견된다(정수일 2001, 70쪽). 이 지역은 천손天孫 신화와 난생卵生 신화가 중첩되는 곳이기도 하고(김병모 2006, 1권 175쪽), 북방의 유목 문화와 남방의 농경 문화가 해양 문화와 중첩되는 곳이기도 하다. 고조선이 이 문화들의 총본산인지 아니면 총집결지인지에 대해서는 더 많은 연구가 있어야 하겠지만,[20] 이주 문화와 토착 문화가 어우러져 퓨전fusion 문화, 혹은 제3의 새로운 문화를 형성하고 이들이 고조선과 같은 국가에 의해 균형적 평형과 발전을 유지하다가 고조선의 해체를 통해 부여, 고구려, 백제, 신라 등의 다양한 국가 체제와 문화들로 분화된 것으로 볼 수 있다.

우리 조상들은 하나의 문화로 다른 문화를 말살하지 않고 다양한 문화를 공존하게 하고 그를 통해 문화의 퓨전과 창조를 일구어내는 넉넉한 그릇과 지혜를 지니고 있었다. 이를 두고 최치원은 다음과 같이 말하고 있다.

> 우리나라에 현묘한 도가 있으니 이를 일러 '풍류'라 한다. 이 가르침의 연원은 선사仙史에 상세히 실려 있거니와, 근본적으로 세 가르침[유교,

---

20 전자가 최남선(최남선 1925)의 견해이고 후자가 정형진(정형진 2006)과 우실하 교수(우실하 2007)의 견해이다.

불교, 도교]을 이미 자체 내에 지니고 있는데 그 내용은 뭇 생명이 어우러져 성장함이다.[21]

뭇 생명이라는 표현이 함축하는 애니미즘은 나와 타자의 영적 성장이 서로 맞물려 있다는 성기성물成己成物의 의미를 이루면서 다양한 문화를 균형적으로 융섭接化群生하는 데까지 적용되고 있다. 고유섭이 조선의 고미술에서 발견한 모순의 공존은 삶이라는 사태에 대한 철학적 성찰을 넘어서 이 이질적 문화소文化素들을 융섭하는 문화 기획의 단면과도 연관된다고 볼 수 있다. 앞서 논의한 바 있는 샤머니즘의 샤먼은 횡으로는 이 융섭을 관장하면서 종으로는 조선 역사의 계통을 세워나가는 역할을 수행했을 것이다. 애니미즘, 모순의 공존, 샤머니즘을 바탕으로 우리의 선가仙家인 풍류도가 형성되었고 이를 매개로 유교, 불교, 도교 등의 사상이 조화로이 혼융하여 성장하게 되었던 것 같다. 범엽范曄이《후한서後漢書》에서 우리의 옛 이름인 이夷에 대해 "어질어서 살리기를 좋아하니 천지만물이 땅에 뿌리박아 나오는 것을 말한다"[22]고 한 구절에서도 우리는 시원始原의 풍류도가 지닌 생명의 사상을 간접적으로나마 더듬어

21 金富軾,《三國史記》, 券4 〈新羅本紀〉, 第4 〈眞興王〉, 國有玄妙之道 曰風流 設教之源 備詳仙史 實乃包含三教 接化群生

22 范曄,《後漢書》, 卷85 〈東夷列傳〉 第75, 王制云 東方曰夷 夷者柢也 言仁而好生 萬物柢地而出 故天性柔順 易以道御 至有君子不死之國焉

우리는 여기서 이夷를 설명하는 과정에서 유교와 도교의 중심 개념들인 인仁, 도道, 군자 등의 용어가 사용되고 있음에 주목할 필요가 있다.《산해경山海經》,《설문해자設文解子》,《강희자전康熙字典》 등에 의하면 '夷'의 원래 글자는 '𡰥'인데 이는 본래 '어질仁 이'자로서 '夷'와 '仁'의 옛글자이다.

볼 수 있다.

조선의 고미술에 대한 고유섭의 성격 규정에 대해 한국미술의 영원히 불변하는 고유한 성격을 규정하려는 시도 자체가 환상이라는 비판이 있어왔다. 한 나라의 미술은 각 시대와 사회의 상호관련 속에서 성격 지어지는 것인데 고유섭의 규정은 이를 무시한 몰역사적인 시도라는 것이다(문명대 1975, 348쪽; 1978b, 48쪽).[23] 이주형 교수는 심지어 "한국 사람들이 왜 그렇게 민족 단위의 미의 정의, 혹은 소위 한국미에 관해 비상한 관심을 갖고 호들갑인가"라고 반문하고 있다(이주형 2005, 257쪽).[24] 그러나 우리는 이미 고유섭이 말하는 조선이 국가나 민족을 단위로 하는 개념이 아님을 보았다. 그는 각 시대와 사회의 역사적 상호관련 속에서 각각의 미술작품에 대한 진지하고도 애정 어린 천착을 통해[25] 조선 고미술의 성격과 배경이 중국의 그것과 같지 않음을 규명하였다. 바로 그 이유만으로도 우리는 조선의 미에 관해 비상한 관심을 가질 충분한 권리가 있다고 생각한다. 서구에서 발간되는 미술사나 미학 관련 서적에 중국과 일본에 대한 논의는 찾아볼 수 있어도 코리아는 실종되어 있다는 엄연한 현실을 감안할 때, 조선의 미에 대한 우리 스스로의 부정과 폄하가 과연 누구를 위한 몸짓인지를 반성해야 한다. 그리고 우리가 조선의 미에

---

23 고유섭 자신이 이러한 시도에 대해 거의 같은 비판을 하고 있다는 점은 흥미로운 사실이다 (고유섭 1940b, 106쪽). 그는 미가 시대와 지역에 따라 그 양상을 달리하며 따라서 변화를 불변의 법으로 삼는다고 말하고 있다(고유섭 1935, 165쪽).

24 윤세진에 의하면 고유섭의 연구는 방법론이나 전체적인 체계에서는 그 의의를 인정받지만, 조선의 미적 특질론은 한계로 인식되거나 부정적으로 언급되어왔다(윤세진 2005, 119쪽).

25 고유섭은 자신의 과제가 우리의 미가 무엇인지를 작품에서, 유물에서 실증하는 것이라고 말하고 있다(고유섭 1934, 114쪽).

관해 갖는 정당한 관심을 호들갑이라고 비난하기 전에, 우리가 지나치게 중국의 눈으로 우리의 예술과 역사 혹은 동양 전체를 보려 하지 않았는 지를 먼저 반성해야 한다.

8. 반도의 그늘

조선 고미술의 성격에 대한 값진 통찰에도 불구하고 고유섭은 사관의 문 제에서는 자신의 연구 영역인 조선미술사에서조차 시대의 한계를 벗어 나지 못하였다. 미완의 유작 〈조선미술약사〉에서 그는 단군조선의 설정 을 억측으로 간주하면서 문헌의 설립연대로는 이 억측이 기자조선의 설 정이라는 억측보다도 뒤졌다는 것이 사계史界의 정론이라고 말한다. 그러 면서 원시생활에 머물렀던 단군조선의 시대를 거쳐 기자조선 시대에 중 국의 선진문화가 들어왔다고 본다(고유섭 1966, 55쪽). 조선의 고미술에 대한 그의 논의는 한사군시대라는 항목에서부터 본격적으로 전개된다. 이는 마치 조선이 역사적으로나 문화적으로나 처음부터 중국의 식민지 였다는 그릇된 인상을 주기에 충분하다.[26]

　실제로 고유섭은 조선의 전 문화를 '중국=조선적' 문화로 동치시키 며(고유섭 1941c, 228쪽) "조선 문화의 전반이 역사적 계통이 있는 전개를

---

[26]　일제 강점기의 대표적인 일본인 관학자였던 세키노 타다시의 《조선미술사》도 한사군의 하 나인 낙랑군 시대로 시작한다(세키노 타다시 1932). 이 작품에 대해 비판적이었던 고유섭이 그 역사관을 답습하고 있다는 사실은 주목할 만하다.

보이지 않고 개별적 존재가치를 갖고서 인국 중국의 문화계급을 반영하고 있다"(고유섭 1966, 53쪽)고 평가한다.[27] 그는 이러한 시각을 조선의 미술문화사에도 그대로 적용하여 "조선의 미술문화도 다른 문화와 같이 철두철미 중국문화의 모방에서 끝나고 만 감이 있다"고 평가한다(고유섭 1966, 49쪽). 우리는 그가 말하는 조선이 반도로 국한되어 있음을 앞서 살펴본 바 있다. 조선의 고미술에 대한 자신의 작업을 스스로 부정하는 듯한 고유섭의 자조적인 평가는 조선을 반도로 한정하고, 중국을 대륙으로 확장하여 실체화할 때 이끌어져 나오는 거의 필연적인 귀결이다. 그러한 구도하에서는 중국은 동아시아의 거대한 제국이고 조선은 기껏해야 변방의 자그마한 나라에 불과하기 때문이다.[28]

고조선과 부여와 고구려와 발해를 무시하고 조선의 역사를 반도로 국한할 역사적 근거가 없는 것과 마찬가지로, 대륙을 중국과 동일시할 역사적 근거도 없다. 고유섭이 중국과 동일시하고 있는 동아시아 대륙은 우리의 옛 이름인 동이東夷를 비롯한 동아시아의 여러 세력이 이합집산

---

27 이러한 편견은 2005년 개관 당시 국립중앙박물관의 고고학 연표에도 반영되어 있다. 그 표에 고조선은 보이지 않고 대신 원삼국시대라는 표현이 등장한다. 우리의 역사가 어떠한 역사적 계통이 없이 처음부터 삼국의 개별적인 각개약진으로 전개된 것 같은 그릇된 인상을 주고 있는 것이다. 국립중앙박물관 측은 관람객들과 언론의 항의를 받고서야 이를 시정하였다. 우리 시대의 대표적 한국 미술사인 김원용·안휘준의 《한국미술의 역사》에서도 사정은 마찬가지이다. 선사시대가 그 미술사의 1장이고 그 뒤를 고구려, 백제, 신라에 대한 장들이 잇고 있다. 고조선에 대한 언급은 찾아볼 수 없고 위만조선이 한반도 최초의 고대국가로 간주되고 있다(김원용·안휘준 2003, 31쪽).

28 김원용·안휘준은 중국의 미술을 위대한 무대 배우에, 우리의 미술을 수수한 가정부인에 비유하고 있다(김원용·안휘준 2003, 18쪽). 이들이 공저한 《한국미술의 역사》는 친절하게도 그 서론에서부터 한국미술이 "언제나 문화의 선두에 선 중국의 미술"로부터 얼마나 강한 영향을 받았는지를 상술하는 별도의 절을 마련하고 있다(김원용·안휘준 2003, 19쪽).

하며 경합을 벌인 각축장으로 이해해야 한다. 하족夏族이라는 정체불명의 소수 종족에서 출발해 현재 56개 민족을 거느리는 대제국으로 성장한 중국이 스스로 중화의 공간으로 규정한 영토 전부가 중국이 이적夷狄이라 부른 세력에 의해 정복되어 다스려진 기간은 중국의 역사에서 무려 천여 년이나 된다.[29] 요컨대 하족이 대륙의 진정한 주인이라는 중화사관은 역사적 사실이 아니라 허구적 이데올로기일 뿐이다.[30]

동이의 지리적 기원이기도 한 현재의 요서 지역에서는 중국이 이제껏 자랑해온 황하문명보다 시대적으로 앞서 있는 여러 문명들이 차례로 발굴되고 있으며, 중원 지역에서는 발견되지 않는 북방문화 계통의 빗살무늬토기, 지자문之字紋토기, 평저형平底形토기, 비파형 동검 등이 출토되고 있다. 고조선을 건국하는 예·맥족계 사람들이 건설한 요하문명은 중국의 중원문명과는 뚜렷이 구별되는 독자적인 문명을 형성하고 있었으며, 이들의 선진문명이 중국의 문명에 영향을 미친 것으로 보인다(우실하 2007, 2, 4부 참조).

그동안 중국의 역사서술의 방향이 포용과 확장이었다면 우리의 역사서술의 방향은 아쉽게도 배제와 축소였다. 중국이 동북공정이라는 이름하에 고조선과 고구려까지 자신들의 역사에 편입시키려는 왜곡을 감행하고 있는 마당에, 우리는 조선의 강역을 한반도로 축소시키는 자발적

---

29 서진西晉 이후 수隋의 통일까지 약 250년, 요遼, 금金, 원元이 약 400년, 청淸이 약 360년이다. 이성규 2015, 1671쪽 참조. 이 기간 이외에도 중국은 이적들에 의해 시달려왔다. 예컨대 디 코스모에 의하면 전한前漢 초기의 한나라는 사실상 흉노의 조공국이었다(Di Cosmo 2002, 5장). 중국이 순수 한족漢族에 의해 유지된 것은 한漢, 송宋, 명明 정도에 불과하다. 김운회 2006, 1권 41쪽 참조.

30 하족의 정체불명성과 이족의 복잡다기성에 대해서는 다음을 참조. 안호상 1971.

역사왜곡을 고집하고 있는 것은 아닌지 되돌아보아야 한다. 현재의 강역 구분상 중국에 속해 있다는 사실 때문에 요하문명을 중국에 귀속시키는 것은 이러한 전철을 답습하는 것이다. 일제의 식민사관의 잔재인 반도사관을 탈피하여 요하문명에서부터 발해에 이르기까지 역사상 조선의 강역을 대륙으로까지 정당히 확장해 고미술사 연구에 포함시킬 때, 우리는 비로소 고유섭이 부딪쳤던 한계를 극복할 수 있을 것이다. 역사적으로 존재하지도 않는 중국의 그늘에 가려[31] 중국의 미에 대해서는 관대하고 조선의 미에 대해서는 논하는 것조차 꺼리는 것은 일제강점기라는 시대의 어두움을 뚫고 고유섭이 외로이 이룩한 업적을 퇴색시키는 처사이다. 그가 선구적으로 열어 밝힌 조선미술사에 대한 철학적 성격 규명의 작업은 다양한 이질적인 문화들을 창의적으로 융섭하여 뭇 생명이 어우러져 성장하는 길을 모색해야 하는 현재의 우리 상황에도 여전히 빛을 던져주고 있다. 그가 남긴 미완의 작업을 계승해 조선 사유의 진정한 독립을 쟁취하는 것은 우리의 몫으로 남겨진 역사적 과제요 소명이다.

---

31 우리가 그동안 중국이라 불러온 국가 명칭은 자신들의 나라가 세계의 중심이라는 의미를 내포하고 있다는 점에서 그 이름에서부터 중화적이다. 그들이 그렇게 생각하는 것은 자유이지만 우리가 그러한 생각을 받들어 그들의 나라를 중국이라 부를 필요는 없을 것이다. 1911년 신해혁명으로 손문孫文이 중화민국을 수립하기 전까지는 중국이라는 호칭을 공식 국명으로 사용하는 정체政體는 그들의 역사에서도 존재하지 않았다. 본래 중국이라는 말은 왕이 도읍하는 곳이라는 의미로* 그들뿐 아니라 우리의 문헌에서도 사용되어왔다. 중국이라는 명칭으로 그들의 역사적 정체성을 이해하는 순간 우리는 스스로를 주변 오랑캐로 낮추는 데 자발적으로 동의하는 셈이다. 중국이라는 명칭 자체가 자국 중심적 세계관을 타민족에게 부과하고 있다는 점을 경계해야 한다. 이승종 2009 참조.
* 司馬遷,《史記》, 卷1〈伍帝本紀〉第1, 帝王所都爲中 故曰中國

5.1 연세철학연구회에서의 토론[32]

이정은 예술에 윤리를 도입하는 시도를 감계주의라고 비판하면서 예술을 로고스와 파토스의 결합으로 보는 생명론적 예술론이 고유섭의 예술철학이라고 이해했습니다. 그런데 그의 이러한 발상은 순수이성과 실천이성의 통합을 기반으로 하는 칸트의 예술철학과 유사해 보입니다. 칸트에 있어서도 상상력의 유희의 근거가 자연의 합목적성인데 그 합목적성의 가장 대표적인 양상이 자연의 입체적 생명성이기 때문입니다. 유희에서 생명으로의 이행이라는 고유섭의 발상은 칸트의 연장선상에 있는 것 같습니다.

이승종 충분한 근거가 있는 해석입니다. 경성제대 철학과에 재학할 당시 고유섭을 가르쳤던 일본인 교수들이 모두 독일철학 전공자들이거나 독일 유학파들이었습니다. 당연히 이 당시 고유섭의 논문도 독일 관념론에 입각한 예술사나 예술철학에 치우쳐 있습니다. 그러나 저는 고유섭이 자신이 학습한 내용과 방법을 그대로 조선 고미술사에 투영했다고 보지는 않습니다. 그는 관념론자라기보다는 유물이나 작품을 통한 실증을 신봉하는 실증주의자였습니다. 장인 정신에 투철한 세밀한 작품 분석에서 영감을 이끌어내는 것이 그의 실증적 방법이었습니다. 고유섭이 학습한

---

32 이 절은 5장의 초고를 주제로 2009년 2월 27일에 연세대학교에서 있었던 연세철학연구회에서의 토론을 옮긴 것이다. 토론 참가자는 다음과 같다. 이정은(연세대 철학과 강사), 강희복(연세대 철학과 강사), 최신한(한남대 철학과 교수), 안동섭(옥스퍼드대 동양학 박사과정 대학원생), 이장희(경인교육대 윤리교육과 교수), 김철신(순천대 철학과 교수).

바는 분명 독일 관념론에 입각한 미학이었지만, 미술사가로서의 그는 실증적인 작품 탐구에 치중했다고 할 수 있습니다. (고유섭은 자신이 예술철학자라기보다 미술사가로 불리기를 원했습니다.) 그것도 고상한 궁중의 작품보다는 민예적인 생활용품들에 세심한 눈길을 주었다는 점을 기억해야합니다. 어쨌거나 그에게는 독일 관념론과 실증주의의 두 계기가 공속共屬되어 있습니다.

강희복 이승종 교수님의 논문에서 다음의 구절에 주목하고 싶습니다.

> 고대미술연구는 보이는 미술의 연구이자 물러선 역사의 연구이며 보이지 않는 철학의 연구인 것이다. 보이지 않는 것과 물러선 것이 보이는 것을 통해 미치는 힘과 메시지를 체험하고 해독하는 작업이 고대미술연구의 알파와 오메가이다.

이 교수님은 그동안 비트겐슈타인을 전공하면서 말할 수 있는 것, 보이는 것에 치중해 있었던 것으로 알고 있는데, 위의 인용문에서 강조한 보이지 않는 것, 말할 수 없는 것으로 문제의식이 바뀐 게 아닌가 하는 생각을 해보았습니다.

이승종 청년 비트겐슈타인도 말할 수 없는 것의 중요성을 강조했습니다.

최신한 이승종 교수님의 논문에서 다음의 구절에 주목하고 싶습니다.

애니미즘의 예술관은 상징주의와 신비주의인데 이를 작품을 통해 해석
한다면 그것은 직감적인 것이 아니고 설명적인 것이며 인상적인 것보
다는 기억적인 것에 쏠려 있고, 사실적이라기보다는 관념적이고 개념
적이다.

오히려 설명한 것과는 반대인 수 있다고 봅니다. 이 점에 대해서 어떻
게 생각하는지요. 그리고 생명에 대한 강조와 애니미즘의 옹호는 서로
좀 다른 문제일 수 있다고 봅니다. 고유섭이 자신의 철학을 애니미즘이
라고 불렀는지요. 아니면 일반적으로 말해 생명의 강조가 유기체론과 연
결된다는 점에서 그의 철학은 유기체론인지요.

이승종 인용문에서 "애니미즘의 예술관은 상징주의와 신비주의"라는 점
은 받아들이지만 "이를 작품을 통해 해석한다면 그것은 직감적인 것이
아니고 설명적인 것이며 인상적인 것보다는 기억적인 것에 쏠려 있고, 사
실적이라기보다는 관념적이고 개념적"이라는 부분에 대해 이의를 제기
하는 것인가요?

최신한 그렇습니다.

이승종 상징을 주고 그것을 해석함으로써 사태를 설명하는 것이 상징주
의라면, 애니미즘은 분명 상징주의입니다. 인용문 앞 단락에 나와 있듯이
"통구 사신총의 귀기둥隅柱이 귀신으로 형상화되어 있다든지, 해와 달이
각각 세 발 달린 금 까마귀와 두꺼비로, 방위方位가 사신四神으로, 기氣의
움직임이 구름의 흐름으로 형상화되어 있는 것이 그 좋은 예"라고 할 수

있습니다. 열거한 형상들이 사태에 대한 설명의 실마리를 제공하는 상징에 해당합니다. 직감이나 인상보다는 상징을 풀어 설명하는 데 초점이 맞추어져 있다는 점에서 여기에는 상징주의가 작동하고 있다고 봅니다.

예술철학자라기보다는 조선 고미술사가에 가까운 분이기 때문이기도 하지만 고유섭은 자신의 예술을 애니미즘이나 혹은 그 어떤 다른 이름으로 규정한 적이 없습니다. 그러나 조선 고미술사의 작품들에 흐르는 정신이 애니미즘이라는 표현들을 그의 글들에서 쉽게 찾아볼 수 있습니다. 예컨대 삼국시대의 작품들, 특히 고구려 고분벽화에 대한 그의 해석이 애니미즘에 초점 잡혀 있습니다. 거기서 그는 윤리적이거나 엄숙한 예술이 아니라 약동하는 생명의 놀이를 보았습니다. 인간사의 여러 모순적 측면들을 다 담아내는 이 놀이가 인류 예술의 한 극치라고 그는 생각한 것입니다. 이런 점에서 생명에 대한 강조와 애니미즘은 담론의 차원에서는 구분될 수 있지만 작품(혹은 그에 대한 고유섭의 해석)의 차원에서는 혼용되어 있다고 봅니다.

이정은 샤머니즘, 상징주의, 신비주의가 서로 연관되어 있다는 말씀입니까?

이승종 적어도 오늘 발표문의 주제인 조선의 고미술(에 대한 고유섭의 견해)에 있어서는 그렇습니다. 서양의 경우에 이 셋 사이의 관계가 어떠한지는 또 다른 문제인 것 같습니다.

안동섭 서로 섞여서는 안 되는 두 가지 견해가 고유섭의 사유 안에서 발견됩니다. 그는 한편으로는 동양화를 "황하와 양자강 중간의 비옥한 천지와 온화한 자연의 혜택 속에서 자라난 문명의 소산"으로서의 중국화로 간주하면서 조선의 고미술도 이에 속하는 것으로 보고 있습니다. 다른 한 편으로 그는 조선의 고미술에는 중국과 뚜렷이 구별되는 북방의 샤머니 즘과 애니미즘의 정신이 흐르고 있다고 말하고 있습니다. 그러나 통구 사 신총의 귀기둥隅柱이 귀신으로 형상화되어 있다든지, 해와 달이 각각 세 발 달린 금 까마귀와 두꺼비로, 방위方位가 사신四神으로, 기氣의 움직임이 구름의 흐름으로 형상화되어 있는 것은 애니미즘보다는 도교의 영향인 것으로 알고 있습니다. 교수님이 말씀하신 연세적 세계관은 예컨대《서 유기》에서처럼 중국의 작품들에서도 발견이 됩니다. 요컨대 중국에도 유 교 말고도 여러 문화소들이 혼재해 있는데, 교수님은 이를 간과하고 중국 의 사유와 예술에 대해 일방적으로 치우친 견해를 가지고 있는 것 같습 니다.

이승종 우선 고유섭의 사유를 그가 살았던 시대와 연관 지어 점검할 필 요가 있습니다. 그는 일제 강점기에 태어나 일본인들로부터 미학과 철학 을 배웠고, 해방을 보지 못하고 작고한 식민지 시대의 지식인이었습니다. 실증주의 사학을 표방했지만 일제의 반도사관을 답습한 진단학회에서 활동한 것이 그의 이력이기도 합니다. 그가 처한 시대적 상황을 감안할 때 그가 이 정도의 작업을 해냈다는 점이 우선 놀랍습니다. 내적인 일관 성은 그다음 문제라고 생각합니다. 검열과 고초가 엄존하는 식민지 상황 에서 그가 조선 고미술의 고유성을 강조하고 반도사관을 부정하는 글을 썼다면, 그 글은 아마 발표조차 되지 못했을 것입니다. 아니 학자로서 살 아남는 일조차 어려웠을 겁니다. 일제가 편 문화정책의 근본 전제는 우리 가 역사적으로 중국의 속국이었고 태생적으로 중국의 식민지였으며 그 강역에 있어서 반도를 벗어난 적이 없다는 것이었습니다. 이는 어느 한 역사학자나 미술사가에 의해서 뒤집어질 수 없는 절대 명제로서 당시에 공리처럼 주어져 있었습니다. 조선의 역사와 고미술에 대한 연구가 이러한 공리하에 이루어지도록 세팅이 된 상태에서 고유섭이 실증적인 방법으로 이나마 작업을 해냈다는 점이 기적이라고 생각합니다. 우리 시대에도 마찬가지로 그에 준하는 절대 명제들이 엄존하고 있습니다. 과연 우리가 고유섭만큼이나 용감하게 이에 맞서, 혹은 이를 뛰어넘어 학문 활동을 하고 있는지 반성해보아야 합니다.

그다음으로 조선의 애니미즘이 중국 도교의 영향이라는 반론에 대해 답변해보겠습니다. 역사학은 기원의 문제를 가지고 싸우는 학문입니다. 역사학에서는 어느 것이 더 독창적인 것인지의 문제가 어느 것이 더 오래되었느냐의 문제로 귀착되곤 합니다. 저는 중국의 도교가 조선 고미술에 나타난 세계관보다 더 오래된 것이라고 보지 않습니다. 발표문에서 인용했듯이 최치원도 우리의 정신사에는 유교, 불교, 도교를 이미 포함하고 있는 선가의 전통이 있었음을 증언하고 있습니다. 이를 토대로 우리는 중국의 도교가 우리의 사유와 예술로부터 연원했다는 역발상을 해볼 필요가 있습니다.

중국의 사유와 예술에 대한 저의 견해가 일방적으로 치우쳐 있다는 반론에 대해 답변해보겠습니다. 중국은 56개 민족으로 이루어진 허구적 공동체입니다. 그것이 허구인 까닭은 중국이라는 강역이나 정체성이 역사적으로 규정되어 있는 것이 아니기 때문입니다. 우리가 중국이라고 부르는 공간은 여러 세력권들이 이합집산 하는 싸움터였으며, 그곳에는 수많은 민족이 들고 나며 뿌리고 간 다양한 문화소들이 켜켜이 쌓여 있습니다. 이 과정에서 무엇이 가장 영향력 있는 주류였는지를 살피자면 그

것은 역시 현실주의적인 세계관, 땅과 하늘 사이의 현세적 공간에 초점
이 잡혀 있는 유교적 세계관이었습니다. 그런데 우리는 본래적으로는 그
것과는 다른 패러다임에 속해 있었다고 봅니다.

이장희 유교가 득세한 조선 시대조차도 유교뿐 아니라 무속을 위시한
여러 문화소들이 혼재해 있었지요.

이승종 조선 시대에 접어들면서 우리는 소중화라는 이름의 자발적 사대
주의에 기울어지게 됩니다. 조선 왕조가 수용한 유교의 도덕지상주의로
말미암아 그동안 역사적으로 전승되어온 천제天祭의 전통이 절맥되어 무
속이라는 이름으로 기층 민중 속으로 잠수하면서 우리 역사에도 패러다
임 교체가 이루어지게 됩니다. 과거에 큰 역할을 담당했던 무당이나 샤
먼이 미신으로 전락했다는 사실에서 우리는 근대주의의 침투를 보게 됩
니다.

이장희 그런데 여기서 '우리'는 누구입니까? 그리고 '우리'라는 표현을
사용할 수 있는 근거는 어디에 있습니까?

이승종 하이데거는 1차 대전에 참전하는 독일 청년들의 배낭에 횔덜
린Friedrich Hölderlin의 시집이 있었다고 말한 적이 있습니다. 횔덜린의 시
에 대한 이해와 사랑이 독일인을 독일인이게끔 하는 요소라는 것입니다.
DNA나 국적보다는 아리랑을 알고 김소월을 애송하는 문화소가 우리를
우리이게끔 하는 문화소가 아닌가 생각합니다. 그러나 이러한 공시적 요
소보다는 통시적 계보가 더욱 중요하다고 봅니다. 역사는 계통의 싸움이

므로 우리가 어떠한 계통을 밟아왔느냐 하는 것이 관건이 됩니다. 부족국가 시대에도 타 부족을 만나면 먼저 계통을 물어 형제인지 아닌지를 확인했습니다. 상대에게 조상과 연원을 물어 그것이 자신과 같거나 비슷하면 형제이고 다르면 형제가 아닌 것이 됩니다. 우리에게도 우리를 우리이게끔 하는 연원에 대한 공통의 기억이 있다고 봅니다. 단군과 거기에서 비롯되는 내러티브들이 그것입니다. 이 기억이 망각되고 절맥되는 순간 모든 것이 끝납니다. 고구려와 우리가 무슨 상관이 있느냐는 반론(임지현 교수), 금나라, 요나라, 여진 등이 우리와 무슨 상관이 있느냐는 주장에 대한 판단의 여부도 바로 이 기억에 달려 있습니다. 기억 여하에 따라 우리는 그들과 관련이 있을 수도 있고 없을 수도 있다는 점에서 이는 우리에게 사활이 걸려 있는 중요한 문제라고 생각합니다.

김철신 두 가지 질문을 드립니다. 첫째, 샤머니즘과 애니미즘이 어떻게 하나의 바탕을 이룰 수 있는지요. 둘째, 아까 질문에 답하는 과정에서 우리 시대에도 고유섭이 살았던 일제 강점기에 준하는 절대 명제들이 엄존하고 있다고 하셨는데 그것이 무엇인지요.

이승종 두 번째 질문에 대해서부터 먼저 말씀을 드리겠습니다. 지난 100년 동안 우리는 서구의 문물을 숨 가쁘게 답습해왔습니다. 그 결과 우리는 철학에서도 서구인들의 턱밑까지 쫓아왔습니다. 저는 이러한 학습이 그동안 우리 철학의 전부라고 생각했었습니다. 사정이 이러한지라 저는 서구 문물을 추수한 선대의 철학자들에 대해 그들이 우리보다 못할 거라는 편견을 갖고 있었습니다. 그러다가 고유섭의 작품을 읽으면서 저는 큰 충격을 받았습니다. 아무것도 갖추어지지 않은 척박한 환경에서 그

짧은 생애 동안 전인미답의 분야에서 그토록 많은 작업을 했다는 사실 자체가 경이로웠습니다. 그보다 저를 놀라게 한 것은 그의 사유가 보여주는 높은 경지와 강력한 힘이었습니다. 미술사라는 개념조차 없던 그 시절에 홀로 외로이 독창적인 사유를 일구어낸 그의 정신력에 존경을 표하지 않을 수 없었습니다.

그렇다면 그보다 더 좋은 조건에서 더 많은 학습을 한 우리의 사유는 왜 고유섭의 그것보다 왜소할까를 생각해보았습니다. 우리 시대에는 자본의 힘이 워낙 성하여 모든 것이 이 영향권하에 있다고 해도 과언이 아닙니다. 학문의 활동도 예외는 아니어서 학자들의 연구 동기도 돈과 자리에 초점 잡혀 있습니다. 이는 선택이 아니라 생존과 몰아세움의 문제라고 봅니다. 철학자들도 예외가 아니어서 직업을 얻는 데, 학술지에 논문을 실어 업적을 쌓는 데 내몰리다 보니 그 이상의 일을 할 여력이 없게 되어버리는 것입니다. 반시대적인 철학조차도 생존을 담보로 하는 시대의 요청 앞에서는 어쩔 수 없는 상황에 처한 것입니다. 윤리와 논리에 앞서는 것이라는 고유섭의 생명이 우리에게는 한낱 생존으로 전락한 것입니다. 동서고금을 막론하고 학자를 위시한 전 인류가 이토록 생존이라는 화두에 철저하게 휘둘린 적이 과연 있었는지 의심이 듭니다. 우리는 이 잔인하고 힘든 시대를 살고 있습니다. 시대의 엄청난 강요가 우리의 역량을 갉아먹고 있습니다.

샤머니즘에 대한 첫 번째 질문에 대해 답변해보겠습니다. 샤머니즘은 인간의 영靈이 죽음을 넘어 영원히 산다는 생명관, 죽음으로써 조상들이 머무는 천상계로 돌아간다는 타계관他界觀, 타계로 간 조상의 혼령이 새로 태어나는 아기의 몸에 실려 다시 이승으로 돌아온다는 윤회관을 골자로 하는 북방적 세계관으로 이루어져 있습니다. 이러한 관점에서 볼 때 샤머니즘은 형이상학이고 시간철학이며 역사철학입니다. 모든 것을 생명의 관점에서 보는 애니미즘도 형이상학이라고 할 수 있습니다. 사실 우리 시대는 철저한 반애니미즘적 형이상학에 사로잡혀 있습니다. 우리 시대는 인간에게도 영靈이 없다고 봅니다. 인간의 정신도 뇌라는 물질의 발현에 불과하기 때문입니다. 모든 것을 물질로 일원화해서 보는 자연과학주의가 시대의 역운이기 때문에 이 시대에 애니미즘은 설 자리가 없는 것입니다. 누가 윤회관을 위시한 시간철학을 말한다면 현대인은 "아인슈타인이나 읽고서 저런 말을 하는 걸까? 저 말이 과연 아인슈타인의 시공간 이론과 양립 가능할까?"라고 반문할 것입니다. 자연과학이 만물의 유일한 척도가 되어버린 것입니다. 현대인은 자신의 출생이 세계의 시작이고 자신의 죽음이 세계의 끝이라고 믿는 유아론자, 개인주의자입니다. 반면 샤머니즘과 애니미즘은 죽음이 세계의 끝이 아니며 삶과 죽음이 서로 이어져 있다는 연세적 세계관을 폅니다. 이는 우리 시대에는 더 이상 들을 수 없는 낯선 사유입니다. 저는 오히려 바로 그 이유에서 이 사유에 주목하고자 합니다. 그것이 정당화될 수 있는 사유인가라는 식의 과학주의적 잣대를 들이대기보다는, 옛 사람들은 무엇을 보았기에 이러한 생각을 했을까 하는 것이 저의 궁금증입니다.

김철신 그러나 샤머니즘이 과연 먹고사는 문제를 벗어나 있었을까요?

이승종 샤머니즘은 이승에서뿐 아니라 저승에서도 잘 먹고 잘 살자는 사상인 것 같습니다. 덕흥리 고분에서 이승과 저승이라는 두 세계는 모두 밝게 묘사되어 있습니다. 가무배송도에서 보다시피 저승길로 떠나는 사람도 춤과 노래로 배웅해주고 있습니다. 저승길이 험난한 길이라는 것을 옛 사람들은 잘 알고 있었습니다. 그 길을 무사히 잘 가도록 선의지로 배웅해주고 있는 것입니다. 이승과 저승, 삶과 죽음 중 어느 한쪽만을 긍정하는 우리 시대의 세계관과는 달리 이 모두를 긍정하면서 심지어는 험난한 저승길에 대해서도 축복으로 배웅하는 절대긍정의 세계관이 제게는 가슴 깊게 다가왔습니다.

김철신 이 배웅의 역할을 담당했던 게 무속이었는데 이 역시도 이승에서만 잘 먹고 잘 살겠다는 시류에 편승하다가 조락의 길로 접어든 것 같습니다. 비과학적 미신으로 전락한 무속이 부활해 한국인의 정체성을 담당하는 하나의 축으로 거듭나기 위해서는 어떤 계기가 필요하다고 봅니까?

이승종 교육부장관을 역임하신 제 은사께서 우리 시대의 입시 편향적 교육 문제에 대해서 모두가 공범이라는 말씀을 하신 적이 있습니다. 학부모, 교사, 대학을 위시한 사회 전체가 담합해 학생을 입시 전쟁이라는 사지로 내몰고 있는 형국이기에 어떠한 교육 정책, 혹은 장관이나 대통령이 고칠 수 없다는 것입니다. 사회는 오히려 암암리에 현 제도를 원하며 그래야만 개인이나 사회가 성공할 수 있는 것으로 믿고 있다는 것입니다. 마찬가지 맥락에서 무속인들이 이승에서만 잘 먹고 잘 살겠다는 시류에 휩쓸린 것도 그들을 탓할 수만은 없다고 봅니다. 우리가 오로지 기복적인 동기에서 그들을 찾았기 때문입니다. 그것 자체가 나쁘다고는 할 수 없지만, 모든 것이 오로지 이 동기에 의해서 작동할 때가 문제인 것입니다. 생존의 사지로 내몰리기로는 그들이나 우리나 마찬가지라고 생각합니다. 모든 것이 생존이라는 단일한 이념으로 세팅되어 있는 이 시대에 그들에게 허여된 운신의 폭은 넓지 않다고 봅니다.

5.2 싱가포르에서의 토론[33]

백영서 두 가지 질문을 드립니다. 첫째, 풍류의 의미를 좀 더 해명해주었으면 합니다. 둘째, 풍류의 사유는 이승종 교수님이 《크로스오버 하이데거》(이승종 2010, 10쪽)에서 구분한 바 있는 역사적 사유와 계시적 사유 중 어느 쪽과 연관되는지 궁금합니다.

이승종 고대 동북아의 애니미즘과 샤머니즘의 전통에 한국이 기여한 바가 있음을 알리고자 풍류에 대한 최치원의 언급을 인용하였습니다. 하지만 그는 풍류가 유불도儒佛道 3교敎를 포함하고 있음을 말하고 있을 뿐 이에 대해 더 이상 상론하지는 않았습니다. 저 풍류의 사유를 계승하고 심화시키는 것은 우리의 과제입니다. 풍류는 고대의 사유였다는 점에서 역사적 사유입니다만, 그것이 다시금 점화되어 미래로 전승될 때 그것은 계시적 사유로 피어날 수 있을 것입니다. 계시적 사유의 출발은 역사적 사유입니다. 그리고 양자 사이에 우리가 놓여 있는 것입니다.

곽사이항 고유섭의 철학은 과학적·계산적 사유의 압제에 대항하는 대륙의 아방가르드 철학과 밀접하게 연관됨을 볼 수 있습니다. 아시아의 문화에서 저러한 유익한 소재를 찾을 수 있다는 점이 놀랍습니다. 그것은

---

33 이 절은 5장의 초고를 주제로 2018년 1월 13일에 싱가포르 남양이공대에서 있었던 남양이공대 문과대-연세대 문과대 공동학술심포지엄에서의 토론의 일부를 옮긴 것이다. 토론 참가자는 다음과 같다. 백영서(연세대 사학과 교수), 곽사이항(郭世恒, 홍콩과학기술대 철학 박사/남양이공대 박사후 펠로우).

다양한 역사와 공동체의 맥락에서 인류가 처한 전 지구적 위기에 대한 성찰의 가능성과 필연성을 조명하고 있습니다.

그러나 저는 가치에 대한 탐구가 어떻게 예술의 사용에 의해 가능한지 궁금합니다. 이승종 교수님의 발표에 대한 저의 해석이 옳다면, 이 기획은 예술 작품, 존재, 역사성에 대한 하이데거의 성찰과 어우러집니다. 차이가 있다면 고유섭은 하늘과 대지 사이의 관계를 강조하고 있는 반면, 하이데거는 인간이 예술 작품을 통해 대지 위에 세계를 건립하는 것으로 이해하고 있다는 점입니다. 이 근소한 차이로부터 저는 고유섭의 철학이 하이데거의 전기와 후기 철학을 연결하는 모종의 가교를 제시하고 있다는 인상을 받았습니다. 한편으로 천계天界에 대한 상상의 사용은 인간의 작업을 통한 역사성의 개시를 닮았습니다. 샤머니즘은 순환론적 시간관을 지니고 있기 때문에 그것이 현존재의 결단으로 하여금 죽음의 한계를 넘어서게 하며, 욕동欲動; conatus 대신에 환상의 세계로부터 의미를 창조해내는 것 아닐까요? 다른 한편으로 예술과 유희의 사용 역시 인간의 탈중심화와 인간 의지에 대한 재평가(혹은 저평가)를 닮았습니다. 사실 제가 이 교수님의 발표로부터 이해한바 '풍류'의 개념은 다양한 문화의 공존을 가능케 하는 탈중심화의 훌륭한 상징입니다. 하이데거는 자신의 철학에서 전회를 이루었는데 '풍류'와 고유섭의 철학이 한편으로는 역사성에 대한 능동적 개시와 가치 탐구, 다른 한편으로는 '무기교' 및 '무계획'과 타자의 수용 사이에 어떻게 가교 역할을 하게 되는지요? 이는 애니미즘과 샤머니즘에 의해 윤곽 잡힌 생활세계 내에서만 가능한지, 아니면 다른 문화도 참조할 수 있는 전 지구적이거나 보편적인 자원일 수 있는지요? 그리고 이는 예술 작품을 통해서 성취될 수 있는지요?

이승종 한편으로는 전통과 (포스트)모더니티 사이의 통시적 간격을, 다른 한편으로는 과거에는 서로 밀접하게 연관되어 있었지만 이제는 분리되어버린, 천지신명天地神命이라는 4방세계Geviert 사이의 공시적 간격을 각각 메꾸는 가교 역할을 수행하고 있는 하이데거가 중요한 사유가라는 데 대해 동의합니다. 저는 그의 철학에서 네오샤머니즘의 가능성을 봅니다. 그가 수행하는 가교의 역할은 고대에 샤먼이 했던 것과 닮았습니다. 절박한 과제이면서도 일방적으로 수행되기 일쑤인 상호문화적 대화를 풍부히 하는 데 네오샤머니즘적 소통이 적용될 수 있다고 생각합니다.

6장
우리는 누구인가: 서영은 문학의 철학적 독해

철학을 함으로써 논리학의 난제 따위에 관해
그럴싸한 말을 늘어놓을 수 있을 뿐
정작 삶의 중요한 문제에 관한 사유는 심화하지 못한다면
과연 철학을 할 필요가 있겠는가?
_비트겐슈타인

1. 타자

철학이 철학이 무엇인지를 묻는 학문인 것처럼, 인간은 인간이 무엇인지를 묻는 존재이다. 인간에 대한 물음은 그의 삶과 뗄 수 없는 관계에 있으므로 결국 삶에 대한 물음으로 이어진다. 우리는 비트겐슈타인이 강조한 "삶의 중요한 문제"를 이처럼 인간과 그의 삶 자체에 대한 물음으로 이해한다.

자기 자신을 문제 삼는 자기 지시성은 철학의 뿌리에 해당하는 논리학에서 역설의 중요한 원천이 된다(이승종 2002, 10장 참조). 역설이란 하나의 진술이 타당한 추론에 의해서 두 개의 모순되는 결론을 낳는 경우를 뜻한다. 타당한 추론을 그 골격으로 하고 무모순성을 그 이념으로 삼는 철학이라는 합리성의 프로젝트에서 역설은 낯설고 파괴적이고 음험한 타자이다. 그 타자가 철학의 근원적 특성인 자기 지시성에 둥지를 틀

고 있다는 점을 우리는 어떻게 이해해야 하는가? 이러한 상황은 인간과 그의 삶에 대한 물음을 추구하다가 부조리라는 벽에 부딪힌 카뮈Albert Camus의 경우를 연상케 한다. 부조리는 역설의 심장인 모순과 친족 간이기 때문이다.

타자의 문제는 인간이 자신을 문제 삼을 때 수반되는 필연적인 문제이다. 타자란 무엇인가? 그것은 이해의 영역 바깥, 혹은 그 낯섦을 지칭한다. 어떤 여성주의자들은 남녀가 서로에 대해 타자임을 주장한다. 예컨대 러딕(Ruddick 1980)은 아이에 대한 엄마의 태도는 출산의 경험이 없는 남성의 태도와 판이하게 다른 점이 있어서, 남성은 아이에 대한 엄마의 사랑을 결코 이해할 수 없다고 말한다.

남녀의 근본적 차이성을 강조하는 여성주의자의 주장은 그러나 남녀 사이에 어떠한 이해나 의사소통도 불가능하다는 것으로 과장되어서는 안 된다. 만일 그렇다면 남녀가 근본적으로 다르다는 것은 또 어떻게 알 수 있단 말인가? 결국 남녀의 차이성은 남녀가 모두 인간이라는 대전제와 완전히 결별할 수 없다. 사실 이 대전제는 남녀 사이에 위와는 다른 방식의 차이성의 선을 그어왔다. 그것은 아리스토텔레스, 칸트, 루소, 쇼펜하우어, 니체 등의 철학자들이 지녔던 남성우월주의이다. 예컨대 루소는 다음과 같이 말한다.

추상적이고 사변적인 진리, 학문의 원리와 공리, 그리고 일반화로 이르는 모든 것에 대한 추구는 여성의 이해 범위를 벗어난다. (Rousseau 1762, 321–322쪽)

오늘날 이러한 견해에 액면 그대로 동조하는 사람은 (적어도 공적으로는) 거의 없을 것이다. (추상적인 학문에 종사하는 여성들의 숫자가 얼마나 증가했는지를 상기해보라.) 그러나 이러한 변화가 충분한 철학적 반성을 수반하고 있는지에 대해서는 의문의 여지가 있다. 그 반성을 시도해보려는 것이 이 장의 일차적인 목적이다.

나는 이 장에서 여성과 남성을 삶과 사유의 두 양상을 지칭하는 기표로 사용할 것이다. 따라서 여성과 남성은 실제의 여성 및 남성과 반드시 그리고 언제나 동일시될 필요는 없다. 나는 여성과 남성이라는 두 기표를 소포클레스의 〈안티고네〉와 그에 대한 하이데거의 해석, 니체의 텍스트와 그에 대한 데리다의 해석, 그리고 서영은의 〈사막을 건너는 법〉과 〈먼 그대〉에서 찾아내어 그 문맥과 함께 읽고 생각할 것이다. 위에 인용한 루소의 명제는 이 장의 중요한 모티브를 이룬다. 루소의 명제는 글 중에서 니체를 통해 반복될 것이다. 매우 이상하게 들리겠지만 나는 루소의 명제에 대한 긍정을 전제로 여성과 남성을 이해해보려 한다. 그러나 이는 나의 입장이 남성중심주의임을 함축하는 것은 아니다. 나는 데리다를 좇아 텍스트의 저자가 의미하는 바를 이종적 문맥에 접맥시키고 거기에 산종하는 해체적 읽기를 시도하려는 것이다.

소포클레스에서 데리다까지의 서양의 텍스트와 담론, 그리고 그에 대한 성찰이 "바다"라는 이름으로 글의 2절을 이룬다. 서영은의 텍스트와 그에 대한 성찰이 "사막"이라는 이름으로 글의 3절을 이룬다. 바닷물을 사막에 흐르게 하는 것, 서양의 문맥에서 읽고 덧붙여본 생각의 실타래를 서영은의 텍스트에 투사해보는 것이 이 장의 기획이다. 우리는 글의 말미에서 바닷물이 다 적시지 못한 사막의 끝자락에 도달하게 될 것이다. 사막의 끝에서 우리가 만나게 되는 것은 무엇인가?

2. 바다

a) 海에게서

여성과 남성에 관해 묻기 전에 우리는 인간에 관해 묻는다. 인간이란 무엇인가? 하이데거는 소포클레스의 〈안티고네〉에서 서구 인간관의 원형을 찾는다. 하이데거가 주목하는 것은 〈안티고네〉의 첫 번째 합창이다.

두려운 것은 많으나, 그러나 아무것도
자신을 드러내어 인간을 뛰어넘을 만큼 그렇게 두려운 것은 없나니,
겨울의 남쪽 바람을 타고 인간은 거품 이는 망망대해를 향해 돌진하여
광란하는 파도의 정상과 심연을 가로 건너 항해하는구나.
그렇게도 피곤할 줄 모르는, 파괴될 수 없는
가장 너그러운 신神인 대지까지도
말이 끄는 쟁기로 해를 거듭해서
갈고 또 갈아 고갈시키는구나.

용의주도한 인간은
하늘을 가볍게 날아다니는 새들의 무리 또한
그물을 쳐 잡으며 야생의 짐승들과
바닷속에 살며 꿈틀거리는 것들을 사냥하는구나.
간계를 써 산중에서 밤을 보내며 돌아다니는
뭇 짐승들을 사로잡으며,
가장 난폭한 말의 목과 아직 한 번도 길들여져본 적이 없는

황소의 목둘레에 나무틀을 만들어

멍에를 지도록 강제하나니.

언어의 번거로움 속에서도

바람처럼 빠른 경박한 박식 속에서도

그는 도시를 다스릴 용기를 지녔노라.

매서운 날씨의 화살과 엄동설한을

어떻게 피할 것인지 또한

그는 잘 생각해내는구나.

곳곳으로 경험을 쌓기 위해 돌아다니며, 결국은 아무런 경험도

얻지 못하고 막다른 길에 이르러

그는 무無에 이르고야 마는 것을.

비록 그가 운명적인 불행을 피하는 수가 있다 할지라도,

결코 피하는 것으로써는 대항할 수 없는,

오로지 단 하나의 밀려 닥쳐오는 것, 죽음만은 그 또한

감수해야 하는 것을.

아 우스운 일이로다. 자칭 수단이라는 것을 통해서

재주를 부리는 이 인간은

모든 예측과는 달리

또 다른 야무진 인간이 그를 실패시킴으로써

언젠가는 완전히 비참하게 되어버리고 마는 것을.

대지의 법칙과 신들이 선서한 섭리 사이에서

인간은 자신의 길을 걸어가는구나.

그에게는 늘 무無가 존재자로 여겨지는 것이기에,

언제나 그는 과감한 행동을 즐기게 되는 것이며,

높은 곳을 지배하는가 하면, 그곳에서

쫓겨나기도 하는 것을. (Heidegger 1953, 155-157쪽/1994, 240-241쪽)

첫 시구에서 분명하게 나타나 있듯이 인간은 가장 두려운 존재자이다. 하이데거에 의하면 고대 그리스어에서 두려운 것을 의미하는 데이논deinon은 두 가지 의미를 지니고 있다. 첫째, 데이논은 압도적인 지배라는 의미에서 두려운 것이다. 이러한 의미의 데이논은 질서를 의미하는 디케dike와 연관된다. 압도적인 것은 그것이 지배하는 모든 영역에서 관철되는 질서이다. 지배라는 의미에 있어서의 존재, 피지스physis는 원초적인 모음, 로고스logos이며, 이것은 따르고 순응해야 하는 질서, 디케인 것이다(Heidegger 1953, 169쪽). 둘째, 데이논은 폭력적인 것을 의미한다는 점에서 두려운 것이다. 데이논은 폭력을 사용하는 인간이라는 현존재의 근본양상이다. 그리고 그것은 앎의 한 국면인 테크네techne와 연관된다. 테크네는 개개의 존재자를 그렇게 존재할 수 있도록 실현시켜주는 능력, 혹은 존재가 존재자 안에서 자신을 열어 실현하는 능력이다(Heidegger 1953, 168쪽). 인간은 존재자로 드러나는 과정 속에 숨겨져 있던 존재를 열어 밝히기 위해 테크네를 통해 존재와 투쟁한다. 존재의 열어 밝힘을 위한 이 투쟁이 바로 인간이 사용하는 폭력의 정체이다. 이처럼 인간은 존재라는 압도적인 지배 아래 놓여 있으면서도 그 압도적인 지배에 대항해서 테크네라는 폭력을 사용한다는 점에서 가장 폭력적이고 두려운 존재자이다.

인간에 관한 철학적 논의에서 인간은 암암리에 남성으로 묘사되곤 한다. 하이데거의 〈안티고네〉 읽기에 등장하는 인간도 다분히 남성적이다. 그는 겨울바다의 광란하는 파도를 가르고, 평온한 대지의 여신을 쟁기로 파헤치는 폭력을 가한다. 이 폭력은 위에서 살펴본 테크네의 성격을 닮았다. 그래서 그동안 별 힘을 들이지 않고 먹고 생식해온 대지를 이제 소위 자신의 노력이라는 것 속에서 안절부절못하도록 떠밀어 재촉한다(Heidegger 1953, 163쪽). 바다와 대지의 지배에 순응하고 있는 새와 물고기, 황소와 말에게 인간은 그물과 올가미를 던져 사육장과 울타리 안에 잡아 가둔다. 이 폭력적인 출발, 파헤침, 포획, 굴종의 강요를 통해 존재는 바다로서, 대지로서, 짐승으로서 자신을 열어 밝힌다.

그럼에도 불구하고 인간은 결코 압도적인 것을 지배하는 데까지는 이르지 못한다. (그렇기 때문에 디케와 테크네의 대립 과정에서 그는 질서와 무질서 사이에 이쪽저쪽으로 던져지곤 한다.) 인간은 압도적인 것, 즉 존재를 지배하고자 모험을 감행하는 속에서 막다른 길─무無, 해체, 불확실성, 무질서의 위협─에 처한다. 인간은 "곳곳으로 경험을 쌓기 위해서 돌아다니"지만 궁극적으로는 자기 세계의 울타리 안에서 존재의 가상만을 맴돌 뿐이다. 그리고 그에게 닥쳐오는 죽음. 그가 행한 모든 모험과 폭력─출발과 파헤침, 포획과 굴종의 강요─은 결국 죽음에 부딪쳐 파국에 이르고 만다(Heidegger 1953, 167쪽).

그러나 인간은 죽음에 직면해서야 막다른 길에 이르는 것이 아니다. "인간은 끊임없이 그리고 본질적으로 막다른 길에 이르고 있다"(Heidegger 1953, 167쪽). 요컨대 파국은 인간이 자신의 폭력을 지탱하지 못하고 실패하는 끝에 나타나는 것이 아니라, 압도적인 것과 폭력성 간의 대결이라는 근본 구도에서부터 잠재되어 있다. 압도적인 것으로서의 존재는 인간의 현존재를 파국에 이르게 함으로써 자신의 지배를 관철시키고, 이 과정에서 현존재에 낸 흠집과 상처의 열린 틈을 통해서 자신을 드러낸다.

하이데거는 소포클레스의 〈안티고네〉에서 발견한 디케와 테크네의 투쟁을 바탕으로 헤라클레이토스와 파르메니데스의 철학을 해석한다. 하이데거는 헤라클레이토스가 남긴 다음과 같은 단편에 주목한다.

> 투쟁은 (존재하는) 모든 것의 아버지이다. 그러나 모든 것을 (또한) 다스리며 보존한다. 그것은 어떤 것은 신으로, 어떤 것은 인간으로, 어떤 것은 노예로, 어떤 것은 자유인으로 나타나게 한다. (Heidegger 1953, 66쪽)

인간의 폭력성이 그러하듯이 투쟁은 남성(아버지)으로 묘사되어 있다. 하이데거에 의하면 이 구절에서 투쟁polemos은 인간과 인간 사이의 전쟁이 아니라 존재자들을 최초로 서로 구분 짓고, 그것들의 위치, 신분, 품위를 그 자리에 맞게 존재하도록 해주는 원초적인 것이다. 그런데 하이데거는 이 투쟁이 결코 그 통일성을 파괴하는 것도, 분열시키는 것도 아니라고 본다. "[투쟁]은 통일성을 성립시켜주는 것이며 모음, 로고스이다. 투쟁과 로고스는 동일한 것이다"(Heidegger 1953, 66쪽). 그에 의하면 디케와 테크네의 투쟁이 양자의 통일성으로 귀결된 것이 존재와 사유가 동일한 것이라는 파르메니데스의 명제이다(Heidegger 1953, 174쪽).

파르메니데스에게 디케는 존재로의 길, 가상으로의 길, 그리고 무無로의 길로 들어가는 열쇠를 보존하는 여신이다. 그렇다면 디케에 대항해 폭력을 사용하는 인간의 투쟁은 곧 여성에 대한 남성의 투쟁이다. 남성은 폭력을 사용해 디케라는 여성을 열어 밝히려 한다. 그러나 그 투쟁은 언제나 남성의 장렬한 패배로 끝난다. 가장 두려운 존재자인 남성도 그의 운명에 드리워진 죽음 앞에서는 무력할 수밖에 없기 때문이다. 그리고 남성의 죽음으로 생긴 부재의 공간을 통해 디케, 즉 존재로서의 여성은 자신을 드러낸다.

b) 소녀에게

지금까지 살펴보았듯이 하이데거가 추구한 인간과 존재의 문제는 성에 관한 담론을 함축하고 있다. 그러나 하이데거의 텍스트에서 이러한 성 담론은 전면에 드러나 있지 않다. 전통 철학이 그러하듯이 하이데거도 여성의 문제를 인간의 문제라는 일반적 틀을 벗어나 별도로 주목하고 있지 않기 때문이다. 이는 전통 철학을 전면적으로 파괴하고 해체하려는 하이데거의 기획이 철저하지 못한 것임을 보여주는 하나의 중요한 징표이다.

이제 우리는 데리다를 좇아 하이데거의 인간과 존재에 관한 담론을 여성과 남성에 관한 담론으로 옮겨놓으려 한다. 하이데거가 소포클레스의 〈안티고네〉 읽기를 통해 자신의 인간론을 전개하고 있다면, 데리다는 니체 읽기를 통해 자신의 성 담론을 전개한다. 데리다는 니체의《즐거운 지식》의 60절을 주목한다. 거기서의 무대는 앞서 읽은 〈안티고네〉의 도입부에서와 같이 파도치는 바다이다. 니체의 텍스트는 나(남성)를 삼키고 부숴버릴 듯한 압도적인 파도의 위협을 묘사하는 것으로 시작한다. 다음 이야기는 아래와 같이 이어진다.

그때 갑자기 마치 무無의 심연으로부터 나온 것처럼, 미로의 지옥 입구 앞에는, 얼마 떨어지지 않은 곳에서 커다란 돛단배가 유령처럼 소리 없이 미끄러지듯 다가왔다. 오, 유령과 같은 이 아름다움이여! 그 마력으로 얼마나 나를 감동시키는가! 세상의 모든 평온과 정적이 모두 이 배에 담겨 있단 말인가? 나의 행복, 보다 더 행복한 나의 자아, 나의 두 번째, 영원한 자아도 여기에 있는 것인가? 죽지도 살아 있지도 않은 상태에서? 유령 같은 중간적 존재로서 조용히 미끄러지듯 표류하면서? 〔…〕 소란스레 **자신의** 도전과 기획으로 인한 격랑의 한가운데 있는 남성은 그 와중에 조용하고 매혹적인 존재자들이 자기 곁을 미끄러져 가는 것을 보고, 행복과 은둔을 갈망한다. **그들이 바로 여성이다**. 〔Nietzsche 1882, §60〕

하이데거의 여성과 니체/데리다의 여성 사이에는 같음과 다름이 교직되어 있다. 질서의 신 디케가 여성이었듯이 위의 인용문에서도 여성은 신적인 모습으로 등장한다. 그러나 디케가 존재인 데 반해 여성은 존재도 비존재도 아니다. 그런 점에서 여성은 유령을 닮았다. 디케가 신이라면 여성은 귀신 혹은 흔적이다.

여성은 남성의 도전과 기획을 틀 짓는 합리적 질서를 비껴간다. 이 점에서도 니체/데리다의 여성은 하이데거가 해석한 질서의 신 디케와 구별된다. 남성의 합리성은 하이데거에 의하면 폭력성이다. 여성은 남성의 폭력적 투쟁과 갈망에 정면으로 맞서지 않는다. 여성은 남성과의 만남을 연기시키면서 그로부터 멀리 떨어진 곳에서 화장기 어린 얼굴로 남성을 유혹한다. 여성의 거리 띄우기와 화장은 열어 밝힘이 아닌 은폐의 기술이다. 하이데거가 해석한 여신 디케와는 달리 니체/데리다의 여성에게 열어 밝힘이란 없다. 여성은 결코 남성 앞에 있는 그대로의 모습으로 현전現前하지 않는다. 남성을 요리하는 여성의 전략은 이처럼 거리를 유지하며 상대를 유혹하다가 예리한 잽으로 상대를 찌르는 아웃복싱이다. 압도적 존재가 현존재에 대해서 그러하듯이 여성은 남성을 파고들어 틈을 내는 뾰족한 충각衝角, 즉 에프롱éperon이다. 여성은 남성의 이성적 기획을 교란시키는 게릴라이며, 남성이 여성에 마쳐되어 삶(현실)과 이상(꿈)을 구별 못할 때 그를 영원한 잠으로 인도해 말소하는 죽음이다(Derrida 1976, 49쪽).

　결국 데리다에 의하면 여성은 (1) 존재도 비존재도 아닌 유령적 흔적이며, (2) 남성과의 거리를 띄우면서 만남을 지연시키는 차연différance이며, (3) 남성의 합리적 기획에 균열을 내는 에프롱이며, (4) 남성의 이성과 현전을 지우는 말소의 작용이다. 그러나 이를 여성의 본질로 물화reification해서 이해하면 안 된다. 또한 균열과 말소의 틈새로 여성이 자신의 본질을 열어 밝히는 것도 아니다. "여성의 본질은 없다. […] 헤아릴 수 없는 심연으로부터 여성은 본질, 정체성, 속성의 모든 자취를 삼켜버리고 왜곡시킨다"(Derrida 1976, 51쪽). 그런데 바로 이러한 물화가 독단적인 철학자들이 저지르곤 하는 오류이다. 니체에 의하면 철학자들은 남성의 대변자이다. 그들은 여성에 관한 위의 통찰마저도 여성의 진리로 물화시켜 이를 소유하려 한다. 그러나 그들이 자신들의 물신숭배fetishism의 대상인 소위 "진리"에 접근할 때의 진지함과 서투른 집요함은 여성을 손에 넣는 방법으로는 적합하지 않다(Nietzsche 1886, 서문). 여성의 진리란 없다. 그리고 여성은 소유될 수 있는 어떤 것이 아니다.

　여성은 철학자들이 추구하는 추상적 진리를 회의한다. "여성은 진리를 추구하지 않는다. […] 여성의 최고의 기교는 거짓말이다"(Nietzsche 1886, §232). 이 장의 앞부분에서 살펴본 루소의 명제는 이처럼 하나의 아이러니로서 다시금 확인된다. 철학과 여성은 서로가 서로를 경멸한다. 철학자들의 진리란 원래 무엇이었던가? 그것은 플라톤의 이데아와 같은 영원불변한 어떤 것이었다. "나 플라톤이 진리이다"(Nietzsche 1888, 74쪽). 그러나 이제 거리 띄우기로서의 여성의 운동, 역사가 시작된다. (여성은 시간과 공간을 생성하는 차연이다.) 진리와 역사는 상호 모순되는 개념이다. 역사를 지닌 진리는 더 이상 진리가 아니다. 역사의 흐름 속에서 진리는 변질된다. 진리인 플라톤도 역사를 멈출 수는 없다. 그래서 플라톤은 더 이상 "내가 진리이다"라고 말할 수 없게 된다. 진리를 추구하는 철학이 역사 속에 포함되어 있으면서도 역사를 해독할 수 없는 이유가 바로 여기에 있다.

> 역사가 시작되면 거리—여성—가 진리—철학자—를 멀리하고 관념을 낳는다. 관념은 물러서고, 초월적이며, 접근이 불가능하고, 매력적인 것이 된다. 관념이 멀리서 손짓한다. 그 베일이 멀리서 나부끼면서 죽음의 꿈이 시작된다. 이것이 여성이다. (Derrida 1976, 87-89쪽)

이 과정을 통해서 우리는 남성 중의 남성 플라톤이 펼쳐 놓았던 진리의 세계로부터 추방되어 파도치는 바다, 험한 세상으로 내몰리게 된 것이다. 그래서 결국은 멀리서 유혹하는 여성을 안식처로 갈망하다가 불빛에 부딪쳐 떨어지는 곤충처럼 덧없는 죽음을 맞이할 운명인 것이다.

그러나 이러한 비극적 묘사는 남성의 관점에서 본 것에 불과하다. 여성은 이러한 식의 철학사 서술에 대해서도 마찬가지로 회의적이다. 여성의 관점에서 보자면 애초부터 진리의 세계란 없다. 우리에게 돌아가야 할 고향이란 없다. 향수란 냉엄한 삶의 현실을 두려워하고 요람을 갈망하는 철부지요 겁쟁이, 풋내기인 남성들이 만들어낸 소아적 환상이다. 우리는 고향의 부재에도 불구하고 우리의 운명과 삶을 웃고 춤추며 긍정할 수 있어야 한다(Derrida 1968, 27쪽). 이것이 여성의 회의의 진면목이다. 그 긍정은 모든 것을 쉽게 믿어버리는 독단적 남성의 그것과는 차원을 달리하는 것이다. 그것은 "생의 한가운데"에서 오랜 회의의 실천을 통해 도달하게 되는 경지이기 때문이다. 휘몰아치는 파도, 모진 삶의 역정이 그러하듯이 여성의 회의는 우리를 강철처럼 강하게 단련시킨다.

3. 사막

a) 자기 앞의 생

하이데거와 데리다의 텍스트에서 추적해본 여성과 남성에 관한 철학적 담론은 우리의 삶에 어떻게 접맥될 수 있는가? 그것이 우리의 삶에 던지는 의미는 무엇인가? 우리는 이제 서영은의 두 작품, 〈사막을 건너는 법〉과 〈먼 그대〉를 차례로 읽어가면서 이러한 문제를 생각해보려 한다.

강철처럼 강하게 단련된 여성의 회의를 우리는 여성작가 서영은의 단편 〈사막을 건너는 법〉에서 찾아볼 수 있다. 〈사막을 건너는 법〉은 다음과 같은 묘사로 시작된다.

> 방 안은 꽉 닫힌 밀실 안처럼 한껏 조용하다. 파리 한 마리가 아까부터 유리창 주위를 맴돌며 빠져나갈 틈을 찾고 있다. (서영은 1975, 148쪽)

밀실은 이 작품에서 그려지는 주인공의 내면을 상징한다. 주인공은 삶의 의미를 부정하는 회의주의자이다. 삶은 그에게서 의미를 상실한 채 말소되어 있다. 따라서 그는 더 이상 "생의 한가운데"에 있지 않다. 삶이 말소된 공간은 "꽉 닫힌 밀실 안처럼 한껏 조용"한 자의식의 공간이다. 그 공간에서 "빠져나갈 틈"을 찾을 수 없다는 것은 그의 회의주의가 얼마나 견고한 것인지를 단적으로 보여준다.

그의 견고한 회의주의는 하나의 사건에서 기인한다. 그 사건이 있기 전에는 그도 다른 사람처럼 낭만과 일과 야심을 손에 쥐고 삶을 살았다. 화단에 등단해 주목을 받기도 했다. 그 사건의 발단은 월남의 전쟁터에서였다. 월남전에 파병된 그는 어느 날 갈증과 싸우고 있는 전우들에게 물을 실어다주려 한 병장과 함께 밤중에 급수차를 몰고 떠난다. 차 안에서 그는 한 병장에게 이렇게 말한다.

> 적보다 진정으로 무서운 건 무감각이라고 깨달았습니다. [⋯] 지금까지 마치 꿈을 꾸다가 깨어난 것 같아요. 이곳에 온 뒤론 바로 생명의 한가운데를 관통하는 느낌입니다. (서영은 1975, 152쪽)

사막이나 정글에서 물은 생명과도 같은 것이다. 그 물을 실어 나르는 주인공의 행위는 그가 표현했듯이 "생명의 한가운데를 관통하는" 깨달음의 실천이다.

밤의 어둠이 걷히고 해가 중천에 와 있을 때 적기의 기총사격이 쏟아진다. 그 속에서도 그의 "맘속엔 자신의 생명 이외에도 물을 기다리는 수천의 생명들에 대한 비장한 의지가 단단한 바위처럼 뭉쳐 있었"(서영은 1975, 152쪽)다. 그러나 결국 기총사격으로 급수차의 물탱크는 터지고 한 병장은 전사한다. 그 와중에 부상을 입은 주인공은 "의지와 욕망과 그 밖의 모든 것이 자꾸 그 통증 속으로 휘말려 들어가는 것 같은"(서영은 1975, 153쪽) 느낌 속에서 의식을 잃는다.

잠, 죽음, 꿈, 정적, 무감각으로 상징되는 밤이 깨어남, 생명, 깨달음, 의지, 욕망으로 상징되는 낮으로 바뀐 시점에서, 모든 것을 태양 빛 아래 분명하게 깨달았다고 생각하는 바로 그 순간에 타자의 보이지 않는 손은 모든 것을 다시 파국의 블랙홀로 몰아넣은 것이다. 그 타자는 소포클레스의 〈안티고네〉와 니체의 텍스트에서 읽었던 여성이다. 블랙홀은 모든 것의 모태이고 또 모든 것을 거두어 가는 여성의 자궁이다. 여성은 삶(Derrida 1976, 53쪽)이요 죽음(Derrida 1976, 49쪽)이다.

자신이 깨달은 생명에 대한 의지가 전쟁이라는 타자, 그 어두움 앞에서 무기력하게 무화無化될 수밖에 없다는 것을 체험하고 돌아온 주인공은 "집에 도착한 그 첫 순간에 베일에 가린 듯이 모든 사물, 모든 사람들로부터 차단된 나 자신을 느꼈다"(서영은 1975, 150쪽). 볼프강 보르헤르트의 《문밖에서》(Borchert 1946)를 연상케 하는 이러한 구도 속에서 주인공에겐 이름과 삶이 말소되어 있다. 작품 속에서 그는 언제나 "나"로만 불릴 뿐이며, 나의 삶은 "희망도 의지도 애정도 다 사라지고, 대신 사막처럼 막막하고 황량한 허무의 모습"(서영은 1975, 164쪽)으로만 묘사된다. 그곳엔 다만 "나 자신 속"(서영은 1975, 158쪽)의 의식만이 현전할 뿐이다.

나의 여정을 돌이켜보자. 나는 〈안티고네〉의 주인공처럼 삶의 의지로 충만한 남성이었다. 그러던 나는 월남전에서 체험한 타자성(여성성)으로 말미암아 허무주의자, 회의주의자로 변모한다. 그런 점에서 나는 여성적으로 변모한 셈이다. 그러나 나의 여성성은 삶에 녹아들어가 있지 않다는 점에서 반여성적이다. 나의 여성성이 닻을 내린 곳은 삶이 아니라 자의식이라는 철학의 영역, 즉 남성의 영역이다. 따라서 나는 여성적이면서 남성적이다.

〈사막을 건너는 법〉에서는 모든 인물이 익명의 대명사로만 처리되어 있다. 그런데 유일한 예외가 있다. 윤나미―나의 여자 친구이다. 나는 그녀를 작중 인물 가운데에서 가장 하찮고 경멸적인 존재로 묘사하고 있다. 그녀는 나의 허무주의와 회의주의에 아무런 관심이 없는 현실적인 여성이다. 그래서 그녀는 오히려 나의 세계에 대해 냉소적이기까지 하다. 내가 체험한 월남전에서의 사건을 이야기해주자 그녀는 이렇게 반응한다.

"그럼 자긴 베트콩을 한 사람도 못 죽여 봤어?" […] 그녀가 그때처럼 낯설어 보인 적은 없었다. 결국 내가 들려준 얘기 속에 담겨 있는 의미는 그녀에게 하나도 전달되지 않았다. 피비린내 나는 차 속도, 죽어 넘어진 전우도, 작렬하는 포화 소리도 그녀에겐 모두 활자화된 이야기 정도로밖에 들리지 않았던 것이다. (서영은 1975, 153쪽)

삶으로부터 차단된 철학자에게 현실로서의 여성은 낯설다. 현실과 여성에 대한 철학자의 태도는 이중적이다. 데리다의 니체 읽기에서 보았듯이 그는 여성을 갈망하면서도 경멸한다. 인생의 "무의미"를 깨달은 내가 깨달음을 있게 해준 사건을 여성에게 들려주면서 그 "얘기 속에 담겨 있는 의미"를 그녀에게 전달하려 한다는 것은 역설이다. 모든 것이 무의미하다면 무엇이 의미 있게 전달될 수 있단 말인가? 전달할 가치가 있는 의미 있는 것이 과연 있겠는가? 나의 허무주의는 상대주의처럼 자가당착의 위험성에 노출된다. 모든 것이 상대적이라면 상대주의도 상대적일 수밖에 없는 것처럼, 모든 것이 허무(무의미)하다면 허무주의도 무의미하다. 허무주의도, 회의주의도 어차피 여성에게는 "모두 활자화된 이야기 정도"일 뿐이다. 여성의 회의는 회의주의에 대해서조차 회의적이라는 점에서 나의 회의주의보다 훨씬 더 뿌리 깊은 것이다.

　나의 의식의 밀실에는 창이 하나 나 있다. 사각형의 캔버스에 더 이상 그림을 그릴 수 없게 된 나는 대신 창이라는 또 하나의 사각형을 통해 비깥세상을 괴조히다. 창밖으로 내려다보이는 공디에는 더러운 물웅덩이와 그 옆에서 뛰노는 동네 아이들, 그리고 그 아이들을 상대로 뽑기 과자를 만들어 파는 노인과 그의 늙은 개가 있다. 그런데 노인은 언제나 그 더러운 웅덩이 속을 헤치며 무엇인가를 찾고 있다. 그때의 노인의 얼굴은 "진지"(서영은 1975, 155쪽)하고 "숙연"(서영은 1975, 156쪽)해서 "끈질긴 어떤 힘이 그의 전신에서 면면히 솟아 나오고 있는 듯하다"(서영은 1975, 159쪽). 노인의 존재는 "무료한 가운데서도 어떤 안정성을 획득하고 있던 나의 생활"(서영은 1975, 159쪽)에 대한 도전이다. 나는 "노인의 그 끈질긴 힘이 결국 무지에서 비롯됐다는 것을 스스로 확인케 하고 싶은 것이다"(서영은 1975, 164쪽). 사막화된 삶에서 되찾아야 할 소중한 무엇은 아무것도 없다는 사실을 말이다.

　이러한 자신감은 플라톤적이다. "나 플라톤이 진리이다." 내가 무의미의 진리를 이미 깨달았으니 노인이 나를 따라야 한다는 나의 순진한 의식은 세상 밖으로 나가보지 못한 철학자의 독단적 순수 의식을 닮았다. 모든 것이 허무하고 무의미하다면서 왜 진리에 집착하는가? 진리만은 예외인가?

　노인에게 진리를 전도하려는 과업을 위해 나는 밀실 밖으로 세 번 외출한다. 첫 번째 외출에서 나는 노인이 찾고 있는 것이 월남전에서 전사한 그의 아들이 남긴 을지무공훈장이라는 것을 알게 된다. 어떤 꼬마에게 보여주었는데 녀석이 물웅덩이에서 잃어버렸다는 것이다. 늙은 개는 아들의 것이고, 노인은 아홉 살짜리 손녀와 함께 산다는 사실도 노인으로부터 알게 된다. 두 번째 외출에서 나는 내가 받은 을지무공훈장을 노인이 찾을 수 있도록 물웅덩이에 버리고 표시를 해놓는다.

그리고 세 번째이자 마지막 외출. 나는 번번이 표적을 놓치는 노인을 대신해 내가 버린 훈장을 직접 물웅덩이에서 찾아주기로 결심하고 이를 실행에 옮긴다. 그러나 노인의 반응은 뜻밖의 것이었다.

"찾으시던 게 바로 이거지요? 네? 맞습니까?"

흥분을 감추지 못하는 척 다그치는 나를 노인은 이윽고 고개를 들어 쳐다보았다. 그의 얼굴엔 내가 기대했던 커다란 실망의 빛도 그렇다고 기쁨의 자취도 없었다. 오직 노여움과 차가운 경멸로 흉악하게 일그러져 있었다. 나는 영문을 몰라 어리둥절할 수밖에 없었다.

"바보 같으니라구!"

씹어뱉듯 뇌까리고 나서 노인은 나를 남겨둔 채 홱 돌아섰다. (서영은 1975, 166쪽)

나는 이 광경에 끼어든 한 소년으로부터 노인에 관한 새로운 사실을 알게 된다. 노인의 옆방에 산다는 그 소년에 의하면 노인은 훈장을 아무 소용도 없다면서 스스로 웅덩이에 버렸다는 것이다. 노인과 함께 산다던 손녀는 일 년 전에 교통사고로 죽었고, 늙은 개는 노인 아들의 것이 아니라 누군가 병들어 버린 것을 주워 온 것이다. 그렇다면 노인이 내게 들려준 말은 모두 거짓인 셈이다. 그러나 마찬가지로 노인이 소년에게 들려준 말도 거짓일 수 있다. 훈장을 찾아주었을 때 노인이 내게 보인 태도는 애초부터 그 물웅덩이 속에 훈장 따위는 없었다는 추측을 가능케 한다. 노인은 "진리를 추구하지 않는다." 그의 "최고의 기교는 거짓말이다." 그 점에서 그는 진정 여성적이다.

> 훈장, 소녀, 개에 대한 것들이 모두 거짓말이었다? 그 순간 나의 뇌리에 내리 박히듯 꽂히는 생각, 노인은 죄다 알고 있었다! 나 자신이 알고 있는 것보다 훨씬 더 무섭고 냉혹하게 알고 있었다. 이 세계를 덮고 있는 허망과 무의미와 그 밖의 모든 것을.
>
> 저만큼 노인이 짐을 챙겨 공터를 떠나려는 것이 보인다. 그는 다시 나타나지 않을지도 모른다. 몇 날 며칠을 기도하고 기도한 끝에 불러모은 보이지 않는 혼으로 집을 짓고, 이제 겨우 문턱을 넘어서려는 순간에 난데없이 나타난 나를 증오하고 있으리라. 그러나 어딘가에선 다시 시작하겠지. 나는 정말 바보였었다. (서영은 1975, 168-169쪽)

"이 세계를 덮고 있는 허망과 무의미"를 알고 있었다는 점에서 노인과 나는 차이가 없는지도 모른다. 그러나 나의 앎은 월남에서 체험한 파국의 블랙홀에 대한 기억을 토대로 의식이라는 밀실에서만 키워진 것이다. 무의미에 대한 나의 앎의 실체는 삶에 대한 어떠한 진지한 태도도 인정할 수 없는, 성실성이 결여된 것이다. 노인과의 대화 중에 "조커(JOKER·트럼프)를 잡았을 때처럼 괜히 마음이 설렘"(서영은 1975, 161쪽)을 느끼고 노인이 걸려들도록 말의 덫을 쳐놓기도 하는(서영은 1975, 163쪽) 영악스런 나의 태도는 내가 삶을 시뮬레이션 게임쯤으로 생각하고 있음을 보여주는 구절이다.

반면 노인의 앎은 매일마다 종교 의식처럼 실천해온, 더러운 물웅덩이로의 순례에 의해 벼려진 견고한 것이다. 노인은 물웅덩이에 던져버렸다는 훈장이라는 삶의 기표가 얼마나 무의미하고 무가치한 것인지를 온 생애를 통해 뼛속 깊이 각인한 사막의 달인이다. 사막화된 세상을 상징하는 웅덩이의 더러운 물에 날마다 자신의 모습을 비추어 보고, 그 무의미의 탁류에서 잃어버렸다는(혹은 아마 애초부터 존재하지 않았을) 거짓 의미를 뒤지는 그의 시시포스적 고행은 결코 유치한 것으로 폄하될 수 없는 비장한 것이다.

거짓을 조건으로 삶을 살아가고 있다는 점에서 노인은 니체를 닮았다. 니체에게서 거짓은 진리보다 더 가치 있고 유용한 것이다. 삶을 지탱하는 우리의 많은 신념이 거짓이기 때문이다. 니체는 말한다.

> 인간은 얼마나 기묘한 단순화와 기만 속에서 살아가는가! (Nietzsche 1886, §24)

> 삶은 논증이 아니다. 삶의 조건은 거짓을 포함하고 있다. (Nietzsche 1882, §121)

> 거짓된 판단을 단념하는 것은 삶을 단념하는 것이나 다름없으며, 그것은 삶을 부정하는 것이다. 거짓을 삶의 조건으로 인식하는 것, 그것은 관습화된 가치에 저항하는 것이다. (Nietzsche 1886, §4)

사람들이 이 사실을 망각함으로써, 혹은 이 사실에 무지함으로써 삶을 즐기며 살아가는 데 비해 노인은 이를 "나 자신이 알고 있는 것보다 훨씬 더 무섭고 냉혹하게 알고 있었다."

허무의 진리를 알고 있다고 단정 지은 나에게 노인의 출현은 나의 순수 의식이 말소한 삶과 거짓, 즉 여성의 복원이요 복수이기도 하다. 내가 허무의 진리를 알고 있다면 노인은 삶의 거짓됨을 알고 있다. 노인의 거짓은 진리보다도 더 강인한 것이다. 설령 내가 진리를 알았다 해도 (내가 플라톤이라 해도) 그로 말미암아 내가 삶으로부터 면제되는 것은 아니다. 논증이나 철학이 삶을 대체하거나 그것에 마침표를 찍어주는 것은 아니다. 이와 관련하여 카뮈는 다음과 같이 말한다.

> 나는 모든 것을 설명해주는 이론들이 왜 또한 나의 기력을 꺾어버리는지를 알고 있다. 그 이론들은 나 자신의 삶의 무게를 덜어주기는 하지만 삶은 나 혼자서 짊어지고 가야만 하는 것이다. (Camus 1955, 54쪽)

홀로 짊어져야 할 시시포스의 바위인 "자기 앞의 생"은 이론이나 사변에 의한 어떠한 섣부른 예단豫斷도 거부하는 만만치 않은 것이다. 자기 앞의 생과 정면으로 맞서고 또 그것을 견뎌낼 용기가 없는 자에게 회의주의와 같은 형이상학은 도피의 방편일 뿐이다. 회의주의보다도 더 강한 여성의 회의는 언제 어디서나 당당하고 굽힘없이 삶의 현실과 씨름한다. 소설 속의 나는 삶이라는 인고忍苦의 사막을 낙타처럼 굳세게 걸어온 노인에게서 바로 그 모습을 목격한 것이다.

b) 신에게로

〈사막을 건너는 법〉으로부터 8년 후에 발표된 서영은의 단편 〈먼 그대〉는 그 시점과 주인공의 설정 방식에서 〈사막을 건너는 법〉과 뚜렷한 차이를 보인다. 〈사막을 건너는 법〉의 주인공과 시점이 "나"로만 불리는 자의식의 1인칭 시점이었던 데 반해, 〈먼 그대〉는 "문자"라는 사십 고개의 노처녀에 대한 3인칭 시점을 취하고 있다. 10년째 다니고 있는 출판사에서 그녀는 최고참이면서도 지위는 언제나 말석이고, 아무 재산도 모으지 않고 헛간이나 다름없는 자취방을 전전하면서 살고 있다. 그리고 그녀에게는 일요일마다 찾아와 그녀의 모든 것을 빼앗아가고 "천 개의 흉터"(서영은 1983, 280쪽)를 남기는 한수라는 악당이 있다. 일견했을 때 그녀는 세속의 모든 냉엄한 법칙과 요구에 순종하고 순응하는 "그저 '죽은 듯이 가만히 있는 사람'"(서영은 1983, 278쪽)으로만 여겨진다.

그러나 문자는 사실 세속의 가장 중요한 법칙을 어기고 있다. 세속의 삶은 등가 교환의 법칙에 근거해 있다. 등가 교환의 법칙은 반드시 주는 것만큼 받아내는 교환 행위를 의미하며, 이 교환의 과정은 화폐의 출현으로 계량화된다. 100만 원을 빌려주었으면 100만 원을 받아내야 한다. 준 것보다 단 만 원이라도 덜 받았다고 생각할 때 그 상대가 친구나 형제일지라도 만 원만큼의 앙금으로 분쟁이 발생할 수 있다. 이것이 등가 교환의 냉엄한 이면이다.

등가 교환에 참여하는 세속의 사람들은 사실 주는 것보다 더 많이 받아내는 부등가 교환을 추구한다. 그리고 부등가 교환의 극한은 착취이다. 그것은 〈안티고네〉에 나오는 인간형이 추구하는 바이기도 하다. 동물에서 자연에 이르기까지의 타자에 대한 착취와 억압이 세속 논리의 이념이다. 착취를 지향하는 부등가 교환의 맹목적 추구가 우리의 삶을 사막화하는 것인지 모른다. 문자에 대한 주변 사람들의 태도를 통해 우리의 삶은 만인의 만인에 대한 싸움터로 그려지고 있다. 〈사막을 건너는 법〉의 배경을 이루는 전쟁은 이처럼 우리의 삶 전반에 걸쳐 더욱 은밀하고 철저한 양상으로 지속된다.

등가 교환에 참여하면서 부등가 교환이라는 복선을 추구하는 문자의 주변 사람들은 바로 그녀에게서 거래의 이상적 대상을 발견한다. 그녀에 대한 주변 사람들의 태도는 부등가 교환의 극한인 착취에 가깝다. 출판사의 어린 동료들은 공휴일 일직을 포함한 궂은일들을 모두 그녀 앞으로 미뤄놓으며, 자취방의 주인집은 물세 불세까지도 터무니없이 물리곤 한다. 한수는 문자와의 사이에서 태어난 아기마저 아내의 등을 떠밀어서 빼앗아 오게 한다. 문자가 이 모든 착취를 그저 묵묵히 감내하며 살아갈수록 그녀에 대한 주변 사람들의 착취의 수위는 더욱 높아만 간다.

그러나 착취하는 자의 삶이 문자의 삶에 비해 그리 편치만은 않은 것 같다. 문자에 대한 가장 완벽한 착취의 집행자인 "무디고 이기적"(서영은 1983, 285쪽)인 한수조차도 "문자로부터 어떤 요구도 받은 적이 없으면서, 항시 이 여자가 내게 줄 수 있는 한도 밖의 것을 요구해 오면 어쩌나 하고 불안해"(서영은 1983, 285쪽)하며 "여전히 경계를 게을리 하지 않"(서영은 1983, 286쪽)는다. 심지어 제 아기까지도 묵묵히 내주었다는 아내의 말에는 "단단한 쇠꼬챙이에 명치를 치받친 듯 입을 다물었다. 갑자기 그 소리 없는 조용함이 간담을 서늘하게 하는 그 무엇으로 그의 가슴에 와닿았던 것이다"(서영은 1983, 282쪽). 고통을 감내하며 한수에게 모든 것을 내주는 문자 쪽이 오히려 두 뺨에 발그레한 홍조를 띤 채 노래를 몸에 휘감고 있는 듯한 발랄한 생기로 삶을 살아간다. 그렇다면 주고받는 교환의 법칙을 거부하면서 모든 것을 아낌없이 주는 문자의 삶에 대한 긍정적 태도를 우리는 어떻게 이해해야 하는가?

자기에게 지워진 어떤 가혹한 짐에 대해서도 결코 화를 내거나 탄식하지도 않고, 피하지도 않는 문자의 침묵은 "'어떤 상황, 어떤 조건 아래서도 나는 살아갈 수 있다'는 절대 긍정적 자신감에서 기인"(서영은 1983,

279쪽)한 것이다. 그것은 사막이라는 악조건 속에서도 주어진 삶을 있는 그대로 받아들이고 견뎌내는 낙타의 자세와 같다. 그런 점에서 문자는 〈사막을 건너는 법〉의 노인을 닮았다. 서영은은 〈사막을 건너기 위하여〉라는 글에서 낙타에 대해 다음과 같이 말한다.

> 낙타의 혹은 군기름 덩어리, 즉 지방질인데, 그 지방질이 사막을 여행하는 동안 몸에 수분이 극도로 부족해질 때, 물로 바뀐다고 합니다. 낙타가 죽음과 맞서는 신비한 힘을 얻는 것은 바로 자기 자신 속에서입니다. (서영은 1991b, 281쪽)

자신의 혹을 물로 바꾸어 시련을 이겨내는 낙타의 생리는 바깥으로는 결코 드러나지 않는다. 따라서 자신 속에 "한 마리의 낙타, 짐을 얹고, 또 얹고 하는 동안 자신 속에서 그 짐을 이기는 영원한 힘을 이끌어낸 불사의 낙타를 기르는"(서영은 1991b, 282쪽) 문자는 "동료와 세상 사람들을 멋지게 속여"(서영은 1983, 277쪽)넘길 수 있는 것이다.

고난과 시련의 삶에 대한 절대 긍정적 자신감은 〈사막을 건너는 법〉의 노인과는 달리 속인들의 "키를 훨씬 넘어 아주 높은 곳에 있는 어떤 존재와 겨루면서 몇만 리나 되는 고독의 길을 홀로 걸어오는 동안 생겨난 것"(서영은 1983, 279쪽)이다. 그 존재는 누구인가? 일견 그는 문자에게 아무것도 주는 것 없이 모든 것을 빼앗는 완벽한 착취의 집행자인 한수인 것처럼 여겨진다. 문자에게 있어서 한수는 진정한 사랑의 대상이기 때문이다. 한수에 대한 사랑은 그녀 자신과 그녀의 손길이 닿는 모든 것을 금빛으로 연금鍊金시킨다.

그러나 한수가 남긴 천 개의 "흉터를 스스로 딛고 일어선 지금에 이르러 그는 이미 그녀의 맘속으로부터 지나가버린 그 무엇"(서영은 1983, 280쪽)에 불과하다. "그는 이미 한 남자라기보다, 그녀에게 더한층 큰 시련을 주기 위해 더 높은 곳으로 멀어지는 신의 등불"(서영은 1983, 298쪽)이다. 결국 그 존재에 대한 문자의 태도, 즉 교환의 법칙을 거부하면서 모든 것을 아낌없이 주는 문자의 삶에 대한 태도는 종교적인 것이다.

문자의 종교적 태도는 지금까지 이 장에서 우리가 살펴본 남성의 폭력적 합리성과 여성의 현실적 회의 그 어느 곳으로도 환원될 수 없는 새로운 것이다. 이 점은 글의 1절에서 다루었던 여성과 남성의 범주가 인간을 설명하는 데 있어서 필요조건일지는 몰라도 충분조건은 되지 못함을 시사한다. 우리는 문자의 종교적 태도를 여성과 남성에 대비되는 신성神性이라 부르기로 한다. 여성과 남성이 그러했듯이 신성도 삶과 사유의 한 양상을 지칭하는 기표로 읽어야 할 것이다.

신성을 나타내는 상징과 표현은 〈먼 그대〉의 전반에 걸쳐 일관되게 등장한다. "그가 나에게 준 고통을 나는 철저히 그를 사랑함으로써 복수할 테야"(서영은 1983, 287쪽)라는 문자의 한수에 대한 다짐은 원수를 사랑하라는 기독교 정신과 닿아 있다. 자신의 모든 것, 심지어 아기까지 한수에게 내놓는 행위는 신에게 아들 이삭을 바치는 아브라함의 신앙, 혹은 수행을 위해 처자마저 버리는 불교의 정신을 연상케 한다. 문자의 낙타와 무소유도 부자가 천국에 들어가는 것이 낙타가 바늘구멍에 들어가는 것보다 어렵다는 성경의 구절에 이어져 있다. 주일마다 찾아오는 한수를 맞기 위해 "성전聖殿 앞에 켤 양초를 사는 것같이 마련"(서영은 1983, 285쪽)하는 저녁상이나 뜨거운 물이 담긴 대야를 가져와 그의 발을 씻기는 행위도 같은 맥락에서 읽을 수 있다. 결국 정신의 연금술의 정체는 신에 대한 초월적 사랑, 신이 우리에게 내려준 고통과 시련을 사다리 삼아 그에 도달하고픈 열렬한 갈망이다.

한수가 와 있는 자신의 가난한 자취방을 향해 지치고 피곤한 가운데에서도 높고 가파른 언덕을 오르는 문자에게서 우리는 골고다 언덕을 오르는 예수의 모습을 본다. 오르막에 다리를 쉬게 그늘을 마련해준 고목나무에 대해 작가는 이렇게 쓰고 있다.

> 그 고목은 몸뚱어리가 온전치 못한 불구의 몸임에도 늠름한 키에 풍성한 가지를 지니고 있었다. 그의 가지 하나하나가 모두 하늘을 어루만지려는 갈망의 손으로 보였다. 저토록 높은 데까지 갈망의 손을 뻗치기 위해서는 아마도 그의 뿌리는 자기 키의 몇 배나 깊이 땅속으로 더듬어 들어갔을 것이다. 생명수를 찾아 부단히, 차고 견고한 흙 속으로 하얀 의지를 뻗쳤을 나무의 뿌리가, 자신의 발밑에 맞닿아 있다는 것을 생각하면 문자는 시린 삶의 아픔이 가시는 듯한 위안을 느꼈다. (서영은 1983, 295쪽)

고통의 가파른 언덕을 오르는 수고하고 무거운 짐 진 자들을 쉬게 하는 불구의 고목은 하늘에 이르려는 "갈망의 손"을 지녔지만, 그 손을 하늘 높이 뻗치기 위해서는 생명수를 찾아 "자기 키의 몇 배나 깊이 땅속"에 뿌리를 내리고 있다. 그리고 그 뿌리는 문자의 발밑에까지 맞닿아 있다. 초월이 현실에 굳건히 토대해 있다는 점에서, 그리고 그 뿌리가 잠재적으로는 현실의 땅을 밟는 모든 이에게 맞닿아 있다는 점에서 〈먼 그대〉는 〈사막을 건너는 법〉이 보여주는 "꽉 닫힌 밀실"(서영은 1983, 148쪽)과 지평을 달리한다.

골고다 언덕을 오른 예수가 그러했듯이 고통이 모진 발톱을 드러낼 때 문자도 가끔씩은 절망한다.

'고통의 사닥다리를 오르는 일이 다 쓸데없는 짓이라면? 이 길의 끝에 아무것도 없다면? 모든 것이 다 조작된 의미라면? 아픔과 고통의 끝이 또 다른 아픔과 고통의 연속으로 이어진다면…?' (서영은 1983, 296쪽)

이는 문자가 신이 아닌 인간임을 나타내는 징표이다. 우리는 문자로 대변되는 신성이라는 제3의 인간형도 인간의 한 범주임을 상기할 필요가 있다. 인용된 회의는 사실 〈사막을 건너는 법〉의 주인공이 지녔던 태도이기도 하다. 그러나 이러한 절망과 회의가 엄습할 때마다 불사의 낙타는 우뚝 몸을 일으켜 그녀의 정신이 모질고 세찬 바람 속에서도 갈기처럼 펄럭이게 한다.

신은 세속적 삶의 우연성과 가변성으로부터 벗어나 있는 초월자인지 모른다. 그러나 위에서 보았듯이 문자의 신성은 일관되게 구체적 삶의 터전에 뿌리내려 있다. 그녀의 신성은 신의 초월적 입장에서 삶을 굽어보는 태도가 아니라, 유한한 인간의 입장에서 인간을 사랑하고 신을 추구하는 태도를 의미한다. 신은 세계에 존재하는 수많은 존재자에 부가되는 하나의 특수한 존재자가 아니다. 문자에게 신을 믿는다는 것은 사실적, 혹은 초사실적 존재 영역을 확장하는 것이 아니라, 삶에 대한 세속적 논리와 생활양식을 거부하는 것이다. 신을 믿는다는 것은 세계의 안, 혹은 밖에서 어떤 새로운 존재자를 발견하는 것이 아니라, 세계를 종교적 관점에서 바라보고 실천하는 것을 뜻한다. 그것은 유한하고 가변적인 삶과 세계를 신의 영원성에 의존해서 총체적으로 바라보고 실천하는 삶, 신의 영원성에 의존해서 인간의 삶과 세계의 의미를 찾는 삶을 뜻한다 (이승종 2007 참조). 서영은의 작품을 통해 우리가 발견한 사막을 건너는 낙타의 이미지는 이 실천에 대한 하나의 귀중한 은유이다.

6.1 요약[1] (서영은)

우선, 아주 섬세하고 정교한 사유의 전개를 통해 "삶을 깊이 사는 법"이 제시된 이승종 교수님의 논문에 대해 저로서는 논평이란 형식으로는 덧붙일 말이 없음을 미리 밝혀둡니다. 다만 다소 긴 분량인 이 논문이 담고 있는 중심메시지를 요약·정리함으로써 여러분의 이해를 돕고자 합니다.

인간은 태어날 때부터 존재―압도적인 지배, 질서, 로고스―를 삶의 조건으로, 환경으로 맞이합니다. 이 존재는 시간으로는 영원하고 능력으로는 무궁무진하고 공간으로는 광대무변한 것으로 풀이됩니다. (일반적으로 쓰이는 존재의 개념과 이 교수님 논문에 쓰인 '존재'의 개념을 구분하기 위해 저는 이후부터는 이승종 교수님 논문에 쓰인 '존재'라는 개념을 절대자로 바꾸어 말하겠습니다.) 이 존재를 쟁기질하여 그 절대자의 속성을 밝혀 드러내는 것이 인간의 삶입니다. 때문에 쟁기질의 내용에 따라서 절대자가 드러내는 본질의 양상이 달라질 것입니다.

지나간 시대는 물론, 오늘날에도 인간의 쟁기질의 내용은 투쟁, 겨룸, 폭력이었습니다. 투쟁은 남성성의 본질입니다. 그에 따라 인간의 절대자에 대한 대립, 투쟁은 늘 패배로 끝이 났습니다. 대립을 통해 인간이 장렬한 싸움을 벌였다 해도, 인간을 괄호 속에 묶고 있는 유한성을 뛰어넘을 수는 없기 때문이겠지요. 여기서, 인간의 투쟁이 죽음으로 끝났다 하더라도, 그 대결이 성취한 성과에 대해서는 짚고 넘어가야 하겠습니다.

---

1 이 절부터 6.3까지는 6장의 초고를 주제로 2001년 5월 10일에 경희대학교에서 있었던 Millenium Dialogue 학술회의에서의 논평들을 옮긴 것이다.

이승종 교수님의 논문에서는 하이데거의 "투쟁과 로고스는 동일하다"는 말을 인용하며, "투쟁은 존재자들을 서로 구분 짓고, 그것들의 위치, 신분, 품위를 그 자리에 맞게 존재하도록 해준다"고 풀이하고 있습니다. 저는 이 풀이를 좀 더 분명히 하기 위해 김동리의 〈황토기〉에 나타난 두 장수의 싸움을 예로 들겠습니다.

억쇠와 득보는 남다른 힘을 타고 났습니다. 그들 속에 잠재되어 있는 그 힘은 절대자의 속성의 한 부분일 수 있습니다. 이 힘은 밭 갈고 김매고 꼴을 베는 노동으로서는 전혀 확인이 되지 않습니다. 억쇠는 득보를, 득보는 억쇠를 만났을 때 비로소 자기 안에 내재된 괴력을 느끼게 되고, 그들은 서로 맞붙어 싸움으로서 그 괴력을 확인할 수 있었습니다. 싸움, 대결은 그들이 스스로의 존재를 확인하게 함과 동시에, 모르는 사이에 절대자의 속성의 일부를 드러낸 결과가 되었습니다.

그러나 힘이 소진되어, 피투성이 된 몸으로 강변의 모래사장에 널브러져 하늘을 바라봤을 때, 절대자는 힘을 통한 그들의 확인행위와 무관하게, 너무도 무심히 그들을 내려다보고 있었습니다.

저는 여기서 억쇠와 득보 두 장수의 남다른 힘을 통해 절대자의 속성의 일부가 드러난 것처럼, 대결을 통해서는 결코 드러나지 않는, 확인 밖의 '영역'으로 표현될 수 있는 어떤 것 또한 절대자의 또 다른 속성이라고 풀이하고 싶습니다.

다시 이승종 교수님의 논문으로 돌아가서, 이 확인 밖의 영역, 엄연히 그리고 무심하게 존재하는 그것을 니체는 물화된 여성과 별개의 개념인 여성성으로 명명하고 있습니다. 비약하자면 절대자의 보다 내밀한 속성을 여성성으로 파악하고 있다고 하겠습니다.

그에 따라 투쟁이 의미하는 남성성으로는 더 이상 드러나지 않는, 여전히 베일 저 너머에 고스란히 남아 있는 절대자를 드러내기 위해서는 다른 방법이 시도되어야 할 것입니다.

그 시도를, 이승종 교수님의 논문에서는, 소설 〈사막을 건너는 법〉과 〈먼 그대〉 속의 인물들로부터 찾아내고 있습니다.

〈사막을 건너는 법〉에 등장하는 노인을 통해 드러난 절대자는 그에 대해 조금도 우호적인 모습이 아닙니다. 노인은 가진 것도 없고, 의지할 만한 가족도 없고, 보람을 안겨주는 이렇다 할 일거리도 없습니다. 노인이 뽑기 장사를 하고 있는 공터의 물웅덩이에서 잃어버렸다고 하는 훈장을 찾는 일이 그나마 의미를 지닌다 해도, 그것조차 자기 지시적인 거짓 의미일 뿐입니다.

매일 아침 자고 일어나는 그에게 절대자는 잔혹할 만큼 무심한 얼굴로 다가서 있습니다. 그럼에도 노인은 자기 앞의 생을 치러내고 살아내고 있습니다. 거짓된 행위의 속절없음까지도.

이를 가리켜 이승종 교수님은 "그의 시시포스적 고행은 진리보다 강인한 여성성의 복원"이라고 풀이하고 있습니다. 덧붙여 말한다면, 노인은 절대자의 속성의 일부분인 여성성, 죽음을 삶으로 살아냄으로써 죽음을 뛰어넘었다고 볼 수 있지 않을까요?

우리는 〈먼 그대〉에서도 〈사막을 건너는 법〉의 노인과 같은 삶의 궤를 걷고 있는 문자라는 주인공과 만날 수 있습니다. 문자는 자기 앞에 놓인 생이 어떠하든 치러내고 살아냅니다. "치러낸다, 살아낸다"는 행위는 철저한 수용이면서 동시에 보다 적극적인 투쟁을 의미합니다. 이 교수님의 논문에 언급된 기표로 바꾼다면, 그것은 새로운 기표인 신성이기보다는 여성성이며 동시에 남성성이기도 합니다.

문자의 경우는 자기 앞에 놓인 생의 조건을 보다 편안하게 바꿀 수 있음에도 그렇게 하지 않는다는 점에서, 그 수용의 자세가 노인보다 철저합니다. 그녀는 거짓 의미조차 거부합니다. 그녀는 치러내고 살아낼 때만이 인간의 유한성을 뛰어넘어 삶을 영원한 것으로 바꿀 수 있으며, 절대자의 속성의 전모에 접목될 수 있다고 믿고 있습니다. 그녀가 고통과 시련을 치러내고 살아냄으로써 성취하는 것은 그녀의 내면에 "절대 긍정적 자신감"으로 치오르면서, 주변을 점차 금빛으로 물들여갑니다. 이 믿음의 원형은 이 땅에 육신으로 오신 예수의 삶에서 찾을 수 있을 것입니다.

이상과 같이 저는 이승종 교수님의 논문을 요약·정리해보았습니다. 저의 무디고 거친 축약이 이 교수님의 옥고에 누를 끼치지 않았을까 염려스럽습니다.

6.2 삶의 번제 (서영은)

이승종 교수님의 논문 〈우리는 누구인가〉는 우리의 삶이 존재론적 질문 앞에서는 너무나 무지하고 무력하다는 것을 상기시킵니다. 인류는 존재의 의미의 정립에서 항시 블랙홀 주위를 맴돌고 있습니다. 모든 문명의 성취가 이 블랙홀로 사라지고, 하루하루의 일상이 이 블랙홀 주위를 맴돌고 있다는 사실을 직시하고, 어떻게든 압도적 존재자와의 화해, 영원성에 귀의하지 않고는 그 삶이 온통 거짓의 집이 될 수밖에 없을 것입니다.

사실 이 명제에 대한 실천적 해답은 이 교수님의 말씀처럼, 존재의 진실을 철저하게 직시함과 동시에 모색된다고 볼 수 있을 것입니다. "인생이 허무하고 속절없다는 것을 알아라, 하루라도 빨리 알아라", 이것이죠. 그런 점에서 소설적 표현의 미흡함과 상관없이, 저의 작품 〈사막을 건너는 법〉과 〈먼 그대〉에 등장하는 두 인물, 노인과 문자에게서 그 실천적 방법론을 찾아내신 점에 주목합니다. 사실 이 두 인물은 우리 주변에서 얼마든지 볼 수 있는 평범한 사람들입니다. 어떤 점에서 의지할 아무런 세속적 방패가 없는 사람들일수록 삶의 본질적 폭력성에 일찍 눈뜨게 됩니다.

그들은 어떻게든 살아내야 한다는 것을 몸으로 실천하는 동안, 자신들도 모르게 신에게 귀의한 길을 걷게 된다고 여겨집니다. 타자와의 관계에서 그들은 기꺼이 불이익을 감수함으로써 무해한 입지를 확장하고 있습니다.

그런데, 그들의 삶의 단서가 되는 압도적 존재자와의 교감은 내밀한 데서 이루어지므로, 타자와의 소통과 공감대 형성에서 큰 벽이 가로놓여 있다고 할 수 있습니다. 그들의 헌신이 무가치하게 여겨지고, 강자에게는 그들의 폭력성을 더욱 조장시키는 빌미가 되기도 합니다.

  그런 점들을 염두에 두시고, 한층 더 깊은 데서 사유하신 교수님의 대답을 듣고 싶습니다.

6.3 논평 (이남호)[2]

이승종 선생님은 하이데거와 니체의 인간에 대한 생각을 정리해서 말씀해주셨고, 그것을 서영은의 소설에 연결시키고자 했습니다. 흥미로운 시도인 것 같습니다. 그러나 저로서는 하이데거와 니체의 인간에 대한 논의와 서영은의 소설에 대한 논의가 어떻게 연결되는지 분명하게 이해하지 못했습니다. 그러나 서영은 소설에 대한 해석은 설득력이 있었습니다. 그 해석과 관련해서 두 가지 질문을 드리고자 합니다.

(1) 〈사막을 건너는 법〉에서 노인의 삶이 "언제 어디서고 당당하고 굽힘없이 삶의 현실과 씨름하는, 회의주의보다도 더 강한 여성의 회의"를 보여준다고 했습니다. 그리고 또 노인이 니체처럼 "거짓을 조건으로 삶을 살아가고 있다"고 했습니다. 아무것도 없는 웅덩이에서 매일 진지하게 무엇을 찾고 있는 노인의 삶의 태도가, 또는 거짓을 조건으로는 사는 삶의 태도가 과연 "당당하고 굽힘없이 삶의 현실과 씨름하는" 것이라고 할 수 있는지요?

(2) 〈먼 그대〉의 문자는 세상의 가혹한 착취와 시련을 큰 긍정으로 수용하는 성녀의 모습을 보여줍니다. 그러나 문자의 태도는 이타적 헌신이라기보다는 이기적 인고의 성격이 강합니다. 문자는 "그가 나에게 준 고통을 나는 철저히 그를 사랑함으로써 복수할 테다"라고 인간적 면모를 보여주기도 합니다. 과연 문자의 삶의 태도가 "종교적 경지에 도달한 큰 긍정"이라고 할 수 있는지요? 그리고 문자는 세상의 모든 악덕을 마음으

---

2   고려대학교 국어교육과 교수, 문학평론가.

로 넘어서려 합니다. 그래서 종교적이고 유심적입니다. 현실에서 이러한 삶의 태도가 남성과 여성의 한계를 넘어선 이상적 태도가 될 수 있다고 생각합니까?

6.4 사막을 건너는 다른 법?[3] (김혜숙)[4]

이 글은 이 글의 제목만큼 어렵다. 이 글이 문제 삼고 있는 자기 지시성의 역설은 이 글에서도 성립한다. 이 글은 철학적 글쓰기의 타자이며 그런 의미에서 이 글에서 규정하고 있는 바를 따르자면 여성적인 글이다. 남성적 합리성으로 무장한 철학적 글쓰기의 기획에 균열을 내는 여성적 글쓰기이다. 이 글은 우리가 익숙해 있는 글쓰기 바깥에 있다. 그런데 이 글은 바로 그 바깥, 타자의 문제를 다루고 있으므로 자신에 대해 말하고 있는 것이다. 그러나 모든 자신에 관한 이야기는 타자를 조건으로 삼고 있다는 점(자신의 존재를 자신의 부재를 통해 말하고 있다는 점)에서 역설적이다.

이 글이 갖는 역설을 접어두고 이 글이 말하고 있는 것을 보자. 이 글은 우리는 누구인가를 묻고 있으며, 표면적으로는 남성과 타자로서의 여성, 그리고 그 이분법을 넘어서는 내재적 삶 안에서의 실천으로 구체화되는 신성神性에 관한 이야기로 읽힌다. 우리는 남자이거나 여자이며 아직 그 어느 범주를 넘어서는 차원에 와 있지 못하다. 그런 점에서 '우리는 누구인가'를 묻고 있는 이 글은 성정체성에 관한 우리 존재의 현주소가 주민등록표 안에 명기되어 있는 것과는 달리 이중적이며 이 이중성에 대한 자각은 우리로 하여금 내재적 삶 안에서의 실천을 통해 초월적 신에 다가가는 제3의 길을 모색하게 한다고 주장하는 것처럼 보인다.

---

3 이 절부터 6.6까지는 6장의 초고를 주제로 2000년 5월 27일에 서울대학교에서 있었던 한국철학회에서의 논평, 답론, 토론을 옮긴 것이다.

4 이화여대 철학과 교수.

그러나 이 글을 남성과 여성의 문제로 읽는 것은 니체나 하이데거, 데리다를 페미니스트로 읽는 것과 마찬가지로 피상적이다. 이들에게서 여성은 은폐/개시, 진리/반진리, 근원/흔적과 같은 자신들의 철학적 전략을 드러내는 하나의 은유일 뿐이다. 명료하게 드러나는 현존, 이성, 철학적 개념의 직설성, 의미의 동일성의 지배를 뒤엎고 감춤으로써 전통 형이상학을 해체하기 위해 은유는 적절한 방법이다. 은유는 자신을 지움으로써 의미의 여러 흔적들을 만들어내며 언제나 속으로 지시하고 자기동일성을 회피한다. 화장함으로써 자신과의 거리를 만들어내고 자신을 지우고 타자의 흔적을 만들어내어 남성을 유혹하여 눈을 멀게 하고 조롱하는 여성은 한 실체라기보다는 은폐, 거리 띄우기의 움직임, 끝까지 잡히지 않는 유령과 같은 흔적으로서 은유와 통한다. 의미의 자기화, 혹은 사유화의 과정을 철학사는 진리의 역사로 간주한다. 이 진리의 역사는 뾰족한 충각, 즉 에프롱으로서의 여자, 차연을 만들어내는 움직임으로서의 여자가 해체한다.

소유하고 사유화하고 모든 것을 자신의 중심으로 집중화하는 남성과 달리 문자로 표상되는 여자는 그러한 모든 남성적인 중심잡기를 거부한 채 주기만 할 뿐이다. 모진 고통을 초래하는 가해자의 발을 씻겨주는 문자는 사실은 '어떤 상황, 어떤 조건 아래에서도' 살아갈 수 있는 강인한 존재이며 고통을 철저한 사랑으로 철저히 '복수'하고자 하는 무서운 의지의 소유자이다. 그러나 이 강인한 의지는 끝없는 자기헌신과 침묵에 의해 은폐되고 지워져 있다. 한수를 기어코 전복시킬 폭력적 힘은 가장 순응적인 방식으로 자신을 가장하고 있지만, 폭력적 힘은 순응의 매 순간마다 자신을 은폐시킨 채 드러내고 있다. 자신을 지우고 흔적들만을 만들어내는 이 끝없는 줌의 놀이는 착복자 한수를 전복시키는 가장 무력한 동시에 가장 강력한 방법이다. 이것은 헤겔의 주인과 노예의 변증법이나, 니체의 '약자의 도덕', 데리다의 차연의 놀이 개념 안에 제시되어 있는 것으로서 프랑스 포스트모던 페미니스트들이 하나의 여성주의 전략으로 이용하고 있는 것이기도 하다.

　이승종 교수는 해체의 전략을 서영은의 소설 속에서 읽어내고 있다. 그리고 그것을 읽어내는 방식은 참신해 보인다. 진리와 거짓, 동일자와 타자, 남자와 여자의 이분법의 해체를 〈사막을 건너는 법〉의 노인을 통해서 드러내고 있는 것은 흥미롭다. 진리(남성)는 오직 거짓(여성)을 조건으로 해서만 드러난다. 거짓은 삶의 진실이며 그런 의미에서 진실과 거짓은 중첩되어 있다. 진리와 거짓의 이분법은 무의미하다. 거짓 의미를 뒤지는 노인의 행위는 이분법 구조하에서 자기를 주장하는 진리에 대한 철저한 냉소이다. 노인의 가장된 거짓 행위는 삶의 진실이라고 우리가 통상 믿고 있는 것의 적나라한 실체를 드러내는 역설적 방식이다: "노인의 거짓은 진리보다도 더 강인한 것이다"(이 책, 193쪽). 남성의 참된 모습은 그것에 의해 억압되고 있는 여성에게서 적나라하게 드러나며, 자신의 여성을 유희함으로써 남성에게 내숭떨고 다소곳함을 가장하여 그를 유혹하는 여성은 남성을 그의 가장 깊은 곳에서 조롱하고 짓밟아 버린다. 이 여자는 남자보다 훨씬 더 냉혹하게 삶의 진실을 알고 있으며, 남자가 단순하게 믿고 있는 것을 결코 믿지 않는다. 이런 여성에게서 겉으로 드러나는 여성성을 경멸하고 비하하는 남자는 따라서 자신(이 만들어놓은 것)을 경멸하고 비하하고 있는 코믹한 존재가 된다. 노인에게 진실을 찾아주고자 했던 나의 순진한 행동은 냉혹하게 모든 것을 바라보며 진리/거짓의 이분법을 유희하고 있던 노인에게 "바보"같은 짓거리가 된 것이다. 그러나 여기에서 노인의 유희도 더 이상 의미를 잃고 만

다: "그는 다시 나타나지 않을지도 모른다"(이 책, 191쪽). 아니, 노인은 더 이상 나타날 수가 없다. 흔적들의 차연의 놀이는 근원을 끝없이 연기하는 속에서만 지속될 수 있기 때문이다. 여자의 매일매일의 화장이 유효하기 위해서는 맨얼굴을 드러내는 것을 끝없이 지연시킨 채 그에 대한 환상만을 불러일으켜야 하는 것과 마찬가지이다.

이승종 교수는 남성/여성, 진리/거짓의 이분법이 해체된 후를 문자를 통해서 적극적으로 그려보고자 한다. 이분법이 해체되고 차연의 놀이는 끝이 나지만, 그 끝은 황량한 파편들의 널브러짐이 아니라 새로운 힘의 생성, '고목나무' 뿌리의 힘에 비유되는 문자의 삶에의 의지이다. 이 의지는 기존의 질서를 대체하려는 초월적 의지가 아니라, 그 질서 내에서 그 질서의 논리를 거부하면서 초월적 신의 영원성에 비추어 세계를 바라보고 실천하고자 하는 의지이다. 이 교수는 문자의 삶의 모습을 사막을 건너는 낙타의 이미지로 잡고 있는데, 아마도 인간 존재의 한계 내에서 바라본다면 이 교수의 관점이 설득력을 가질 것이다. 그런데 나에게 비친 문자의 삶과 결론—어쩌면 '우리는 누구인가'를 묻고 있는 이 교수의 것이기도 한 결론—은 어딘지 칙칙하다. 약자의 도덕과 해체 전략의 힘은 억압적인 이분법적 질서를 무너뜨릴 때까지만 효과적으로 작동할 수 있다. 그 전복 뒤의 건설을 위해 약자는 자신의 힘에 긍정적 계기를 부여해야만 하지만, 그가 익숙해 있는 힘의 실체는 부정적 계기 안에서만 에너지를 얻는 종류의 것이다.[5] 사랑으로 복수를 꿈꾸는 문자의 무섭고 징그럽게 강한 의지는 한수가 무너진 자리에서는 방향을 잃고 힘을

---

[5] 이 문제에 관한 논의는 다음을 참조. 김혜숙 1995b.

잃은 채 푹 주저앉는 깊은 허탈감으로 전화될 뿐이다. 고통 뒤에 올 것에 대한 예측도 꿈도 없이 고통의 사다리를 오르는 문자는 승자인가, 패자인가? 한수에게 얽매여 세속의 논리를 거부하는 듯이 보이는 문자의 삶이 진정으로 세속의 논리를 거부하는 것인가? 우리는 자신 몸 안의 기름을 물로 바꾸며 점점 홀쭉해진 몸으로 사막을 건너는 낙타보다, 오아시스를 찾아내 물을 마시며 사막을 건너는 낙타를 꿈꾸는 것이 더 낫지 않을까?

6.5 True Colors

1. 김혜숙 교수는 〈먼 그대〉에서 묘사된 문자의 삶이 "어딘지 칙칙하다"고 보고 있다. 그러나 그것은 아마 한수를 비롯한 문자 주변 사람들의 삶의 색조일 것이다. 문자는 오히려 두 뺨에 발그레한 홍조를 띤 채 노래를 몸에 휘감고 있는 듯한 빌릴한 생기로 삶을 살아간다. 그녀는 손길 닿는 모든 것을 금빛으로 연금시키는 미다스의 손을 지닌 사랑의 연금술사이다. 따라서 문자의 삶의 색조는 그녀의 볼처럼 분홍빛이거나 그녀의 마음처럼 황금빛이다.

2. 김혜숙 교수는 "사랑으로 복수를 꿈꾸는 문자의 무섭고 징그럽게 강한 의지는 한수가 무너진 자리에서는 방향을 잃고 힘을 잃은 채 푹 주저앉는 깊은 허탈감으로 전화될 뿐"이라고 말한다. 김 교수는 문자가 "한수에게 얽매여" 있다고 본다. 그러나 문자에게 한수는 "이미 그녀의 맘속으로부터 지나가버린 그 무엇"(서영은 1983, 280쪽)에 불과하다. 따라서 먼 그대는 한수라는 "한 남자라기보다 그녀에게 더한층 큰 시련을 주기 위해 더 높은 곳으로 멀어지는 신의 등불"(서영은 1983, 298쪽)이다. 이처럼 속인들의 "키를 훨씬 넘어 아주 높은 곳에 있는 어떤 존재와 겨루면서 몇만 리나 되는 고독의 길을 홀로 걸어오는 동안 생겨난"(서영은 1983, 279쪽), 삶에 대한 문자의 절대 긍정적 자신감이 인간 한수의 몰락으로 주저앉으리라는 김 교수의 부정적 예측은 기우가 아닐까 싶다.

3. 김혜숙 교수는 "고통 뒤에 올 것에 대한 예측도 꿈도 없이 고통의 사다리를 오르는 문자는 승자인가, 패자인가"를 묻고 있다. 그러나 문자

의 삶은 세속적 승패로 가늠할 수 없다. 김 교수의 회의적 질문 앞에 문자의 낙타는 우뚝 몸을 일으켜 그녀의 정신이 더욱 갈기처럼 펄럭이게 할 것이다. 문자의 삶에 승패란 없다. 모질고 세찬 바람에 굴하지 않고 사막을 건너는 낙타의 아름다운 흔적만이 있을 뿐이다.

  4. 김혜숙 교수는 "우리는 자신 몸 안의 기름을 물로 바꾸며 점점 홀쭉해진 몸으로 사막을 건너는 낙타보다 오아시스를 찾아내 물을 마시며 사막을 건너는 낙타를 꿈꾸는 것이 더 낫지 않을까?"라고 제안한다. 그러나 오아시스는 어디에 있는가? 철학사의 이성중심주의자들, 근대의 모더니스트들이 갈구했던 오아시스가 이제는 고갈되었다는, 아니 오아시스는 처음부터 없었다는 것이 푸코와 데리다라는 우리 시대의 선지자들의 목소리가 아니었던가.

6.6 토론[6]

김선욱 논문의 제목이 왜 '나는 누구인가'가 아니라 '우리는 누구인가'입니까?

이승종 하이데거에서 이끌어낸 남성, 니체/데리다에서 이끌어낸 여성, 서영은의 〈먼 그대〉에서 이끌어낸 신성을 대비하여 인간이란 무엇인가라는 문제에 접근하는 것이 이 글의 목적이었기 때문입니다. 남성, 여성, 신성은 삶에 대한 세 가지 태도를 상징하는 기표로 쓰였습니다. 남성으로 상징화된 이성적 태도, 여성으로 상징화된 해체적 태도, 그리고 신성으로 상징화된 종교적 태도가 그것입니다.

송영배 한수로 대변되는 폭력적이고 도구적인 이성의 폐해를 포스트모던적 여성의 태도를 통해 고발하는 글로 읽었습니다. 모든 것을 수용하여 마음 안에서 해결하려는 문자의 태도는 스토이시즘stoicism, 혹은 불교의 일체유심조一切唯心造를 닮았습니다. 그러나 이러한 태도는 불합리한 폭력적 체제에 직면하여 너무 무력합니다. 문제에 대한 회피로 여겨집니다. 체제의 문제는 개인의 문제를 넘어서 있기 때문입니다.

이승종 들뢰즈와 과타리는 《안티 오이디푸스》에서 편집증과 분열증을 각각 파시즘과 급진주의에 연결시켜 갈라본 적이 있습니다. 그들의 분류

---

6   토론 참가자는 다음과 같다. 김선욱(숭실대 철학과 교수), 송영배(서울대 철학과 교수).

법에 의하자면 문자의 태도는 아마 편집증/파시즘에 연결될 수 있을 것입니다. 그리고 제 글에서 묘사된 여성은 아마 분열증/급진주의에 연결될 것입니다. 이러한 구도하에서 볼 때 선생님의 지적은 타당합니다. 그러나 문자로 상징되는 신성은 이와 다른 맥락에서 읽힐 수 있습니다. 신이 죽었다는 니체의 말은 모든 신에 대한 사망 선고로 받아들여져서는 안 됩니다. 사망 선고를 받은 신은 기독교의 신이고, 기독교는 니체에 의하면 세속화된 플라톤 철학입니다. 그러나 이로 말미암아 인간에 내재한 신성마저 사장되고 실종되어서는 안 됩니다. 문자의 신성은 이러한 맥락에서 니체 이후의 철학에서 나타나는 정신세계의 세속화를 거부하는 기표입니다. 자본주의 사회의 부등가 교환, 욕망 충족과 이윤 추구의 극대화라는 세속적 논리와 생활양식을 거부하는 문자의 태도를 스토이시즘으로의 복귀로 보기 어려운 이유도 거기에 있습니다. 문자는 무엇보다도 삶을 회피하지 않고 진지하게 살아나가고 있지 않습니까?

6.7 삶, 시, 그리고 철학 (강신주)[7]

> 철학과 시 사이에는 오래된 일종의 불화가 있다네. 이 싸움은 중요한 것
> 일세. 여보게 글라우콘! […] 적어도 시에 자극되어, 올바름과 그 밖의
> 훌륭함에 무관심해질 만큼 되어서는 안 되네. (Plato 1992, 607b-608b)

a)

철학적 문제 해결의 핵심을 논리나 이성에서 찾았던 암울한 시대가
있었다. 이 시대에는 정치적 실천과 연대도, 문학이나 시도, 사랑과 우정
도, 결국 삶이 보이지 않았다. 이런 암울한 시대에 삶은 하나의 가상의
세계로 전락했는데, 우리는 이 시대를 **'이상한 플라톤주의'**의 시대라고 부
를 수도 있다. 이 점에서 '이상한 플라톤주의'의 시대에, 플라톤이 추방
했던 시인-사상가들이 다시 돌아와 삶과 존재를 이야기하게 된 것은 시
대의 요청이라고도 할 수 있다. 그들은 니체, 하이데거, 그리고 데리다를
대표로 하는 일군의 프랑스철학자들이다. 이들에게 있어 삶은 결코 논리
나 이성으로 환원되지 않는 고유한 것이다. 왜냐하면 이제 삶의 세계는
언어의 뒤틀림과 은유의 운동을 독해할 수 있는 눈을 가진 사람에게만
열리기 때문이다. 존재와 삶의 말 건넴을 언어를 통해 들을 수 있는 그
런 시적 감수성이 필요한 것이다. 이제 이런 시적인 감수성은 우리 시대
에 철학의 하나의 덕목이 되었다. 이제 시를 이해하지 못하고, 문학을 즐
기지 못하는 철학은 너무나 낡은 시대착오적인 것이 되었다. 그러나 삶

---

[7] 연세대 철학박사.

은 '은유=시'로 자신의 정당한 자리를 찾을 수 있을까? 우리는 이들 '시인-사상가'들의 플라톤에 대한 복수를 언제까지 용인해야만 하는가? 이들의 현란한 복수 행위를 구경하느라고 우리는 지금 자신의 삶에 소홀한 것은 아닌가? 결국 치열한 원초적 복수의식에서 기인한 이들 '시인-사상가'도 우리를 삶으로 되돌려놓지 못한다면, 그들이 비난한 플라톤과 무슨 차이가 있는가? 어쨌든 지금 우리는 플라톤에 의해 추방된 '시인-사상가'가 지배하는 **'이상한 시대'**에 살고 있다.

b)

〈우리는 누구인가〉라는 글로 저자는 이 복수의 대열에 참여하고 있다. 그는 '삶=여성'을 찾아 길을 떠나는 '남성'이다. 그래서 그의 여행은 애초에 해체적일 수밖에 없다. 도상에서 그는 루소, 하이데거, 니체, 데리다를 만나고 마지막에 이르러 서영은을 만난다. 저자가 찾는 '여성'은 삶의 은유이다. 이런 '여성'의 은유는 논리의 은유로서 '남성'과 짝을 이루면서 선명하게 표현되어 있다. 인간/대지, 진리/거짓, 진리/역사, '나'/전쟁, '나'/윤나미, '나'/노인, '한수'/'문자' 이런 대립항들은 저자의 '남성'/'여성'='이성'/'삶'이라는 본질적 대립의 파노라마들이다. 저자는, '남성'의 유치함과 피상성을 '여성'의 심오함과 깊이에 대립시키면서, '남성'이면서도 스스로 '남성'을 부정하는 해체의 길을 걸으려 한다. 그래서 우리는 저자에게서 '여성'으로 상징되고 있는 삶에 대한 긍정과 옹호의 자세를 읽게 된다. 그런 기대로, 그런 설렘으로 우리는 저자의 글을 계속 넘기게 된다.

저자의 글에서 '삶'은 '대지', '거짓', '역사', '전쟁', '윤나미', '노인', '문자'라는 문학적 예화들로 분배되어 있다. 이 각각의 문학적 예화들은 그 자체로 오래 머물러 숙고할 가치가 충분히 있는 좋은 사유거리이다. 그러나 우리가 보았을 때 저자는 이 각 예화들에 오래 머물러 있지 않고 서둘러 다른 자리로 옮겨가고 있다. 다시 말해 저자는 다양하게 파편화된 삶의 문학적 흔적들 혹은 이미지들 속에서 부유하고 있는 것처럼 보인다는 것이다. 우리는 이런 저자의 속도에서 일종의 유비, 시적 비약을 느끼게 된다. 시적인 가족유사성! 이런 속도 속에서 다양한 문학적 예화들은 하나의 풍경으로 변하고 만다.

삶의 진실을 끌어올릴 수 있는 우물들에서 우리는 한 방울의 물도 마시지 못하고, 다른 우물로 이끌려버리고 만다. 왜 저자는 '삶'의 문제에 오래 머물러 있지 못하고, 이다지도 서두르는가? 그러나 인내를 갖고 계속 저자가 이끄는 데로 나아가보자. 왜냐하면 이렇게 부유하는 사막의 노정 그 끝에서 무엇인가를 만나게 될 것이라고 저자는 예언하고 있기 때문이다(이 책, 175쪽). 그러나 저자가 이 긴 여정 끝에 삶에 대한 분명한 조망을 얻을 수 있을지도 모른다는 우리의 기대는 그 사막의 끝자락에서 산산이 부수어진다. "바닷물이 다 적시지 못한 사막의 끝자락"에서 저자는 '신=신성'을 만나기 때문이다.

사막의 끝자락에서 저자는 "**유한하고 가변적인** 삶과 세계를 신의 **영원성**에 의존하여 총체적으로 바라보고 실천하는 삶"을 이야기한다. 그것도 아주 경건하게. 우리는 니체가 생각난다. 삶을 긍정하기 위해 신을 죽이고, 삶을 부정하는 목적론을 배격하기 위해 '영원회귀'를 주장했던 니체의 아연실색한 얼굴이 떠오른다. 우리가 저자에 의해 최종적으로 발견된 이 신이 '진리=남성'일 수밖에 없음을 알고 당혹해 하는 것은 어쩌면 당연한 일 아닌가? 결국 저자는 삶을, 여성을 보지 못하게 된 것 아닌가?

삶을 지키고 옹호하려는 삶의 여행자가 마지막에 도달한 곳이 남성이라는 것은 징후적이다. 여성을 동경하다가 여성을 찾아 떠난 한 남성이 끝내 자기 긍정에 이르게 된 것인가? 남성의 자기복귀, 동일한 것의 회귀! 저자가 마지막으로 만난 '문자'는 남성일 수밖에 없다. 왜냐하면 그녀는 남성의 지배를 받는 여성, 즉 남성 한수와의 비등가 교환을 '다른 남성=신성'과의 등가 교환을 위해 수행하고 있기 때문이다. 다시 말해 '문자'는 남성으로 지양된 여성에 지나지 않는다는 것이다. 물론 우리는 여기서 저자가 남성과 여성의 통일을 염두에 두고 '신성'이라는 말을 쓰고 있다고 이해할 수도 있다. 이렇게 이해한다고 할지라도 그 통일의 숭고한 목적이 '영원성이라는 것', 그래서 '삶과 무관한 세계라는 것', 따라서 '남성적인 것'이라는 점은 숨길 수 없는 사실이다.

c)

저자는 하이데거, 데리다, 니체를 서영은에 대한 평론과 같은 수준으로 문학화해서 읽고 있다. 그렇기 때문에 저자의 글에서 하이데거도, 데리다도, 니체도 어떤 이미지들로서만 다가온다. 시적 비약, 혹은 시적 가족유사성으로 점철된 저자가 묘사한 '삶들=여성들'을 보면서 우리는 저자가 삶을 지켜나갈 수 있을지, 다른 말이지만 여성을 지켜나갈 수 있을지 의심할 수밖에 없다. 왜냐하면 삶은 오래 머물러야만 보이고 천천히 맛을 보아야 하는 것이기 때문이며, 그것은 논리와 마찬가지로 시와도 차원을 달리하는 것이기 때문이다. 그러나 문학은, 시적인 이미지와 감각들은 우리를 삶에 오래 머물도록 하지 않는다. 적어도 저자의 글은 그렇다. 물론 우리로 하여금 삶의 우물에 오래 머물도록 하는 문학, 시도 있다(카프카를 보라). 그러나 저자의 문학적 감수성은 너무 빨리 움직이기에 삶의 무게에 비해 너무나 가벼워 보인다. 결국 이런 가벼움은 강박적으로 '신'을 통해 무거움을 확보할 수밖에 없게 된다. 이런 역설적 결과를 낳게 된 이유는 무엇일까? 아마도 그것은 스타일의 문제일 것이다. '삶'을 '문학적=시적'으로 파악하려는 저자의 시도가 끝내 이런 문학적 비약을 낳게 된 것이다. 결국 이런 스타일은 저자로 하여금 여성을 찾는 흉내만 내고 '자기 자신=남성'으로 복귀하게끔 한 것이다. 이렇게 문학과 그 스타일의 힘은 놀라운 것이다. 만약 저자가 아직도 그 '신성'이 여성이라고 생각하고 있다면 말이다.

d) 보론

삶은 우리가 생각했던 것보다 큰 것이다. 그래서 우리에게 삶이라는 것 자체가 타자적인 것이다. 인간의 삶 속에서 논리도, 문학도, 정치도, 사랑도 자리 잡고 있다. 그 부분들, 그 수단들이 어느새 자신의 모태인 삶을 옥죄고 들어올 때 삶을 옹호하는 것이 철학이 아닐까? "이론들은 나 자신의 삶의 무게를 덜어주기는 하지만 삶은 나 혼자서 짊어지고 가야만 하는 것이다"라는 카뮈의 말은 분명 옳은 말이다. 그러나 과연 문학은 과연 나로부터 "삶이라는 짐을 질 수밖에 없는 숙명"을 덜어줄 수 있는가? 우리가 보았을 때 문학도 단지 삶의 무게를 덜어줄 뿐이다. 논리가 삶의 적일 수 있듯이, 문학도 삶의 적일 수 있다. 또 문학도 삶의 무게를 덜어줄 수 있듯이, 논리도 그러하다. 결국 플라톤이 시인과 수학과의 불화에서 수학의 편을 들었을 때, 그는 옳지 않았다. 이와 마찬가지로 하이데거가 과학과 시인과의 갈등에서 시인의 편을 들었을 때, 그도 또한 옳지 않다. 그래서 우리가 플라톤을 의심의 눈초리로 본다면, 횔덜린과 전前소크라테스 시대의 시인-사상가들의 옹호자 하이데거도 의심의 눈초리로 보는 것은 당연한 일 아닐까?

철학한다는 것은 외로울 수밖에 없다. 왜냐하면 철학의 외로움은 '미리 이 시대를 사유하는' 데서 기인하는 것이기 때문이다. 그러나 역설적이게도 이런 외로움, 이런 고독은 '대화'를 하기 위한 필요조건이 된다. 그래서 철학의 고독은 '대화'에의 욕구로 지양된다. 정치와 시가, 사랑과 논리가, 정치와 사랑이 서로 대화할 수 있는 자리를 개념적으로 확보해야 한다. 철학의 자리는 이 '~와 ~'에 있다. 그러나 여기서 우리는 철학이 얼마나 불안하고 아찔한 자리인가를 절감하게 된다. 철학은 이 '와'의 자리에 칼날과 같은 대립이 아닌 넉넉한 대화와 소통의 자리로서만 정립될 수 있다. 그래서 결국 철학한다는 것은 이 '와'의 자리에 고독하게 오래 머문다는 것을 말한다. 미리 그 대화의 자리를 확보하고, 따뜻한 온기로 녹이고 있어야 한다. 이렇게 철학이 자신의 고유한 자리에 머물 때 철학은 일방적인 편들기에 빠지지 않을 것이다. 결국 정치에, 과학에, 사랑에, 문학에 일방적인 편들기에 빠진 철학은 외로움을 견디지 못한 철학일 뿐이다.

지금의 시대, 문학=시가 논리=과학이 누렸던 권좌에 앉은 우리 인문학의 시대에, 삶은 구제되었는가? 오히려 합리적 대화에 대한 노력과 정치에 대한 무관심, 언어와 논리에 대한 저속한 야유들이 문학에의 무의식적 정향을 결정하고 있는 것 아닌가? 총체화된 인문학의 위기라고 호들갑을 떠는 우리 시대에, 저자를 포함한, 가장 진지한 사상가들이 문학으로, 시로 회귀하고 있다. 이들은 모두가 시인임을 자처하거나 모두가 시인을 갈망하거나 모두가 이루어지지 못한 시인, 유사시인 또는 명백한 시인이다. 이들은 김수영을, 한용운을, 그리고 서영은을 닮으려고 한다. 인문학, 나아가 철학의 위기란 플라톤이 시인들을 추방했기 때문에 생긴 것은 아니다. 따라서 시인-사상가의 대두가 위기에 빠진 철학을 구제할 수는 없는 법이다. 우리는 철학의 위기가 철학이 시나 시인들을 돌보지 않은 데서 생긴 것이 아니라 삶을 돌보지 않고 지키지 않았다는 데서 기인한다는 사실을 망각하지 말아야 한다.

3부

김형효와 박이문

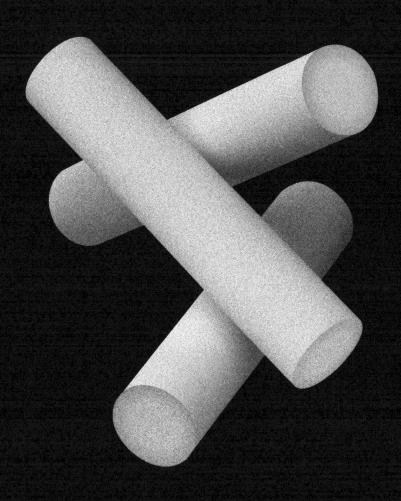

7장
김형효의 노장 읽기

노장 사상을 해체적으로 읽어낸 김형효 교수의 기념비적인 텍스트들의 철학적 의의는 아무리 강조해도 지나치지 않다. 한국도가철학회에서 엮어낸《노자에서 데리다까지》에 수록된 여러 편의 글들도 그의 선구적 해석에 빚지고 있다. 김형효 교수의 해석은 노장 사상과 해체주의의 만남을 둘러싼 근래의 논의의 출발점이자 심장부이다. 김형효 교수의 작업을 논과 쟁에 부치려는 것도 그 눈부신 성취를 더욱 심화하고 만남의 가능성 문제를 천착하려는 데 목적을 두고 있다. 우리는 이 장에서 김형효 교수의 텍스트들을 비대칭성, 중범위성, 적합성, 이렇게 세 가지 범주를 통해 비판적으로 조명하려 한다. 이 세 범주가 의미하는 바는 글의 전개 과정에서 자연스럽게 밝혀질 것이다.

1. 비대칭성

동서고금이라는 네 기준에서뿐만 아니라 이런저런 여타의 기준에서 서로 다른 영역에 놓여 있던 텍스트들을 불러내 대화시킬 때 범하기 쉬운 오류는 텍스트들 간의 일치와 차이 어느 한쪽만을 강조하는 것이다. 그중에서도 텍스트 간의 일치는 한 텍스트가 놓인 층위에 다른 텍스트를 같은 눈높이로 자리매김하는 데서 기인하곤 한다. 그러나 철학적 만남이 생산적인 대화로 성공적으로 이끌어지려면 만남에 참여하는 어느 한쪽이 자신의 철학적 입장을 상대방이 수용할 것을 전제하거나 강요해서는 안 될 것이다. 예컨대 보편적 합리성이나 과학적 객관성과 같은 이념이 쌍방 간의 대화를 가능케 하는 유일한 척도를 제공해준다는 전제하에 만남의 틀이 짜일 때, 그 대화는 애초부터 불평등한 관계에서 시작될 것이며 결국은 비생산적인 형태로 끝나고 말 것이다. 하이데거와 데리다가 폭로하고 있듯이 전제되는 두 이념은 서양의 이성중심적 형이상학과 그 뿌리를 같이하는, 서양중심적 척도이기 때문이다.

우리는 텍스트 간의 대화의 이념으로 기존의 일치나 차이 대신 상동相同과 상사相似를 대안으로 제시한다. 상동은 다름 속의 같음을, 상사는 같음 속의 다름을 의미하는 개념이다. 상동과 상사는 같음과 다름을 씨줄과 날줄로 해서 서로 엮어내고 풀어낸다. 상동의 한 예로 우리는 양자역학의 형식화에 공헌한 하이젠베르크와 슈뢰딩거Erwin Schrödinger의 이론 텍스트들을 들 수 있다. 각각 행렬과 파동함수라는 서로 다른 개념 틀에 의거하는 두 학자의 텍스트는 후에 논리적으로 동치equivalence임이 증명되었다. 상사의 한 예로 우리는 광학의 담론을 양분해온 입자설과 파동설이라는 이론 텍스트를 들 수 있다. 빛이라는 같은 주제에 대해 경합해온 두 텍스트의 상이성은 빛이 입자성과 파동성의 이중성을 갖는다는 것으로 귀착되었다.

상동과 상사를 하나의 논리적 모형에 의해서 설명해보기로 하자. 파푸스Pappus의 분석의 관점에서 우리는 (1) {(q ⊃ p) & q}, (2) {(~p ⊃ ~q) & q}, (3) {(q v p) & ~q}, (4) (p & q) 등의 전제로부터 p를 추론할 수 있다. 역으로 파푸스의 종합의 관점에서 p로부터 (1), (2), (3), (4)를 소급할 수도 있을 것이다. 요컨대 p는 (1), (2), (3), (4)와 같이 상이한 전제에 공유되어 있다. 전제 (1), (2), (3), (4)가 p를 공유하기 위해서 이들 네 전제가 논리적으로 동치일 필요는 없다. 아울러 이들 각각의 전제로부터 p를 이끌어내는 추론의 근거도 네 경우 모두 같지 않다. 요컨대 (1)의 경우에는 긍정식modus ponens,[1] (2)의 경우에는 부정식modus tollens,[2] (3)의 경우에는 선언 논법disjunctive argument,[3] (4)의 경우에는 단

---

1 조건문을 포함하는 다음과 같은 타당한 논증 형식.

$$x \supset y$$
$$x$$
$$\overline{}$$
$$\therefore\ y$$

2 조건문을 포함하는 다음과 같은 타당한 논증 형식.

$$x \supset y$$
$$\sim y$$
$$\overline{}$$
$$\therefore\ \sim x$$

3
$$x \vee y$$
$$\sim x$$
$$\overline{}$$
$$\therefore\ y$$

순화simplification[4]가 각각 그 추론의 근거이다. 그럼에도 불구하고 각각의 네 전제는 모두 p를 함축하고 있다. 이를 벤 다이어그램으로 나타내보면 아래와 같다.

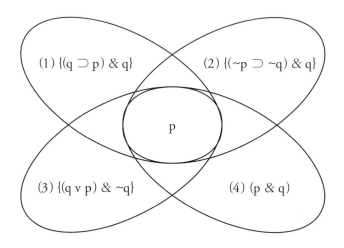

위의 벤 다이어그램은 한편으로는 (1), (2), (3), (4)와 같이 상이한 전제가 p라는 같은 결론을 함축하고 있다는 점에서 상동을 나타내고 있고, 다른 한편으로는 동일한 p가 각각 (1), (2), (3), (4)라는 상이한 전제에서 비롯되었음을 알려준다는 점에서 상사를 나타내고 있다.

노장을 해체적으로 읽는 김형효 교수의 텍스트는 세상 만물을 단순한 일치나 배타적 차이를 넘어선 관점에서 볼 것을 역설하고 있지만, 정작 그러한 주장의 근거를 이루는 노장의 텍스트와 데리다의 텍스트 간

---

4 $\dfrac{x \& y}{\therefore x}$

의 교직은 일치 일변도로만 이루어지고 있다. 노자와 장자의 차이점은 인정되고 부각되면서도(김형효 1999b, 238, 246, 286, 367쪽) 데리다의 텍스트는 노자와 장자의 텍스트와 무차별적으로 일치를 보고 있다. 그러나 김형효 교수가 서양의 기준과 잣대로 동양의 텍스트를 일방적으로 해석하고 있는 것만은 아니다. 데리다의 텍스트에서 노장적 사유의 흔적을 찾아내고 노장의 텍스트에서 데리다적 사유의 흔적을 찾아내는 대칭성을 관철했다는 점이 김형효 교수의 위대한 업적이다. 그럼에도 불구하고 그 대칭성이 노장과 데리다가 정말 같은 층위와 같은 눈높이에서 같은 주장을 하고 있다는 충분한 근거는 되지 못한다. 다른 곳(이승종 2018, 5장)에서 상세히 논했듯이 우리는 김형효 교수가 본 일치에서 상동과 상사를 본다. 김형효 교수가 확보한 노장과 데리다 간의 동치성에서 우리는 사유의 층차와 교차를 본다. 그리고 무엇보다 김형효 교수의 데리다와 노장의 해석에 텍스트 간의 대칭성을 넘어선 비대칭성에 관한 논의가 빠져 있다는 점이 큰 아쉬움으로 남는다.

2. 중범위성

김형효 교수에 의하면 데리다와 노장 사상의 공동의 적은 이성중심주의이다(김형효 1999b, 332쪽). 우리는 이성중심주의logocentrism의 핵심이 논리라고 본다. 논리학logic은 이성을 뜻하는 로고스에 관한 학문이었다. 그러던 논리학이 점차 기능화되고 도구화되고 형식화되고 수학화되어 논리학은 이제 그 철학적 성격을 망각하게 되었다(이승종 2010, 4장 참조).

이성중심주의의 비판자들 중에서 하이데거(Heidegger 1976)가 논리학사의 해체를 위한 밑그림을 제시한 것을 제외하고는 이성중심주의의 핵인 논리를 해체나 비판의 구체적 대상으로 거론하고 있지 않다는 것은 이성중심주의 비판이 아직 미완의 프로젝트임을 시사한다.

김형효 교수의 텍스트는 도(道)를 사유의 문법과 논리로 부각시키는 과정에서 동일률에 입각한 전통적 논리학을 간접적으로 비판하고 있다. 김형효 교수의 논리학 비판은 물론 데리다에 힘입은 바 크고 하이데거와도 상당 부분 중복되지만, 하이데거의 통시적 접근과는 달리 공시적 관점에서 도의 논리와 문법을 전개하고 있다. 김형효 교수는 도를 언어로 표현할 수 없는 신비하고 현묘한 것이어서 논리적으로 이해해서는 안 된다고 본 종래의 해석을 일축하면서 도의 논리화에 주력한다(김형효 2001, 270쪽). 우리는 이러한 시도를 일단 긍정적으로 환영한다. 그러나 그 시도가 성공적인 것이었는지에 대해 우리는 확신할 수 없다. 그 이유를 하나의 예를 통해 보이고자 한다.

데리다에서 빌려온 보충대리의 '논리'에 대해 김형효 교수는 다음과 같이 말한다.

> 같은 것을 안이라 하고 다른 것을 바깥이라고 해보자. 같은 것은 다른 것의 다른 것이니 다른 것이 같은 것 속에 이미 스며들어 있다. 즉 다른 것이 같은 것에 접목되고 상감되고 있다. 그래서 바깥은 안과 다르지만 같다. (김형효 2001, 283쪽)

이 인용문은 '그래서'를 전후로 갈라지는 전제와 결론으로 이루어진 하나의 논증처럼 보인다. 첫 문장은 논증에 사용되는 용어 사용의 규칙을 말하고 있다. 두 번째 문장의 전반부는 논증의 전제이다. 두 번째 문장의 후반부와 세 번째 문장은 두 번째 문장의 전반부를 부연하는 문장이기에 생략할 수 있다. 그리고 마지막 문장이 논증의 결론이다. 그렇다면 위의 인용문은 다음과 같은 논증이 된다.

긴은 깃을 인이라 하고 다른 것을 바깥이라고 해보자.
같은 것은 다른 것의 다른 것이다.

∴ 바깥은 안과 다르지만 같다.

이것이 김형효 교수의 논증이라고 가정해보자. 이 논증은 타당한가? 이 물음에 답하기 위해 우리는 잠시 논증의 타당성과 부당성을 가르는 기준을 살펴볼 필요가 있다. 논증의 전제가 논증의 결론을 함축할 때 그 논증은 타당하고, 그렇지 않을 때 부당하다. 논증의 타당성을 증명하기 위해서는 그 전제가 결론을 어떻게 함축하는지를 보이는 연역의 과정을 제시하면 된다. 논증의 부당성을 증명하기 위해서는 그 논증과 형식에서는 같지만 전제가 참이고 결론이 거짓인 논증을 제시하면 된다.[5] 문제를 선명히 하기 위해 김형효 교수의 논증을 형식화하면 다음과 같다.

---

[5]   논증의 부당성을 증명하는 이 방법은 다음에 근거한 것이다.
   (1) 사실의 방법: 전제가 참이고 결론이 거짓인 논증은 모두 부당하다.
   (2) 형식의 원리: 부당한 논증과 형식을 공유하는 논증은 모두 부당하다.
   두 논증 사이에 한 논증의 개념을 그 범주를 바꾸지 않은 채 다른 논증의 개념으로 바꾸는 일대일 대응이 성립할 때 두 논증은 형식을 공유한다.

번역 매뉴얼

같은 것	s
다른 것	d
안	i
바깥	o

$(s = i) \& (d = o)$

$s \neq d$

———————

$\therefore \ (o \neq i) \& (o = i)$

그런데 우리는 이 논증과 형식은 같지만 부당한 다음과 같은 논증을 만들 수 있다.

번역 매뉴얼

s	고양이
d	개
i	야옹이
o	멍멍이

고양이를 야옹이라 하고 개를 멍멍이라고 해보자.

고양이는 개와 다른 것이다.

———————

$\therefore$ 멍멍이는 야옹이와 다르지만 같다.

이 논증의 전제는 참이고 결론은 거짓이다. 따라서 이 논증은 부당하다. 그러므로 이 논증과 형식을 공유하는 김형효 교수의 논증도 부당하다. (여기서 세세히 거론할 수는 없지만 김형효 교수의 텍스트에는 이와 유사한 부당한 논증들이 많이 발견된다.)

문제는 여기서 끝나지 않는다. 김형효 교수의 논증의 결론으로부터는 다음의 연역 과정을 거쳐 어떠한 임의의 a도 이끌어낼 수 있다.

1. $(o \neq i) \,\&\, (o = i)$

_____

? a

2. $(o = i) \,\&\, (o \neq i)$ 1. 교환 법칙[6]

3. $(o \neq i)$ 1. 단순화

4. $(o = i)$ 2. 단순화

5. $(o \neq i) \lor a$ 3. 첨가법(addition)[7]

6. a   4, 5. 선언 논법

Q.E.D.

이 논증이 시사하는 바는 김형효 교수의 인용문이 끝나는 곳으로부터 우리가 무슨 말을 이어나가도 논리적으로 다 타당하다는 것이다. 언

---

6 $(x \,\&\, y) \equiv (y \,\&\, x)$

7 x

    _____

   $\therefore\ x \lor y$

뜻 듣기에 김형효 교수의 논리에 전지전능의 지위를 인정하는 것 같지만, 사실 이는 김형효 교수의 논리가 작동할 수 없다는 파산선고에 다름 아니다. 김형효 교수의 논리는 프레게의 수리논리학이나 칸토르Georg Cantor의 집합론과 같은 운명에 놓이게 된 것이다.

우리의 비판적 분석에 대해 김형효 교수를 옹호하는 몇 가지 반론을 예상할 수 있다. 첫째, 김형효 교수의 인용문을 기호언어로 옮겨 형식화하는 작업을 거부하는 반론을 생각해볼 수 있다. 그러나 김형효 교수는 노장의 텍스트를 의미론이 아니라 통사론적으로 해독해야 함을 주장하고 있고, 부분적으로 우리와 같은 방식의 형식화를 시도하고 있다(김형효 2001, 270쪽; 1999, 358쪽). 둘째, 김형효 교수의 해석을 논리적 관점에서 해석하는 것을 부정하는 반론을 생각해볼 수 있다. 우리는 사진과 그림의 차이를 부분전체론적 이행성mereological transitivity의 준수와 위반으로 구별해볼 수 있다. 즉, 사진의 경우에는 그것이 x의 정확한 재현이고 y가 x의 부분이거나 세부 사항이라면 그 사진은 또한 y의 정확한 재현이다. 반면 그림의 경우에는 이러한 이행성이 제대로 지켜지지 않는다(Garver and Lee 1994, 6쪽). 우리가 다소 거리를 두고 그림을 감상하는 이유도 여기에 있다. 김형효 교수의 텍스트는 세계를 개념어, 혹은 반反개념어로 그려본 그림으로 보아야지 정밀한 논리의 메스로 분석해서는 안 된다는 것이다. 그러나 이러한 반론은 사유의 논리와 문법을 강조하는 김형효 교수의 입장과 어긋난다(김형효 1999b, 178, 266-267쪽). 셋째, 우리의 분석에 동원된 형식논리학의 추론 규칙을 부정하는 반론을 생각해볼 수 있다. 예컨대 비트겐슈타인이 그랬던 것처럼 "(o ≠ i) & (o = i)"와 같은 모순으로부터의 추론을 금하거나 추론 규칙을 달리 정하는 방법 말이다. 그러나 김형효 교수는 이에 대한 구체적 언급이나 제언을 하지 않고 있기에 그가 전개하는 적지 않은 부당한 추론들을 어떻게 수용해야 할지는 부담스런 미결 과제로 남겨진다.

김형효 교수의 작업이 지니는 이러한 문제는 작업의 층위 내지는 범위에 관련된 것이다. 김형효 교수의 텍스트는 하나의 큰 그림으로서는 분명 훌륭한 것이다. 그러나 그것이 비약적 깨달음을 지향하는 참선의 도道가 아니라 설득력을 갖춘 철학이고자 한다면, 그림의 전체와 부분을 잇는 중범위 지대의 논리적 짜임새가 보다 밀도 있게 형성되어야 한다고 본다.

3. 적합성

김형효 교수는 노자의 "도는 이치의 세계지 구체적 모습의 세계가 아니므로 개별적 사물들에 즉해서 귀납적으로 탐구되어야 할 것이 아님"(김형효 1999b, 196쪽)을 주장한다. 장자의 도에 대해서도 그는 다음과 같이 말한다.

> 이 세상에 '주행周行'하는 도는 이미 파르마콘의 문법, '양행兩行'의 법칙을 갖고 있었다. 그것이 '이미' 그러하였기 때문에 후천적인 경험적 집적의 결과로서 내릴 수 있는 귀납적 결론이 될 수 없다. '양행'이나 '주행'이 비록 경험적인 유물有物의 세계에 적용되는 법칙이기는 해도, 그것은 이미 이 세상의 있는 그대로의 본디 모습이요, 그 모습의 문법이기에 제물론의 파르마콘적 양행은 선험적일 수밖에 없다. (김형효 1999b, 334쪽)

〔장자는〕 그런 파르마콘에서 인간은 어떤 선택도 할 수 없다고 여겼다. 어떤 선택도 현실 세계에서 불가능하다면, 오직 초현실의 세계인 코라의 무하유지향無何有之鄕에서 자연과 같이 노니는 것 이외에 다른 대안이 없다고 보았던 것으로 생각된다. (김형효 1999b, 367쪽)

김형효 교수에 의하면 노장은 귀납적 사유에 반대하는 선험주의자들이다. 한걸음 더 나아가 장자는 초현실주의자로 묘사되고 있다. 그리고 인용문에서 확인할 수 있듯이 이러한 준거의 기본 틀은 선험주의로 해석된 데리다의 해체주의에 의해 제공된다. 데리다와 노장에 대한 김 교수의 해석은 과연 적합한 것인가? 이 문제를 데리다와 노장의 순서로 점검해보자.

(1) 데리다의 보충대리는 루소의《고백록》의 해체적 읽기에서, 파르마콘은 플라톤의《파이드로스》의 해체적 읽기에서 이끌어낸 반反개념들이다. 데리다와 노장을 선험주의자로 규정하는 데 수반하는 위험성은 그들의 사유가 노정하는 다양성의 국면들을 사상捨象하고 그들의 철학을 "이미 이 세상의 있는 그대로의 본디 모습이요, 그 모습의 문법"으로 단정하고 단일화하는 데서 발견된다. 우리는 데리다가 이러한 "어떤 '단일한' 형이상학이 결코 존재하지 않음"(Derrida 1978, 57쪽)을 역설하고 있음을 주목할 필요가 있다.

(2) 김형효 교수는 "유명有名은 만물의 어머니"라는《도덕경》의 구절을 다음과 같이 해석하고 있다.

유명과 유형은 서로 교환될 수 있는 개념들이다. 그것들은 곧 삼라만상萬物과 같다. 그러므로 유명과 만물은 결국 같은 의미이다. 그런데 왜 유명이 '만물의 어머니'인가? 단순한 직관에서는 이 언표의 의미가 해독되지 않는다. 어머니의 자궁은 텅 빈 공간이지만, 그 공간은 자기 속에 다양한 만물을 모두 거두어들이는 그러한 공간이다. 이 세상의 온갖 다양한 만물도 궁극적으로 공간(어머니의 자궁)과 같은 무형한 빈터가 없이는 차이와 접목의 운동 근거를 상실하고 만다. "무명은 천지지시"라는 말이 무형무명한 선험적 힘이 유형유명한 천지의 차이相離와 접목相合에 이미 시작이 없는 시작에부터 상감象嵌되어 있다는 것으로 해독되어야 하듯이, "유명은 만물지모"라는 것도 경험적인 만물의 차이와 접목이 선험적인 어머니와 같은 공간(자궁) 속에 이미 등록되어 있다는 뜻으로 이해되어야 한다. (김형효 2001, 275쪽)

김형효 교수의 이러한 해석이 옳다면 유명有名이 아니라 무명無名이 만물의 어머니여야 할 것이다. 이는 동일성 대치율the principle of substitutivity of identity[8]에 의거한 다음과 같은 추론에 의거한다. 우선 유명과 유형이 서로 교환될 수 있는 개념이듯, 무명과 무형도 그러하다고 전제해보자. 인용문의 흐름으로 보아 이 전제에 대해서는 김형효 교수도 이의가 없으리라고 본다.

1. 무명과 무형은 서로 교환될 수 있는 개념이다.
2. 어머니의 자궁은 무형이다.

---

8 a와 b가 단칭 용어이고 'a'를 'b'로 대치함으로써 명제 '…a…'로부터 명제 '…b…'가 비롯될 경우, 우리는 동일성 'a = b'를 표현하는 명제와 명제 '…a…'로부터 명제 '…b…'를 추론할 수 있다는 원리.

3. 만물을 모두 거두어들이는 것이 만물의 어머니이다.

4. 어머니의 자궁이 만물을 거두어들인다.

5. 어머니의 자궁은 무명이다.

6. 무명은 만물의 어머니이다.

Q.E.D.

"유명有名은 만물의 어머니"라는《도덕경》의 구절에 대한 해석의 귀결이 "무명無名은 만물의 어머니"가 되는 상황을 어떻게 이해해야 하는가? 무엇이 잘못되었는가? 김형효 교수의 입장에서는 두 가지 방식의 대응을 생각해볼 수 있다. 첫째, 동일성 대치율이나 동일률 같은 논리학의 근본 원리를 부정하는 것이다. 김형효 교수의 텍스트에는 이에 대한 언급이 간간이 등장하고 있다. 그러나 이러한 부정이 초래할 엄청난 파장에 비해 관련된 언급은 지나치게 간략하고 경쾌하다. 예컨대 "동일률의 논리로는 이해되지 않는다"(김형효 1999b, 114쪽), "모든 형식논리를 우습게 여기면서 결국 'A = 非A'와 같은 모순 관계를 긍정한 셈이다"(김형효 1999b, 358쪽), "'A = 非A'의 관계 정립은 시비是非에 관한 모든 제한적 사고의 이성을 조롱하는 셈이다"(김형효 1999b, 358쪽) 등등. 그러나 후속 조처나 그 방향에 대한 언급은 대략적이고 불분명하다. 이런 연유로 김형효 교수의 텍스트는 원전의 사후 주석과 해석으로서는 출중하지만, 그리고 동일률에 대한 조롱으로서도 탁월하지만, 그 이후의 사유에 대한 사전적 디딤돌로서는 아쉬움이 있다. 페르마가 메모할 책 귀퉁이의 여백이 좁아 그 증명을 생략했다는 아주 간단해 보이는 한 정리의 증명에 무려 300년이 넘는 세월에 걸쳐 수많은 수학자들의 피나는 노력이 경주되었다는 사실에 우리는 주목할 필요가 있다. 앞으로 한 발짝을 내딛기가 이처럼 어려울 수 있다는 사실을 말이다. 그래서 비트겐슈타인도 이러한 취지를 담은 네스트로이Johann Nestroy의 경구를 자신의《철학적 탐구》의 첫머리말로 삼지 않았던가.

둘째, 문제되는《도덕경》의 구절과 위의 추론의 결론을 모두 인정하는 어떤 포괄적 설명을 제시하는 방식의 대응을 생각해볼 수 있다. 김형효 교수는 이와 관련해 다음과 같이 말하고 있다.

> "무명無名은 천지의 시작이요 유명有名은 만물의 어머니"라는 어구가 여 기서 되살아나야 한다. 이 두 어구는 표현을 달리하지만, 사실상 같은 흔 적을 교차배어법으로 표시한 것이다. 왜냐하면 "무명은 만물의 어머니" 라고 하고 "유명은 천지의 시작"이라고 하는 것이 기본 논리에 더 가까 운 수사법이기 때문이다. 무명은 허공이기에 그 속에 만물을 담고 있어 서 어머니 같고, 유명은 이미 천지天地이고 그 천지는 시작의 쪼개짐처럼 그렇게 나누어져 있었기 때문이다. 그러나 노자는 무명과 유명을 서로 다르면서 보충대리로 주고받는 새끼 꼬기의 **법칙**으로 표시하고 있기 때 문에 **일부러** "무명은 천지의 시작"이라 하였고 "유명은 만물의 어머니" 라 하였다. (김형효 2001, 117쪽) (강조는 필자의 것임)

동일성 대치율과 동일률은 유명과 무명의 교차배어'법', 보충대리로 주고받는 새끼 꼬기의 '법칙'으로 대체되고, 이 '법칙'들은 노자로 하여 금 유명을 써넣어야 할 자리에 '일부러' 무명을 써넣게 한다. 이렇게 유/ 무, 혹은 긍정/부정을 '일부러' 바꿔 써넣은 혜시의 명제들과 그에 대한 해석이 김형효 교수의《노장 사상의 해체적 독법》에〈혜시의 독법〉이라 는 이름의 부록으로 수록되어 있다. 법칙, 문법, 논리에 대한 김형효 교수의 강조에도 불구하고 우리는 그 빼어난 부록에서도 규칙성을 지닌 어떤 '법칙'을 발견하지 못했다. 어디까지가 낱말의 정상적 사용이나 대입이고, 어디까지가 '일부러' 저질러진 비정상적 사용이나 대입인지를 구분할 수 있는 어떠한 일관된 문법도 찾아보기 힘들었다. 그리고 어떤 방식으로 다음의 사유를 이어나갈지에 대한 어떤 논리적 지침도 들을 수 없었다. 그 이유는 어쩌면 김형효 교수의 잘못이 아니라 데리다와 노자/혜시의 사유가, 은유가 그러한 것처럼 배우거나 모방할 수 없는 천재만의 것이어서인지도 모른다(Aristotle 1984c, 1459a5). 그러나 여기서 천재성이 지나치게 우상화될 때 그것은 창조적 독창성이기를 넘어서 대화와 토론의 절차를 무시하는 철학 권력의 기표로 군림할 위험성이 있다.

(3) 장자는 김형효 교수가 부여한 선험주의자나 초현실주의자라는 세례명과 썩 어울리는 철학자가 아니다. 이러한 명칭은 김형효 교수가 훌륭히 재해석한 〈소요유〉와 〈제물론〉에서만 부분적으로 유효할 수 있을지 모른다. 〈제물론〉에 이어지는 〈양생주〉에 나오는 백정인 포정이나 〈천도〉에 나오는 바퀴공인 윤편은 문자를 통해서가 아니라 평생에 걸친 기술 숙련의 과정에서 자연스럽게 양생의 도를 체득한 삶의 달인들이다. 그들은 각각 문자적 지식의 상징인 문⽂혜군이나 책 읽는 환공과 같은 상층 지식인들과 대비를 이루고 있다.《장자》의 전편에 무수히 등장하는 하층의 천민들이나 불구자들은 한편으로는 삶이라는 거친 땅을 밟고 걸으면서, 다른 한편으로는 추상적이고 사변적인 사유 문법과 논리로 세계를 관조하는 피안의 선험주의자들을 조롱하는 지혜의 수행자들이다.

자신의 젊은 날을 사로잡았던 논리적 선험주의의 허구성을 깨닫고 거친 현실의 땅으로 되돌아오는 여정에서 비트겐슈타인은 다음과 같이 고백한 적이 있다.

우리가 실제의 언어를 정밀하게 검토하면 할수록, 그것과 우리의 요구 사이의 갈등은 더욱 심해진다. (결정체와도 같은 논리학의 순수성은 물론 내게 **주어진 것**이 아니라 하나의 요구였다.) 갈등은 허용 범위를 넘게 되어 이제 그 요구가 공허한 것이 되고 말 위기에 처한다.—우리는 마찰이 없는 미끄러운 얼음판으로 들어선 것이다. 어떤 의미에서는 이상적이지만, 바로 그 때문에 우리는 또한 걸을 수 없게 된다. 우리는 걷고 싶다. 따라서 우리에게는 **마찰**이 필요하다. 거친 땅으로 돌아가자! (PI, §107)

위의 구절과 함께 장자의 글을 읽어보자.

걷지 않기란 쉽지만, 걸을 때 땅을 밟지 않기는 어렵다.[9]

장자는 마찰 없는 이상적 공간으로 미끄러지는 선험주의나 초현실주의를 쉬운 길로 묘사하고 있다. 진정한 철학은 포정이나 윤편이 그랬던 것처럼 땅을 밟으며 걷는 데서부터 우러나온다. 장자는 걷는 길이 어디로 향한 길인지, 그 길로 무엇이 관통하고 있는지의 문제 이전에 땅을 밟으며 걷는다는 사실 자체를 강조하고 있다. "길道이란 걸어 다니는 데서 생겨나게 마련이다."[10] 도는 선험적으로 주어지는 것이 아니라 현실의 지평을 떠나지 않는(땅 밟기로서의 행行) 지속적인 실천(걷기로서의 행行)에 의해 자연스레 형성되고 체득되는 것이다.

---

9   《莊子》, 〈人間世〉, 絶迹易 无行地難
10 《莊子》, 〈齊物論〉, 道行之而成

포정과 윤편은 자신들이 걸어간 길에서 무엇을 보았는가? 우리는 장자에게서 이를 기록한 텍스트를 기대할지 모른다. 그러나 그는 아마 쇼펜하우어풍으로 이렇게 말할 것이다: 텍스트에 새겨진 사유는 땅을 밟고 걸어간 사람의 발자국에 지나지 않는다. 거기서 우리는 그가 걸어간 길을 보지만, 그가 그 길에서 무엇을 보았는지를 알기 위해선 우리 자신의 눈을 사용해야 한다.

7.1 도구적 세상보기와 초탈적 세상보기[11] (김형효)[12]

a) 철학적 사유의 세 가지 영역

대체적으로 약 10여 년 전을 전후하여 발표된 나의 노장老莊사상에 관한 교직성交織性: a textualité에 입각한 졸저와 졸고들을 진지하게 읽고 이렇게 비판적 시각에서 음미하여주신 이승종 교수에게 깊이 감사드린다. 그러면서 감사한 마음과 함께 이승종 교수의 지적 사항에 대해서 직접적인 해답이 아닌 간접적인 우회의 소견을 피력한 데 대하여 미안한 마음을 금치 못한다. 그런 이유는 나의 무성의 때문이라기보다 이 교수가 의거한 비판적 논거들을 잘 알지 못하는 논리학적 무지에 기인한다. 이 점을 깊이 감안하여 나의 소견을 들어주시기 바란다.

이 교수의 비판적 소론을 읽고 역시 철학은 도대체 철학이 무엇인가에 대한 깊은 사유의 성찰을 떠나서는 철학적 논의가 심화되기 어려운, 그런 본질을 지니는 것 같다는 느낌을 다시 한 번 가졌다. 이 점이 과학과 다른 점일 것이다. 하지만 여기서 더 이상 이 점에 대해서는 논의하지 않겠다. 나는 철학이 대상영역에 관한 지식의 탐구가 아니고, 이 세상을 근원적으로 어떻게 보아야 할 것인가에 대한 지혜의 깨달음이라고 여긴다. 그래서 내가 알고 있는 한에서 동서고금의 철학사는 시대에 따라 명멸하는 수많은 철학적 학설들의 묘지명들을 넘어서 세상을 보는 몇 가

---

11 이 절부터 7.3까지는 7장의 초고를 주제로 2002년 2월 21일에 원주 토지문화관에서 있었던 한국분석철학회 겨울 합숙 세미나에서의 논평, 답론, 토론을 옮긴 것이다.

12 한국학중앙연구원 철학교수.

지 사유들이 구조적으로 이간易簡하게 집합되어 정리되는 것 같다. 그러므로 철학사는 철학자들의 실타래처럼 얽힌 학설들의 무덤과 그 묘지명들을 정신없이 살피게 하는 일이 아니라, 유사한 구조들이 어떻게 통사通史의 변화와 함께 거의 불변적 사유구조를 유사하게 반복하고 있는가를 깨닫게 하는 일이라고 생각한다.

유사한 사유 구조들이 몇 개로 분류된다는 것은 다른 사유 구조들과는 다르다는 것을 전제로 한다. 이 점에서 동서고금의 철학적 사유는 별로 차이가 없는 것 같다. 흔히 동양철학은 서양철학과 다르다고들 말하는데, 내가 보기에는 동서고금의 차이를 넘어서 철학은 서로 유사한 것들과 다른 것들이 늘 반복적으로 나타날 뿐이다. 그러므로 철학적 사유 구조의 결에서 이런 유사성의 구조와 또 다른 저런 유사성의 구조들이 있을 뿐이지, 지역과 시대와 사람들이 다르다고 해서 다른 철학들이 인과적으로 혼란스럽게 발생하지는 않는다는 것이다. 많은 철학이론들과 학설들이 혼란스럽게 부침하지만, 이 세상을 읽고 보는 근원적 방식에서 본다면 다만 몇 개의 것들이 유사성들을 지니며 모일 수 있기에, 결국 철학은 유한한 몇 개의 철학소들philosophemes로 그려진 세상보기의 몇 가지 퍼즐짜기와 비슷하다.

그런 철학소들을 간단히 예시해보기로 한다. 이를테면, 철학은 세상보기를 각각 '무위적無爲的/당위적當爲的/유위적有爲的'인 진리道에 의한 퍼즐짜기로서 구분된다. 하이데거에 의하여 해석된 헤라클레이토스와 파르메니데스, 스피노자의 신즉자연神卽自然: Deus sive natura 사상, 하이데거와 노장사상의 '유/무'의 '불일이불이不一而不二'의 사유, 그리고 불교사상에서 '색즉공色卽空 공즉색空卽色'의 '부즉불리不卽不離'의 사유와 유학사상에서의 안자顏子와 맹자적 사유의 일부, 양명학과 선학에서의 '무선무

악無善無惡'의 사유와 데리다의 이중긍정과 이중부정 등의 사유법이 대개 세상을 무위적 진리로 해석하려는 철학적 유사성을 함의하고 있다. 이들 사유의 유사성은 자연성physis의 무위성을 근원으로 하여 마음을 그 자연성의 무위적 현시와 은적(사라짐)과 함께 동거하려는 물학物學의 진리를 견지하려 한다는 점이다. 물학과 자연학과 무위학無爲學은 다 유사한 진리의 개념들을 말한다. 이린 사유의 유사성은 또 인간의 자연동형론physiomorphism이라고 불러도 좋으리라 본다. 즉, 인간을 자연성physis의 그물망 속으로 해체시키는 초탈적 사유가 인간의 자연동형론이다.

또 다른 한편으로 당위적인 선善의 형이상학과 도덕학이 있다. 이런 형이상학과 도덕학은 서양에서 플라톤 이후의 진선미의 형이상학과 그 도덕학, 그리고 동양에서는 증자曾子에서부터 시작하여 맹자적 사유의 일부를 거치면서 북송의 정이천程伊川을 통해서 이어져온 주자학의 계보가 여기에 귀속한다 할 것이다. 여기서 맹자사상을 무위와 당위로 이분화하는 까닭은 맹자적 사유의 이중성에 기인한다. 즉 맹자가 요순堯舜 식의 무위적 자연성을 유가의 도道로 보기도 하고 또 탕무湯武 식의 당위적 도덕성을 유가의 도道로 간주하는 이중적 모습을 띠고 있다. 맹자가 그런 태도를 취한 데는 공자의 사유가 이미 세 가지의 상반성을 돌려나기共生의 복합성으로 지니고 있기 때문이다. 공자의 사유는 안자顏子로 나타나는 무위적 사유, 증자로 표현되는 당위적 사유, 뒤늦게 순자로 대변되는 유위적(작위적) 사유의 세 가지 유형이 복합적으로 잠재되어 있는, 안이 복잡한 일종의 '임플렉스implex'인 셈이다.

이 당위적 선의 형이상학(도덕학)은 진리를 내면적 영혼의 지고선과 동일시하고, 세상의 문제problem로서의 부조리를 마음의 내면적 의사擬似문제pseudo-problem로 해소하여resolving 세상을 마음(영혼)의 혁명으로 다시 보려는 그런 심학心學을 뜻한다. 마음의 혁명은 마음(영혼) 속에 깃든 영원한 실재의 빛에 의거해서 세상을 다시 바꾸려는 그런 의지의 노력을 의미한다. 그래서 당위학은 형이상학이고 심학이다. 이 심학은 세상을 초월하려는 신학적 형이상학과 세상을 다시 '어진 마을里仁'로 개조하려는 도학적 형이상학으로 나누어진다. 이런 심학은 자연의 인간동형론anthropomorphism의 본질을 띠고 있는 것으로 보인다. 이런 본질은 자연성을 성선性善의 고향으로 여겨 그 성선을 인성의 본질로서 이행시킨다. 그래서 인성人性이 비록 후천적으로 악에 젖어 있고 또 근본악das Radikalböse의 경향을 갖고 있다고 인정하여도 그 인성이 천성天性이나 신성神性의 씨앗을 결코 근원적으로 상실한 것은 아니라는 낭만적 믿음을 견지하고 있다. 그러므로 심학은 낭만적 자연의 인간동형론이라고 여겨진다. 낭만적인 인간동형론의 의미는 낭만적으로 세상을 소유하려는 깊은 의도를 간직하고 있다. 이런 까닭에 세상에 대한 형이상적-도덕적 혁명론이 가능하다. 그러나 그런 혁명은 성선적 관념에 의한 세상의 소유이므로 나는 이것을 마르셀Gabriel Marcel의 용어를 빌려 함유적 소유l'avoir-implication라고 부르고 싶다. 함유적 소유는 세상을 경제적, 과학기술적으로 소유하려는 점유적 소유l'avoir-possesion의 방식보다는 세계라는 대상을 장악하려는 소유의 형태가 훨씬 맑은 것처럼 보이기에 존재론적 세상 이해와 가까운 것 같지만, 이념이나 관념에 의한 소유의 방식이므로 어떤 점에서는 경제적, 과학기술적 세상보기보다 더 안으로 집요할 수 있다.

마지막으로 또 다른 형태의 자연의 인간동형론이 있다. 이런 형태의 인간동형론을 우리는 실학實學이라고 부른다. 심학은 자연을 지고선의 고향으로 여기는 데서 출발한다. 그러나 이와 달리 실학은 자연을 그런 은유적 낭만의 고향으로 여기지 않고, 자연을 무심한 기계론과 생물학적 본능의 투쟁적 생존전략이 지배하는 그런 곳으로 간주한다. 인간은 자연이면서 동시에 사회다. 인간의 심신은 자연의 기계론적 작동의 축소판이면서 자연계에서 가장 본능의 힘이 취약한 그런 동물이다. 본능은 자연계의 생존전략이나, 인간은 취약한 본능으로 그런 기계론적 생존전략에 의존할 수 없다. 그래서 그는 본능 대신에 지능을 갖고 사회적 생존전략을 강구한다. 본능은 닫힌 지능이고 지능은 열린 본능과 유사하다. 둘 다 사회적 생존전략을 위한 실용적인 도구이다.

실학은 물학이나 심학과 달라 주체가 객체를 문제로서 정립한다. 여기서 쓰여진 문제le problème의 개념은 초문제le méta-problèmatique로서의 신비le mystére와 구분한 마르셀의 철학용어로 이해되었으면 좋겠다. 마르셀이 말한 '문제'의 용어는 모든 객관적 대상이 주관에게는 문제로서 제기되고, 주관은 그 문제로서의 객관을 풀어서 정답을 찾아야 하는 그런 문제해결사로서 군림하게 되는 철학적 관점과 분리되어서는 안 된다. 그러므로 실학은 객관적 대상을 늘 문제로서 풀어야 할 도전으로 여긴다. 그래서 문제를 객관적으로 해결해서solving 답을 찾아야 하는 이성적 동물로서의 지능적 주체는 유위적(작위적) 기획을 갖고 인간의 다차원적인 생존을 위한 현실적인 도구를 소유하지 않으면 안 된다. 지능의 원천으로서의 이성은 이 점에서 늘 도구적이다. 이런 실학의 유위적 진리는 과학기술과 경제의 세계에서 그 타당성을 가장 확실히 보장받는다. 그래서 실학은 과학적이고 실용적이다. 모든 과학은 다 실학이다. 논리학도 수학과 같은 논리과학이다. 이 실학적 자연의 인간동형론은 꿈꾸는 낭만이 아니라, 현실적인 세상의 점유적 소유l'avoir-possession를 겨냥한다. 이 개념은 우리가 앞에서 간접적으로 암시하였지만, 세상을 문제로서 보고 그 문제로서의 세상을 과학기술적으로나 경제적으로 장악하려는 그런 소유의식을 뜻한다. 동양에서 순자의 철학과 청대淸代 이후의 실학이 이 계열에 속하고, 서양에서는 근대의 합리론과 경험론과 그 두 가지 사유를 결합한 칸트의 인식 이론 등에 의하여 흘러나온 모든 종류의 과학철학이 거의 이 영역의 산물이다.

b) 실학의 객관성과 물학적 교직성

이승종 교수가 행한 졸저와 졸고에 대한 논리적 비판을 나는 같은 수준의 논리로서 응답을 할 수가 없다. 그 이유는 나의 논리학의 수준이 이 교수의 실력에 버금가지도 못할 뿐만 아니라, 나의 노장 해석이 내가 말한 실학의 철학과 유위적 진리의 영역이 아니고, 무위적인 초탈의 도道를 밝히는 작업이었던 까닭에 이 교수와 내가 근원적으로 서로 유사성이 없는 다른 철학을 말하는 것으로 여겨지기 때문이다.

이 교수가 지적한 노장사상과 데리다 철학 사이의 '동치성equivalence'을 나는 생각해보지도 않았다. 내가 시도한 노장과 데리다의 비교는 다만 동서와 고금의 시간적 공간적 간격을 넘어서 유사한 사유의 구조를 정시하고 있음을 밝힌 것이다. 데리다도 기존의 존재신학적 형이상학을 해체시키는 자기의 교직성la textualité이 자기에 의하여 발명된 것이 아니라, 이미 플라톤, 아리스토텔레스, 데카르트, 칸트 등의 거장들의 사랑방이 아닌 안방에서 무심코 나타났던 그런 사유를 세상에 드러내는 것이라고 말한 적이 있다. 나는 데리다보다 이들 철학자들의 사상을 더 잘 소화했다고 보지 않으므로 거기에 나의 견해를 덧붙이지 못하겠다. 그러나 그런 교직성의 독법이 이미 동양에서 노장사상에서의 '유/무'의 동거성과 '소요유逍遙遊'와 '제물론齊物論'의 이중성, 불교의 화엄사상에서의 '성기性起: Ereignis'와 '성거性去: Enteignis'의 여래如來와 여거如去의 비동시적 동시성과 같은 진리의 양면성, 원효의 '일심一心/삼공三空', '불연不然/대연大然', '무리無理/지리至理' 등의 새끼 꼬기와 같은 대사법代謝法은 데리다가 말한 저 교직성의 사유논리와 다를 바가 없고, 또 이 점에서 세상을 무위의 사실성으로 깨달으려 하는 그런 철학적 사유구조의 유사성을 지니고 있음을 말하려고 한 것이다.

유사성은 서로 비슷함을 지시하는 개념이다. 이 세상에 논리적 작위의 경우를 제외하고 완전히 일치하는 동일성이 어디에 있겠는가? 유사성은 같기도 하고 다르기도 함을 말한다. 내가 아는 한에서 데리다, 특히 하이데거와 불교적 사유와 노장적 사유, 그리고 양명학 좌파(예를 들어, 왕기王畿)의 사유가 아주 유사하다. 어떤 점에서 데리다는 하이데거의 사유를 프랑스적으로 변형한 냄새가 진하다. 데리다를 차연差延: la différance의 진리를 설파한 철학자라고 한다. 그런데 이 진리는 하이데거가 이미 그 전에 제시한 차이Unter-schied의 반反개념과 무엇이 다른가? 그동안 하이데거 철학의 난해성으로 사람들이 그를 잘 소화를 하지 못해 저것이 차연差延의 반反개념임을 깨닫지 못하였다고 느껴진다. 데리다가 '차이'를 뜻하는 불어의 'différence'와 '차연'을 의미하는 'différance' 사이에 발음상의 동일성을 중요한 특징으로 지시했듯이, 하이데거도 '차이'를 말하는 독어의 'Unterschied'와 발음상 동일한 'Unter-schied'를 만들어 그의 사유를 표시하고 있음을 말장난이라고 여겨서는 안 된다. 이 낱말은 데리다적 '차연'의 의미와 같은 그런 뜻을 데리다 이전에 이미 하이데거가 사용하고 있음을 보여준다.

유사하다는 것은 동일하다는 것이 아니다. 유사하다는 것은 사유의 문법과 그 구조의 논리가 서로 닮았다는 것이다. 그래서 우리가 그런 닮음을 물학적物學的이라고 규명하였다. 그러나 엄밀하게 말하여 하이데거의 물학이 정신성Geistigkeit의 그윽함을 보여주는 것은 데리다가 세상을 교직적 사유의 정교함으로 입론하는 이지성l'intellectualité과 뉘앙스에서 차이를 띠고 있다. 이 점은 불교적 사유의 수행적 정신성이 노장적 사유의 사실성의 깨달음과 차이를 노정하고 있는 것과 유사하다. 그러므로 사유의 유사성은 구조적structural이고 계열체적paradigmatic이나 차이성은 연속적serial이고 결합체적syntagmatic이다. 이 점을 조금 설명하는 것이 좋으리라.

하이데거와 데리다, 불교와 노장사상 등이 유사하지만, 자세히 보면 그 유사성 속에서 차이가 발견된다. 유사하다는 것은 그들의 사유가 구조적으로 유사해서 유사한 계열의 범주에 속한다는 것이다. 예컨대, 그들의 사유가 철학적으로 다 초탈적이면서 교직성을 세상의 근원적인 무위적 사실로 보려는 유사한 계열체를 형성하고 있다는 것이다. 그럼에도 불구하고 그들의 사유가 차이가 나는 것은 그들이 산 시대가 서로 달라 생각을 표현하여 통사화시켜나가는 과정에서 선택하고 결합하는 어휘의 종류가 달랐기 때문이며(예: 나는 자동차를 타고 여기에 왔다/나는 말을 타고 여기에 왔다), 또 그들의 나라가 포함된 문화권의 업業으로서의 역사가 상이하여 업의 연속이 다르게 연계된 결과일 뿐이다. 그러므로 유사성 속에서의 차이는 업의 연속성(역사)과 사유를 표현하는 매개로서의 어휘가 시대적으로 다름에서 오는 통사적 결합의 차이를 뜻한다.

그런 점에서 이승종 교수가 제기한 '비대칭성'과 '중범위성'의 각도에서 이루어진 논리적 비판은 내가 말한 논리나 문법과 다른 차원인 것으로 보인다. 이 교수의 논리는 논리학(논리과학)의 논리로서 실학적 객관성을 유지하기 위한 의식의 유위성이지만, 내가 말한 논리와 문법의 의미는 물학적인 교직성을 뜻하는 무위성과 연관된 그런 의미를 지시하는 것으로 볼 수 없겠는가? 나는 하이데거가 말한 "존재하다"의 어구인 "Es gibt"(그것이 준다)가 실은 라캉Jacques Lacan이 말한 무의식의 문법인 "내가 생각하지 않는 곳에 그것ça이 존재한다"(Le ça est, là où je ne pense pas)와 유사한 물학의 사유문법을 말하는 것이 아닌가 하는 어렴풋한 직관을 갖고 있으나 아직 불투명하다. 즉 하이데거의 'Es'(그것)와 라캉의 'ça'(그것)가 유사한 물학적物學的 사유를 지칭하는 것이 아닌가 하는 희미한 생각을 지니고 있는데, 여기에 대해서는 좀 더 공부해보아야 될 것 같다.

아무튼 노장의 도道는 형이상적 도덕적 당위의 도道를 말하는 것도 아니고, 과학적 유위적 도구의 도道를 지칭하지도 않는다. 노자와 장자의 차이는 있으나 그들이 다 초탈의 도道를 말하고 있다는 점에서는 공통적이다. 초탈적 세상보기는 도구적 세상보기처럼 현실적이지 않고, 도덕적 세상보기처럼 낭만적이지도 않다. 그렇다고 그것이 비현실적이라는 것은 아니다. 달리Salvador Dali의 초현실주의적 그림에서는 시계가 열에 녹은 치즈처럼 축 늘어져 있다. 현실의 정확성과 객관성을 지시하는 시계를 그는 녹여 무용지물로 만들고 있는 것이다. 따라서 그는 시간의 현실에서 벗어나 초현실의 문지방으로 우리를 인도한 셈이다. 초현실주의의 의미는 비현실주의를 지칭하는 것이 아니라, 현실을 초탈해서 봐야 아전인수 격이 아닌 이 세상의 본질로서의 사실성이 제대로 나타난다는 것이다. 그러므로 초현실주의와 비현실주의를 혼동해서는 안 되리라. 오히려 낭만적인 심학의 도학이 이 세상을 비현실적인 꿈으로 혁명하려는 사유의 범주에 더 유사하리라 본다.

장자의 사유는 이 세상을 성선의 도덕으로 혁명하겠다는 맹자적 낭만주의자들과 이 세상을 실용적 지능으로 경영하겠다는 순자적 현실주의자들을 다 부질없이 세상을 어떤 점에서 소유하겠다는 발상이라고 비꼰다. 그에 의하면 소유적 발상법은 언제나 인간중심주의를 낳아서 보편적 자가성이든 이기적 자가성이든 자아성自我性이 진리라고 여겨 세상을 그 자아성의 인력으로 끌어당기는 헛된 정열을 버리지 못하는 것과 비슷하다고 여겼으리라. 그래서 그는 마음이 소요유의 무하유지향無何有之鄕에서 노닐면서 세상을 초탈적인 차연差延의 사유로서 보기를 종용한다. 오직 자가성을 비운 마음만이 세상의 근원적 사실로서의 교직성과 연기緣起의 법인 대사법代謝法을 볼 수 있다는 것이다.

그러므로 이승종 교수가 말한 백정인 포정이나 기타 장인들의 이야기는 실학적인 도구적 기술자의 찬양이 아니라, 자연이 투쟁과 친교의 이중성을 무심히 그리고 절묘하게 반복하듯이 그렇게 의식적으로 자기를 생각하지 않고 자기를 하나의 물物처럼 자연의 가는 길을 같이 걷는 그런 사람들을 일컫는 것으로 보인다. 장자가 도르래로 물을 긷는 기술을 마다한 것도 기술적 사유의 지배성을 고발한 것이리라. 그러므로 그런 사람들은 세상을 혁명하거나 이용하려는 유식한 사람들도 아니고 또 그렇다고 민중주의의 이념을 설파하는 대변인도 아니다.

끝으로 이승종 교수가 졸저《노장사상의 해체적 독법》에서《도덕경》1장의 독법의 이상한 점을 지적하였다. 대단히 예리한 파악이고 그의 비판이 일리가 있고, 따라서 내가 그런 오해를 받지 않을 만큼 충분한 대비를 하지 못했다는 것을 자인한다. "무명천지지시無名天地之始", "유명만물지모有名萬物之母"라는《도덕경》1장의 한 구절에 대한 나의 독법을 내 방식대로 풀이하면 "무명이 만물의 어머니"가 되어야 하고 "유명이 천지의 시작"이 되어야 하지 않겠는가 하는 것이 이 교수의 물음이다. 왜냐하면 무명이 만물을 담는 코라khora와 같은 자궁이고, 유명이 천天/지地의 차이를 알리는 이름의 시작이라고 내가 이해를 하였기 때문이다. 그런데 이 교수는 곧 그의 글(241쪽)에서 왜 내가 그런 식으로 독해를 하였는지 하는 이유를 인용하고 있다. 앞의 구절은 다 무無와 유有가 서로 독자적인 자기 봉토를 소유하고 있는 것이 아니라, 무無는 유有에 의하여 상감되어 있고, 또 동시에 유有도 무無에 의하여 동봉되고 있는 수사학적 교차배어법chiasmus이나 무無의 바탕le fond에 유有의 무늬la figure를 보는 것과 유사함을 언명한 것이다. 즉 무명無名의 무無는 천天/지地라는 유명有名의 쪼개짐을 가능케 하고, 또 만물이라는 유명有名의 유有는 이미 허공이라는 무명無名의 무無 안에 동봉되어 있기 때문에 원효가 말한 대사법처럼 유/무가 서로 교대로 주고받는다는 말이다. 나의 독법은 바로 이 점을 지시한 것이다. 그러나 이런 대사법을 좀 더 자세히 해석하지 않았던 미비점이 있었음을 솔직히 인정한다.

마지막으로 이 교수는 노장사상의 해석에 대한 선험성을 비판하였는데, 우리가 물학의 존재양식, 자연성physis이 생기고 있는 논리 또는 무의식의 문법이라는 말을 쓸 수가 있다면, 그것을 선험성이라고 부르지 않고 무슨 말로 표현할 수 있을까? 그것을 경험적이라 말할 수 있을까? 경험적이란 말은 의식적이라는 말과 동의어이고, 인간중심적이라는 말과 상통하는 것이 아닐까? 노장적 사유가 말하는 도道는 이 세상의 원초적 문법을 의미하고, 그것이 불교가 말하는 진여眞如와 유사하고, 데리다가 말한 교직성la textualité이 하이데거가 말한 유有: Sein와 무無: Nichts의 동거성Selbigkeit과 유사하다면, 이런 유사성을 세상의 선험적 사실성이라고 부르지 않고 과연 무엇이라 말할 수 있을까?

7.2 답론

1. 논리학은 보편성universality을 갖는 학문인가, 아니면 국소성locality에 머무는 학문인가? 논리학의 창시자인 아리스토텔레스는 논리학을 보편학으로 보았지만, 김형효 교수에 의하면 논리학은 실학에 머물고 실학에만 적용되는 국소성의 학문이다. 그렇다면 물학의 교직성의 논리에 관한 논리학은 불가능한가? 물학의 논리와 실학의 논리는 "근원적으로 서로 유사성이 없는"(이 책, 250쪽)가? 그 둘은 양립이나 호환이 불가능한가? 물학과 실학을 아우르는 보편 논리는 없는가? 기존의 논리학이 그러한 보편학이 되지 못하는 까닭은 무엇인가?

2. 김형효 교수에 의하면 무위, 당위, 유위 등의 철학소들은 각각 물학, 심학, 실학이라는 세상보기의 세 방식을 낳는다. 그렇다면 하나의 철학소에 하나의 세계관이 대응한다는 말인가? 철학소가 글자 그대로 철학을 구성하는 하나의 원소라면, 무위, 당위, 유위의 철학소들이 일정한 방식으로 결합하여 철학적 세계관을 형성한다고 보아야 하지 않을까? 물학에는 당위나 유위의 철학소가 완전히 결여되어 있고, 심학에는 무위나 유위의 철학소가 완전히 결여되어 있는가? 또 실학에는 무위나 당위의 철학소가 완전히 결여되어 있는가? 물학, 심학, 실학은 정말 서로 다르기만 한가? 그들 사이의 소통은 불가능한가?

3. 장자의 포정해우庖丁解牛나 바퀴공 윤편에 관한 우화에서 기술은 재주나 테크놀로지를 뜻하는 것이 아니다. 장자는 삶의 기술을 익힘을 통해 자신을 주어진 문맥의 자연스러운 결에 능동적으로 내어맡기는 실천

을 강조하려 했던 것이다.

4. 장자의 철학에는 초월과 합류의 두 양상이 공존한다. 내편의 순서와 흐름도 이 두 양상을 교대로 엮어 짜는 방식으로 전개된다. 초월의 측면만을 인정하거나 강조할 때 장자는 그가 비판했던 관념적 관조에 머문 피안의 철학자로 오해될 수 있다. 초탈적으로 삶과 세상을 보았다는 장자에게도 그가 살아야 할 삶의 몫이 엄연히 있었다. 그리고 그는 그것을 겸허하고 진지하게, 그리고 긍정적으로 살아내지 않았는가? 우리는 텍스트《장자》를 인간 장자의 이러한 삶의 기록으로 읽었다.

7.3 토론[13]

김형효 저는 논리학이 국소적인 학문이 아니라 보편적 학문이라고 생각합니다. 철학에는 여러 갈래가 있습니다. 그러나 갈래로 나누어진다고 해서 각 갈래가 필연적으로 보편성을 결여하는 것은 아닙니다. 아리스토텔레스 이래로 모든 논리학은 다 이성적 논리학이었습니다. 이러한 이성적 사유는 물학物學적 사유와 잘 맞지 않습니다. 하이데거에 의하면 근현대에 이르기까지의 과학과 형이상학, 미국의 실용주의도 이러한 이성적 사유의 산물입니다. 그에 의하면 그 근저에는 니체가 말하는 의지가 깔려 있습니다. 이러한 사유는 무無를 배제하기 때문에 무로서의 존재는 언제나 존재자로서만 이해되어왔습니다. 물학적 사유는 의지나 당위를 배제하고 자연과 만물을 있는 그대로 보려 합니다. 물학자로서의 하이데거는 따라서 "나", "우리" 대신 "그것es"을 주어로 하는 언어를 전개합니다. 물, 물화에는 주고받음의 대사법의 의미가 스며 있습니다. 포정해우도 무심 상태에서의 자연의 결에 내어맡김을 보여주는 우화입니다.

이병덕 노장과 해체주의 사이의 차이점, 비대칭점은 무엇입니까?

김형효 시대의 차이, 언어의 차이에서 비롯된 용어 선택의 차이, 언어들 간의 결합상의 차이가 있을 뿐입니다. 순자와 홉스의 사상의 유사성, 아퀴나스의 존재론과 이일분수의 사상의 유사성 등 동서 사상 간의 유사성

---

13 토론 참가자는 다음과 같다. 김형효, 이병덕(성균관대 철학과 교수), 엄정식(서강대 철학과 교수).

은 얼마든지 발견됩니다. 결국 인간 문화에는 유한개의 몇 가지 사유의 유형들이 있고, 이것들이 역사적으로 재생산되고 반복된다고 봅니다. 그러나 사상들 간의 유사성에는 같음과 다름의 양면이 있음을 기억해야 합니다. 동치성equivalence은 논리나 수학과 같은 추상적 영역 이외에서는 성립하지 않습니다. 따라서 완전한 같음, 완전한 다름 등의 표현의 사용에는 주의가 요망됩니다.

엄정식 이승종 교수는 김형효 교수님의 명제, "바깥은 안과 다르지만 같다"를 "(o ≠ i) & (o = i)"로 기호화했습니다. 이것이 올바른 번역인지 의심스럽습니다. 여기서의 "="가 'equality'인지 'identity'인지도 명료하지 않습니다. 김형효 교수님의 명제는 달리 번역될 수 있을 것입니다.

이승종 어떤 식으로 달리 번역될 수 있는지 말씀해주십시오.

엄정식 안과 바깥은 개념적으로는 다르지만 공유하는 점이 있을 수 있습니다. 예컨대 방의 안팎을 가르는 벽이 그렇습니다. 이런 점을 염두에 둔 다른 번역이 가능할 겁니다. 김형효 교수에 대한 이승종 교수의 비판은 번역상의 오류에서 비롯된 허수아비 논증의 오류를 저지르고 있습니다.
두 번째로 "길道이란 걸어 다니는 데서 생겨나게 마련이다"라는 장자의 명제에 관해 지적하고 싶습니다. 이 명제를 인용하면서 이 교수는 왜 하필 그리로 걸어갔느냐 하는 문제를 거론하지 않고 있습니다. 즉, 길이란 걸어 다니는 데서 생겨나게 마련이라는 점에서 경험적, 실천적 측면을 내포하고 있지만, 그리로 걸어갈 수밖에 없는 선험적, 선천적 필연적 이유도 있다는 점을 강조하고 싶습니다.

이 두 가지 지적을 감안할 때 김형효 교수와 이승종 교수의 입장은 서로 이율배반적인 것이 아니라고 봅니다.

이승종 다른 번역의 가능성은 인정합니다. 엄정식 교수님께서는 구체적으로 어떤 번역을 염두에 두고 계신지 알고 싶습니다.

"길道이란 걸어 다니는 데서 생겨나게 마련이다"[14]라는 장자의 명제를 저는 도를 체득하기 위해서는 수련이 필요하다는 각도에서 읽었습니다. (이 구절은 "도는 실천을 통해 이루어진다"로 번역될 수도 있습니다.) 윤편은 평생에 걸친 노력 끝에야 제대로 수레바퀴를 깎을 수 있었고, 포정도 수십 년의 수련 끝에 오늘의 솜씨에 이르게 되었습니다. 마찬가지로 장자의 소요유의 첫머리에 등장하는 대붕도 "남쪽 바다로 날아갈 때는 파도를 일으키기를 3천 리, 회오리바람을 타고 [하늘 높이] 오르기를 9만 리, [그런 뒤에야] 6월의 대풍을 타고 남쪽으로 날아간다고 한다"[15]고 했습니다. 장자가 말하는 무위는 인위에 반하는 개념이지 아무것도 하지 않는다는 의미가 아닙니다. 도는 저절로 깨우쳐지는 것이 아닙니다. 설령 우리가 도를 깨우쳤다 해도 우리 앞에는 여전히 살아야 할 삶이 있습니다. 그 삶을 어떻게 (올바로) 살아가느냐 하는 실천과 수행의 문제가 남아 있는 것입니다. 이러한 측면을 고려하지 않는 선험주의적 장자 해석에 저는 동의하지 않습니다.

---

14 《莊子》,〈齊物論〉, 道行之而成

15 《莊子》,〈逍遙遊〉, 鵬之徙於南冥也 水擊三千里 搏扶搖而上者九萬里 去以六月息者也

7.4 노장의 사유 문법과 철학적 분석[16] (김영건)[17]

I. 이승종 교수는 노자와 장자에 대한 김형효 교수의 작업을 아주 비판적으로 검토하고 있다. 그의 비판은 다음과 같이 세 가지로 정리될 수 있다. 첫째, 김형효 교수는 노자와 장자, 그리고 데리다의 유사성에만 주목하였지, 그들 사이의 차이점에 대해서 주목하지 않았다. 둘째, 노자와 장자를 해체적으로 독법하는 데 있어서 김형효 교수가 보여주는 논변의 결론이 모순을 포함하고 있기 때문에 그 논변은 증거적 가치를 지니지 못한다. 셋째, 노장이나 데리다는 김형효 교수가 묘사한 것처럼 선험주의자나 초현실주의자가 아니다.

이 세 가지 비판 중에서 내가 주목하는 것은 바로 둘째 비판이다. 이승종 교수는 김형효 교수의 해명을 기호적 언어로 번역하여 그것을 검토하면서 그 논변은 논변으로서 힘을 상실하고 있다고 비판한다. 이러한 방식으로 수행되는 이승종 교수의 비판은 아마도 형식논리나 철학적 분석에 대해서 그렇게 호감을 갖지 않는 대부분의 동양철학자들을 겨냥하는 것일 수 있다. 또한 이러한 비판이 어떤 의미에서는 동양철학과 분석철학 사이에 존재하는 '서먹한 괴리감'을 좁힐 수도 있다고 생각한다. 그러나 이승종 교수의 비판이 철학적 분석의 묘미를 보여주고 있지만, 또 동시에 철학적 분석의 부정적 측면을 보여주고 있다고 생각한다.

---

16 7장의 초고를 상론하고 있는 이 글의 출처는 다음과 같다.《철학과 현실》, 55호, 2002.

17 서강대 철학과 강사.

II. 이승종 교수가 비판의 칼날을 들이미는 부분은 다음과 같은 김형효 교수의 해명이다.

> 같은 것을 안이라 하고 다른 것을 바깥이라고 해보자. 같은 것은 다른 것의 다른 것이니 다른 것이 같은 것 속에 이미 스며들어 있다. 즉 다른 것이 같은 것에 접목되고 상감되고 있다. 그래서 바깥은 안과 다르지만 같다. (김형효 2001, 283쪽)

이승종 교수는 이 부분을 다음처럼 정형화시키고 있다.

> 같은 것을 안이라 하고 다른 것을 바깥이라고 해보자.
> 같은 것은 다른 것의 다른 것이다.
> ───────────────
> ∴ 바깥은 안과 다르지만 같다.

그는 이 논변을 기호적 표기법으로 나타내면서 다음처럼 번역하고 있다.

> 같은 것은 안이고, 그리고 다른 것은 바깥이다.
> 같은 것은 다른 것이 아니다.
> ───────────────
> ∴ 바깥은 안이 아니다. 그리고 바깥은 안이다.[18]

이렇게 정형화된 논변은 이승종 교수에 의하면 부당한 논변이다. 결코 전제들로부터 결론이 도출되지 않는다. 나아가 더욱 심각한 것은 이 논변의 결론은 모순 명제라는 것이다. 기호논리학에서 보여주듯이 모순 명제로부터 그 어떠한 결론도 이끌어낼 수 있다. 그런데 이것이 의미하는 바는 무엇인가?

> 이 논증이 시사하는 바는 김형효 교수의 인용문이 끝나는 곳으로부티 우리가 무슨 말을 이어나가도 논리적으로 다 타당하다는 것이다. 언뜻 듣기에 김형효 교수의 논리에 전지전능의 지위를 인정하는 것 같지만, 사실 이는 김형효 교수의 논리가 작동할 수 없다는 파산선고에 다름 아니다. 김형효 교수의 논리는 프레게의 수리논리학이나 칸토르의 집합론과 같은 운명에 놓이게 된 것이다. (이 책, 236쪽)

결국 김형효 교수의 논변은 논변으로서 기능할 수 없다는 것이 이승종 교수의 비판이다. 따라서 그는 다음처럼 말하고 있다. "김형효 교수의 텍스트는 하나의 큰 그림으로서는 분명히 훌륭한 것이다. 그러나 그것이 비약적 깨달음을 지향하는 참선의 도가 아니라 설득력을 갖춘 철학이고자 한다면, 그림의 전체와 부분을 잇는 중범위 지대의 논리적 짜임새가 보다 밀도 있게 형성되어야 한다고 본다"(이 책, 237쪽).

---

18 기호적 표기법으로 표현된 이승종 교수의 원래 논변은 다음과 같다.

$(s = i) \& (d = o)$

$s \neq d$

$\therefore (o \neq i) \& (o = i)$

여기에서 s는 '같은 것', d는 '다른 것', i는 '안', 그리고 o는 '밖'을 의미한다.

III. 이러한 이승종 교수의 비판에 대해서 김형효 교수의 첫 응답은 다음과 같다.

나의 노장 해석이 내가 말한 실학實學의 철학과 유위적有爲的 진리의 영역이 아니고 무위적無爲的인 초탈의 도를 밝히는 영역에 속하는 작업이었던 까닭에 이 교수와 내가 근원적으로 서로 유사성이 없는 다른 철학을 말하는 것으로 여겨지기 때문이다. (이 책, 250쪽)

김형효 교수는 "철학이 대상 영역에 관한 지식의 탐구가 아니고, 이 세상을 근원적으로 어떻게 보아야 할 것인가에 대한 지혜의 깨달음"이라고 여기면서, "동서고금의 차이를 넘어서 철학은 서로 유사한 것들과 다른 것들이 늘 반복적으로 나타날 뿐"이라고 말한다. 따라서 "철학은 유한한 몇 개의 철학소들로 그려진 세상보기의 몇 가지 퍼즐짜기와 비슷하다." 이런 관점에 따라 그는 "철학은 세상보기를 각각 무위적無爲的/당위적當爲的/유위적有爲的인 진리에 의한 퍼즐짜기"로 구분하고 있다.

세상을 무위적 진리로 해석하려는 사유 경향은 "자연성의 무위성을 근원으로 하여 마음을 그 자연성의 무위적 현시와 은적(사라짐)과 함께 동거하려는 물학物學의 진리를 견지"하려고 한다. 반면에 세상을 당위적 진리로 해석하려는 형이상학과 도덕학은 "진리를 내면적 영혼의 지고선과 동일시하고 세상의 문제로서의 부조리를 마음의 내면적 의사擬似 문제로 해소하여 세상을 마음, 영혼의 혁명으로 다시 보려는 심학心學을 뜻한다." 그리고 세상을 유위적 진리로서 이해하려는 실학實學은 "자연을 은유적 […] 낭만의 고향으로 여기지 않고 자연을 무심한 기계론과 생물학적 본능의 투쟁적 생존 전략이 지배하는 그런 곳으로 간주한다." 이러한 "실학은 객관적 대상을 늘 문제로서 풀어야 할 도전으로 여긴다. 그래서 문제를 객관적으로 해결해서 답을 찾아야 하는 이성적 동물로서의 지능적 주체는 유위적, 작의적 기획을 갖고 인간의 다차원적인 생존을 위한 현실적 도구를 소유하지 않으면 안 된다. 지능의 원천으로서의 이성은 이 점에서 늘 도구적이다"(이 책, 249쪽).

이러한 세 가지 세상보기라는 관점에서 김형효 교수가 시도한 노장의 해석은 바로 무위적, 초탈적 세상보기인 반면에 이승종 교수의 비판은 바로 실학적, 유위적 세상보기에서 이루어지고 있다. 따라서 이승종 교수의 비판이 결국 서로 다른 세상보기를 혼동한 것에 지나지 않는다는 것이 바로 김형효 교수의 응답처럼 보인다. 그러나 김형효 교수는 다른 곳에서 다음처럼 말하고 있기도 하다.

다른 자리에서 필자는 도가 사상은 이처럼 사실학이기에 물학이고 그 물학은 현실 경영의 이법을 말해주므로 실학적이며, 재래로 실학이라고 말해져온 유가 사상은 오히려 사실과 거리가 먼 천인합일天人合—의 불가능한 낭만적인 꿈을 현실화시키려 하므로 심학(영혼학)적인 허학에 해당한다고 말한 바 있다. 그러나 이제 필자는 그러한 생각을 수정한다. 노장적인 사실은 유가의 실학 사상의 사실과 다르다. 후자의 사실은 현실을 재단하고 지배하기 위한 유위적 의미와 직결되어 있지만, 전자의 사실은 현실을 유위적으로 지배하기 위한 뜻은 아니다. 그것은 이 세상 본래의 구조를 사실로서 받아들이는 무위적 의미를 떤다. 그러므로 도가적 사실이 유가의 실학적 사실보다 한층 더 세상의 이법과 구조에 가깝다고 하겠다. 그리고 실학으로서의 유학이 아닌 도학으로서의 유학은 사실학이 아니므로 여전히 허학으로 불려야 하리라. (김형효 2000, 30쪽)

김형효 교수가 유학을 사실학이라기보다는 낭만적 허학이라고 부르는 것처럼, 또 실학이 "이 세상 본래의 구조를 사실로서" 받아들이기 보다는 유의미적 관점에서 바라보면서 "세상의 이법과 구조"로부터 멀어져 있는 것으로 비판하는 것처럼, 마찬가지로 만약 이승종 교수가 실학과 유위적 진리의 관점을 지니고 있다면 그는 바로 이러한 관점에서 무위적이며 초탈적인 세상보기에 대해서 그 정당성을 비판하고 있는 것이라고 할 수 있다. 적어도 이런 의미에서 단지 서로 다른 종류의 철학이라는 주장으로서 이승종 교수의 비판을 해소시킬 수는 없는 것처럼 보인다.

나아가 이미 본 것처럼 이승종 교수는 김형효 교수가 제시한 노장에 대한 해명이 하나의 큰 그림으로서는 훌륭하다고 말하고 있다. 따라서 이승종 교수가 비록 실학과 유위적 진리의 관점에 서 있다고 할지라도, 무위적이며 초탈적인 노장의 물학에 대해서 어느 정도 호의적인 생각을 갖고 있음에는 틀림없다. 단지 그의 비판은 훌륭한 큰 그림의 설득력을 제시하는 논변들이 논변으로서 기능하지 못하고 있음을 지적하고 있을 뿐이다. 만약 중범위성에서 이루어지는 논변들이 논변으로서 기능을 하지 못한다면, 우리가 훌륭한 큰 그림의 진리성을 믿어야 할 근거는 그만큼 사라지는 셈이 된다.

이승종 교수의 비판에 대한 김형효 교수의 두 번째 응답은 다음과 같다.

이승종 교수가 제기한 '비대칭성'과 '중범위성'의 각도에서 이루어진 논리적 비판은 내가 말한 논리나 문법과 다른 차원인 것으로 보인다. 이 교수의 논리는 논리학(논리과학)의 논리로서 실학적 객관성을 유지하기 위한 의식의 유의성이지만, 내가 말한 논리와 문법의 의미는 물학적 교직성을 뜻하는 무위성과 연관된 그런 의미를 지시하는 것으로 볼 수 없겠는가? (이 책, 252-253쪽)

분명히 김형효 교수가 말하는 논리나 문법은 이승종 교수의 비판적 분석에서 염두에 두고 있는 논리와는 다를 것이다. 이승종 교수도 적절하게 지적하고 있듯이 김형효 교수는 때때로 형식논리적 기본 법칙에 대한 불신감을 표현하고 있다. 나아가 논리학, 즉 논리과학의 논리는 실학적 객관성을 유지하기 위한 의식의 유위성이라고 주장하고 있기도 하다.

실학의 유위적 진리는 과학기술과 경제의 세계에서 그 타당성을 가장 확실히 보장받는다. 그래서 실학은 과학적이고 실용적이다. 모든 과학은 다 실학이다. 논리학도 수학과 같은 논리과학이다. 이 실학적 자연의 인간동형론은 […] 세상을 문제로서 보고 그 문제로서의 세상을 과학기술적으로나 경제적으로 장악하려는 그런 소유의식을 뜻한다. (이 책, 249-250쪽)

그러나 "지능의 원천으로서의 이성이 늘 도구적"인 것이 아닌 것처럼, 논리학이나 수학과 같은 논리과학이 언제나 "자연을 무심한 기계론과 생물학적 본능의 투쟁적 생존 전략이 지배하는 그런 곳"으로 간주하지는 않는다. 따라서 논리학이나 수학은 "세상을 과학기술적으로나 경제적으로 장악하려는 그런 소유의식"에서 비롯되어 도구적 기능을 수행할 수도 있지만, 논리학의 기본적 법칙들은 이성적 인간들이 그의 사유를 전개하기 위해서 반드시 선제해야만 하는 근본적 규범이다. 이러한 규범에 근거한 특정한 논리적 체계가 세상을 장악하기 위한 도구로서 사용될 수는 있다고 하더라도 또 그러한 논리체계가 우리 사유의 구조와 문법을 드러내기 위해 불충분하다고 하더라도, 분명한 것은 이러한 규범을 선제해야만 비로소 인간의 이성적 대화가 가능할 수 있다는 것이다. 바로 이런 의미에서 김형효 교수가 제시하는 노자나 장자, 혹은 데리다의 사유 문법이 형식논리학의 그것과 배치되지 않으면서도 그가 주장하는 구문론을 적절하게 수용할 수 있다면, 아마도 형식논리학의 기본 법칙에 배치되는 사유 문법의 체계보다 더욱 큰 설명력과 설득력을 지닐 수 있다.

　　IV. 바로 이런 문맥에서 김형효 교수의 해명이 이승종 교수가 의도하는 것처럼 번역된다면 그 논변은 부당하며 또한 결론은 모순명제로서 나타날 수밖에 없을 것이다. 이승종 교수도 지적하고 있듯이 가령 "바깥은 안과 다르지만 같다"와 같이 이해하기 곤란한 주장들이나 유사한 논변들이 많이 나타나고 있으며, 동시에 그것들은 김형효 교수가 제시하는 "큰 그림"에서 핵심적인 기능을 담당하고 있다. 또한 이러한 주장이나 그와 유사한 사유의 방법이 동양철학 속에서 어떤 중요하고 핵심적인 역할을 하고 있기도 하다. 적어도 이런 의미에서 김형효 교수의 논변에 대한 이승종 교수의 비판은 단지 김형효 교수의 그것에만 한정되지 않을 것이다. 오히려 그 비판은 동양철학적 사유에서 볼 수 있는 어떤 핵심적인 것에 대한 비판까지 함축할 것이다.[19]

19　이승종 교수의 비판에 대해서 김형효 교수는 다음과 같이 말하고 있다.

　　이미 동양에서 노장사상에서의 '유/무'의 동거성과 '소요유'와 '제물론'의 이중성, 불교의 그런데 논변을 정형화하는 과정에서 이승종 교수가 시도한 번역이 과연 적절한 것일까? "바깥은 안과 다르지만 같다"라는 명제를 과연 바깥과 안의 동일성을 보여주는 동시에 그렇지 않다는 것을 주장하는 명제로서 번역하는 것이 올바르고 적절한 것인가? "바깥은 안과 다르지만 그러나 같다"라는 결론은 손쉽게 "바깥과 안이 아니다. 그리고 바깥은 안이다"라고 번역될 수 없는 것처럼 보인다. 만약 이승종 교수의 분석이 설득력이 있다면, 다음과 같은 우리가 쉽게 듣는 유명한 언명조차 "논리적 파산선고"에 이르기 때문이다.

산은 산이다. 그리고 산은 산이 아니다.

─────────────

∴ 산은 산이다.

비록 전제에 모순명제가 있지만 그러나 이 논변은 형식적으로 타당하다.[20] 또한 이승종 교수가 올바르게 지적하고 있는 것처럼 저 모순명제를 전제로 하여 그 어떠한 결론도 나올 수 있다. 그런데 과연 이것이 의

화엄사상에서의 '성기性起'와 '성거性去'의 여래와 여거의 비동시적 동시성과 같은 진리의 양면성, 원효의 '일심/삼공', '불연/대연', '무리/지리' 등의 새끼 꼬기와 같은 대사법代謝法은 데리다가 말한 저 교직성의 사유논리와 다를 바가 없고, 또 이 점에서 세상을 무위의 사실성에서 깨달으려 하는 그런 철학적 사유 구조의 유사성을 지니고 있음을 말하려고 한 것이다. (이 책, 250-251쪽)

적어도 이러한 문맥에서 이승종 교수의 비판은 바로 이러한 철학적 사유를 정당화하는 논변을 문제 삼고 있다고 할 수 있다.

20 물론 전제에 모순명제가 있기 때문에 비정합성의 오류를 범하고 있다고 지적할 수 있다.

미하는 바가 논리적 파산선고에 불과한 것인가? 아니면 단순하게 형식
논리의 기법으로만 이해되지 않은 어떤 다른 측면이 있다는 것을 의미
하는 것은 아닐까?

"바깥은 안과 다르지만 그러나 같다"라는 김형효 교수의 주장은 "같은
것은 다른 것의 다른 것이니 다른 것이 같은 것 속에 이미 스며들어 있
다. 즉 다른 것이 같은 것에 접목되고 상감되고 있다"라는 전제로부터 나
오는 것처럼 되어 있다. 김형효 교수는 이승종 교수의 비판에 대해서 응
답하는 과정에서 이 부분을 더욱 구체적으로 다음처럼 말하고 있다.

> 무와 유가 서로 독자적인 자기 봉토를 소유하고 있는 것이 아니라, 무는
> 유에 의해서 상감되어 있고, 또 동시에 유도 무에 의하여 동봉되고 있는
> 수사학적 교차배어법chiasmus이나 무의 바탕에 유의 무늬를 보는 것과 유
> 사함을 언명하는 것이다. 즉 무명의 무는 천/지라는 유명의 쪼개짐을 가
> 능하게 하고, 또 만물이라는 유명의 유는 이미 허공이라는 무명의 무 안
> 에 동봉되어 있기 때문에 원효가 말한 대사법처럼 유/무가 서로 교대로
> 주고받는다는 말이다. 나의 독법은 바로 이 점을 지시한 것이다. (이 책,
> 255쪽)

바로 이러한 주장에서 나오는 명제를 이승종 교수가 한 것처럼 "다른
것은 같은 것이 아니다"라고 번역할 수 있겠는가? 오히려 그것은 다른
것은 같은 것에 접목되고 상감되어 서로 의존되고 있다는 주장처럼 보
인다. 이런 의미에서 결론도 "바깥은 안과 다르지만 그러나 서로 의존하
고 있다"고 표현하는 것이 더욱 적절한 것처럼 보인다.

또 김형효 교수는 이러한 결론에 대한 근거로 "같은 것은 다른 것의

다른 것이니 다른 것이 같은 것 속에 스며들어 있다"고 말하고 있다.

> 흔적과 흔적 사이에는 차이가 있다. 그런데 사이로서의 차이는 서로 간에 담을 쌓은 대립이나 모순이 아니기에 그 사이에는 마치 배드민턴의 셔틀콕처럼 부단히 주고받는 교접의 통화가 있다. 이런 점에서 볼 때 데리다가 말한 차연의 철학은 헤겔의 변증법적 매개논리와 유사한 데가 있지만, 근본에서는 아주 다르다. 차연의 세계에서는 대립이나 모순, 투쟁이 없다. 차연은 차이와 같지만 거기에는 이미 접목이 스며들어 있다. 접목이란 무엇인가? 접목은 같은 것이 다른 것의 타자에 지나지 않음을 말한다. 즉 같은 것은 자기 동일성이 아니라 타자와의 인연에 의하여 성립하는 것이다. 같은 것은 다른 것이 접목된 흔적의 반영이므로 같은 것을 알기 위해서는 다른 것의 타자로서 다른 것에서 자기에게 되돌아오는 우회의 길을 택해 다른 것의 시간적 연기나 지연으로서의 같은 것을 생각할 수밖에 없다. 같은 것은 다른 것의 연기延期나 지연이요, 다른 것의 대기인 것이다. (김형효 2001, 291-292쪽)

"같은 것은 다른 것의 다른 것이다"라는 표현이 여기에서는 "같은 것이 다른 것의 타자에 지나지 않는다"라고 표현되어 있다. 이러한 주장은 어떤 의미인가? 그것은 '교접의 통화'가 있다는 것이며, 접목이 스며들어 있다는 것이고, 같은 것은 타자와의 인연에 의하여 성립된다는 것이다. 만약 우리가 이러한 주장을 전제로서 간주한다면, "바깥과 안은 개념적으로 서로 구분되지만, 그럼에도 불구하고 두 개념은 서로 의존적이다"라는 것을 결론에 대한 올바른 번역으로 간주해야 할 듯싶다.

이러한 결론은 다음과 같이 옹호될 수도 있을 것이다. 즉 '바깥'과 '안'

은 논리적으로 모순 개념이 아니라, 반대 개념이다. 따라서 '바깥'과 '안'은 언제나 무엇의 바깥이요, 무엇의 안이며, 동시에 공간 개념을 선제하고 있다. 더 나아가 안과 바깥은 상대적이다. 따라서 안이 정해질 수 있다는 것은 바깥이 동시에 규정된다는 것을 의미한다. 이 점에 대해서 김형효 교수는 다음처럼 말하고 있다. "여기서 우리는 차이와 대립의 변별성을 분명히 알아야 한다. 대립은 모순과 같이 다른 것과의 공존을 용납하지 아니하며 필연적으로 같은 것과 다른 것과의 상호배척을 야기하지만, 차이는 같은 것과 다른 것이 서로 같지 않기에 오히려 상호 간에 영향을 미치고 상감되는 연결 관계를 맺게 된다. 상감과 접목은 같은 의미를 지닌 용어이다"(김형효 2001, 276쪽). 아마 '대립'은 논리적 모순 개념을 의미하는 듯싶고, 반면에 '차이'는 논리적 반대 개념을 의미하는 것 같다.

다행스럽게 김형효 교수는 이러한 분석이 가능할 수 있게 다음처럼 말하고 있다.

문은 데리다의 용어를 빌리면 불가능한 것들의 동거나 비동시적인 것들의 동시성, 또는 불가능한 공존이라고 표상될 수 있다. 왜냐하면 문은 여닫는 기능을 위하여 만들어진 것인데, 열고 닫음은 동시적으로 수행될 수는 없지만 닫는 것은 여는 것을 전제로 하고 또 그 반대도 마찬가지이다. 엶과 닫음은 서로 다르지만, 일방은 타방이 있기에 가능하다. 엶은 막힌 공간을 하나를 통하게 하니 두 공간의 묘합妙合이요 접목이고, 닫음은 열린 공간을 차단하기에 이쪽과 저쪽의 차이를 잉태시킨다. 그래서 문은 데리다의 표현처럼 비동시적인 것의 동시성이다. 왜냐하면 닫고 여는 것은 비동시적이지만 엶은 닫음의 타자로서만 의미를 지니기에 여닫

음은 동시적이기도 하다. (김형효 2001, 277쪽)

결국 안과 바깥, 같음과 다름, 유와 무, 엶과 닫음 등은 서로 다르지만, 즉 개념적으로 구분되지만, 그러나 어느 하나가 올바르게 사용되기 위해서는 다른 하나의 짝 개념을 전제할 수밖에 없으며, 따라서 서로 개념적으로 의존적이라는 주장으로 이해된다.[21]

V. 바로 이러한 의미에서 김형효 교수의 해명에 대한 이승종 교수의 비판은 설득력이 없다. 그것은 이승종 교수가 정형화한 논변이 김형효 교수의 주장에 대한 임의적인 혹은 틀린 번역에 기초하고 있기 때문이다. 논변의 타당성과 부당성을 비판적으로 따지기 이전에 설득력 있는 철학적 대화와 비판이 가능하기 위해서는 주장하는 의도에 적합한 번역이 선행되어야 할 것처럼 생각된다.

이러한 작업이 없이 단지 임의적으로 주어진 논변을 기호적 언어로 번역하여 그 타당성과 부당성을 규명하는 것은 오히려 철학적 대화와 토론을 막는 장애 조건일 수도 있다. 기호논리학, 또는 문장 논리학은 그 나름의 유용성을 지니고 있음에도 불구하고, 어떤 의미에서 그것은 투박한 철학적 장치이다. 이승종 교수가 이야기하는 것처럼 모순명제로부터

---

21 김형효 교수는 같음과 다름에 대해서 다음처럼 말하고 있다.

도는 자기 동일성을 궁극적으로 주장하는 근원적 일자—者가 아니라, 같음과 다름이 동시적으로 성립하는 비동시적인 것들의 동시성이요 상호의존적인 차이임을 뜻한다. 쉽게 말하자면 같은 것은 다른 것의 출현이 없으면 같은 것으로 정립되지 않고, 다른 것도 같은 것의 현존이 없으면 다른 것으로 반정립되지 않는다. (김형효 1999a, 90쪽)

그 어떠한 명제도 도출될 수 있지만, 그러나 이것은 단순화simplification, 첨가addition, 그리고 선언적 삼단논변disjunctive syllogism의 추리 규칙으로부터 마련되는 것이며, 논리적 연결사에 대한 진리함수적 규정으로부터 나온다. 이 초보적인 문장 논리학의 규칙들이 우리의 다양한 사유가 지니고 있는 논리적 형식을 담기에는 완전하지 않다는 지적들은 쉽게 발견할 수 있다.

VI. 비록 이러한 문장 논리학의 방식으로 주어진 논변을 형식화시키지 못한다고 할지라도, 비형식적인 방식으로 논변이 주는 설득력과 정당성을 검토할 수 있다. 비록 비형식적인 방식으로 주어진 논변을 검토한다고 해서 이것이 바로 형식논리학의 기본적 법칙을 거부하는 것은 아니다. 때때로 동양철학자들의 글에서 발견되는 형식논리에 대한 거부, 또는 논변에 대한 거부는 바로 이런 의미에서 잘못된 철학적 태도처럼 보인다. 철학은 실천적 수양修養이나 지혜에 대한 추구이기에 앞서서 지성적 작업이다. 비록 그 철학의 이념이 성인聖人이나 진인眞人을 지향한다고 해도, 그것이 철학인 한에 있어서 치밀한 분석을 배제할 수 없다고 생각한다. 그 철학의 궁극적 관심이 도덕적 수양과 실천에 있다고 해도, 또 초탈적인 지혜에 있다고 해도, 그러한 실천과 지혜를 정당화하기 위해서는 바로 논변을 통해 그 설득력을 보여주어야만 하는 것이 철학의 운명이다.

VII. 데리다, 노자, 장자가 선험주의자라는 주장에 대한 이승종 교수의 비판에 대해서 김형효 교수는 다음처럼 말하고 있다.

우리가 물학의 존재 양식, 자연성physis이 생기하고 있는 논리 또는 무의식의 문법이라는 말을 쓸 수 있다면, 그것을 선험성이라고 부르지 않고 무슨 말로 표현할 수 있을까? 그것을 경험적이라 말할 수 있을까? 경험적이란 말은 의식적이라는 말과 동의어이고, 인간중심적이라는 말과 상통하는 것이 아닐까? 노장적 사유가 말하는 도는 이 세상의 원초적 문법을 의미하고, 그것이 불교에서 말하는 진여眞如와 유사하고, 데리다가 말한 교직성이 하이데거가 말한 유와 무의 동거성과 유사하다면, 이런 유사성을 세상의 선험적 사실성이라고 부르지 않고 과연 무엇이라 말할 수 있을까? (이 책, 255쪽)

여기에서 선험성은 "자연성이 생기하고 있는 논리", "무의식의 문법"이며, 비경험적, 무의식적, 원초적 문법 등으로 표현되고 있다. 또 노장의 도, 불교의 진여眞如, 데리다의 교직성, 하이데거의 유와 무 동거성 등이 모두 선험적 사실성이다.

노자가 비판해 마지않았던 것은 바로 그러한 '중심/주변'의 이분법적 나눔의 논리가 은밀하게 안고 있는 일원론적인 환원의 사유이다. 기器는 박樸의 주변이나 부산물이 아니라 저 박의 무늬에 해당한다. 바탕이 전제되어야 무늬는 하나의 무늬로서 힘을 얻고 보이는 무늬의 다양한 현존이 실려 있어야 보이지 않는 바탕의 부재는 그 힘을 작용하게 된다. 다른 말로 표현하자면 '박산위기樸散爲器'란 박이 근거 없는 근거와 같은 부재적 무의 바탕으로서 현존적 유의 다양한 기器들을 가능케 하는 선험성과 같은 것임을 암시한다. 선험성이라고 해서 그것을 어떤 원인이나 근원적인 원리로 봐서는 안 된다. 선험성이 경험성과 '만卍'자처럼 얽힘으로써 보이지 않는 선험성의 바탕은 보이는 경험성의 무늬를 통해 감각적으로 표면에 현상화하고 또 보이는 경험성의 현상은 보이지 않는 선험성의 본질을 통해 의미의 깊이에 참여한다. 즉 바탕은 무늬 없이 보이지 않고 무늬는 바탕 없이 의미화하지 않기에, 그 둘은 보충대리의 관계이고 데리다가 말한 차연의 법칙에 다름이 아니다. (김형효 2000, 25-26쪽)

박樸은 바탕이고 기器는 무늬이다. 무늬는 바탕을 전제할 수밖에 없다. 따라서 바탕으로서 박樸은 무늬인 다양한 기器를 가능하게 하는 원리이다. 그것은 다양하게 현존하는 것, 경험적인 것, 감각적으로 현상화하는 것들을 가능하게 만드는 원리이다. 그런데 이러한 선험적 사실성이 반대 개념의 경우에도 성립할 수 있을까? 가령 삶과 죽음은 서로 반대 개념이다. 죽음을 전제해야만 비로소 우리는 삶의 영역을 확정지을 수 있다. 그런데 이것은 동시에 삶을 전제해야만 비로소 죽음을 확정지을 수 있다는 것을 의미한다. 만약 죽음이 근거 없는 근거로서 삶을 가능하게 만드는 선험적 원리라면, 동시에 삶 역시 죽음을 가능하게 만드는 선험적 원리로서 작용할 수 있다. 마찬가지로 유가 무를 전제할 수밖에 없다면, 무또한 유를 전제할 수밖에 없다. 무가 유를 가능하게 만드는 선험적 원리라면, 마찬가지로 유 또한 무를 가능하게 만드는 선험적 원리이다.

도-불가의 대대법은 양면이 완전히 균형의 무게를 갖고 오가는 것인데, 유가의 경우에는 불완전한 대대법을 품고 있다는 것이다. 물론 도가가 〈유/무〉를 한 쌍으로 볼 때에 무에 더 비중을 둔 것이 아닌가 하고 여길 수 있으리라. 그러나 그 무는 유를 가능케 해주는 터전에 불과하다. 유가 없으면 무도 성립하지 않는다. […] 그러나 유가의 대대법인 〈태극理

/음양氣, 도심/인심, 성性/심心, 본연지성本然之性/기질지성氣質之性, 심心/신身〉등의 구조는 상호 등가적인 무게를 지니지 않는다. 늘 전자가 후자의 것보다 원본에 해당하고, 후자는 전자의 부본으로 종속되어야 하는 그런 상하의 가치관이 설정되어 있다. 그래서 후자가 전자에 조화스런 관여를 하면 그것은 선이고, 그렇지 않고 역행을 하면 악으로 지목된다. (김형효 1999a, 105쪽)

"무는 유를 가능케 해주는 터전"이며, 따라서 무는 유가 가능하기 위한 선험적 근거이다. 그런데 유에도 이런 주장을 할 수 있는가? "유가 없으면 무도 성립하지 않는다"라는 주장이 유도 무의 가능성을 위한 선험적 근거라는 주장을 함축하는가?

어머니의 자궁은 텅 빈 공간이지만, 그 공간은 자기 속에 다양한 만물을 모두 거두어들이는 그러한 공간이다. 이 세상의 온갖 다양한 만물도 궁극적으로 공간(어머니의 자궁)과 같은 무형한 빈터가 없이는 차이와 접목의 운동근거를 상실하고 만다. '무명은 천지지시'라는 말이 무형무명한 선험적인 힘이 유형유명한 천지의 차이와 접목에 이미 시작이 없는 시작에부터 상감象嵌되어 있다는 것으로 해독되어야 하듯이 '유명은 만물지모'라는 것도 경험적인 만물의 차이와 접목이 선험적인 어머니와 같은 공간 속에 이미 등록되어 있다는 뜻으로 이해되어야 한다. (김형효 2001, 274-275쪽)

적어도 선험적인 어머니와 같은 공간이 바로 경험적인 만물의 차이와 접목을 가능케 하는 근거이다. 아마도 이 역관계는 이루어지기 어려운 것처럼 보인다. 따라서 김형효 교수가 주장하는 "선험적 사실성"은 단순히 논리적 반대 개념이 보여주는 대대법 이상을 의미하는 것이라고 볼 수 있다.

> 중/묘지문은 차이와 접목의 양가성을 갖고 있다는 점에서 도를 상징하는 기능이라고 볼 수 있지만, 그러나 그 기능은 어디까지나 유의 계열에 속하는 것이 아닐 수 없다. 왜냐하면 문은 경험적 차원에서 접근될 수 있는 물의 세계이기 때문이다. 그렇다면 무의 계열에 속하는 선험적 도의 기능은 어디에 있는가? 그것은 이미 경험적 물門의 도에 상감되어 있기도 하고 또 거기에서부터 초탈되어 있기도 하다. 선험적 도의 기능은 경험적 차이와 접목을 가능케 하는 무형의 힘氣이고 동시에 텅 빈 공간이라고 하였다. 그 힘과 텅 빈 공간 자체는 보이지 않기에 무형이고 무명이지만, 그것들은 모든 유형한 것들의 차이와 접목의 순환 운동의 반복 속에 이미 구체화되어 있다. [⋯] 그러므로 그 공간은 살아 있는 힘을 지닌 간격이다. 간격이 있기에 차이와 접목이 가능케 된다. [⋯] 그것은 문의 여닫음을 가능케 해준다. 그것이 간격과 공간의 힘이다. 빈 공간을 상정하지 않으면 문은 문도 아니려니와 문의 기능도 할 수 없다. 이렇게 볼 때 무물과 유물도 서로 간에 차이와 접목의 새끼 꼬기를 한다고 볼 수 있다. (김형효 2001, 277-278쪽)

유의 계열에 속하는 것들은 차이와 접목의 양가성을 지니고 있다. 따라서 문의 열고 닫음은 서로 양가성을 지니고 있고, 이러한 양가성은 논리적 반대 개념으로도 충분히 해명할 수 있다. 그러나 선험적인 어머니와 같은 공간, 무형의 힘과 텅 빈 공간은 모든 경험적 차이와 접목을 가능하게 한다. 따라서 문의 열고 닫음이 가능하기 위해서는 이러한 빈 공간을 상정해야만 한다. 열고 닫음이 대대법을 보여주는 짝 개념이라고 해도, 이것이 가능하기 위해서는 바로 어머니의 자궁과도 같은 텅 빈 공간이 상정되어야 한다. 그것은 마치 문의 열고 닫음이 가능하기 위해서는 또는 열고 닫음이 서로 대조되기 위해서는 바로 문과 문이 위치하고 있는 공간을 전제해야 하는 것과 마찬가지이다. 양가성과 대대법이 이루어지기 위해서는 바로 논리적 반대 개념에서 나타나는 것처럼 그 반대를 가능하게 하는 공통적 선제를 전제해야만 한다. 가령 삶과 죽음은 서로 짝 개념이지만, 그러나 이러한 대조가 가능하기 위해서는 바로 생명을 전제로 해야만 한다. 적어도 이러한 측면에서 김형효 교수의 주장이 성립되기 위해서, 즉 무위적인 초탈의 도를 밝히거나 또는 물학적 교직성을 뜻하는 무의성과 연관된 논리와 문법이라고 해도, 그것이 형식논리학의 기본적 법칙에 배치될 필요는 없는 것처럼 보인다.

그러나 김형효 교수는 "안과 바깥은 서로 다르지만, 그러나 서로 의존하고 있다"는 주장을 단지 개념적이고 논리적 질서에만 한정시키고 있는 것처럼 보이지 않는다. 오히려 이 주장은 개념적이며 논리적 혹은 문법적 질서를 넘어서 실재적이며 자연적이고 사실적이며 물학物學적인 질서에 해당되는 주장인 것처럼 보인다. 따라서 "안과 바깥은 서로 다르지만, 그러나 서로 의존하고 있다"라는 주장은 단지 우리의 언어 사용을 반영하는 흔적만은 아니다. 그것은 "세계"의 구조와 문법, 논리를 보여주고 있는 물학物學적인 것이다.

너의 보이는 것에는 나의 안 보이는 것이 상감되어 있는 것이요, 나의 보이는 것에는 너의 안 보이는 것이 그려져 있는 것에 비유됨직하다. […]

나의 생각이 얼마만큼 나의 것이고 또 얼마만큼 남의 것인지 선명하게 갈라놓기가 불가능하다. 따라서 존재의 세계에서는 절대적인 것도 없고 상대적인 것도 없다. 상대적인 것은 절대적인 것을 여러 개 인정하는 다원적 절대화에 지나지 않는다. 이처럼 메를로-퐁티Maurice Merleau-Ponty도 존재를 '이중성'이라고 보았다. 그는 이 이중성이 바로 '근원적인 것'이라고 언표한다. 노자의 도는 바로 이 이중성을 말한다. 즉 이중성이 가장 기초적인 사실의 단위요 법칙이라고 보는 사상이 노자의 도요, 덕은 그 도의 힘을 말한다. 말하자면 죽은 추상적 법칙이 아니라 살아 있는 구체적 법칙이다. 사실을 뜻하니 죽은 추상적인 법일 수 없다. 노자의 도는 사실성을 의미한다. (김형효 2000, 28–29쪽)

개념적이며 논리적인 의미에서 안과 바깥은 서로 의존적 개념이다. 이것은 모든 반대 개념에서 성립하는 사소한trivial 개념적 사실에 불과하다. 그런데 김형효 교수는 이러한 사실을 존재의 세계로 확장하고 있다. 정확하게 말하면 그것은 오히려 존재 세계의 사실성으로부터 그러한 특성을 얻게 되는 것이리라. 그런데 이 이중성과 양면성이 바로 존재 세계의 사실성이라는 주장은 어떻게 정당화될 수 있는가? 과연 반대 개념에서만 그러한 특성들이 나타나는 것이 아니라, 존재하는 모든 것에 이러한 특성들이 나타날 수밖에 없으며 그것이 바로 세계의 근원적인 사실이라는 것을 우리는 어떻게 정당화할 수 있는가? 과연 이 세계의 선험적 사실성은 노자나 장자, 데리다가 말한 것과 같은 것일까? 노자와 장자, 그리고 데리다, 하이데거, 원효, 불교의 유식학, 메를로-퐁티 등이 이야기하고 있는 것들이 비록 서로 유사한 사유 계열을 보여주고 있다고 해도, 과연 이들의 주장이 진리라는 근거는 무엇인가? 이들의 주장이 단지 사소한 개념적 사실을 넘어서 세계에 대한 진정한 문법이요, 원초적 논리라고 주장할 수 있는 근거는 무엇일까? '중범위 지대'에서 논리적 짜임새를 요구하는 이승종 교수의 비판은 바로 이러한 의혹을 표현한 것이 아닐까?

7.5 답론

김형효 교수의 저술(김형효 1999b)에 대한 나의 비판을 반박하는 글에서 김영건 교수는 다음과 같은 평가를 내린다. 내가 김형효 교수의 텍스트를 분석하는 과정에서 동원한 논리학은 투박한 철학적 장치이다. 거기에 동원된 단순화, 첨가법, 선언적 삼단논법 등의 추리 규칙들은 사유의 다양성이 지니고 있는 논리적 형식을 담기에는 완전하지 않다. 이에 대한 나의 답변은 다음과 같다. 저 추리 규칙들은 수학에서 덧셈이나 뺄셈의 규칙들이 그러한 것처럼 논리학에서 보편적으로 받아들여지고 있는 자연연역의 기본 규칙들이다. 물론 덧셈이나 뺄셈의 규칙들만으로는 수학의 다양성이 지니고 있는 수학적 형식을 다 표현할 수 없는 것처럼, 저 추리 규칙들만으로는 사유의 다양성이 지니고 있는 논리적 형식을 다 표현할 수는 없다. 그러나 수학이 덧셈이나 뺄셈의 규칙들을 위반하지 않듯이, 사유도 함부로 저 추리 규칙들을 위반해서는 안 된다고 본다. 덧셈이나 뺄셈의 차원에서 문제가 있는 수리체계의 건전성을 의심해볼 수 있는 것처럼, 자연연역의 기본 규칙들 차원에서 문제가 있는 사유체계의 건전성은 의심해봄 직하다.

김영건 교수는 "바깥은 안과 다르지만 같다"는 김형효 교수의 주장을 옹호하면서 이 주장을 모순으로 본 나의 해석이 틀렸다고 말한다. 그 근거로 김영건 교수는 다음과 같은 김형효 교수의 말을 인용한다.

여기서 우리는 차이와 대립의 변별성을 분명히 알아야 한다. 대립은 모순과 같이 다른 것과의 공존을 용납하지 아니하며 필연적으로 같은 것과 다른 것과의 상호배척을 야기하지만, 차이는 같은 것과 다른 것이 서로 같지 않기에 오히려 상호 간에 영향을 미치고 상감되는 연결 관계를 맺게 된다. (김형효 2001, 276쪽)

김영건 교수는 이에 대해 다음과 같이 말한다.

아마 '대립'은 논리적 모순 개념을 의미하는 듯싶고, 반면에 '차이'는 논리적 반대 개념을 의미하는 것 같다. (이 책, 272쪽)

요컨대 김영건 교수는 같은 것과 다른 것을 논리적 모순 개념이 아니라 반대 개념으로 해석하고 있는 것이다. 이를 바탕으로 김영건 교수는 "바깥은 안과 다르지만 같다"는 김형효 교수의 주장을 "바깥과 안은 개념적으로 서로 구분되지만, 그럼에도 불구하고 두 개념은 서로 의존적이다"로 해석한다. 하지만 이러한 해석은 김형효 교수의 주장을 지극히 당연하고 상식적인 것으로 만들어버린다.

그런데 같은 것과 다른 것은 김영건 교수의 해석처럼 반대 개념인가? 두 개념들이 모순 관계에 있으려면 그 개념들이 적용된 사례들이 동시에 참일 수 없고 동시에 거짓일 수도 없어야 한다. 반면 두 개념들이 반대 관계에 있으려면 그 개념들이 적용된 사례들이 동시에 참일 수는 없지만 동시에 거짓일 수 있어야 한다. 색깔 문장 "A는 빨간색이다"와 "A는 파란색이다"는 A가 노란색일 경우 동시에 참일 수는 없지만 동시에 거짓일 수는 있다는 점에서 반대 관계하에 있다. 이제 같은 것과 다른 것이 반대 개념인지를 살펴보자.

(1) x는 y와 같다.

(2) x는 y와 다르다.

(3) x는 y와 같으면서 다르다.

(4) x는 y와 같지도 다르지도 않다.

같음과 다름이 반대 개념이기 위해서는 (4)의 경우를 설명할 수 있어야 한다. 그러나 적어도 표준적인 논리학의 견지에서는 그렇게 하기 어렵다. 따라서 같음과 다름의 관계를 반대 관계로 보기는 어렵다.

더구나 김형효 교수는 "같은 것은 다른 것의 다른 것이다"라고 주장하고 있다(김형효 2001, 283쪽). 이때 그는 "다른 것의 다른 것은 같은 것이다"라는 주장도 함께 하는 것으로 해석할 수 있다. 즉, 같은 것은 다른 것의 다른 것과 동일한 것이라고 말이다. 김형효 교수의 이러한 주장을 받아들인다면 같은 것과 다른 것이 반대 관계라는 김영건 교수의 해석은 성립할 수 없다. 빨간색과 파란색의 경우를 예로 이를 설명해보자. 우리는 "빨간색은 파란색과 다른 것이다"라는 말을 할 수 있지만, 파란색과 다른 것은 빨간색이다"라고 말할 수는 없다. 따라서 같음과 다름의 관계는 빨간색과 파란색과 같은 반대 관계로 볼 수 없다.

7.6 노장철학과 해체론[22] (박원재)[23]

[…] 김형효에 의해 그 씨가 뿌려진 노장에 대한 해체론적 독법은 이후 관심 있는 연구자들을 중심으로 탐색의 폭을 넓혀가기 시작하였다. […] 비트겐슈타인을 전공한 이승종은 1998년 가을 한국도가철학회가 '장자 철학의 세계'라는 주제로 개최한 학술발표회 자리에서 데리다와 장자의 사유세계를 솜씨 있게 비교한 〈해체와 자연〉이라는 글을 발표함으로써 일거에 노장 – 해체 담론의 중심으로 떠올랐다.[24] […]

이런 과정을 거치면서 노장 – 해체 담론은 비록 양적으로 풍성하지는 않지만 질적으로 한층 심화된 논의들이 뒤를 이음으로써 좀 더 숙성되어갔다. 우리는 그 심화의 징표를 […] 2002년 《오늘의 동양사상》 지면을 통해 이승종과 김형효 사이에 오고 간 논전을 통해 확인하게 된다. 일찍이 《데리다와 비트겐슈타인》이라는 저작을 상재했을 정도로 해체론에 대해 나름의 공력을 축적하고 있었던 이승종은 앞에서 말한 〈해체와 자연〉이라는 글을 통해 그 내공을 노장철학에 대한 독법으로 훌륭하게 활용한 후, 스스로 노장철학과 해체론의 만남을 둘러싼 논의의 출발점이자 심장부라고 평가한 김형효의 작업에 대해서도 문제 제기를 함으로써 노장 – 해체 담론을 심화시켰다. 《오늘의 동양사상》 6호의 지면을 통해 전개된 이 논전에서 이승종은 김형효의 해체론적 노장 독법이 지니

---

22 이 절은 7장의 초고를 거론하고 있는 다음의 글에서 발췌한 것이다. 박원재, 〈노장철학과 해체론〉, 《오늘의 동양사상》, 14호, 2006.

23 율곡연구원 원장.

24 이 글은 그의 다음의 책에 재수록되었다. 이승종 2018, 5장.

고 있는 문제점을 세 가지 측면에서 지적하였고, 또 김형효도 이에 대한 자신의 견해를 밝힘으로써 노장에 대한 해체론적 독법이 궁극적으로 지향해야 할 목표에 대해 다시금 성찰하게 하는 계기를 제공하였다.[25]

이 두 사람의 활발한 작업은 이후에도 계속되어 김형효(2004b)는《도덕경》을 시종일관 해체론적 시각에서 풀이한《사유하는 도덕경》을 출간함으로써 자신을 여전히 노장 – 해체 담론의 중심에 위치시켰고, 이승종은 이강수 교수의 정년을 기념하여 출간된 책자에〈차이와 반복—노장과 들뢰즈〉라는 글을 실어 노장에 대한 자신의 해체론적 독법의 지평을 한 단계 상승시키는 학문적 열정을 보여주었다.[26] […]

노장 – 해체 담론을 또 한 번 주목받게 만들었던 이승종과 김형효 사이의 논쟁은 […] 노장과 해체론은 각자 추구하는 이념면에서 서로 접속될 수 있다는 시각을 공유하였다. 이 때문에 이들이 주고받은 논쟁의 주제는 방법론으로서의 해체론을 노장과 어떻게 연결시킬 것인가 하는 문제보다 그 접속의 완성도를 높이는 데 해결해야 하는 문제점들에 대한 논의로 주로 모아졌다. 우리 학계의 노장 – 해체 담론에서 김형효가 차지하는 선구적인 위치를 높이 평가하면서도 그 접속의 완성도를 높이려는 관심에서 이승종이 당시 제기했던 문제는 세 가지이다. 첫째는 김형효가 데리다와 노장철학의 유사성에만 주목하고 차이점에 대해서는 간과하고 있다는 것, 둘째는 김형효 자신의 해체론적 노장 독법이 설득력을 지니기 위해 갖추어야 하는 세부적인 논리적 짜임새가 미비하다는 것, 그

---

25 이 글은 이 책 7장과 7.1에 재수록되었다.

26 이 글은 그의 다음의 책에 재수록되었다. 이승종 2018, 6장.

리고 마지막 셋째는 그가 노장의 사유를 선험주의로 본다는 것이다.

이런 문제 제기에 대해 김형효는 우선 자신이 생각하는 철학적 사유의 유형을 세 가지로 나누고는, 이승종과 자신이 생각하는 철학의 영역이 서로 다른 듯하다고 함으로써 문제를 풀어나갔다. 이 점을 좀 더 맥락적으로 이해하기 위해서는 먼저 동서철학사를 통찰하는 김형효의 독특한 시각을 살펴볼 필요가 있다.

동서철학에 대한 오랜 동안의 여정을 통하여 근래 김형효는 동서양의 철학적 사유를 세 가지 유형으로 나눈 바 있다. 그는 동서철학사를 일별할 때 인간의 잠재적인 무의식적 사유구조는 동서고금을 막론하고 서로 시공간적 경계를 넘어서 두 개의 근본적인 대위법으로 집약된다고 말한다. 그것은 곧 '능위能爲의 철학 = 구성주의/무위無爲의 철학 = 해체주의'의 구도이다(김형효 2004a, 42쪽). 그런데 여기에서 전자는 다시 '유위적 현실주의'와 '당위적 이상주의'로 나뉜다. 따라서 전체적으로 보면 동서철학사에 그 흔적들을 남기고 있는 대표적인 사유구조는 크게 세 가지 유형으로 나뉜다.

김형효는 이것을 다른 자리에서 다시 '현실주의 = 실학/이상주의 = 심학/사실주의 = 물학'으로 각각 새롭게 명명하면서 이 구도로 좀 더 분명히 정리한다(김형효 2002, 34-38쪽). 여기에 따르면, 현실주의는 이 세계를 인간이 바꿀 수 없는 근원적인 상황이라고 보면서 인간의 이기심과 사회성의 교호작용으로 엮어지는 행로가 인간의 역사적 삶의 모습이라고 보는 태도이다. 이에 반해 이상주의는 인간의 이기심이 발현되는 현실세계를 근원적인 상황으로 인정하지 않고 그것을 당위적 이상의 상태로 개조시켜야 하고 또 개조시킬 수 있다고 생각하는 사유이다. 마지막으로 사실주의는 우선 이 세계를 주어진 근원적인 상황이라고 보는 것은 현실주의와 일치한다. 그러나 그 내용에 있어서 이기적 본능에 토대를 둔 소유론적 욕망이 경쟁하는 세계가 아니라, 본성에 입각한 존재론적 욕망들이 서로 교직되며 얽힘의 평안을 유지하는 연기의 세계라는 점에서 현실주의적 진리와 다르다. 그러니까 사실주의는 소유의 현실성을 떠나 존재의 사실성을 찾고자 하는 시도이며, 이런 점에서 그 사실성은 곧 존재론적 사실성인 것이다.

동서철학사에 등장했던 사유구조들을 이렇게 정리한 뒤에 김형효는 오늘의 시점에서 인간의 소유론적 욕망을 조장하는 현실주의의 질병을 치료할 수 있는 길은 이상주의가 아니라 세상의 근원적 사실을 있는 그대로 인식하는 무위적 사실주의라고 역설한다(김형효 2010c, 70쪽). 왜냐하면 역사는 현실에 존재하는 악의 구축을 지상의 목표로 설정하는 이상주의적 기획이 매번 무의미한 공상적 유토피아니즘으로 끝났거나 아니면 너무나 쉽게 전체주의로 변질되곤 했음을 보여주기 때문이다. 김형효의 철학적 여정에서 노장철학이 전면으로 등장하는 지점은 바로 여기이다. 그가 볼 때, 선/악과 진/위의 분별 대신 자연의 근원적 사실대로 세상을 살기를 종용하는 노장철학이야말로 모든 것을 하나의 가치로 환원시키려는 그런 근현대사상의 독성을 일깨워주는 정신적 각성제이자 21세기적 사유의 기본 틀을 놓을 수 있게 해주는 설계도이다. 이런 점에서 김형효는 노장철학이야말로 새로운 세기의 사실학으로서의 물학物學이라고 최종적으로 자리매김한다(김형효 2001, 34-35쪽).

이와 같은 관점에서 출발하여 김형효는 이승종이 제기한 첫 번째 질문에 대해 노장과 해체론의 유사성에 상대적으로 주목하는 것은 구조적이고 계열체적인 시각에서 철학사를 바라보는 자신의 그런 철학적 입장 때문이라고 대답한다. 두 번째 질문에 대한 대답도 이것의 연장선 위에 있다. 이 점에 대해 김형효는 이승종이 사용하는 논리는 논리학의 논리로서 실학적 객관성을 유지하기 위한 의식의 유위성이지만, 자신이 이야기하는 논리는 물학적인 교직성을 의미하는 무위성의 논리라고 대답함으로써 문제 자체를 해소시키는 방식으로 답을 한다. 요컨대, 자신과 이승종이 발을 딛고 있는 담론의 영역이 다르다는 것이다. 그러면서 그는 마지막으로 노장이 말하는 도는 이 세상의 원초적 문법을 의미한다는 점에서 선험적일 수밖에 없다고 정리하면서 논쟁을 마무리한다.[27]

내용을 통해서 이미 충분히 확인할 수 있듯이, 이승종의 질문에 대한 김형효의 대답 속에는 구조주의자로서의 그의 철학적 사유의 색채가 선명하게 드러나 있다. 그가 관심을 쏟는 것은 사유의 내용보다 사유의 형식이다. 그는 동서양 철학사에 등장하는 개개의 사유들이 구체적으로 고뇌했던 문제들보다 그것들이 무의식적으로 연계되어 있는 공통의 근원적인 형식들을 유형화시켜 보여주고자 노력한다. 구조주의적 사유가 철학사에 기여한 바를 떠올릴 때, 노장에 대한 김형효의 이런 접근법이 지니고 있는 장점을 우리는 익히 알 수 있다. 그것은 확실히 한층 거시적이고 근원적인 관점에서 노장의 사유를 보게 하는 데 많은 도움을 준다. 하지만 구조주의가 또한 그렇듯이, 그런 식의 노장 독해는 문제점 역시 많다. 그 가운데 지금 우리가 논의하는 주제와 관련하여 말한다면, 김형효 식의 접근법은 무엇보다도 노장과 해체론이 어떻게 다른가에 대해 말해주는 데는 서툴다. 그것은 양자 간에 존재하는 문법의 상사성 相似性에 대

---

27 이승종의 질문에 대한 김형효의 대답에 대해서는 이 책 7.1 참조. 논쟁을 통하여 이 두 사람이 개진한 주장들의 타당성에 대해서는 이를 탁월하게 분석하고 있는 김영건의 글(이 책, 7.4)을 참조.

해서는 환호하지만, 그것들이 각각의 철학사 속에서 부대끼며 형성시켜 온 문맥의 상이성에 대해서는 침묵한다.[28] 이런 점에서 노장과 해체론을 연결시키는 김형효의 시도는 비교철학이란 모름지기 '같음'보다는 '다름'을 보여주는 작업이어야 하며, 같은 맥락에서 노장과 해체론의 비교도 유사성에도 불구하고 노장이 왜 해체론과 다른가를 보여주는 것이어야 한다는 정세근(2002) 식의 지적에 대해서는 속수무책일 수밖에 없다.[29]

논쟁의 한쪽 당사자였던 이승종의 경우는 노장 – 해체 담론의 활성화라는 측면에서 보았을 때 김형효의 경우와는 또 다른 고민을 우리에게 안겨준다. 김형효와 비교할 때 그는 데리다와 노장 사이에 존재하는 '같음'보다는 '다름'을 주목하는 경향이 강하다. 이 과정에서 그가 그 '다름'의 시금석으로 삼는 것은 '삶'이다. 그는 이 점을 '테오리아theoria'와 '테크네techne'의 문제로 치환시켜 이야기한다. 이에 따르면, 사유상의 많은 유사성에도 불구하고 데리다와 노장(특히 장자)의 차이는 후자가 이론을 넘어 삶의 차원에서 해체를 결행한다는 점이다. 이런 점에서 노장은 데리다보다는 비트겐슈타인과 닮았다. 이 둘은 삶의 테오리아적인 측면보다 테크네적인 측면을 더 주목한다는 점에서 동지이다. 이 둘은 테오리아로 수렴되기 이전의 삶의 원초적인 내용들이 뿌리를 내리고 있는 자

---

28 김형효의 노장해석에서 묻어나는 이런 성분들에 주목하여 나[박원재]는 그것을 문맥보다 문법에 치중하는 사유라고 평한 바 있다. 박원재 2015.

29 이 글에서 정세근은 그 '다름'을 확보하는 것이 해체론과 동양을 성공적으로 접속하는 지름길이며, 그 '다름'은 바로 우리의 문제를 가지고 해체론적 작업을 수행할 때 확보된다고 주장한다.

연사自然史를 주목한다. 이런 까닭에 노장은 해체주의를 넘어선다고 이승종은 암시한다. 그 결과 노장은 그것을 넘어 삶을 자연사의 일부로 보는 자연주의 대열에 합류함으로써 비트겐슈타인과 새로운 연대를 구축한다.

노장과 해체론의 유사성을 인정하면서도 노장의 사유 속에서 그 유사성을 뛰어넘는 부분을 읽어내려는 이승종의 이와 같은 관심은 최근 들뢰즈와 노장을 접속시킴으로써 한층 숙성된 모습을 보인다. 노장이 포착하는 자연만물은 법칙적 동일성을 넘어서 한데 어우러지는 차이와 반복의 파노라마이며, 바로 이런 점에서 노장은 자연을 차이와 반복의 대경연장으로 보는 들뢰즈의 사유와 닮았다고 그는 말한다(이승종 2018, 215쪽). 이승종이 볼 때, 노장과 들뢰즈는 잠재태와 현실태의 접면에서 발생하는 붕괴의 사태에 주목하면서 잠재태와 현실태를 실재의 서로 다른 두 양상으로 간주하고 각각이 지닌 가치와 의의를 인정하고 존중하는, 이른바 '초월론적 경험론'의 양상을 보인다는 점에서 공통적이다(이승종 2018, 228쪽). 이를테면 그는 노장을 들뢰즈와 비교하는 작업을 통하여 앞서의 테오리아/테크네의 구도에서 노장적 사유의 테크네적 측면을 한층 부각시키고 있는 셈이다.

이처럼 이승종에 오면 노장과 해체론의 '다름'은 비로소 좀 더 선명하게 조명된다. 하지만 유감스럽게도 그가 보여주는 '다름'은 온전한 '다름'이 아니라 여전히 반쪽의 '다름'에 지나지 않는다는 데에 우리의 고민이 있다. 이승종의 도움으로 노장은 데리다는 넘어섰을지 몰라도 여전히 비트겐슈타인과 들뢰즈라는 또 다른 보호자의 품속에 있다. 노장은 이들 보호자의 인도를 받음으로써 노장 – 해체 담론에서 짐짓 데리다와 다른 그들만의 색깔을 확보하는 것이다. 이것이 이승종의 작업을 보면서 우리가 접하는 또 다른 고민의 내용이다. 요컨대, 방법론의 측면에서든 이념의 측면에서든 우리의 노장 – 해체 담론에서 노장은 아직도 동서양의 철학적 사유들을 종횡으로 헤집으면서 종국에는 그것들을 근본에서부터 해체시키는 포정庖丁의 두께 없는 칼날로 자신을 새롭게 벼려내지 못하고 있는 것이다.

노장은 해체론적으로 독해되어야 하는가? 노장 – 해체 담론의 의의는 무엇인가? […] 나는 개인적으로 노장 – 해체 담론에 우호적이다. 그렇다면 리뷰를 마무리하면서 왜 노장 – 해체 담론은 좀 더 활성화되어야 한다고 생각하는가에 대해 대답하는 것이 순서일 듯싶다. […] 우선 방법론 면에서 노장의 텍스트는 해체적이다. 가령, 노장은 유가로 상징되는 당시의 지배 담론들이 이항대립적인 사고를 어떻게 교묘하게 활용하여 자신들의 주장을 정당화하고 있는지, 또 그 결과 그것들이 어떻게 자기모순적인 한계에 저절로 봉착할 운명이 있는지를 때로는 정색을 하고 또 때로는 시니컬하게 까발린다. 특히, 《장자》의 경우 '우언寓言'이나 '중언重言'과 같은 특유의 서술기법에 힘입어 이러한 전략이 얼마나 솜씨 있게 구사되고 있는가는 우리가 익히 알고 있는 대로이다. 따라서 노장은 이미 2,500여 년 전에 해체론적 글쓰기를 수행함으로써 해체론은 데리다의 전유물이 아니라 철학사의 다양한 계기에 적용될 수 있는 철학적 관점의 하나로서 플라톤보다 더 오래된 철학이라고 했던 이승종의 핵심을 찌르는 갈파를 실증해주고 있는 셈이다(이승종 2018, 180쪽). […]

7.7 후기[30]

1. 나는 (1) 김형효 교수가 노장과 데리다 사이의 '같음'을 읽어내는 데에만 너무 집중함으로써 이 양자 간의 '다름'에 대해 적절히 조명하지 않았으며, (2) 김형효 교수의 철학에 노장과 데리다를 연결 짓는 전제적인 그림을 지지해줄 수 있는 중범위 지대의 논리적 짜임새가 미비되어 있으며, (3) 노장의 사유를 선험주의로 보는 것은 잘못이라고 비판하였다.

2. 나의 이러한 비판에 대해 김형효 교수는 구조주의적 관점에서 철학적 사유의 유형을 물학, 심학, 실학으로 나눈 뒤, 내가 생각하는 철학과 논리는 실학인 반면 자신이 이야기하고자 하는 철학과 논리는 물학이라는 점에서 서로 영역이 다름을 분명히 함으로써 (1)과 (2)의 비판에 답하고, 노장이 말하는 도는 이 세상의 원초적 문법을 의미한다는 점에서 그 사유는 여전히 선험주의적임을 확인하면서 (3)의 비판에 답하였다. 결국 김형효 교수의 답변은 자신의 물학과 나의 실학은 영역이 다르므로, 실학의 관점에서 물학을 비판하는 것은 범주 오류를 범하는 것이라는 점이 요지이다.

3. 김형효 교수의 철학적 분류를 받아들이고 각자의 사유를 물학과 실

---

30 이 절과 이어지는 절은 7장의 초고와 그에 대한 김형효 교수의 답론인 7.1을 주제로 2019년 2월 25일에 한국학중앙연구원에서 있었던 제1회 심원 김형효 사상 학술세미나에서의 발표와 토론의 일부를 옮긴 것이다.

학에 위치시키는 것에 동의했을 때, 우리가 건네받게 되는 것은 우리에게 익숙한 분과학문의 운명인 각자도생의 처방인 것 같다. 회통이나 크로스오버의 꿈을 접고 저마다 자신의 고지를 사수하라는 것처럼 들린다. 김형효 교수는 명시적으로 인정하지 않았지만, 사실 우리는 그가 물학, 심학, 실학 사이에 모종의 위계를 설정하고 있다는 느낌도 갖는다. 즉, 실학은 물학의 경지에 이르지 못한 형이하학이라는 평가를 김 교수가 내심 감추고 있다는 듯한 느낌 말이다. 해체주의는 바로 저러한 칸막이와 위계를 해체하고자 하는 철학적 운동을 일컫는데, 해체주의를 옹호하는 김형효 교수는 여기서 자가당착을 범하고 있는 것처럼 보인다.

4. 우리는 표준논리학의 관점에서 김형효 교수의 텍스트를 분석해보았다. 그 과정에서 몇 가지 모순되는 점들을 찾아내기도 했다. 이것이 합당한 분석인지에 대한 김 교수의 답변은 들을 수 없었다. 그는 우리의 논리적 비판이 자신이 말한 논리나 문법과 "다른 차원인 것으로 보인다"(이 책, 252쪽)고 말했을 뿐이다. 이는 실학의 차원에서는 모순되어 보이는 것도 물학의 차원에서는 그렇지 않다는 말인가, 아니면 실학의 차원에서는 모순이 문제라 해도 물학의 차원에서는 모순도 문제될 것이 없다는 말인가? 물학의 차원에서는 모순을 두려워할 필요가 없는가, 아니면 물학은 실학의 모순을 지양해 해소시키는 나름의 메타논리적 해법이나 혜안을 지니고 있는가? 내가 추구하는 것은 김형효 교수의 주장을 심화시키면서도 논리적으로도 무리가 없는 해석이다. 러셀이 지적한 역설의 문제를 안고 있던 칸토르의 집합론과 프레게의 수리논리학의 경우가 그랬던 것처럼 나는 김형효 교수의 경우에도 그것이 충분히 가능하리라고 전망하지만, 그 작업에 착수하기에 앞서 일단 김형효 교수에게 그의 탁

월한 사유에 대한 논리적 갈무리 작업의 필요성을 확인받고 싶었을 뿐이다.

5. "무명無名은 천지의 시작이요 유명有名은 만물의 어머니"라는 노자의 구절에서 무명과 유명은 김형효 교수의 주장과는 달리 함부로 바꿀 수 없다. 천지의 시작은 무엇이라 이름 부를 수 없는 시작점이라는 점에서 무명이 맞다. 그러나 만물의 어머니는 시작점이 아니다. 아이를 잉태하는 어머니도 그 씨앗(정자)은 아이의 아버지로부터 받는 것이다. 무無에서 유有를 창조하는 것이 아니라, 잉태한 유有를 더욱 풍성한 유有로 성장시키는 것이 어머니의 역할이라는 점에서 무명이 아니라 유명이 만물의 어머니인 것이다. 이를 정확히 분간하고 있는 노자의 문법은 그렇지 못한 김형효 교수의 문법과 다르다.

6. 김형효 교수의 《노장 사상의 해체적 독법》은 그 제목이 시사하듯이 노자와 장자를 하나로 묶어 취급하고 있다. 우리에게도 익숙한 '노장'이라는 표현은 아마도 그에 맞서는 유가철학자들이 임의로 설정한 범주인 것 같은데, 그들의 필요에는 부합할지 몰라도 노자와 장자는 다른 사상가들이다. 노자에게서 발견되는 제왕학적 요소가 장자에게는 결여되어 있고, 반대로 장자에게서 발견되는 스토아적 요소가 노자에게는 결여되어 있다. 이를 감안하지 않고 둘을 한데 묶어 해체적 독법을 무차별적으로 적용하는 것에는 무리가 따른다.

7. 노자와 장자의 철학에서 자연은 물리적 자연을 의미하는 것이 아니라, 인간중심적 사고 프레임frame 너머의 사태 그 자체를 의미한다. 무

위자연無爲自然은 인간 멋대로 생각하지 말고 사태 자체를 따르라는 뜻이다. 문명 세계 너머 원시 자연 속에서 살라는 것이 아니라, 매 경우 그 사태 자체의 순리대로 살라는 말이다. 이는 "생각하지 말고 보라"는 비트겐슈타인의 철학과 상통하며, "너 개인적으로 마음대로 하지 말고 성인이 지정한 절차대로 행위하라"는 공자의 극기복례克己復禮와 충돌한다. 성인이 확정한 공식적 절차를 뜻하는 공자의 예禮는 무위자연과 양립하기 어렵다.[31]

---

31 이 절의 5, 6, 7은 한국학중앙연구원에서의 학술세미나 이후 홍진기 교수(가톨릭관동대)의 지적을 반영해 추가한 것이다.

7.8 토론[32]

김백희 김형효 교수님의 《노장 사상의 해체적 독법》에는 형식논리와 맞지 않는 구석이 있습니다. 김형효 교수님의 사상에 아직 충분히 설명이 되지 않은 부분들이 있기 때문에 생겨나는 문제입니다. 김형효 교수님은 말년에 불교에 심취하신 바 있습니다. 불교에서는 논리학을 깨달음의 한 수단으로 봅니다. 김형효 교수님도 이를 잘 알고 계셨고 논리학에 무지한 분도 아니셨지만, 자신의 사상을 논리적으로 완정하게 구현하기 전에 너무 일찍 타계하셨습니다.

이승종 논리학logic은 어원적으로 로고스logos에 대한 학문이었습니다. 그런데 아리스토텔레스에서 이미 그 싹을 엿볼 수 있지만 논리학은 현대에 이르러 형식화되고 수학화되면서 자신의 원류를 망각하기에 이르렀다는 것이 하이데거의 진단입니다. 김형효 교수님은 아마 형식논리학을 넘어 논리학의 근원인 로고스의 지평에서 사유하셨던 분인 것 같습니다.

---

32 토론 참가자는 다음과 같다. 김백희(한국학중앙연구원 한국학과 책임연구원).

8장

박이문의 철학세계

1976년에 출간된 박이문 교수의 《철학이란 무엇인가》를 접한 것은 내가 철학과로 진학한 1980년의 잔인한 봄이었다. 그 이전에 읽었던 무미건조한 철학개론서들은 마치 철학에 뜻이 있는 젊은이들의 열정에 찬물을 끼얹기 위해 작성된 매뉴얼 같았다. 그러나 박이문 교수의 책은 때깔부터가 달랐다. 자신만의 철학이 있었고 진리에 대한 사랑과 지혜가 유려하게 펼쳐져 있었다. 같은 이름으로 번역 출간된 러셀의 저술에 버금가는 명저라고 판단했다. 전 대학가에 무기한 휴교령이 내려진 암울했던 그해 5월 29일, 나는 일기장에 이 책을 주제로 스스로 서평을 써보았다. 지금도 나는 철학의 문을 노크하는 사람들에게 이 책을 추천한다.

청년 박이문은 프랑스에서 데리다, 들뢰즈 등 당대 최고의 사상가들과 교류하며 유럽의 사상을 흠뻑 흡수한 후 미국으로 건너갔다. 미국의 철학계는 분석철학이 지배하고 있었고 박이문이 도착한 LA는 그 중심지의 하나였다. 그러나 박이문은 라이헨바흐Hans Reichenbach와 카르납 같은 분석철학의 거장들이 이끌어온 UCLA University of California, Los Angeles 가 아닌 USC University of Southern California 대학원에 등록하였다. USC는 일찍이 현상학의 창시자인 후설을 교수로 초빙하려 시도했던 적이 있으리만치 유럽철학에 관심이 있었고, 박이문을 지도한 베르크마이스터 William Werkmeister 교수도 독일현대철학과 분석철학을 넘나드는 독일인이었다.

현대유럽철학과 영미철학을 두루 섭렵하고 보스턴의 시몬스대 Simons College 철학과 교수로 취임한 박이문이 자신이 연마한 서양현대철학의 이해를 집대성한 야심작이 1977년에 출간된《현상학과 분석철학》이다. 당시만 해도 국내는 물론 해외에도 이러한 대주제로 균형 잡힌 시각의 저작을 낼 수 있는 역량을 지닌 학자가 드물었다. 1964년에 이규호 교수가 출간한《현대철학의 이해》는 현대독일철학에 치중한 저서였고,《현상학과 분석철학》이라는 같은 제목으로 1980년 국내에 번역 출간된 네덜란드의 철학자 반 퍼슨 Cornelis van Peursen의 저서도 박이문 교수의 저서보다 늦게 소개된 셈이다.

그러나 아쉽게도 박이문 교수의《현상학과 분석철학》은 분석철학을 창시한 프레게를 빠뜨리고 있다. 이는 마치 고대 그리스철학사를 집필하면서 소크라테스를 빠뜨리는 것과 같은 심각한 일인데, 플라톤과 아리스토텔레스가 소크라테스의 영향하에 고대 그리스철학을 전개했듯이 박이문 교수가 대표적 분석철학자로 거론하고 있는 러셀, 카르납, 비트겐슈타인 모두 프레게의 영향하에 분석철학을 전개했기 때문이다. 프레게의 위상은 쇠퇴하기는커녕 오히려 이 책이 출간된 이후 전 세계적으로 더욱 상승했다는 점을 감안할 때, 30년이 지난 2007년의 개정판에도 보완이 이루어지지 않은 점은 납득이 가지 않는다.

박이문 교수는 자신의 철학적 근원에 해당하는 현상학이나 분석철학에 안주하지 않았고, 그가 섭렵한 그 어떠한 사상이나 철학자와도 자신을 동일시하지 않았다. 박이문 교수는 자신이 비트겐슈타인에 비해 철학적으로나 인간적으로 걸레 같다는 느낌이 들어 부끄러워진다고 고백한 적이 있다(박이문 2002a). 나는 바로 박이문 교수에 대해 비슷한 느낌이 들어 부끄러워진다. 비트겐슈타인이 그랬던 것처럼 그도 어느 공동체에도 속하지 않았던 이방인이었다. 그래서 고독했지만 대신 자유로웠다. 학연으로 똘똘 뭉친 한국의 학계에서 그는 연고가 없는 아웃사이더였고, 자신이 전공한 외래의 사상을 마치 자신의 것인 양 전유하고 권력화하는 이상한 풍토에서 그는 전공이 없는 딜레탕트dilettante로 오해되기도 했다. 그러나 박이문 교수는 이러한 세속의 진영논리에 초연했고 뚜벅뚜벅 자신만의 길을 갔다.

박이문 교수는 철학적 업적 이전에 참인간으로서 먼저 높이 평가받아야 한다. 모든 세속적 가치를 멀리하고 진리의 추구라는 오직 한 길만을 하늘을 우러러 한 점 부끄럼 없이 걸은 그의 고결한 인생은 이 땅의 모든 철학도에게 큰 귀감이 아닐 수 없다. 그의 철학적 업적은 청빈에 가까운 그의 수도자적 삶에 비해 눈부시게 찬란하고 풍요롭기만 하다.《하나만의 선택》,《인식과 실존》등 박이문 교수의 저작이 학창시절의 내게 미친 영향은 절대적이었으며, 이는 지금까지도 지속되고 있다. 언어라는 필생의 화두를 얻은 것도 그의 작품들에서였다. 그때부터 흠모해오던 박이문 교수와 수년간 연세대에서 함께 생활하며 연구했던 것에 대해 나는 신에게 깊이 감사한다.

박이문 철학은 그의 전집에 결집되어 있고(박이문 2016) 그 전에 출간된 두 권의 선집(박이문 2003a; 2003b)과 영어로 출간된 세 권의 논문집

(Park 1998b; 1999d; 2012b)이 대표할 만하다. 이 장에서는 이 다섯 권의 저작에 수록된 논문들을 중심으로 그의 철학적 주제 중 몇 가지만을 택해 앞으로의 보다 활발한 논의를 기대하며 비판적으로 거론해보고자 한다.

1. 명징성

정과리 교수에 의하면 박이문 교수는 "평이하고 명쾌한 서술"이 특징인 "'명징화'의 세대에 속한다"(정과리 2003, 241-242쪽). 박이문 교수가 가장 평이하고 명쾌하게 우리말을 쓴 철학자 중의 한 분이라는 점에 대해서는 이론의 여지가 없다. 그의 저작들은 분명 명징성의 한 전범이다. 그러나 그의 명징성이 흠잡을 데 없을 정도로 완벽한지에 대해서는 이론의 여지가 있다. 그의 논문 한 편을 예로 삼아 이 문제를 살펴보기로 하자.

A. 박이문 교수는 서양 과학기술의 합리성에 대한 하이데거, 심층생태론자, 포스트모더니스트 등의 비판을 거론하면서 다음과 같이 말한다.

> 합리성과 진리에 대한 부정은 과연 합리적이며 또한 진리인가? 아니다. 왜냐하면 부정 그 자체는 진리에 대한 주장이며, 그런 한에 있어서 그 자신의 합리성을 은연중에 주장하고 있기 때문이다. (Park 2001, 17쪽)

하이데거, 심층생태론자, 포스트모더니스트 등이 정말 합리성과 진리를 부정했는지의 문제는 차치하고라도 이 인용문을 구성하는 세 문장의 이음매는 명징해 보이지 않는다. 우리는 인용문을 다음과 같이 해석해볼 수 있다. 합리성과 진리를 p로 기호화하면 첫째 문장은 "p의 부정은 p인가?"가 된다. 이에 대한 긍정은 역설에 빠지게 되므로 이에 대한 대답은 "아니다"가 되어야 한다. 이어지는 문장은 이에 대한 부연으로 읽을 수 있다.

그러나 이 부연 문장을 질문에 대한 답변이 왜 긍정적이어야 하는지를 설명하고 있는 것으로도 읽을 수 있다. 우리는 앞서 언급한 역설에 빠지지 않으면서 같은 질문에 대해 긍정적인 답변을 이끌어내는 방안을 생각해볼 수 있다. 첫째 문장에서 두 번 언급되는 합리성과 진리를 서로 계층을 달리하는 것으로 구별하는 것이다. 처음 언급된 합리성과 진리를 계층 1에 속하는 p_1으로, 그리고 두 번째 언급된 합리성과 진리를 계층 2에 속하는 p_2로 기호화하면, 첫째 문장은 "p_1의 부정은 p_2인가?"가 된다. 계층 1에서의 합리성과 진리에 대한 부정이 계층 1에서는 비합리적이고 비진리이지만, 계층 2에서는 합리적이고 진리라고 한다면 이에 대한 긍정적인 답변은 역설에 빠지지 않게 된다.

요약하자면 박이문 교수의 인용문은 다음과 같이 읽을 수 있다.

합리성과 진리에 대한 부정은 과연 합리적이고 또한 진리인가? 아니다. 왜냐하면 부정 그 자체는 진리에 대한 주장이며, 그런 한에 있어서 그 자신의 합리성을 은연중에 주장하고 있으므로 그것이 합리적이고 또한 진리라고 할 경우 역설에 빠지기 때문이다.

혹은 같은 인용문을 다음과 같이 고쳐 읽을 수도 있다.

합리성과 진리에 대한 부정은 과연 합리적이며 또한 진리인가? 그렇다. 왜냐하면 부정 그 자체는 진리에 대한 주장이며, 그런 한에 있어서 그 자신의 합리성을 은연중에 주장하고 있기 때문이다. 그런데 합리성과 진리를 부정하는 주장의 합리성과 진리는 부정되는 합리성과 진리와는 층위를 달리하는 합리성과 진리일 것이다.

박이문 교수의 원문에는 이 문제에 대한 더 이상의 논의가 없으므로 그는 첫째 방식을 의미한 것으로 보인다. 그러나 우리는 둘째 방식도 충분히 가능한 해석이라고 생각한다.

B. 박이문 교수는 위 인용문에 바로 이어 다음과 같이 말하고 있다.

물리 세계에 대한 과학적 세계관과 과학기술은 과학기술 문명의 모든 문제들과 이러한 문제들이 야기한 위기에 대해서 과연 책임이 있는가? 이 대답도 마찬가지로 부정적이다. 왜냐하면 인류가 과학기술 이전의 사회로 돌아간다는 것은 전적으로 비현실적이기 때문이다. (Park 2001, 18-19쪽)

여기서도 질문과 답변이 명징하게 연결되지 않고 있다. 인용문의 첫째 문장은 인류가 과학기술 이전의 사회로 "돌아가는" 문제를 제기한 것이 아니라, 과학기술 문명의 문제들과 위기에 대한 과학적 세계관과 과학기술의 "책임"을 문제 삼고 있기 때문이다. 문명의 반反사실적 회귀와 문명의 위기에 대한 책임의 문제는 서로 다른 범주에 속하는 문제이다. 대답의 이유에 해당하는 셋째 문장에는 정작 이 책임의 문제에 대한 언급은 빠져 있다. 따라서 그것은 질문에 대한 부정적 답변의 올바른 이유로 볼 수 없다.

C. 박이문 교수는 하이데거와 핀버그Andrew Feenberg[1]의 과학기술 철학이 솜씨skill로서의 과학기술과 그 산물product로서의 과학기술을 혼동하고 있다고 비판하면서, "전지의 과학기술을 전제하지 않는 후자의 과학기술은 불가능하지만 그 역은 성립하지 않는다"(Park 2001, 20쪽)고 주장한다. 그는 이어 다음과 같이 말한다.

> 오늘날 과학 문명의 위기가 과학기술과 관련이 있다면, 그리고 이것이 솜씨로서의 과학기술이 아니라 산물로서의 과학기술이라면, 위기의 책임은 솜씨로서의 과학기술이 아니라 산물로서의 과학기술이 짊어져야 한다. 이것은 파괴적 목적을 위해 과학기술을 사용하기를 원하는 우리 자신에게 책임이 있다는 의미가 된다. (Park 2001, 20쪽)

하이데거와 핀버그가 정말 솜씨로서의 과학기술과 산물로서의 과학기술을 혼동했는지의 문제는 차치하고라도, 이 인용문은 솜씨로서의 과학기술을 전제하지 않는 산물로서의 과학기술이 불가능하다는 앞서의 주장과 상충된다. 인용문을 액면 그대로 받아들인다면 앞서의 주장은 폐기되어야 할 것이며, 앞서의 주장을 받아들인다면 위의 인용문은 다음과

---

1 박이문 교수의 글에는 Andrew Feeney로 표기되어 있는데 그가 인용하고 있는 *Alternative Modernity*의 저자는 Andrew Feenberg가 맞다.

같은 방식으로 쓰여야 할 것이다.

오늘날 과학 문명의 위기가 과학기술과 관련이 있다면, 그리고 이것이 솜씨로서의 과학기술이 아니라 산물로서의 과학기술이라면, 위기의 일차적인 책임은 산물로서의 과학기술이 아니라 솜씨로서의 과학기술이 짊어져야 한다. 후자의 과학기술을 전제하지 않는 전자의 과학기술은 불가능하기 때문이다. 그러나 보다 궁극적인 책임은 파괴적 목적을 위해 과학기술을 사용하기를 원하는 우리 자신에게 있다.

D. 박이문 교수는 과학 지식의 합리성과 객관성의 근거에 대해 다음과 같이 말한다.

물리적 세계에 대한 논리의 거의 성스러운 아름다움뿐 아니라 믿을 수 없을 정도로 놀라운 많은 기술적인 솜씨와 그 강력한 산물들은 과학적 주장의 합리성, 과학 지식의 객관성, 그리고 그 연장선상에서 합리성 그 자체의 존재에 대한 충분한 증거 이상이다. (Park 2001, 20쪽)

그러나 "성스러운 아름다움", "믿을 수 없을 정도의 놀라움" 등의 수식어는 과학 지식의 합리성과 객관성에 대한 개인적이고 주관적인 가치나 느낌의 표현일 수는 있어도, 그 자체로 과학 지식의 합리성과 객관성의 충분한 증거가 될 수는 없다.

박이문 교수는 바로 이어서 다음과 같이 말한다.

물리적 세계의 존재와 작용 및 양자의 상호작용을 설명함에 있어 이러한 사실들 이외에 주장의 합리성과 믿음의 객관성에 대한 더 나은 다른 규준으로 제시될 수 있는 것이 과연 무엇이겠는가? 어떤 주장이 합리적이라는 것과 어떤 믿음이 객관적이라는 것은 그것이 가치중립적이라고 말하는 것이다. 가치는 필연적으로 어떤 사람의 욕망과 목적에 의존하고 있으므로 주관적일 수밖에 없으며, 문화, 개인, 장소, 시간에 따라 다양하다. 그러나 진리와 합리성은 각각 사실, 그리고 전제로부터 결론을 추론하는 논리와 관계 맺고 있다. 이러한 의미에서 지식과 합리성은 가치로부터 독립적이며 가치중립적이다. (Park 2001, 20-21쪽)

인용문 첫머리에서의 질문에 대한 박이문 교수 자신의 답변은 무엇일까? i) 더 나은 규준이 있다고 답변하면 이는 그 뒤에 이어지는 논의와 잘 연결되지 않는다. 이어지는 논의는 합리성과 객관성이 주관적이고 개인적인 가치로부터 독립적이며 중립적이라는 점을 강조하고 있기 때문이다. 진리와 합리성은 "성스러운 아름다움", "믿을 수 없을 정도의 놀라움" 등의 주관적이고 개인적인 가치나 느낌이 아니라 "각각 사실, 그리고 전제로부터 결론을 추론하는 논리와 관계 맺고 있다." ii) 더 나은 규준이 없다고 답변하면 이는 이들 가치나 느낌을 과학 지식의 합리성과 객관성의 충분한 증거 이상으로 간주하는 앞서의 인용문과 상충된다. 요컨대 과학 지식의 합리성과 객관성에 대한 두 인용문은 어떠한 방식으로도 서로 매끄럽게 연결되기 어렵다.

2. 일관성

박이문 철학의 범위는 넓고도 넓다. 양의 동서와 시간적 고금, 그리고 철학의 거의 모든 분야를 아우르고 있다. 그뿐 아니라 그 많은 분야에 대해 각기 나름의 견해를 갖고 있다. 관심만큼 다양한 그의 견해들이 서로 일관되어 있는지에 대해 몇 가지 예를 들어 비판적으로 살펴보기로 하자.

A. 박이문 교수는 인간중심주의적 윤리를 다음과 같이 정의한다.

> 인간중심주의적 윤리는 도덕적 고찰의 타당한 대상으로서의 타자의 범주에 성별, 연령, 민족, 종족, 사회적 신분, 직업 등에 구애받지 않고 모든 인간을 포함시키며 그들 사이에 부적절한 도덕적 차별을 허용하지 않는 만큼, 인간을 제외한 다른 모든 종種을 도덕적 고찰의 범위에서 제외하고 있다. 인간중심주의적 윤리 내에서 인간을 제외한 다른 모든 종을 포함하는 자연이 어떤 가치를 갖는다면 그 가치는 다만 도구적인 것이며, 인간중심주의적 윤리가 참이라면 인간 종은 다른 종에 대해 도덕적 의무를 갖지 않을 것이다. (Park 2012a, 16쪽)

박이문 교수는 여러 곳에서 인간중심주의적 윤리를 비판하고 있다 (Park 1990; 1999c). 그 요지는 모든 생물종을 도덕적 고찰의 범주에 포함시켜야 하며, 따라서 그들을 도구적 가치를 갖는 것으로만 다루어서는 안 된다는 것이다.

박이문 교수에 의하면 "인간 복제는 인간을 고유한/내적 가치를 갖는 주체가 아니라 도구적/외적 가치를 갖는 대상으로만 다룬다"(Park

1999b). 따라서 그는 자신의 윤리적 관점에서 인간 복제에 반대한다. 한편 그는 다음과 같은 이유를 들어 동물 복제에는 찬성한다.

> 만일 동물들이 가치의 원천일뿐더러 고유한 가치를 가지며 선악과 옳고 그름을 경험하는 능력을 가질 수 있다는 의미에서 어느 정도 자의식을 가지는 존재라면, 동물 복제는 윤리적 관점에서 전적으로 그릇된 것으로 판단되어야 한다. 그렇지 않다면 동물 복제는 피조물이 고유한 본질적 가치를 가지며 따라서 가치의 원천이라고 여겨지는 것과는 다른 근거 하에서 어느 정도 윤리적으로 허용될 수 있을 것이다.
>
> 비록 인간의 의식과 동물의 의식 간의 차이가 대답되지 않은 채로 남아 있는 논쟁의 여지가 있는 과학적 문제이지만, 나는 개인적으로 어떤 동물도 인간과 같은 자의식을 가지지 않는다고 믿는다. 따라서 동물 복제는 측은, 자비, 선의, 침착, 생태계, 환경보호 등의 가치와 상충하지 않으면서 인간에게 인간 가치를 제공하는 한 윤리적으로 정당하다. (Park 1999b)

박이문 교수의 이러한 동물 복제 찬성론은 인간중심주의적 윤리에 대한 그의 비판과 상충한다. 인간중심주의적 윤리에 대한 그의 비판과 인간 복제 반대론을 받아들인다면, 다음과 같은 논증에 의해 동물 복제는 거부되어야 한다.

1. 어떠한 생물종도 도구적 가치를 갖는 것으로만 다루어서는 안 된다.
2. 인간 복제가 인간을 도구적 가치를 갖는 대상으로만 다룬다면,

동물 복제는 동물을 도구적 가치를 갖는 대상으로만 다룬다.

---

3. 따라서 동물 복제는 거부되어야 한다.

역으로 박이문 교수가 동물 복제를 옹호하기 위해서는 인간중심주의적 윤리에 대한 비판론이나 인간 복제 반대론 중 최소한 하나를 부정해야 할 것이다. 논증의 결론이 거짓이려면 논증의 전제 중 최소한 하나가 거짓이어야 하기 때문이다.

자의식은 반성 능력과 연관되고 반성 능력은 합리성과 연관된다(Park 1998a, 143쪽). 동물들이 자의식이 없기 때문에 복제되어도 좋다는 인용문에서의 주장은 동물들이 합리성을 갖지 못하기 때문에 도구로 다루어도 좋다는 말로 해석될 수 있다. 이는 박이문 교수가 거부하는 인간중심주의적 윤리의 핵심 주장이기도 하다. 그는 다른 곳에서 인간중심주의적 윤리를 다음과 같이 비판하고 있다.

> 오직 인간만이 이성적인 동물이라는 것은 사실이다. 그러나 이성이 가장 높은 자질이며 따라서 가장 높은 고유의 가치라고 말할 근거가 있는가? 오직 인간만이 이성적이라는 사실로부터 인간이 가장 높은 가치를 갖는다거나 인간이 어떠한 가치를 갖는다는 결론은 따라 나오지 않는다. [⋯] 만약 고유한 가치의 근원으로서의 이성이 도덕에 대한 받아들일 만한 근거가 될 수 없다면 도덕의 토대는 이성이 아닌 다른 영역에서 발견되어야 한다. (Park 1990, 125쪽)

이 비판은 박이문 교수 자신의 동물 복제 옹호론에 대해서도 그대로 적용될 수 있다. 그랬을 때 인간중심주의적 윤리에 대한 그의 비판론과 동물 복제 옹호론은 양립할 수 없다.

B. 박이문 교수는 서양 과학기술의 합리성과 인간중심주의적 윤리에 대한 대안으로 생태학적 합리성과 생태중심주의적 윤리를 제안한다. 그에 의하면 이러한 대안적 합리성과 윤리는 이미 아시아 철학에서 발견된다(Park 1998a, 163, 165쪽). 그는 여기서 아시아 철학을 중국 철학과 같은 의미로 사용하고 있다(Park 1998a, 157쪽). 유가 철학이 중국 사상사를 주도해온 가장 영향력 있는 철학이라는 주지의 사실을 감안한다면, 이로부터 유가 철학이 생태학적 합리성과 생태중심주의적 윤리를 함의하고 있다는 결론이 따라 나온다.

그런데 다른 곳에서 박이문 교수는 유가 철학이 가치론적 인간중심주의에 서 있음을 역설한다(Park 1999c, 46, 49쪽). 여기서 그가 말하는 가치론적 인간중심주의는 인간중심주의적 윤리와 같은 것이다. 그렇다면 이제 박이문 교수의 견해가 일관성을 갖는 길은 유가 철학을 제외한 중국 철학이 생태학적 합리성과 생태중심주의적 윤리를 포용하고 있다고 주장하는 것이다. 그러나 유가 철학을 제외하고 중국 철학이나 아시아 철학을 운위하는 것 자체가 불가능한 상황임을 감안한다면, 중국 철학이나 아시아 철학이 아니라 차라리 도가 철학과 불교 철학이 생태학적 합리성과 생태중심주의적 윤리를 포용하고 있다고 말했어야 한다.

3. 합리성

서양 과학기술의 합리성과 인간중심주의적 윤리는 서로 양립하기 어렵다. 천동설의 붕괴, 진화론의 대두, 유전공학의 발달 등은 모두 인간중심주의적 윤리의 존립 근거를 그 뿌리에서부터 뒤흔들어왔기 때문이다. 박이문 교수는 이에 대한 대안으로 생태학적 합리성과 생태중심주의적 윤리를 제시하고 있다. 그러나 과학기술의 합리성에 대한 대안은 왜 필요한 것인가? 인간중심주의적 윤리의 경우와 달리 과학기술의 합리성에 대한 박이문 교수의 입장은 앞서 보았듯이 분명하지 않다. 그는 적어도 다음과 같은 세 가지 입장을 표명하고 있다.

i) 과학기술의 합리성은 생태계의 위기를 초래한 장본인이므로 비합리적이다(Park 1998a, 135쪽).

ii) 그러나 그 위기의 보다 궁극적 책임은 우리 자신에게 있다(Park 2001, 15쪽).

iii) 거의 성스러운 아름다움을 지니고 믿을 수 없을 정도로 놀라운 많은 기술적인 솜씨와 그 강력한 산물들은 과학의 합리성과 객관성에 대한 충분한 증거 이상이다(Park 2001, 20쪽).

i)과 ii)는 해석 여하에 따라 서로 양립할 수도 있고 모순될 수도 있다. ii)를 생태계의 위기에 대한 궁극적 책임이 과학기술의 합리성뿐 아니라 우리 자신에게 있는데 합리성의 주재자인 우리 자신에게 더 책임이 있다는 것으로 해석할 경우 i)과 ii)는 서로 양립할 수 있다. 그리고 이 경우 비합리성은 양자 모두에 귀속된다. 그러나 이 해석은 iii)과 모순된다는

약점이 있다. 반면 ii)를 생태계의 위기에 대한 궁극적 책임이 과학기술의 합리성이 아니라 우리 자신에게 있으며 비합리성도 전자 아닌 후자에 귀속된다는 것으로 해석할 경우 i)과 ii)는 서로 모순된다. 이 해석은 앞서의 해석과 달리 iii)과 양립할 수 있다는 장점이 있다. 그러나 두 해석 중 어느 쪽을 택하든 i), ii), iii) 모두를 다 받아들일 수는 없다는 뚜렷한 한계를 지닌다.

과학기술의 합리성에 대한 입장의 불투명성을 차치한다 해도, 그 대안으로서 생태학적 합리성이 왜 필요한지에 대한 물음은 여전히 의미를 지닐 수 있다. 만일 과학기술의 합리성이 생태학적 합리성이 성취하는 것과 동일한 성취를 이룬다면, 생태학적 합리성의 필요성은 상당히 약화될 것이다. 기존의 합리성이 이를 이루어낼 수 있도록 해석해보자. 과학기술의 합리성이 생태계의 위기를 진지하게 자각하고 모종의 방향 전환을 모색한다. 그래서 인간중심주의적 윤리를 여전히 포기하지 않으면서도 인간 자신의 생존을 위해, 위기를 극복하기 위해 어쩔 수 없이 여타의 존재자와의 공생을 추구한다. 겉으로 드러나는 효과는 생태학적 합리성과 생태중심주의적 윤리를 택했을 때와 같다. IMF 위기가 우리를 평등주의자나 도덕군자로 만들지 않았듯이, 생태계의 위기는 일차적으로 우리가 초래하고 우리에게 불어닥친 위기이며 우리가 그로 말미암아 반드시 생태중심주의자나 고행의 수도승이 될 필요는 없는 것이다.

물론 이는 생태학적 합리성과 생태중심주의적 윤리의 철학적 가치를 폄하하는 것은 아니다. 박이문 교수의 제안대로 과학기술의 합리성을 생태학적 방향으로 심화시키는 방안도 가능하기만 하다면 바람직한 일일 것이다. 그 구체적 가능성과 방안에 대한 준비와 이해가 부족한 상황에서 과학기술의 합리성에 의거해 문제를 같은 방향으로 풀어보려 했을 따름이다.

박이문 교수가 제안하는 생태학적 합리성과 생태중심주의적 윤리에도 불투명성과 난점이 존재한다. 우선 생태중심주의적 윤리가 포섭하는 도덕 공동체의 범위가 생물종에 국한되는 것인지 이를 포함하는 모든 존재자로 확장되는 것인지 분명하지 않다. 그는 다음과 같이 말한다.

> 우리의 도덕적인 경험은 도덕 공동체의 일원이 될 수 있는 자격을 모든 존재자들까지는 아니더라도 살아 있는 모든 존재자들로 확장시키는 데에서 이해될 수 있다. (Park 1990, 118쪽)

> [⋯] 우리는 도덕 공동체의 일원이 될 수 있는 자격을 모든 무생물에게까지 확장하지 않으면 안 된다. [⋯] 도덕 공동체는 인간에 한정되지 않으며, 생물에 한정되는 것도 아니다. 도덕 공동체는 우주 전체를 포괄해야 한다. 돌멩이, 흙, 그리고 별들도 도덕 공동체의 일원이 될 수 있도록 해야 한다. 요컨대 도덕 공동체는 진정으로 보편적이고 우주적인 방식으로 이해되어야 한다. (Park 1990, 129쪽)

같은 논문 안에서 이루어지고 있는 이러한 상반된 주장은 우리를 혼란에 빠뜨린다. 두 번째 인용문은 생태중심주의를 넘어 우주중심주의로 확장되고 있다. 전 우주가 중심이라는 말은 어떠한 중심도 존재하지 않는다는 말과 다를 바 없으며, 이는 지구의 생태계에 중심을 두는 생태중심주의와 어긋난다. 우주 전체를 포괄하는 도덕과 윤리가 어떤 것인지도 묘연하다. 그러한 도덕과 윤리는 인간보다는 만물의 주재자인 신의 도덕과 윤리일 것이다. 지구의 운명은 고사하고 자신들의 운명에 대해서도 제대로 알지 못하는 인간이 우주 전체를 포괄하는 도덕과 윤리에 따라 행동해야 한다는 것은 너무 앞서가는 주장이 아닐 수 없다.

박이문 교수는 생태중심주의적 윤리의 세 가지 지침을 제안하면서 그 첫 번째 원리로 생명존중의 원리를 꼽고 있다(1999c, 58쪽). 이 원리에 의하면 궁극적 가치는 생명이며 어떠한 가치도 생명존중 없이는 이해될 수 없다. 그러나 다른 곳에서 그는 싱어Peter Singer의 생명존중 사상을 생물중심주의라고 비판하면서(Park 1990, 127쪽) 생명을 가진 것과 갖지 않은 것을 동등하게 포괄하는 생태중심주의를 옹호하고 있다. 이렇게 해석된 생태중심주의적 윤리는 생명존중의 원리와 부합할 수 없다.

박이문 교수의 생태학적 합리성과 생태중심주의적 윤리는 기존의 과학기술적 합리성과 인간중심주의적 윤리에 비해 합리성과 도덕 공동체의 영역을 각각 대폭 확장했다는 데서 그 의의를 찾을 수 있다. 그는 확장된 생태학적 합리성과 생태중심주의적 윤리를 아시아 철학에 연결 짓고 있다. 그러나 공간적인 차원에서의 확장뿐 아니라 시간적 차원에서의 확장을 고려해봄직하다. 하이데거와 데리다에 의하면 과학기술의 합리성은 현전現前; presence의 형이상학과 짝을 이루며, 인간중심주의적 윤리가 저지르는 환경오염은 당대의 편의를 위해 후손에 대한 배려를 고려하지 않은 결과이다. 이처럼 현재라는 시제에 고착된 기존의 합리성과 윤리를 과거 및 미래의 시제와 연결하는 통시적 관점이야말로 박이문 교수의 대안이 아시아 철학과 만날 수 있는 진정한 계기가 된다고 생각한다. 신종추원愼終追遠과 온고이지신溫故而知新을 강조하는 유가 철학, 만물을 유동流動의 관점에서 보는 도가 철학, 연기緣起로 세상의 변화를 풀어내는 불교 철학 등 아시아 철학은 모두 통시적 요소를 주축으로 하고 있기 때문이다.

4. 지성

박이문 교수가 천착해온 또 하나의 중요한 철학적 화두는 예술이다. 우리는 인간중심주의적 윤리의 비판에 기초한 생태학적 합리성과 더불어 그의 예술철학을 가장 중요한 성취로 꼽는다. 이제 그의 예술철학의 개념적 얼개를 살펴보기로 하자.

A. 박이문 교수는 '예술적'이라는 개념과 '심미적'이라는 개념을 다음과 같이 구별하고 있다.

> 그러므로 '예술적artistic'이라는 개념은 분류적이고 존재론적인 데 반해 '심미적aesthetic'이라는 개념은 가치론적이고 심리적이다. (Park 1998c, 262쪽)

박이문 교수는 두 개념을 이처럼 한편으로 서로 다른 범주로 분류하면서도 다른 한편으로 다음과 같이 포함의 관계로 묶고 있다.

> 예술적이라는 개념은 심미적이라는 개념을 포함하지만 그 역은 참이 아니다. 둘 사이에는 필연적 관계가 존재하지만 그 관계는 비대칭적이다. (Park 1998c, 263쪽)

그런데 박이문 교수는 같은 논문에서 다음과 같이 말하기도 한다.

> 예술 작품은 감각적 지각에 대해 열려 있는 한 '심미적'이지만 감각적 지

각, 즉 감성적 경험에 대해 열려 있는 모든 대상이 다 예술 작품이라는 것이 이끌어져 나오는 것은 아니다; 왜냐하면 예술 작품이 아닌 모든 자연적 문화적 대상 또한 감각적 지각에 대해 열려 있기 때문이다. 그러므로 예술 작품이 심미적 대상이라면 그것은 아주 특별한 종류의 심미적 대상이다. (Park 1998c, 263쪽)

또한 다른 논문에서도 이를 다음과 같이 부연하고 있다.

그러나 예술 작품과 전혀 상관없는 모든 자연현상이나 인공품이 다 같이 미적 경험의 대상이 될 수 있는 만큼, 모든 경험 대상이 미학의 대상이 될 수 있으며, 예술 작품은 그러한 대상들 가운데의 단 한 종류에 지나지 않는다. 미학은 예술 철학보다 무한히 포괄적인 학제적 개념이다. (박이문 1998, 14쪽)

결국 박이문 교수는 다음과 같은 세 가지 입장을 표명한 셈이다.

(1) '예술적'이라는 개념과 '심미적'이라는 개념은 서로 다른 범주에 속한다.
(2) '예술적'이라는 개념은 '심미적'이라는 개념을 포함하지만 그 역은 참이 아니다.
(3) 심미적인 것은 예술적인 것을 포함하지만 그 역은 참이 아니다.

일견 상충되어 보이는 이들 논제들이 어떻게 서로 양립할 수 있을까? 아름다운 풍경과 예술 작품은 모두 심미적인 것이지만 풍경 자체가 예술 작품인 것은 아니다. 따라서 심미적인 것은 예술적인 것을 포함하지만 그 역은 참이 아니다. 반면 '예술적'이라는 개념은 '심미적'이라는 개념과 동치가 아니며 그것에 포함될 수도 없다. 한 대상이 '예술적'이라고 판단되기 위해 그 대상은 무엇보다 '심미적'이어야 하지만, 심미적이라는 이유만으로 그 대상을 예술 작품으로 분류할 수는 없다. 어떤 것이 예술 작품이 되기 위해서는 인위적인 구조나 창작자의 의도 등이 거기에 덧붙여져야 할 것이다. 요컨대 '심미적'이라는 속성은 '예술적'이기 위한 필요조건일 뿐, 충분조건이나 필요충분조건이 될 수는 없다. 이런 의미에서 '예술적'이라는 개념은 '심미적'이라는 개념을 포함하지만 그 역은 참이 아니라고 할 수 있다.

B. 박이문 교수는 '예술적'이라는 개념과 '심미적'이라는 개념을 예술 작품에 귀속시키면서 다음과 같이 말한다.

> 예술 작품은 그러나 일정한 대상의 집합에 속하는 한에서 '예술적'이고, 지성intellect을 통해서 그리고 감각적 지각에 의해 감상되는 쪽으로 기울어지는 한에서만 '심미적'이다. (Park 1998c, 261쪽)

여기서 '심미적'으로 번역된 'aesthetic'은 문맥을 고려해볼 때 '감성적'으로 번역할 수도 있다. 어느 경우이든 인용문의 요지는 예술 작품이 지성과 감각적 지각에 의해 감상된다는 것이다. 박이문 교수는 양자를 다음과 같이 '예술적'이라는 개념과 '감성적'이라는 개념에 각각 결부시킨다.

'예술적' 관점에서 예술 작품은 세계, 대상, 인간의 삶을 어떻게 생각하고 볼 것인지에 대한 어떤 신선한 통찰을 제시한다. 그러나 그것이 제공하려는 인지적 통찰은 독특하고 새로우며 그 추정적 진리 주장은 아주 독특하고 '감각적이어서'(즉 감성적이어서) 그 언어나 주장의 의미가 분명하다거나 공통적으로 이해된다고 서술될 수 없다. (Park 1998c, 264쪽)

감성적인 것, 즉 감각적인 것과 예술적인 것, 즉 개념적 속성이 예술 작품의 본질적 요소라면 우리가 예술 작품을 감상할 때의 포인트는 예술적인 것이나 감성적인 것 어느 하나로 환원될 수 없다.

만일 예술 작품이 담론의 한 형식이라면 그것은 지성적으로 이해되어야 하는 어떤 것이다. 그리고 예술 작품이 또한 독특하고, 단칭적이고 구체적이고 궁극적으로 감각적인 방식으로 존재한다면 예술 작품은 감성적으로 경험되어야 할 어떤 것이다. (Park 1998c, 267쪽)

그러나 예술 작품을 지성과 감성(감각)의 이중주로 보는 견해가 박이문 교수의 최종 입장인지는 확실하지 않다. 그는 같은 논문에서 이렇게 말하고 있기 때문이다.

예술 작품은 지각되고자 하며, 이를 위해 지성이 아니라 감각에 호소한다. (Park 1998c, 262쪽)

그런데 같은 논문의 그 다음 쪽에서는 다시 이렇게 말한다.

예술 작품이 일종의 언어인 한 그 의미는 지성을 통해서만 이해 가능하다. 그러나 언어로서의 예술 작품의 의미는 감각에 의해, 즉 감성적으로 파악되고 이해되도록 설계되었다. (Park 1998c, 263쪽)[2]

만일 예술 작품의 이해와 지각이 모두 감각에 의해 이루어진다면 예술 작품의 감상에서 지성의 역할은 무엇인가? 예술 작품이 지성을 통해서 감상된다는 앞서의 인용문의 정확한 의미는 무엇인가? 박이문 교수는 이에 대해 마지막 인용문에서처럼 예술 작품이 일종의 언어라는 점, 그리고 그것이 언어인 한 그 의미가 지성을 통해서만 이해 가능하다고 답변할 것이다(Park 1995, 290쪽). 그러나 이는 온전한 답변으로 간주할 수 없다. 바로 이어서 언어로서의 예술 작품의 의미가 지성 아닌 감각에 의해 이해되도록 설계되었다고 말함으로써 자신의 답변을 스스로 부정하고 있기 때문이다.

5. 감성

박이문 교수는 언어로서의 예술 작품이 실재 및 감성적 영역과 맺는 상관관계를 다음의 그림을 통해 아주 탁월하게 해명하고 있다(Park 1999a, 169쪽; 1999e).

---

2 박이문 교수는 같은 논문의 몇 쪽 뒤에서는 다시 이렇게 말한다.

예술 작품이 감각적 용어(즉 감성적 언어)의 집합이므로 그 의미는 말하자면 오직 감각적으로(즉 경험적으로)만 이해될 수 있다. (Park 1998c, 268쪽)

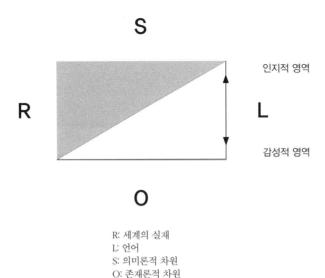

S

R   L

O

인지적 영역

감성적 영역

R: 세계의 실재
L: 언어
S: 의미론적 차원
O: 존재론적 차원

    존재론적 차원에서 보자면 언어는 그 자체 물리적 실재라는 점에서 여타의 실재와 구별되지 않는다. 그러나 의미론적 차원에서 보자면 언어는 무언가를 의미한다는 점에서 여타의 실재와 뚜렷이 구별된다. 그러나 "어떠한 언어도 실재와 완전히 연속적이거나 불연속적이지 않다. 왜냐하면 언어는 존재론적 차원과 의미론적 차원을 모두 가지고 있으며 또 그래야만 하기 때문이다"(Park 1999a, 168). 박이문 교수는 앞의 그림을 빌려 언어가 실재와 구별되지 않는 지점(R과 O가 만나는 지점)과 완전히 구별되는 지점(S와 L이 만나는 지점)의 양극단, 그리고 그 사이에서 존재론적 차원과 의미론적 차원의 양대 차원을 대각선으로 가로지르는 언어의 궤적을 보여주고 있다.[3] 언어와 실재 사이의 인지적 간격이 벌어질수록 언어는 인지적 영역으로 더욱 진입하게 되고, 반대로 그 간격이 좁아질수록 감성적 영역으로 더욱 진입하게 된다. 언어는 인지적 영역으로 기울수록 실재를 투명하게 표상하고represent 그 의미도 명료하고 정확해진다. 반면 감성적 영역으로 기울수록 실재에 대한 표상representation은 불투명해지고 그 의미는 애매모호해진다. 전자의 표상은 과학적 표상으로, 후자의 표상은 시적 표상으로 구분된다(Park 1999a, 169쪽).

　박이문 교수는 이에 덧붙여 언어로서의 예술 작품은 한편으로는 실재를 구체적으로 표상함으로써 과학의 추상적 표상과 구별되지만, 다른 한편으로는 예술 작품에 의한 실재의 표상은 예술 작품 자신이 구체적 실재로 자리매김하는 현시presentation로 이해되어야 한다는 점에서 과학의 표상과 달리 실재에 대한 지식이 되지 못한다고 말한다. "예술 작품의 언어는 가능한 한 완벽하게 그 자신을 세계처럼 보이게 만듦으로써 [언어와 세계 사이의] 간격을 말소하려는 **언어적** 시도이다"(Park 1999a, 172쪽). 그러나 그에 의하면 이러한 시도는 언어적 시도라는 점에서 실패할 수밖에 없는 운명이다. 언어로써 무언가를 말하려면 우리는 화자인 우리와 세계 사이의 간격을 최소한도나마 유지해야 하기 때문이다. 이처럼 한편으로는 간격을 말소하려 하면서 다른 한편으로는 간격을 유지할 수밖에 없는 우리의 운명을 박이문 교수는 이카로스와 시시포스의 비극적 운명에 비유하고 있다(Park 1999a, 172쪽; 1975, 116쪽; 1976, 134쪽; 2012c, 253-256쪽).

　그러나 박이문 교수는 다른 논문에서는 다음과 같이 예술에 대해 전혀 다른 평가를 내리고 있다.

3 　따라서 앞의 그림에서 언어를 지칭하는 L은 대각선상으로 그 위치가 바뀌어야 할 것이다.

그리고 예술을 통해서만 언어와 그 표상, 개념적인 것과 지각적인 것, 추상적인 것과 구체적인 것, 객관적인 것과 주관적인 것, 의미와 실재, 그리고 궁극적으로 인간과 세계 사이의 간격은 조정될 수 있다. (Park 1998c, 269쪽)

이카로스와 시시포스의 실패가 어떻게 조정과 조화(Park 1998c, 269쪽)로 뒤바뀌는가? 조정과 조화는 어떻게 해서 가능한가? 예술 작품이 실재에 대한 표상이 아니라 실재의 현시라면 앞의 그림에서 언어를 나타내는 대각선의 궤적은 사라지고 대신 언어가 실재와 구별되지 않는 지점(R과 O가 만나는 지점)에 놓여 있는 현시로서의 언어(예술 작품), 그리고 언어와 실재가 완전히 구별되는 지점(S와 L이 만나는 지점)에 놓여 있는 표상으로서의 언어만이 남게 된다. 자신의 현시적 실재성을 성취한 예술 작품으로서의 언어는 더 이상 무엇을 의미하는 언어가 아니기 때문에 감성적 영역과 존재론적 차원으로 완전히 환원되며, 예술 작품 이외의 언어가 지니는 실재성은 소리나 문자에 지나지 않기 때문에 감성적 영역이나 존재론적 차원에서 완전히는 아니더라도 멀리 벗어난 지점에 놓이게 될 것이기 때문이다. 따라서 대각선으로 그려진 존재론적 차원과 의미론적 차원의 샛길, 감성적 영역과 인지적 영역의 샛길에 놓이게 되는 것은 자신의 현시적 실재성을 성취하는 데 실패한 예술 작품으로서의 언어뿐이다. 그 실패가 크면 클수록 예술 작품은 실재에서 멀어지며 그 대신 작품의 의미와 실재에 대한 표상의 기능은 증가한다. 반대로 그 실패가 작으면 작을수록 예술 작품은 실재에 가까워지며 작품의 의미와 실재에 대한 표상의 기능은 감소된다.

예술 작품이 무언가를 의미하는 언어라는 박이문 교수의 주장은 특정 예술 작품들에 대해서라면 몰라도 예술 작품 일반에 보편적으로 적용되기는 어렵다고 본다. 시에서 이미지만을 남기고 일체의 의미를 제거하는 김춘수의 무의미시들과 이를 뒷받침하는 그의 무의미시론은 하나의 대표적 반례라 할 수 있다(김춘수 1976). 비트겐슈타인의 말함과 보여줌의 구분을 원용해 우리는 예술 작품의 포인트를 언어로써 말할 수 있는 의미가 아니라 작품이 보여주는 말할 수 없는 것에 맞출 수 있을 것이다. 예술 작품이 보여주는 것은 의미로 번역될 수 없는 어떤 분위기나 처해 있음Befindlichkeit일 수도 있고 경지일 수도 있고 열정일 수도 있고 이미지일 수도 있다. 경우에 따라 그것은 형상적인 것일 수도 있고 아닐 수도 있다. 실재성을 추구할 수도 있고 아닐 수도 있다. 한마디로 다양한 예술 작품들이 있을 따름이다. 그 모든 것을 한데 묶어 일의적으로 도식화하는 것은 지나친 무리라고 생각한다.

박이문 교수는 이 모든 것을 가능 세계로 포섭하는 예술 작품 양상론을 제창한다(박이문 2003a 1부). 예술 작품은 한편으로는 그 자체의 구체적 실재성 내지는 실재의 현시를 유지하면서(Park 1982, 237쪽) 다른 한편으로는 실제의 사물, 사건, 세계가 아니라 가능한 사물, 사건, 세계를 지시하거나 투사한다(Park 1986, 184쪽). 그는 다음과 같이 말한다.

> 이는 예술 작품의 기능이 우리를 과거뿐 아니라 현재 삶의 조건의 속박으로부터 해방시켜 우리가 인지적으로 보다 진실되고 세계 그 자체와 존재론적으로 보다 조화를 이룰 수 있는 이상적 세계를 찾는 것임을 의미한다. 우리는 예술을 통해 이러한 형이상학적 이상을 실현하려 노력하고, 예술 작품에 구현된 이 이상이 우리를 자극하는 것이자 우리가 예술 작품을 감상할 때의 포인트이다. (Park 1998c, 269쪽)

예술 작품의 지시 대상으로서의 가능 세계의 도입이 "인지적으로 보다 진실되고 세계 그 자체와 존재론적으로 보다 조화를 이룰 수 있는 이상적 세계"를 마련해준다는 박이문 교수의 주장은 '인지적', '진실됨', '조화', '형이상학', '이상' 등 앞서의 논의에서 제대로 해명되거나 거론되지 않았던 용어들이 사용되고 있다는 점에서 논란의 소지를 안고 있다. 이 용어들의 명확한 의미와 아울러 예술 작품에 귀속한 가능 세계 지시성이 어떻게 이 모든 것을 한 번에 성취하는지에 대한 보다 자세한 부연이 있어야 할 것이다.

이상의 비판은 넓고 깊은 박이문 교수의 철학 세계에 대한 무지나 오해에서 기인한 것일 수 있다. 비교적 일찍부터 그의 글에 매료되었건만 그의 저작을 모두 다 소화하지는 못한 상태인 데다, 그의 철학에 대한 논의는 완료된 것이 아니라 우리 학계에서도 이제 겨우 시작의 단계에 있기 때문이다. 그러나 부족한 이 글이 저지른 오해나 오류를 바로잡아나가는 방식으로든지 아니면 새로운 비판과 해석을 통해서든지, 박이문 교수의 사상이 학계에서 더욱 활발히 연구 논의될 수 있다면 더 이상의 바람이 없겠다.

6. 후기

익명의 심사위원은 이 장의 4절에서 명제 (3)("심미적인 것은 예술적인 것을 포함하지만 그 역은 참이 아니다")의 도출에 대해 다음과 같이 비판하였다.

마지막 두 인용문으로부터 어떻게 명제 (3)이 도출되는지가 의문이다. 두 인용문이 함의하는 것은

(3a) 예술 작품을 포함한 모든 대상이 심미적이지만 그 역은 아니다

라고 생각한다. 그렇다면 (3a)는 명제 (2)를 고쳐 쓴

(2a) 예술적인 것은 심미적이지만 그 역은 아니다

와 구체성이나 일반성의 차이만을 가질 뿐이다. "상충"이나 "양립"의 문제는 발생하는 것 같지 않아 보인다.

마지막 두 인용문이 명제 (3a)를 함의한다는 심사위원의 지적은 대체로 옳다.[4] 그런데 그의 주장과는 달리 다음의 벤 다이어그램에서 알 수 있듯이 (3a)는 (3)과 다르지 않다. 오히려 그가 서로 같은 것으로 본 (2a)와 (2)가 다르다.

따라서 심사위원의 주장처럼 (3a)는 (2a)와 크게 다르지 않지만, 그렇다고 (3)이 (2)와 같다는 결론은 도출되지 않는다. 이로 말미암아 그가 부정한 심미적인 것과 예술적인 것 사이의 "상충"의 문제가 발생하며, 이 장의 4절은 이를 어떻게 "양립"시킬 것인지에 대한 하나의 해석을 제시하고 있다.

---

4 엄밀히 말하자면 (3a)는 다음과 같이 손질되어야 한다.

예술 작품을 포함한 모든 대상이 심미적일 수 있지만 그 역은 아니다.

8.1 논평[5] (최신한)[6]

이승종 교수는 박이문 교수의 대표적인 사상을 '생태학적 합리성'과 '예술철학'으로 간주하고 양자의 중심주제들을 다룬다. 발표자의 전략은 박이문 교수의 주장이 명징성과 일관성에서 문제가 있음을 논박함으로써 이를 철학적으로 명료화하는 데 있다.

박이문 교수는 서양과학기술의 합리성과 인간중심주의 윤리를 비판하고 이에 대한 대안으로 생태학적 합리성과 생태중심주의 윤리를 제안한다. 이에 대해 발표자는 인간중심주의 윤리에 대한 비판과 동물 복제 옹호론은 양립할 수 없다고 주장한다. 인간중심주의 윤리를 비판하는 관점에서 인간 복제를 금지하면서 동물 복제를 옹호하는 것은 모순이라는 것이다. 박이문 교수의 생태중심적 가치관은 '탈인간중심적 가치관', '일원론적 형이상학', '자연주의적 인간관'으로 이루어져 있다(박이문 2002b, 682-696쪽 참조). 인간중심적 가치관에 의하면 가치는 인간세계에서만 의미를 갖는 반면(박이문 2002b, 683쪽), 생태중심적 가치관에서는 모든 동물이 내재적 가치를 갖는다(박이문 2002b, 688쪽). 그러므로 철학은 인간과 동물의 이원론을 극복하고 우주 존재 전체의 전일성을 받아들여야 한다. 발표자는 생태학적 합리성과 생태중심주의 윤리가 기존의

---

5 이 절부터 8.2까지는 8장의 초고를 주제로 2018년 12월 1일에 충남대학교에서 있었던 한국 동서철학회 추계학술대회에서의 논평과 답론을 옮긴 것이다.

6 한남대 철학과 교수.

합리성과 도덕 공동체의 영역을 대폭 확장했다는 점에서 이를 긍정적으로 평가한다. 그러나 이 두 개념 가운데 불투명성이 있음을 지적한다. 박이문 교수는 "돌맹이, 흙, 그리고 별들도 도덕 공동체의 일원이 될 수 있도록 해야 한다"(Park 1990, 129쪽)고 주장하면서, 동시에 "동물을 제외한 광물, 직물, 박테리아는 윤리적 배려의 대상에서 제외된다"(박이문 2002b, 703쪽)고 말하기 때문이다.

논평자는 발표자의 생각에 대체로 동의한다. 다만 서양 과학기술의 합리성과 인간중심주의적 윤리가 양립하기 어렵다는 주장(이 책, 312쪽)에는 의문을 갖는다. 이러한 의문은 무엇보다 '합리성'에 대한 명확한 정의가 전제되지 않았기 때문에 제기된다. 박이문 교수는 합리성을 자의식 및 반성능력과 연관 짓는다. ("자의식은 반성능력과 연관되고 반성능력은 합리성과 연관된다"(Park 1998a, 143쪽).) 그는 물리적 세계에 대한 논리와 놀라운 기술적 솜씨를 합리성으로 보기도 한다(Park 2001, 20쪽). 합리성이 인간의 능력임이 분명하다면, 그리고 과학기술의 합리성을 생태학적 합리성으로 확대하는 데 동의한다면(이 책, 315쪽), 어떤 종류의 합리성도 인간을 떠나 언급할 수 없지 않을까. 이렇게 보면 생태중심주의를 탈인간중심주의로 단정하기 어려울 것 같다. 모든 주의主義는 인간적 반성의 산물이다. (막스 베버Max Weber처럼 학문적 합리성, 형이상학적 합리성, 실천적 합리성을 함께 생각하면 이 주제를 좀 더 분명하게 설명할 수 있을 것이다.)

예술 내지 예술철학과 관련해서 박이문 교수는 독특한 주장을 펼친다.

모든 예술은 예외 없이 넓은 의미에서 언제나 언어적 예술이다. 그것이 어떤 매체를 쓰고 있든지 예술 작품은 예외 없이 그 성격상 그 자체가 언

제나 바로 언어이다. (박이문 1993, 111쪽)

모든 예술의 본질적 의도가 언어로 표현할 수 없는 것을 언어로 표상하고자 하는 데 있다고 말할 수 있다. (박이문 1997, 68쪽)

예술 작품의 해석 문제에는 비문자적 예술 작품인 그림, 조각, 춤, 음악 등이 어떤 뜻에서 언어일 수 있는가 하는 문제가 제기된다. (박이문 1998, 29쪽)

예술 작품이 일종의 언어인 한 그 의미는 지성을 통해서만 이해 가능하다. 그러나 언어로서의 예술 작품의 의미는 감각에 의해, 즉 감성적으로 파악되고 이해되도록 설계되었다. (Park 1998c, 263쪽)

여러 인용문에서 보듯이 박이문 교수가 예술 작품을 언어로 간주하는 것은 확실하다.

발표자는 마지막 인용문의 주장이 자기 부정적이라고 논박한다. 예술 작품의 의미는 지성을 통해서만 이해할 수 있다고 하면서, 동시에 언어로서의 예술 작품의 의미는 감성적으로 이해되어야 한다고 주장하기 때문이다. 논평자가 볼 때 발표자의 이러한 논박은 정당하다.

그러나 발표자가 언어를 존재론적 차원에서 물리적 실재로 보고 여타의 실재와 구별되지 않는다고 말하는 것에 대해서는 의문을 갖는다. 언어는 애당초 자연적 소여가 아니고 사물이 아니므로 물리적 실재로 간주할 수 없는 것이 아닌가. 가다머의 언어존재론을 끌어오더라도 언어는 물리적 실재로 볼 수 없을 것 같다. 이 문제는 박이문 교수가 그림을 통해 설명하는 실재와 언어, 존재론적 차원과 의미론적 차원의 상관관계를 서술하는 과정에 등장한다. 이 지점에서 발표자는 앞의 논박과는 다르게 박이문 교수의 논지를 긍정적으로 평가하는 것 같다.

논평자가 볼 때 이 그림도 위의 인용문에 나타나 있는 '지성을 통한 이해' 및 '감각을 통한 이해' 사이의 애매함과 유사하다. 사실 이러한 애매함의 연원은 예술 작품을 언어로 규정하는 박이문 교수의 강한 주장에 있다. 발표자도 '예술 작품이 무언가를 의미하는 언어'라는 주장이 보편적으로 적용되기 어렵다고 평가한다. 말할 수 없으며 의미로 번역할 수 없는 것을 보여주는 예술 작품이 분명하게 존재하기 때문이다. 이러한 사정은 예술 작품의 언어를 '비개념적 언어'나 '감각적 언어'로 표현한다고 해서 달라질지 의문이다. ("예술 작품의 언어가 기존 언어의 개념 즉 관념으로는 표현할 수 없는 새로운 세계나 경험을 표현하기 위해서 비개념적 즉 억지로 말하자면 감각적 언어 즉 구체적 언어로 표현하고자 하며…"(박이문 1993, 113쪽).)

모든 예술 작품을 언어로 보는 관점은 음악에 대한 설명에서 더욱 특유하게 드러난다. 박이문 교수는 음악이 언어와 기호이며 오직 이 점에서 다른 소리와 구별된다고 주장한다. 음악이 언어가 될 때 다른 소리와 구별되는 무엇인가를 의미한다는 것이다. 이때 '의미'는 개념화 이전의 존재를 표상하기 위한 '기호 아닌 기호' 즉 일상적 언어로 정확히 규정할 수 없는 '기호'이다(박이문 1997, 67쪽 이하 참조). 개념화 이전의 존재나 개념화되지 않은 의미를 음악의 언어로 표현하려고 한다는 설명을 들으면 박이문 교수는 분명히 '언어'의 코노테이션connotation을 포괄적으로 사용하고 있음이 틀림없다. 그런데도 음악은 '언어와 문자 이전의 소리'(슐라이어마허Friedrich Schleiermacher)를 표현하는 예술이라는 입장과 비교해보면 예술을 언어로 간주하는 관점을 따라가기 어려울 것 같다. '언어로서의 예술'이 전달하려고 하는 바는 '언어'의 정확한 의미와 비언어적인 것과의 경계를 명백히 밝히지 않는 한, 애매함을 벗어날 수 없을 것이다.

언어의 중요성에 대한 강조는 진리와 관련해서도 발견된다. "진리를 언어의 그물 밖에서 발견할 수 없는 이상, 언어의 의미가 분명치 않다면 진리는 올바로 잡히지 않는다"(박이문 1998, 19쪽). 진리는 의미나 개념을 통해서만 드러난다는 주장으로 이해된다. 그러나 헤겔과 같이 예술적 진리를 주장하는 경우 진리는 언어적 의미와 무관하게 드러날 수 있다. 진리를 존재의 생기生起로 보는 하이데거도 마찬가지이다.

8.2 답론

1. 천동설은 지구가 태양계의 중심이 아님을, 진화론은 인간이 여타의 생물과 마찬가지로 진화의 산물임을, 유전공학은 인간과 침팬지가 98.4%의 유전자를 공유함을 각각 밝혀내었다. 인간중심주의는 이러한 사실의 차원에서는 더 이상 성립히기 어렵게 된 것이다. 이는 합리성을 포함한 모든 이념과 그 어떠한 주의主義가 다 인간적 반성의 산물이라는 최신한 교수의 주장과 양립 가능하다. 그러나 우리는 사실과 이념/주의가 서로 다른 층위에 놓여 있음에 유의해야 한다.

2. 언어가 존재론적 차원에서 물리적 실재이며 여타의 실재와 구별되지 않는다는 것은 나의 주장이 아니라 박이문 교수의 주장이다. 언어는 물리적 실재의 영역과 구별되는 상징이기 때문이다. 박이문 교수의 주장을 인용하고 설명하는 부분을 최신한 교수는 내가 그 주장에 동의하는 것으로 잘못 읽어낸 것 같다. 나는 오히려 박이문 교수의 언어관과 예술관에 대한 최신한 교수의 비판에 동의한다.

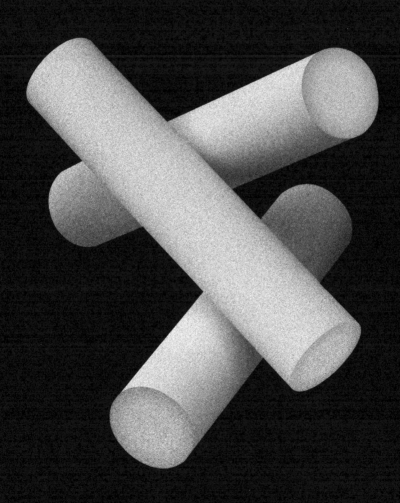

4부

토론과 대화

9장

토론과 스케치

1. 승계호 교수의 주제학

승계호 교수[1]는 미국에서 활약해온 자랑스러운 우리의 철학자이다.[2] 탈전통의 기치를 내건 분석철학의 메카인 미국에서 교육받고 연구하고 있는 승계호 교수의 사유는 유럽의 지적 전통에 정통한 통시적 담론으로 특징지어진다. 그의 이러한 독특한 이력은 자칫 범주 오류로 보일 수도 있지만 오히려 그로 말미암아 현재 영미와 유럽으로 갈라진 서구의 이질

---

1   텍사스 오스틴대학교University of Texas at Austin 철학과 제시 존스Jesse Jones 석좌교수.

2   재미在美 철학자들로는 이 외에도 김재권(브라운대Brown University), 조가경(뉴욕주립대/버팔로 State University of New York at Buffalo), 정화열(모라비언대Moravian College), 이광세(켄트주립대Kent State University), 김하태(케이스 웨스턴 리저브대Case Western Reserve University), 김상기(남일리노이대/에드워즈빌Southern Illinois University Edwardsville) 교수 등을 꼽을 수 있으며 여기에 중진과 소장 철학자들까지 포함시킨다면 그 숫자는 대폭 늘어난다.

적 사상들이 그의 사유에서 창의적 시너지 효과를 연출하게 되었다고 생각한다.

승계호 교수는 무엇보다도 주제학thematics의 철학자로 알려져 있다. 주제학에 대한 구상은 그의 대표작인《해석학에서의 기호학과 주제학 *Semiotics and Thematics in Hermeneutics*》의 후반부를 이루는 8장부터 11장에 집약되어 있다. 각 장의 제목은 다음과 같다.

8장. 주제의 투사Thematic Projection

9장. 주제의 일관성Thematic Coherence

10장. 주제의 전통Thematic Tradition

11장. 주제의 변증법Thematic Dialectic

각 장은 주제학의 정립을 위해 서로 다른 역할을 수행한다. 8장은 주제학의 근본 이념과 원리를 소개하고 있고, 9장은 주제학으로 단테의《신곡》을 해석하고 있으며, 10장은 주제학의 전통을 해석학에 접맥시키며, 11장은 주제학의 동학動學; dynamics으로서의 변증법의 확장과 재해석을 선보이고 있다. 이제 이 책의 각 장을 순서대로 읽어가며 질문을 던져보기로 하자.

a) 주제의 투사

8장 "주제의 투사"는 다음과 같은 목차로 이루어져 있다.

1절.3 영웅 대 성인

2절. 주제의 지시체

우선 이 장의 제목인 "주제의 투사"가 무엇을 의미하는지를 살펴보자. 승계호 교수에 의하면 "주제의 투사와 구성 과정은 관찰 자료에 의거한 과학 이론의 투사와 구성 과정과 크게 다르지 않다"(Seung 1982, 147쪽).[4]

텍스트를 관찰 자료에 대입시키고 주제의 해석을 과학 이론에 대입시키면, 과학 이론과 주제의 해석 사이에 대칭적 유비가 성립된다. 일련의 관찰 자료를 잘 설명하는 상호 양립 불가능한 과학 이론들이 다수 공존한다는 이론의 미결정성underdetermination 논제를 이 대칭적 유비에 적용하면, 하나의 텍스트를 잘 해석하는 상호 양립 불가능한 주제의 해석들이 다수 공존한다는 해석의 미결정성 논제를 얻을 수 있다. 이 과정을 다음의 네 명제로 정리할 수 있다.

1. 이론의 미결정성 논제: 관찰 자료는 과학 이론을 미결정한다.
2. 해석의 미결정성 논제: 텍스트는 주제의 해석을 미결정한다.
3. 과학 이론의 투사: 우리는 관찰 자료에 의거해 과학 이론을 투사하고 구성한다.
4. 주제의 투사: 우리는 텍스트에 의거해 주제를 투사하고 구성한다.

어떤 관찰 자료나 텍스트가 그에 대한 단 하나의 과학 이론이나 주제의 해석만을 허용하는 것은 아니라는 점에서 "주제의 투사는 언제나 해

---

3 원서에는 절에 번호가 매겨져 있지 않지만 이 글에서는 논의의 편의상 절에 번호를 추가하기로 한다.

4 "주제의 투사"와 "주제의 해석"은 각각 "thematic projection"과 "thematic interpretation"의 번역어이며, "주제의 투사"는 "주제의 해석의 투사projection of thematic interpretation"와 동의어이다.

석의 자유를 전제한다"(Seung 1982, 147쪽).

8장의 1절 "영웅 대 성인"은 주제의 투사에 대한 역사적인 사례를 분석하고 있다. 승계호 교수는 고대 그리스의 비극, 중세의 도덕극, 근대 엘리자베스 왕조 시대의 비극에서 어떻게 각 시대를 특징짓는 인간에 대한 주제의 투사가 이루어지고 있는지를 규명한다. 그리스 비극은 영웅의 운명을 필연성으로서의 자연의 일부로 묘사하는 과정에서 인간 실존의 비극적 차원이라는 주제를 전개하는 반면, 중세 기독교의 도덕극은 전 세계를 다스리는 전지전능한 신의 섭리를 부각시킴에 따라 비극 영웅의 탄생에 필요한 인간의 비극적 운명이나 악이 선을 누르고 있는 상황을 인정하지 않았다. 대신 비극 영웅의 자리에 성인이, 영웅 정신의 자리에 신에 대한 복종과 겸양이 들어서게 되었다. 근대 엘리자베스 왕조 시대의 비극에 이르러 영웅은 부활한다. 하지만 그리스 비극에서와는 달리 자연은 필연성이 아니라 가능성으로 재해석되었다. 비극 영웅의 행동이 외적인 힘의 필연성으로부터가 아니라 자신의 야망과 결단으로부터 비롯되는 것으로 변모한 것이다. 이것은 곧 주권을 갖는 르네상스 인간의 출현을 의미한다. 이 새로운 인간 개념은 홉스와 로크의 사회 계약론에서 집대성된다.

8장의 2절 "주제의 지시체"는 주제의 투사에 대한 이론적 토대를 천착하고 있다. 주제의 지시체는 의미론에서의 지시체와의 유비를 통해 도입된다. 의미론에서 고유명사와 확정적 기술definite description의 사용에 의해 각각 직접 지시와 간접 지시가 확립되는 것처럼, 주제학에서는 어떤 주제의 이념이 직접적으로 표현되느냐 간접적으로 표현되느냐에 의해 주제의 직접 지시와 간접 지시가 확립된다. 문자적 의미와 같이 주제의 직접적 지시가 확립되는 단계에서는 의미론과 주제학의 의미와 지시체가 각각 서로 일치하지만, 주제의 간접적 지시가 이루어지는 우화적, 도덕적, 비유적 단계에서는 의미론과 주제학이 의미와 지시체 양자에서 서로 차이를 보인다. 의미론은 의미의 테두리를 한정짓는 반면 주제의 해석은 이러한 의미론적 테두리, 즉 주어진 의미론적 문맥의 객관성을 벗어나지 않는 범위에서 텍스트에 대한 다양하고 변화무쌍한 주제의 투사와 해석의 자유를 구가한다. 그 자유는 심지어 그 텍스트를 지을 때 지은이가 품었던 의도를 초과할 수 있다. 텍스트와 거기에 반영된 주제의 이념 사이에는 개별자와 보편자 간의 존재론적 연관성이 놓여 있다. 개별적 텍스트에서 보편적 의미를 인식하는 일은 직관이 아니라 투사와 구성의 정교한 해석학적 작업을 요한다.

그러나 의미론이 과연 의미의 테두리를 온전히 한정짓는가? 그러한 의미의 의미론이 과연 가능한가? 의미를 확정하는 의미론의 가능성에 대한 리쾨르(Ricoeur 1975)와 데리다(Derrida 1978)의 논쟁, 카르납(Carnap 1947)과 콰인(Quine 1951)의 논쟁, 크립키(Kripke 1982)와 후기 비트겐슈타인(PI)의 대립, 더밋(Dummett 1996, 1-2장)과 후기 데이빗슨(Davidson 1986)의 대립은 승계호 교수의 낙관론과는 달리 이것이 미결의 난제임을 시사한다. 열거한 대립쌍에서 전자에 해당하는 철학자들(리쾨르, 카르납, 크립키, 더밋)은 위의 질문에 대해 긍정적인 답변을, 후자에 해당하는 철학자들(데리다, 콰인, 후기 비트겐슈타인, 후기 데이빗슨)은 부정적인 답변을 내릴 것이다.

b) 주제의 일관성
9장 "주제의 일관성"은 다음과 같은 목차로 이루어져 있다.

1절. 단테의 서사의 주제

2절. 《신곡》과 근대의 에토스

9장은 목차에서 알 수 있듯이 단테의 《신곡》에서 표현되고 있는 서사의 주제를 일관성 있게 풀어내는 바른 해석을 제시하는 데 초점이 맞추어져 있다. 8장이 주제학 원론이라면 9장은 그 응용에 해당한다. 승계호 교수는 신에 대한 담론의 세 방식으로 우화allegory, 유비analogy, 직역literalism을 제시한다. 셋 중에서 우화가 신에 대한 가장 간접적인 담론 방식이고 직역이 가장 직접적인 방식이다. 이러한 담론 방식의 차이는 신과 우리가 얼마나 닮았는지의 정도와 관련이 있다. 가장 간접적인 담론 방식인 우화가 신과 우리의 차이를 극대화하고, 가장 직접적인 담론 방식인 직역이 그 차이를 극소화하고 있다. 차이를 극대화하는 우화는 신에 대한 겸손과 복종을 실천하는 중세의 에토스를, 차이를 극소화하는 직역은 인간이 신적인 권능을 행사하는 근대의 에토스를 표현하는 양식이다. 승계호 교수는 단테의 《신곡》을 중세의 우화 전통으로부터 르네상스의 직역주의로의 이행의 가교 역할을 수행했던 아퀴나스의 철학에 의존해 유비로 읽어내는 기존의 해석이 인간 중심의 관점을 취하고 있음을 적시한다. 이어서 그는 《신곡》이 고대나 근대의 영웅 서사가 아니라 우화를 근본 양식으로 하는 중세의 에토스에 더 가깝고, 따라서 인간이 아닌 신 중심의 관점에서 독해해야 함을 역설한다.

c) 주제의 전통

10장 "주제의 전통"은 다음과 같은 목차로 이루어져 있다.

1절. 해석학적 순환

2절. 해석과 적용

3절. 해석학적 체험

주제의 전통을 해석학에서 찾아 주제학을 해석학으로 더욱 풍성하게 하는 것이 이 장의 줄거리를 이룬다. 그러나 다른 한편으로는 해석학에 대한 긍정적 서술에 그치고 있어 승계호 교수 고유의 목소리를 찾기 어렵다.

10장의 1절 "해석학적 순환"은 딜타이Wilhelm Dilthey가 묘사한 해석학적 이해의 세 과정인 치환transposition; Hineinversetzen, 재구성reconstruction; Nachbilden, 추체험reexperience; Nacherleben으로부터 논의를 시작한다. 딜타이에 의하면 텍스트를 해석하는 것은 자신을 그가 속한 문화적 문맥으로부터 그 텍스트의 문화적 문맥으로 치환함으로써 그 텍스트의 원래 문맥을 재구성하고 그 텍스트의 원래 의미를 추체험하는 것이다.[5] 그러나 우리는 우리 자신을 하나의 역사적 문맥으로부터 다른 문맥으로 자유롭게 치환할 수 없다. 우리는 우리 자신의 역사적 문맥 안에서, 그리고 그 문맥을 통해서만 모든 것을 이해하도록 제한되어 있다. 하이데거에 의하면 그 문맥과 함께 우리에게 미리 주어지는 개념과 전제는 모든 이해의 행위에 필요 불가결한 조건이기도 하다. 따라서 진정한 이해를 위해서는 그러한 개념과 전제를 넘어서거나 제거하는 것이 아니라 어떻게 올바른 개념과 전제를 확보하느냐 하는 것이 관건이다. 가다머에 의하면 그것은

---

5 번역어에서는 살리지 못했지만 텍스트text와 문맥context의 어원적 친족 관계를 상기할 필요가 있다.

역사의 연속성에 의해 제공된다.

물론 역사가 텍스트에 대한 우리의 선판단prejudgments의 올바름을 언제나 보장할 수는 없다. 선판단의 옳고 그름의 기준은 사태 자체die Sache selbst에 의해서 보여질 수 있다. 그릇된 선판단은 사태의 본질을 그 자체로 드러내지 않기 때문에 그릇된 것이다. 텍스트에 대한 해석도 마찬가지로 텍스트 자체에 의해 인도되어야 한다. 역사적 문맥의 상대성에서 비롯되는 해석학에 대한 상대주의 시비는 이 대목에서 해소된다. 우리의 안목이 역사적 문맥에 의해 제한되는 것은 사실이지만, 우리는 사태와 텍스트 자체에 호소함으로써 우리의 선판단을 비판하고 수정해나갈 수 있기 때문이다. "객관주의와 상대주의 간의 진정한 쟁점은 출발점이 아니라 종착점에 관한 것이다. 즉 우리의 대상의 본성을 이해함에 있어 우리가 얼마나 멀리까지 갈 수 있는가라는 문제에 관한 것이다"(Seung 1982, 178쪽).

그러나 선판단의 옳고 그름의 기준이 사태 자체에 의해서 보여질 수 있다는 주장은 어떻게 정당화되는가? 사태 자체도 선판단 없이는 이해될 수 없는 것 아닌가? 승계호 교수에게 묻고 싶은 질문이다.

10장의 2절 "해석과 적용"은 해석과 적용이 불가분리의 관계에 있다는 가다머의 논제를 해명하고 있다. 이 논제를 이해하기 위해서는 몇 가지 용어들의 의미를 먼저 익혀야 한다. "텍스트 내적인 전제"[6]는 텍스트의 의미를 해명하는 데 요구되는 전제를 말하고, "텍스트 외적인 전제"

---

6 원어는 "textual presuppositions"로서 "텍스트의 전제"로 직역할 수 있겠지만, "extratextual presuppostions"의 번역어인 "텍스트 외적인 전제"와 대구를 맞추기 위해 "텍스트 내적인 전제"로 옮겼다.

는 텍스트를 지은 이의 궁극적 저작 동기, 텍스트 해석의 관점, 해석된 의미의 진리 등을 지칭한다. '적용'이란 텍스트 외적인 전제의 사용을 의미한다. 이러한 용어들로 앞서의 논제를 풀어보자면 가다머의 논제는 텍스트의 해석이 일련의 텍스트 외적인 전제를 사용하지 않고서는 수행될 수 없음을 의미한다. 이는 마치 아리스토텔레스에 있어서 실천적 지식praxis이 그것의 적용과 불가분리의 관계에 있는 것과 같다.

10장의 3절 "해석학적 체험"은 가다머의 해석학의 현상학적 차원과 실존적 차원을 규명하고 있다. 두 차원은 텍스트의 의미와 진리의 구분에서 갈라진다. 우리는 텍스트의 의미 문제에 대해 중립적 태도를 취하고 그 고유의 역사적 문맥을 구성할 수 있다. 그러나 우리는 텍스트의 진리에 대해서는 그러한 중립적 태도를 취할 수 없다. 예컨대 우리는 단테의 지구 중심적 견해의 의미를 그 중세적 문맥에서 이해할 수는 있지만, 우리 자신의 문맥에서 진리인 것으로 수용할 수는 없다. 이를 딜타이의 용어를 빌려 풀자면 다음과 같다. 우리를 다른 역사적 문맥으로 치환하는 것은 지적인 차원에서는 가능하지만 실존적 차원에서는 불가능하다. 실존적 치환이 불가능하므로 텍스트와 그 의미를 체험하는 유일한 길은 그것을 우리 자신의 문맥으로 치환하는 것이다. 가다머의 해석학의 현상학적 차원은 문맥의 의미의 투사와 구성에, 실존적 차원은 그 의미의 해석학적 체험에 관여한다(Seung 1982, 186쪽). 전자는 이해와 해석의 차원이고 후자는 적용의 차원이다. 전자는 텍스트 내적이고 문맥 내적인 전제의 작용을 운영하며, 후자는 텍스트 외적이고 문맥 외적인 전제의 작용을 운영한다. 그러나 후자의 전제는 텍스트의 문맥에 대해서 외적인 것이지, 우리 자신의 문맥에 대해서 외적인 것은 아니다.

가다머에 의하면 텍스트 의미의 진리치에 대한 우리의 전제는 우리의 해석학적 체험의 근본 조건이다. 이러한 맥락에서 그는 해석학적 이해를 전통 해석학에서와는 달리 의미의 체험이 아닌 "진리의 체험"으로 부른다. 현상학적 차원에서 진리는 진술될 수 있을 뿐이지 체험될 수는 없다. 진리의 체험은 해석학적 차원의 체험이다(Seung 1982, 187쪽). 가다머의 해석학에서 현상학적 차원과 실존적 차원은 수단과 목적의 관계를 갖는다. 실존적 차원의 진리 체험이 가다머의 해석학의 목적이고 현상학적 차원은 의미의 재구성의 방법이다. 가다머의 대표작《진리와 방법》은 두 차원 사이의 이러한 위계를 바로 그 제목에서 상징적으로 표현하고 있다.

그런데 승계호 교수의《해석학에서의 기호학과 주제학》186쪽에서는 의미의 체험이 가다머의 해석학에서 말하는 해석학적 체험이고 실존적 차원과 연관되어 있는 것으로 묘사되어 있는 반면, 같은 책 187쪽에서는 의미의 체험은 가다머 이전의 전통 해석학에서의 이해에 귀속되고 대신 실존적 차원의 진리의 체험이 가다머의 해석학에서 말하는 해석학적 체험으로 묘사되고 있다. 이러한 불일치는 어떻게 해명되어야 하는가? 승계호 교수에게 묻고 싶은 질문이다.

승계호 교수에 의하면 가다머의 해석학적 프로그램은 해석되는 대상의 문맥과 해석하는 주체의 문맥이라는 두 역사적 문맥의 작용을 요한다. 전자는 재구성의 문맥이고 후자는 추체험의 문맥이다. 양자는 지평융합을 통해 하나가 된다. 그러나 여기서도 주체의 문맥이 언제나 주된 문맥이다. 즉, 지평 융합은 대상의 문맥의 주체의 문맥으로의 융합이다. 이 융합은 현재 우리 문맥으로의 실존적 수용을 의미하는 긍정적 융합과 그 문맥으로부터의 배제를 의미하는 부정적 융합으로 갈린다. 융합의 두 양상은 각각 역사의 연속과 단절을 가능케 한다. 이 두 양상은 동시적인 것이고 따라서 역사의 연속과 단절도 마찬가지이다. 텍스트를 읽으면서 이러한 연속과 단절의 긴장을 다시 살리는 것이 해석학적 체험의 본질이자, 텍스트의 의미와 진리의 체험의 본질이다.

d) 주제의 변증법

11장 "주제의 변증법"은 다음과 같은 목차로 이루어져 있다.

1절. 문화적 주제
2절. 헤겔의 주제의 정반합
3절. 주제의 해소
4절. 주제의 결과
5절. 주제의 성찰

텍스트를 짓고 해석하는 행위는 문화적 전통의 발전에 참여하는 것이고, 그 궁극적 이해는 이 발전의 동학動學에 대한 이해를 요한다. 이 장은 이러한 동학의 기제로서의 변증법의 이론적 확충을 꾀하는 데 그 초점이 맞추어져 있다.

11장의 1절 "문화적 주제"에서는 문화에 의해 테두리 지어진 이념들을 음악이나 문학의 주제에 빗대어 문화적 주제로 정의한 뒤 각 시대의 대표적 문화적 주제들을 탐사한다. 지식이 목적에서 수단으로 전도되고 공동체적 인간이 원자적 인간으로 변모하는 것이 전근대로부터 근대로의 문화적 주제의 변화로 묘사된다.

11장의 2절 "헤겔의 주제의 정반합"에서는 헤겔의 논리적 변증법을 개조해 문화적 주제들 사이의 상호작용을 해명하는 주제의 변증법으로 재탄생시키기 위한 기초 작업을 전개한다.

11장의 3절 "주제의 해소"에서는 경합하는 문화적 주제들 사이의 갈등을 해소하기 위한 방안으로 평형, 억압, 종속, 융합, 제거, 흡수 이렇게 여섯 가지의 해소책을 제시한다. 이를 차례로 살펴보자.

① 평형에 의한 해소: 경합하는 두 문화적 주제들을 균등하게 취급하여 상호 간의 균형을 유지한다.
② 억압에 의한 해소: 경합하는 두 문화적 주제들 중 어느 하나를 억압함으로써 갈등을 해소한다.
③ 종속에 의한 해소: 경합하는 두 문화적 주제들 중 어느 하나를 다른 하나에 종속시킴으로써 갈등을 해소한다.

위의 세 해소책은 경합하는 두 문화적 주제들의 이원성을 말살하지 않는다는 점에서 이원적 해소책이라는 하나의 범주로 묶을 수 있다.

④ 융합에 의한 해소: 경합하는 두 문화적 주제들 중 어느 하나를 다른 하나에 융합함으로써 갈등을 해소한다.
⑤ 제거에 의한 해소: 경합하는 두 문화적 주제들 중 어느 하나를 제거함으로써 갈등을 해소한다.
⑥ 흡수에 의한 해소: 경합하는 두 문화적 주제들 중 어느 하나를 다른 하나로 흡수함으로써 갈등을 해소한다. 융합에 의한 해소가 두 문화적 주제들이 균등한 방식으로 융합하여 새로운 하나의 정체성으로 재탄생하는 과정인 데 반해, 흡수에 의한 해소는 둘 중 어느 한 주제만이 원래의 정체성을 잃지 않고 다른 하나의 정체성을 흡수하는 과정이다.

위의 세 해소책은 경합하는 두 문화적 주제들의 이원성을 말살한다는 점에서 일원적 해소책이라는 하나의 범주로 묶을 수 있다.

그런데 여기서 한 가지 의문이 생긴다. 앞서의 지평 융합과 여기서의 융합은 전자의 경우 융합되는 대상의 문맥에 대한 융합하는 주체의 문맥의 우위가 인정되고 있다는 점에서 서로 다른 의미로 사용되고 있지 않은가? 즉, 지평 융합은 융합에 의한 해소보다 오히려 흡수에 의한 해소에 더 가깝지 않은가?

11장의 4절 "주제의 결과"는 이러한 해소의 결과들의 다양한 양상을 다음의 여섯 가지로 나누어 제시하고 있다.

① 주제의 연속은 주어진 어떤 해소책에 의해 성립된 주제의 우세가 연속됨을 의미한다.
② 주제의 확장은 그 주제를 문화의 한 영역으로부터 다른 영역으로 확장함을 의미한다.
③ 주제의 반발은 군림하는 문화적 주제에 대한 반발을 의미한다.
④ 주제의 역전은 주제들 사이의 위계가 역전됨을 의미한다.
⑤ 주제의 억압은 군림하는 문화적 주제가 다른 주제를 억압함을 의미한다.
⑥ 주제의 쇠퇴는 군림하는 문화적 주제의 쇠퇴를 의미한다.

11장의 5절 "주제의 성찰"은 헤겔의 논리적 변증법을 주제의 변증법으로 확충하는 과정에서 드러나는 주제학의 실존적 차원을 부각시킨다. 헤겔의 변증법은 주제의 변증법과 달리 변증법적 갈등에 대해 융합에 의한 해소책 단 하나만을 제시하고 있다는 한계를 지닌다. 모든 갈등을 논리적 모순 구조로 보았다는 점에서 그의 변증법은 논리적 필연주의로 불릴 수 있다. 갈등의 구조가 진정 논리적 모순의 성격을 지니고 있다면, 어떠한 화해나 융합도 불가능하다. 따라서 헤겔은 변증법적 화해나 융합을 위해 그가 본 논리적 모순 구조를 자기 스스로 통약과 양립이 가능한 구조로 변형시킨다. 승계호 교수는 주제의 갈등의 중심을 헤겔의 논리적 필연성에서 실존적 우연성으로 대체함으로써 헤겔의 변증법적 도식을 유연하고 다양한 모습으로 수정한다. 변증법적 과정의 존재론적 주권, 역사 변증법의 주요 수행자로서의 절대 정신 등과 같은 초인간적인 신비스러운 전제는 철폐되고 그 대신 주제, 문맥, 변증법 등이 지니는 실존적 차원이 강조된다. 텍스트나 그 문맥에 대한 주제의 설명이 언제나 실존적 주체의 역사적 기반에 연관되어 있으며, 이 실존적 연관이 모든 해석학적 실천과 체험에 궁극적 의미를 부여한다는 것이 승계호 교수의 결론이다.

2. 이기상 교수의 번역의 연금술

이기상 교수[7]는 번역의 연금술사이다. 그가 옮긴 하이데거의 텍스트들에서 우리는 하이데거의 낯설고 기괴한 용어들이 낯익고 단아한 우리말로

7　한국외국어대 철학과 교수.

재탄생하는 경이로운 과정을 목격한다. 몇 가지 예를 들어보기로 하자.

1) 하이데거의 별명처럼 회자되어온 '피투성被投性'이라는 생경한 번역어의 원어인 'Geworfenheit'를 '내던져져 있음'으로 옮긴 것은 참으로 잘한 일이다. 이 번역어에 대한 이기상 교수의 설명을 들어보자.

> 인간 현존재는 그가 존재하는 한 그 자신의 힘으로 존재하게 된 것이 아니라, 오히려 원하든 원하지 않든 그에게는 그의 존재를 존재해야 하는 것이 과제로 앞서 부과되어 있어서 그가 자신의 존재해야 함을 떠맡아야 한다는 것을 가리키는 표현이다. (하이데거, 《존재와 시간》, 옮긴이의 주, 582쪽)

"그의 존재를 존재해야 하는"이라는 어색한 표현이 옥의 티이지만 이를 제한다면 일반인이 읽더라도 큰 어려움 없이 이해하고 수긍할 수 있는 친절한 안내문이다. '피투성'에서 높은 담과 문턱을 경험한 사람은 이기상 교수의 노고가 결코 사소한 것이 아님을 인정할 것이다.

2) 'Zuhandenheit'를 '손안에 있음'으로 번역한 것은 참으로 절묘한 착상이다. 기존의 우리말 번역과는 달리 원어에 담긴 '손'을 온전히 부각시키고 있는 데다 실천적 배려와 도구로서 만나는 존재자의 존재양식이라는 원어의 의미도 잘 살리고 있다는 점에서 그렇다. 'Zuhandenheit'를 '손안에 있음'으로 번역하는 것의 텍스트적 근거는 하이데거가 이 용어를 소개하는 대목에 바로 앞서 사용한 'Handlichkeit'(손에 익음)에서도 찾을 수 있다. 데리다는 〈하이데거의 손〉이라는 글을 쓴 적이 있다 (Derrida 1987a). 이기상 교수의 손길로 말미암아 우리는 데리다가 어떻게 해서 하이데거의 손에 관심을 가질 수 있었는지를 이해하는 데 더 이

상 어려움을 느끼지 않는다.

이기상 교수는 'Zuhandenheit'와 짝을 이루는 'Vorhandenheit'는 '눈앞에 있음'으로 번역하였다. 원어에 담긴 '손'이 이번에는 '눈'으로 바뀐 것이다. 인식적, 이론적 관찰과 대상으로서 만나는 존재자의 존재양식이라는 원어의 의미를 놓고 이론의 그리스어원인 테오리아가 '봄'이고 봄과 관찰이 모두 눈을 상정하고 있음에 착안해 '눈앞에 있음'을 선택한 것 같다. 창의적인 의역이지만 이로 말미암아 우리말로 만나는 하이데거는 양손 중 한 손만을 사용하게 된다. 번역은 참 어려운 일이다. 금을 만드는 일이 어디 쉬운 일이랴.

3) 이기상 교수의 번역에 대해 이견이 있는 부분도 있다. 'Gerede'를 '잡담'으로 옮기면서 그는 다음과 같이 말하고 있다.

> 말은 한번 언어에서 밖으로 말해져 근원적인 세계이해와 존재이해에서부터 떨어져 나오게 되면 밖으로 말해진 것을 눈앞에 놓여 있는 것으로 간주하여 그 근원을 잃게 될 위험이 생기게 되는데, 이때 세계-내-존재를 하나의 구분된 이해 안에서 드러내려고 애쓰지 않고 오히려 세계-내-존재를 폐쇄시키고 세계 내부 존재자를 덮어버리는 구체적 일상성에서의 '말'을 잡담이라고 칭한다. (하이데거, 《존재와 시간》, 옮긴이의 주, 584쪽)

이기상 교수의 설명에는 대체로 동의한다. 그러나 그것이 'Gerede'를 '잡담'으로 번역해야 할 이유가 된다고는 보지 않는다. 'Gestell'이나 'Gebirg'의 경우 'Ge'는 집합을 뜻한다. 이러한 맥락에서 'Gerede'와 '잡담' 사이에도 'Ge'가 '잡雜'이 되고 'rede'가 '담談'이 되는 대응 관계를 생각해볼 수 있다. 그러나 'Ge'는 반복을 뜻하기도 한다. 여기에 초점을 맞추면 'Gerede'는 '반복된 말'이 된다. 이기상 교수의 설명에도 암시되어 있듯이 'Gerede'의 문제는 공간적 잡다함이 아니라 시간적 닳아빠짐에서 비롯된다. '잡雜'이 함축하는 공시적 차이가 아니라 통시적 반복과 그로 말미암은 (근원과의 만남의) 연기가 문제인 것이다. 이는 생생했던 은유가 퇴색한 결과물이 진리라는 니체의 통찰에 맞닿아 있기도 하다. '잡담'에는 이러한 역사적 마모의 흔적이 충분히 배어 있지 않다.《존재와 시간》의 영역자인 매커리John Macquarrie와 로빈슨Edward Robinson, 스탬바흐Joan Stambaugh가 택한 'idle talk'라는 번역어는 이러한 의미를 어느 정도 담아내고 있다. 이는 힘 걸림 없는 상태의 엔진의 공회전을 'idling'이라고 하는 데 착상한 용어가 아닌가 싶다. (비트겐슈타인도 언어의 공회전을 비판한 적이 있다.) 그러나 'idling'에 통시성이 부족한 관계로 'idle talk'도 만족스러운 번역어는 못 된다. 우리말로 돌아와 대안을 찾자면 '잡담'보다는 '뻔한 말'이 어떨까 싶다. 니체의 관점에서 보자면 진리의 문제는 그것이 틀렸다는 데 있는 게 아니라 뻔한 말이라는 데 있다. 존재 체험을 담기에는 턱없이 진부한 말, 그러면서도 그 진부함 때문에 틀리지는 않는 말, 그런 것이 하이데거가 'Gerede'로 의도한 바가 아닐까.

이기상 교수는 하이데거의 언어에 대한 기존의 한문 투 번역을 과감히 벗어던지고 투박하거나 진부한 말이 아닌, 존재 사태를 오롯이 담아내는 우리 고유의 금빛 언어로 다듬어내왔다. 그의 장인정신으로 빚어진 우리말로 우리의 사유를 펼칠 시대가 도래하고 있다. 그에게 빚진 우리로서는 그것이 우리가 앞으로 짊어지게 될 전향의 역운(歷運, 혹은 易運)이다. 평생에 걸친 이기상 교수의 노고와 헌신에 머리 숙여 깊은 존경과 감사를 표한다.

3. 이진경 교수의 유물론

이진경 교수[8]의 〈인간, 생명, 기계는 어떻게 합류하는가?〉(이진경 2009)를 읽고 다음과 같은 생각을 해보았다.

더 이상 사유가 통하지 않는 시대가 도래했다. 시대는 사유에게 "어차피 돈도 안 되는 이야기, 좀 재미있게 알아먹을 수 있게라도 말해!"라고 투덜댄다. 자신의 무사유無思惟에 대해서는 반성 않은 채 무례하게 자신의 눈높이로 사유를 끌어내리려 한다. 사유 앞에는 두 갈래의 선택이 놓여 있다. 시대의 비위에 맞게 시대의 언어로 시대를 즐겁게 해주는 친시대적 길이 그 하나이다. 시대를 꾸짖고 시대를 자신의 사유의 경지로 끌어올리는 반시대적 길이 다른 하나이다.

시대의 환심을 사기 위해 사유는 자신을 조롱한다. 사유가 얼마나 황당무계한 짓거리에 불과한지를 까발린다. 데카르트의 세계관을 단 몇 줄로 줄인 뒤 "'과격한' 주장"이라며 "웃음거리"(이진경 2009, 128쪽)로 만들고, 하이데거의 존재론에 "식물은 왜 빠졌는가"(이진경 2009, 134쪽)라며 투정하고, 셸러Max Scheler의 몇몇 명제들을 단장취의斷章取義한 뒤 이들이 "이런 식의 철학적 위계가 지향하는 곳이 어디인가를 어이없을 정도로 명료하게 보여준다"(이진경 2009, 134쪽)고 단언한다. 괴델의 불완전성 정리는 "기계적 '고장'"(이진경 2009, 140쪽) 같은 것이어서 크게 염려할 게 못된다고 안심시킨다. 시대는 사유의 이러한 자폭 드라마를 보며, "아, 화끈해서 좋은데. 역시 사유는 낭비에 불과해"라고 맞장구친다.

---

8   서울산업대 기초교육학부 교수.

사유는 이어서 시대의 믿음인 유물론을 부추긴다. 게놈 프로젝트의 권위를 빌려 "대부분의 동물이 98% 이상의 유전자를 공유하고 있"(이진경 2009, 134쪽)음을 강조하면서, 이제 인간과 기계와 뭇 생명이 "하나의 평면에 놓이게 됨"(이진경 2009, 104쪽)을 선언한다. 이 "장대한 평면"에서 "모든 개체들은 '동등'하며", 그러한 "존재의 일의성 속에서"(이진경 2009, 145쪽) 인간도 "수백조 개의 박테리아들이 모여서 만들어진 하나의 군체colony에 불과하다"(이진경 2009, 132쪽)고 결론짓는다. 시대는 사유의 이러한 서술에 대해 이렇게 말한다. "맞아 맞아, 인간이 별거야? 세상이 별거야? 모는 게 다 불실에 불과하시, 그러니 사유도 없어."

지금까지 개관한 친시대적 사유는 옳다. 심지어 사유가 자신의 얼굴에 침을 뱉을 때조차도.[9] 그러나 그것은 진리라고 할 수 없다. 시대와 사유의 본질에 육박하지 못했기 때문이다.[10] 어떤 사태에 대한 진리를 말하려면 그 사태의 중심에서 그 본질을 사유해야 한다. 이것이 사유의 진정한 사명이다. 표피와 피상에 머무는 사유는 그 옳음에도 불구하고 홀로 서지 못하고 다른 목적의 도구로 전용될 수밖에 없다. 프랑크푸르트 학파가 주장하는 이성의 도구화는 우리 시대에 이성이 본질을 사유하지 못하고 있음을 보여준다.

시대는 자신의 본질에 대한 사유를 거부한다. 은폐의 먹구름이 우리 앞에 몰려오고 있다. 신은 이미 죽거나 떠났고 데카르트가 확실성의 징

---

9 괴델의 불완전성 정리에 대한 해석은 예외로 한다. 그의 정리를 기계적 고장에 빗대는 것은 완전히 잘못된 것이다. 자연수 체계가 고장 난 체계라는 해석은 성립할 수 없다. 고장 난 체계는 불완전한 체계가 아니라 모순된 체계라는 것이 수학자들의 통념이다.

10 옳음과 진리의 이러한 구분은 하이데거에 빚지고 있다. Heidegger 1954a, 11쪽.

표로 꼽았던 사유의 등불도 꺼져가고 있다. 그러나 이 모든 흐름을 역류하는 반시대적 사유는 알고 있다. 시대의 본질이 허무라는 비밀을. 본질의 부정과 허무주의는 같은 것이라는 사실을. 근대가 전통과의 단절을 선언했을 때, 과학이 사태에 대한 수학적, 계량적 이해를 바탕으로 "존재의 일의성"을 선언했을 때 작금의 허무주의는 예견되었다. 허무주의의 극복은 허무주의의 출현 이전으로 사유의 사태를 되돌리는 데서 찾아야 한다.[11] 역사성의 회복은 다의성의 회복과 연계선상에 있다. 다의성은 공시적 상대성으로서가 아니라 역사성의 동력인 반복에서 비롯되는 차이로 이해되어야 한다.

허무주의의 극복을 통한 다의성의 회복은 유물론의 극복과 연계선상에 있다. 우리는 어떤 소리들을 음향학적 관점에서 분석할 수 있다. 음향학적 관점에서는 그 소리들의 "98% 이상"이 같은 것일 수 있다. 그러나 우리는 그 소리들에서 모차르트와 베토벤과 브루크너Anton Bruckner의 교향곡들을 구별해낸다. 그 소리들은 모두 12음계로 환원되지만 거기에서 우리는 서구 음악 정신의 깊고도 다양한 성취를 본다. 존재의 모든 층위를 하향평준화의 방식으로 철폐한 세상, 음악이 사라지고 음향만이 군림하는 "일의적"이고 "평면적"인 세상, 끔찍한 디스토피아가 아닐 수 없다.

---

11 이는 과거로의 회귀가 아니라 사유의 시원을 현재로 불러냄을 의미한다.

4. 박영식 교수의 삶과 철학

a) 삶

박영식 교수[12]는 1934년 경남 김해에서 출생하여 1954년 연세대 철학과에 입학하면서 연세대와 처음으로 인연을 맺었다. 그는 연세대 대학원 철학과 재학시절에 아인슈타인의 특수 상대성 이론과 칸트의 관념론적 시·공간론을 비교한 〈공간의 상대성〉이라는 논문을 당시 연세대 철학과 교수였던 정석해의 추천으로 《자유공론》(박영식 1959)에 게재하였다. 그는 1960년 플라톤의 이데아론에 관한 논문으로 석사 학위를 받고 약관 26세의 나이에 연세대 철학과 전임강사로 부임하였다. 1960년대 중반까지 플라톤을 중심으로 그리스철학에 관한 논문들을 꾸준히 발표하던 그는 당시 한국철학계에 소개되기 시작한 분석철학자들의 저서에 매료되었다. 1960년대 후반부터 그의 논문 주제는 분석철학으로 방향전환을 이루었다.

1971년 분석철학에 대한 연구를 위해 미국 유학길에 오른 박영식 교수는 4년 후인 1975년 에머리Emory대 철학과에서 〈비트겐슈타인의 《논리-철학논고》에서의 '검증성'의 개념〉(Park 1975)이라는 논문으로 박사학위를 받았다. 그는 같은 해에 귀국하여 연세대 철학과 교수로 돌아온 뒤 〈비트겐슈타인의 《논고》에서의 도시와 밀림〉(박영식 1978), 〈비트겐슈타인의 《논고》에서의 철학의 개념〉(박영식 1986)등과 같은 주목할 만한 논문들을 잇달아 발표하였다. 그는 1998년에 출간한 《비트겐슈타인

---

12 연세대 철학과 교수.

연구》(박영식 1998)로 한국철학계에서 가장 권위 있는 상의 하나로 꼽히는 서우철학상을 수상하는 영예를 안았다.

박영식 교수는 연구에서뿐 아니라 교육에서도 눈부신 성취를 거듭하였다. 귀국 후 새로이 개설해 강의한 '형식논리학', '기호논리학', '분석철학', '언어철학', '미국철학', '비트겐슈타인의 철학' 등에서 그는 당시 국내 철학교육계에서는 접하기 어려웠던 짜임새 있고 명쾌한 방식의 강의를 선보였다.

박영식 교수는 다양한 종류의 저서들을 출간했다.《플라톤 철학의 이해》(박영식 1984)와 《비트겐슈타인 연구》(박영식 1998)는 플라톤과 비트겐슈타인에 대한 연구서이며, 특히 《비트겐슈타인 연구》는 그의 대표작으로 꼽힌다.《서양철학사의 이해》(박영식 2000)와 《인문학 강의》(박영식 2011)는 각각 학생과 일반인을 대상으로 한 교양서인데,《서양철학사의 이해》는 2008년에 증보판이 출간되기도 했다.《대학교육, 확대와 축소의 논리》(박영식 2005)와 《전환기의 대학》(박영식 2009)은 대학교육의 수장首長으로서 한국 대학의 이상과 현실, 교육개혁, 정보화와 세계화 등에 관한 교육관과 세계관을 담고 있다.《자유도 운명도 아니라는 이야기》(박영식 2010)는 철학적 에세이로서 인생관과 종교관을 담고 있다. 번역서로는 라몬트Corliss Lamont의《휴머니슴》(Lamont 1949), 비트겐슈타인의《논리−철학논고》, 핏처George Pitcher의《비트겐슈타인의 철학》(Pitcher 1964) 등이 있으며, 특히 국내 초역인《논리−철학논고》는 독일어 원문과 영문번역, 한글번역을 나란히 싣는 파격적인 체제와 정확한 번역으로 높은 평가를 받았다.

b) 비트겐슈타인 연구

박영식 교수가 가장 심혈을 기울여 연구한 주제는 비트겐슈타인의 철학이었으며 그중에서도《논리-철학논고》가 중심 텍스트였다. 물론 그가 다른 분석철학자들을 연구하지 않았거나 비트겐슈타인의 다른 저서들을 도외시한 것은 아니다. 그는 연세대 철학과 대학원에서 비트겐슈타인의 또 한 권의 대표작인《철학적 탐구》를 학생들과 수년에 걸쳐 처음부터 끝까지 한 문장 한 문장 강독하기도 했다. 그럼에도 그는《논리-철학논고》를 주제로 박사 학위 논문을 썼고《논리-철학논고》를 번역하였으며 그의 저서《비트겐슈타인 연구》도《논리-철학논고》의 해명이라는 부제를 달고 있다는 점에서, 비트겐슈타인의《논리-철학논고》는 그의 학문적 여정에 가장 큰 영향을 준 책이라고 해도 과언이 아니다.

비트겐슈타인의《논리-철학논고》는 20세기 영미 분석철학의 고전으로 꼽히고 있는 책이다. 초창기 분석철학을 주도했던 논리실증주의자들은 이 책을 반형이상학적인 작품으로 해석했다. 이러한 기존의 해석에 대해 박영식 교수는 의문을 제기한다. 그에 의하면《논리-철학논고》에는 두 개의 세계가 있다. 하나는 경험할 수 있고 검증될 수 있으며 말할 수 있는 세계이고 다른 하나는 경험되지 않고 검증할 수 없으며 언어로 나타낼 수 없는 세계이다. 그는 상징적으로 앞의 것을 도시라 부르고 뒤의 것을 밀림이라 이름하였다. 일반적으로《논리-철학논고》에는 도시만 있지 밀림은 없는 것으로 설명되어왔으며 이를 기초로 비트겐슈타인을 철저한 반형이상학자로 규정하기도 했다. 이에 맞서 박영식 교수는《논리-철학논고》에서 어떤 것들이 도시를 구성하며 어떤 것들이 밀림으로 되는지를 드러내는 탐사를 전개한다.

박영식 교수는《논리-철학논고》에 있어서의 도시의 구성요소들로 사실, 원자적 명제, 그림으로서의 언어, 의미의 기준으로서의 검증성 등을 발견하며 밀림의 구성요소들로 대상, 논리적 형식, 철학적 자아, 신비적인 것들을 찾아낸다. 그리고 그는 다시 신비적인 것들로서 신, 윤리적·미적 가치, 삶의 의미 등을 찾아내어 이들을 차례로 해명한다. 이러한 그의 연구는 다음과 같은 의의를 갖는다고 평가할 수 있다. 첫째,《논리－철학논고》에서 말할 수 있는 것과 없는 것들은 서로 다른 권역으로 나뉘는 것으로 여겨져왔다. 그는 도시와 밀림의 구성요소들이 어떻게 내재적으로 서로 얽혀 있는지를 규명함으로써 기존의 외연적 해석을 넘어서고 있다. 그의 해석을 따르자면 도시에도 밀림의 요소가 배어 있다는 결론이 도출되기 때문이다. 둘째, 그가 부각시킨 의미의 기준으로서의 검증성은 일반적으로 논리실증주의자들의 의미론으로 받아들여져왔다. 이러한 통념을 깨고 그는 검증 의미론이 비트겐슈타인의《논리－철학논고》에 이미 암시되어 있음을 밝혔다. 셋째, 의미의 기준으로서의 검증성은《논리－철학논고》와《철학적 탐구》사이의 비트겐슈타인의 중기 저작에 귀속되는 일종의 과도기적 견해로 받아들여져왔다. 박영식 교수의 연구는 이러한 전통적 해석에 대한 수정을 요한다. 넷째, 의미의 기준으로서의 검증성 문제를 중심으로 논리실증주의자들과 비트겐슈타인 사이의 같은 점과 다른 점을 일관된 관점에서 해명하였다는 점에서 박영식 교수의 연구는 기존의 연구와 차별성을 지닌다.

c) 플라톤 연구

박영식 교수의 플라톤 연구는 그의 비트겐슈타인 연구에 비해 상대적으로 덜 주목받아온 것이 사실이다. 그러나 박영식 교수의 철학을 온전히 이해하기 위해서는 그의 대표작인《비트겐슈타인 연구》에 앞서서 출간된《플라톤 철학의 이해》를 읽어야 한다. 이 책에서 그 자신도 시인하고 있듯이 그의 철학적 여정은 플라톤과 분석철학으로 반분되어 있기 때문이다.

《플라톤 철학의 이해》의 두드러진 특징은 플라톤에 대한 박영식 교수의 독법이 상당히 분석적이라는 점이다. 이는 그가 참조한 2차 문헌들이 영미권의 논문과 연구서들이라는 데서도 기인하지만 분석철학으로 진향하기 이전부터 그가 분석적 철학함에 익숙해 있었다는 것을 함축한다. 역으로 박영식 교수의 분석철학은 플라톤 연구에 바탕을 두었다는 점에서 탈전통적, 탈형이상학적 분석철학과 차별화된다.

논리실증주의적 분석철학은 전통 철학의 형이상학적 경향을 비판하면서 논리적 분석을 통한 형이상학의 제거를 시도하였다. 그러나 박영식 교수는 "철학의 중심 과제는 인간과 세계에 관한 문제일 것이기 때문에 형이상학을 철학의 영역에서 제거하는 일은 있을 수 없는 일"이라고 주장하면서 논리실증주의적 분석철학과 거리를 두었다. 그는 플라톤의 이데아론과 같은 전통 형이상학의 가치와 의의를 옹호하는 고전주의자였고 충실한 고전 연구에 기반을 둔 보기 드문 분석철학자였다.

박영식 교수의《플라톤 철학의 이해》는 플라톤에 관한 공시적인 분석과 정통적 이해에 머물지 않는다. 오르페우스교와 자연철학자들에서부터 아리스토텔레스까지 플라톤을 전후로 한 그리스의 지적 전통에 대한 연구가 그의 플라톤 연구를 병풍처럼 둘러싸고 있다. 플라톤에 대한 박영식 교수의 통시적 접근은 그리스의 전통을 벗어나 그 현대적 의의를 다방면에서 되새겨보는 지성사적 지평 융합으로 이어진다. 그리고 이 지점으로부터 고전주의적 분석철학이라 이름할 수 있는 그만의 독특한 분석철학과 비트겐슈타인 연구가 훗날 비롯되었다고 할 수 있다.

5. 최진덕 교수의 철학

a) 하늘과 땅, 그리고 사람

하늘이 있다. 하늘은 누구에게나 공평무사하고 어디에서나 보편적이다. 낮과 밤에 따라, 계절의 순환에 따라 달라 보이기는 하지만 하늘은 그러한 변화에도 무심하기만 하다. 하늘에 있어서 보편성과 변화는 얼마든지 양립 가능하다. 땅이 있다. 땅은 위치와 계절의 순환에 따라 모습을 달리한다. 땅은 각개의 사람들이 저마다의 문화와 생활을 일구며 정주定住하는 삶의 구체적 터전이기도 하다. 하늘의 보편성과 땅의 국소성局所性 사이間에 사람人間이 있다. 사람은 하늘과 땅의 변화, 하늘의 보편성과 땅의 국소성, 그리고 그 사이에서 펼쳐지는 자신들의 운명을 사유하고 실천한다. 이 사유는 서양에서 철학이라는 이름의 이야기를 낳았다.

b) 철학의 이름으로

다른 모든 사유가 그러한 것처럼 철학도 언어로 짜인다. 언어의 근간은 청년 비트겐슈타인과 공자가 역설했듯이 이름名이다. 모든 것이 명명백백한 밝은 대낮에는 이름을 부를 필요가 없다. 그러나 어두운 저녁夕이 되면 입口으로 상대를 불러야 하므로 이름(夕 + 口 = 名)이 생겨나게 되었다. 그러한 이름의 언어로 짜인 철학은 따라서 밝은 대낮이 아닌 어두운 저녁에 이루어진다. 실제로 철학이라는 이름도 해가 지는 서쪽에 정주하는 사람西洋人들이 고안하였다. 그중의 탁월한 한 사람이었던 헤겔은 철학을 상징하는 미네르바의 올빼미가 저녁이 되어서야 날갯짓을 한다고 말한 바 있다. 어두운 저녁에야 사용되기 때문이어서일까. 이름은 언제나 어질러져 있다. 그것을 바로잡으려는 공자와 비트겐슈타인, 그들의 시도를 조롱하는 장자와 데리다가 벌이는 저녁의 게임이 수천 년간 계속된다.

c) 저녁의 사색

철학의 시제는 저녁이다. 철학은 암중모색暗中摸索일 수밖에 없다. 후기 비트겐슈타인과 횔덜린에 의하면 이 시대의 시제 역시 이두움이 드리워진 저녁이다. 과학기술이 전 세계를 석권하고 있는 이 시대는 하이데거 (Heidegger 1954a)에 의하면 고대 그리스에서부터 파송된 역운歷運의 종착지이다. 과학기술의 조장으로 말미암아 사유는 계산으로 대체되고 시대의 어두움은 깊어만 간다. 그 와중에서 우리는 노자의 명제에 귀를 기울인다. "반자도지동反者道之動"(《道德經》, 40장). 하이데거 식으로 풀어내자면 그 메시지는 이렇다. "전향Kehre; 反이 [서구 문명이 걸어온] 길道이 가는動 방향이다." 전향은 사람의 의지나 결정에 의해 이루어지는 것은 아니다. 만사가 그러하듯이 도의 움직임으로서의 전향도 하늘과 땅이 (그리고 하이데거의 경우에는 신성神性이 이에 보태어져) 사람과 한데 어우러져 일어난다. "물극필반物極必反." 그런 의미에서 전향反은 필연적必 섭리요 이치이다. 어두움이 극에 달함物極으로 말미암아 전향의 동東이 트게 마련이다必反. 전향은 글자 그대로 동쪽東에서 틀 것인가?

d) 운명적 만남

해 뜨는 동쪽에 정주하는 사람東洋人들은 철학이라는 이름을 모른 채 살아왔다. 철학은 그리스적인 것이기 때문이다. 그러나 우리 동쪽 사람들의 사유를 철학의 결핍이 아니라 철학 이전, 혹은 이후의 사유라고 부르도록 하자. 그리스에서 시작된 철학의 역운이 종착역에 도달하는 이즈음에 우리의 동양적 사유 전통은 철학에 대한 보충대리로서 서양의 사유 전통과 만나야 한다. (역으로 서양 사람들에게 있어서는 그들의 철학 전통이 동양적 사유 전통에 대한 보충대리로서 동양과 만나야 한다.) 그 만남의 시발점이 된 계기를 서양의 일방적 강압과 강요에 의해 이루어진 것으로만 보지 말고, 우리의 운명이자 "불가피한 선택"(최진덕 2003, 16쪽)으로도 보도록 하자. 비록 그 만남의 방식이 달랐더라면 더 좋았으련만, 어차피 양자의 만남은 양자 어느 쪽으로서나 어느 정도 운명이자 불가피한 선택이지 않겠는가?

e) 교육인적자원부

동과 서의 운명적 만남은 특히 동양의 운명을 완전히 바꾸어놓았다. 서양에서 밀려들어온 과학과 기술은 서양뿐 아니라 동양의 땅과 사람을, 한 걸음 더 나아가 세상 만물을 도발적 주문 요청에 부응하는 부품으로 몰아세우고 있다. 이러한 대세에 걸림돌이 되는 전통은 송두리째 잘려나가고, 교육을 통한 인적 자원의 주문 생산을 담당하는 교육인적자원부가 생겨나고, 큰 학문의 전당이던 대학이 직업학교로 변모하고, 학문은 연구와 경영으로 바뀌게 된다(Heidegger 1950a). 문제의 다각적 해결을 위해 결성된 연구단(혹은 사업단)이 연구비를 지원 받아 일정한 기간 내에 성과물을 내는 학제적 공동 연구가 대두됨에 따라 연구비의 흐름이 학문의 방향에 영향을 미치게 된다. 학자는 싱크탱크think tank로서 남다른 생각을 담은 연구실적을 생산해야 한다는 요청에 간단없이 시달린다. 남과 생각이 같은 학자는 실패자로서 학자로서의 존재 가치가 없다. 이것이 우리 시대의 학자의 운명이다.

f) *Endangered Species*

이러한 난세亂世의 소용돌이 속에서 끊어질 위기의 전통을 오늘에 잇는 계사자繫辭者가 있다. 경전의 메시지를 오늘에 전하는 헤르메스Hermes가 있다. 멸종 위기에 처한 희귀종, 그러면서도 전혀 별나지 않은 겸손한 학자, 그가 바로 최진덕 교수[13]이다. 그가 가는 학문의 길에 잠시 말동무가 되고 싶다.

최진덕 교수는 동양적 사유가 옛것의 배움과 익힘에 깊이 뿌리 박혀 있다는 점을 역설한다. 그에 의하면 동양의 전통에서 배움과 사유는 서로 맞물려 순환적 반복을 거듭한다. 반복이 가능한 것은 배움과 사유 사이에 차이가 있기 때문이다. 이 차이에서 물음이 싹튼다(최진덕 2003, 172쪽). 그러나 물음은 "더 잘 배우고 더 잘 사유하려는 데서"(최진덕 2003, 171쪽), 혹은 "더 잘 배우고 더 잘 실천하기 위해서 제기될 뿐"(강영안·최진덕 1999, 46쪽)이다. 그 이외의 물음은 물어질 수 없다. 예컨대 "진리란 인간이 앞으로 만들어야 하는 어떤 것이 아니라 옛 텍스트 속에 이미 다 씌어져 있"(최진덕 2004a, 59쪽)기에 "진리가 이처럼 명백하게 드러나 있는데도 새삼스럽게 '진리가 무엇인가', 혹은 '진리를 어떻게 알 수 있는가'라고 묻는다면 그것은 같은 길을 가지 않겠다고 선언하는 것과 다름이 없다"(강영안·최진덕 1999, 45쪽).

g) 두 개의 세계

그러나 최진덕 교수도 인정하고 있듯이 "텍스트의 언어문자가 전하고

---

13 한국학중앙연구원 철학교수.

자 하는 저 해묵은 진리가 무엇인지 어느 누구도 쉽게 확정할 수가 없을 뿐만 아니라, 텍스트를 철저히 암송하더라도 그 속의 진리와 독자가 일체화될 수는 없고, […] 과거의 해묵은 진리를 아무리 동어반복하고자 해도 현실적으로 가능하지 않다"(최진덕 2004a, 60쪽).

따라서 우리는 '진리란 무엇인가'를 물어야 한다. 최진덕 교수는 그 물음도 결국은 '경전에 씌어진 진리란 무엇인가'에 불과하다고 말할 것이다. 그러나 우리는 때로는 한 걸음 더 나아가야 한다. 경전에 미처 다 쓰이지 못한, 아니 다 쓰일 수 없는 진리에 귀 기울이기 위해, 전통이라는 울타리의 해체를 위해, 패러다임의 전환을 위해, 낯선 타자와의 조우를 위해, 존재와 무無를 마중하기 위해 우리는 때로 배움과 사유, 온고溫故와 지신知新의 해석학적 순환을 깰 필요가 있다. 헤세의 작품《데미안》은 모범생 싱클레어의 세계와 그 세계를 뒤흔드는 부랑아 크로마의 세계를 대비시키는 〈두 개의 세계〉라는 이름의 장章으로 시작한다(Hesse 1919). 그리고 그 두 세계를 넘나드는 자유정신의 소유자 데미안이 출현한다. 해석학적 순환을 구상한 하이데거 역시 〈형이상학이란 무엇인가?〉에서 그 순환의 깨어짐에 대해 서술하고 있다(Heidegger 1929). 우리는 그가 해석학자이면서 동시에 해체주의자였음을 기억할 필요가 있다.

h) 저주받은 현재

이에 대해 최진덕 교수는 다음과 같이 응답한다.

기존의 철학적 사유가 갖는 한계를 자각하면서 미래 지향적인 물음을 묻는 자는 미래로 나아가는 것이 아니라 반대로 과거의 문화적 전통으로 돌아가 다시금 과거 지향적인 물음을 물어야 한다. (최진덕 2003, 174쪽)

인간에게는 과거로 돌아가는 것만이 미래로 나아가는 유일한 길이다. (최진덕 2003, 186쪽)

공자의 호고주의好古主義를 연상케 하는 이러한 언명은 우리가 기대하는 응답이 아니다. 더 큰 문제는 현재에 대한 고려가 부재하다는 점이다. 최진덕 교수는 근대 인문과학의 현재중심주의를 비판하면서 다음과 같이 말한다.

오늘날 우리는 흔히 '우리 현실', '우리 시대' 운운하면서 현재를 실체시하지만 그 현재는 과거와 미래로부터 단절되어 있기에 아무 두께도 없는 천박한 순간의 연속으로 전락할 뿐이다. (최진덕 2004a, 68쪽)

그러나 현재는 아주 구체적으로 우리 눈앞에 전개되고 있다. 미래의 문제뿐 아니라 현재의 문제도 과거 지향적 물음으로 해결되지 않는다. 예컨대 과거로 돌아가는 것만으로 현대 과학기술 문명의 문제를 해결할 수 없다.

i) 수행자

불교와 주자학의 공부론을 바탕으로 재구성한 최진덕 교수의 닦음론이 '우리 현실'과 '우리 시대'의 문제를 어떻게 해결할 수 있는지 역시 분명하지 않다. 나의 몸과 마음을 닦음으로써 '우리 현실'과 '우리 시대'를 닦을 수 있다는 말인가? 최진덕 교수의 발상은 사회와 시대의 문제를 개인의 문제로 환원해 이해하려는 방법론적 개체주의methodological individualism의 한계에 묶여 있다는 생각이 든다.

그럼에도 불구하고 최진덕 교수는 동양의 전통에서조차 잊힐 뻔했던 고유한 철학자의 초상을 아주 훌륭히 복원해냈다. 그것은 배움과 사유의 순환적 반복 속에 심화되는 유언有言의 공부와, 몸과 마음의 닦음 속에 심화되는 무언無言의 공부를 수행하는 수행자修行者의 모습이다. '수행자.' 그는 소크라테스의 '등에'나 '산파', 니체의 '초인', 하이데거의 '사유가Denker', 비트겐슈타인의 '치료사therapist'와 뚜렷이 구별되는, 우리가 지키고 보듬어야 할 전통적 철학자의 초상이 아니겠는가?

6. 한국에서 철학하기

1. 철학은 언어로 헤아려 본 인간의 세계 이해이다. 언어가 철학에서 중요한 까닭은 여기에서 찾아진다. 이러한 관점에서 한국철학의 한 필요조건은 그것이 우리말로 되어 있어야 한다는 것이다.

그런데 우리말이란 무엇인가? 한국철학은 우리말로 되어 있는가? 주지하다시피 애초부터 중국 문화권 내에 있어온 우리 민족의 철학은 한문으로 이루어져 있다. 한국철학의 고전은 우리말로의 번역 없이는 접할 수가 없는 형편이다. 현재의 우리말에도 한문이 많이 섞여 있는 것은 사실이지만, 그래도 우리는 의사소통에 번역을 필요로 하지 않는다. 그러나 한국철학의 고전들의 경우에는 사정이 전혀 다른 것이다.

번역은 한국에서 철학하는 사람의 숙명이다. 우리는 모든 철학을 번역을 통해서 접한다. 심지어 한국철학까지. 텍스트를 원서로 읽을 경우에도 마찬가지이다. 우리는 플라톤을 그리스어로 읽을 수 있을지는 모르지만 플라톤 철학을 그리스어로 생각할 수는 없기 때문이다.

2. 서양인들은 20세기 후반 이후를 지구촌 시대라 부른다. 그들은 지구에 존재하는 모든 문물의 자유로운 왕래를 강조한다. 그러나 같은 시대를 사는 우리에게 지구촌 시대는 서양에 대한 문화 종속이 가속화되는 타자의 시대로 여겨진다. 서양인들이 강조하는 문물의 자유 왕래가 사실은 여전히 일방적이기 때문이다. 우리는 서양인이라는 타자로부터 수많은 문물의 세례를 받지만 그 역은 좀처럼 이루어지기 어렵다. 예컨대 우리는 그들의 사상을 우리 스스로 번역해 접하지만, 그들은 많은 경우 동양 사상의 번역마저 동양에 기댄다. (그들에게는 진영첩陳榮捷과 스즈키 다이세츠가 필요하다.) 그들에게 영어나 유럽어는 유익한 살아 있는 언어活語이지만, 한문이나 산스크리트어는 불필요한 죽은 언어死語로 여겨지기 때문이다.

3. 해튼Russell Hatton의 일련의 논문들(Hatton 1982a; 1982b)은 아리스토텔레스의 형상과 질료 개념이 주희의 이理와 기氣 개념과 각각 어떻게 유사하고 어떻게 다른지를 보여주고 있다. 그에 의하면 형상/질료는 이/기와 각각 서로 유사하면서 다르고, 다르면서 유사하다. 다름 속의 같음을 의미하는 상동相同과 같음 속의 다름을 의미하는 상사相似는 상이한 문화권의 철학들을 번역을 통해 접하는 우리가 늘 염두에 두어야 할 개념들이다. 어차피 서양이라는 타자와의 만남이 불가피한 현실이라면, 그리고 그 현실 속에서 철학을 해야 하는 것이 우리의 숙명이라면 그들의 사상이 우리와 어떻게 유사하고 어떻게 다른지를 꼼꼼히 헤아릴 필요가 있기 때문이다. 세상을 가르고 어우르는 동양 언어의 결, 동양 사상의 결이

서양의 그것과 어떻게 다르면서 유사한지를 헤아리고 또 체험함으로써 우리는 그 양자 모두와 유사성과 차이성을 동시에 지니는 새로운 철학을 모색할 수 있다.

4. 서양문명의 신생아요 이단아인 미국에서 분석철학이라는 새로운 형태의 철학이 꽃피워졌다. 인디언의 영토를 빼앗아 그것을 신대륙의 개념으로 바꾸어놓은 미국인들은 2차 대전 당시 망명한 지식인들로부터 배운 영국(러셀)과 오스트리아(빈 서클)의 새로운 철학을 분석철학이라는 이름으로 토착 브랜드화한 것이다. 분석철학은 역사와 전통으로부터의 영원한 탈출을 약속한다. 역사와 전통이 일천한 미국인들에게 그것은 오랜 역사와 전통으로 그들을 식민화하려 했던 유럽으로부터의 독립을 의미한다. 역사와 전통이 아닌, 수학과 논리학, 그리고 자연과학이 미국 철학자들의 새로운 복음서이다. 이들 복음서와 함께 분석철학은 일약 보편성을 지향하는 세계의 철학으로 발돋움했다.

5. 미국이 우리에게 주는 메시지는 이것이다. 자랑스러운 역사와 전통이 있다면 계승하고 발전시켜라. 만일 그렇지 않다면, 즉 역사와 전통이 아예 없거나 혹은 걸림돌이 될 경우, 우리는 무無에서 출발해 새로운 역사와 전통을 만들 수 있다. 요컨대 어느 경우에나 미래는 있다.

우리에게는 미래가 있다. 번역을 통해 새로워지기를 기다리고 있는 역사와 전통이 있다. 만일 그것에 관심이 없거나 혹은 그것이 걸림돌이 된다고 생각한다면, 그리고 정말 그렇게 할 준비와 자신이 있다면, 왜 현재 우리의 체험을 바탕으로 새로운 작업에 착수하지 않는가?

7. 문학에서 찾은 철학의 길

나는 혼을 일깨운 모든 글을 그리고 나의 혼을 담은 모든 글을 편지로 생각한다. 그런 의미에서 나는 편지를 받고 읽고 쓰면서 성장했다. 그중에서도 강렬했던 편지를 은유적으로 사랑의 편지라 부르고 싶다. 나는 편지가 맺어준 사랑의 기적을 고백하련다.

기적은 고등학교 1, 2학년의 2년간 질풍노도와 같이 몰아쳤다. 내가 입학한 고등학교는 지역의 우수한 학생들이 구름처럼 모여들어 단시일 내에 신흥명문교로 부상했다. 학교의 의지와 학생들의 향학열은 드높았다. 그 열풍에 휩싸여 나도 대입 본고사 대비용인 수준 높은 영어, 수학 참고서들을 섭렵했다. 당시 영어 참고서는 인문학 분야의 주옥같은 명문들을 가득 수록하고 있었는데 이를 하나하나 해석해가며 서양의 지성인들과 작가들이 쓴 글의 향기와 사유를 원문으로 음미하는 즐거움에 빠져들었다.

과거에 할례는 소년이 성인 남자로 거듭나기 위해 치러야 하는 성년식의 일부였다. 옛날 사람들은 자기 몸의 일부를 신에게 바치는 할례 의식을 신이나 악마가 주관한다고 믿었다. 그 의식은 신이나 악마의 소리라 여겼던 천둥을 재현하는 악기 소리를 동반했다. 나는 친구의 권유로 악마를 의미하는 《데미안》을 읽으면서 영적인 성년식에 입문하게 되었다. 참고서에서 단편적으로만 엿보던 미지의 세계가 나를 잡아끌었다. 헤세의 소설 《데미안》이 준 충격은 깊고 강렬했다.

그즈음 나는 카프카의 〈돌연한 출발〉을 접하였다. 그 전문全文은 다음과 같다.

나는 말을 마구간에서 끌어 내오도록 명했다. 하인은 나의 말을 이해하지 못했다. 나는 몸소 마구간으로 들어가 안장을 얹고 올라탔다. 멀리서 트럼펫 소리가 들려 나는 하인에게 무슨 일이냐고 물었다. 그는 아무것도 몰랐고 아무것도 듣지 못했다. 대문에서 그가 나를 멈추어 세우고는 물었다.

"주인나리, 말을 타고 어디로 가시나요?"

"모른다" 하고 나는 말했다. "다만 여기를 떠나는 거야. 다만 여기를 떠나는 거야. 끊임없이 여기에서 떠나는 거야. 그래야 나의 목적지에 도달할 수 있다네."

"그러시다면 나리께서는 목적지를 아신단 말씀인가요?" 그가 물었다.

"그렇다네." 내가 대답했다. "내가 이미 말했잖은가. '여기에서 떠나는 것', 그것이 나의 목적지일세."

"나리께서는 어떤 예비 양식도 갖고 있지 않으신데요." 그가 말했다.

"나는 그 따위 것은 필요 없다네." 내가 말했다. "여행이 워낙 긴 터라 도중에 무얼 얻지 못한다면, 나는 필경 굶어 죽고 말 것이네. 예비 양식도 날 구할 수는 없을 걸세. 실로 다행스러운 것은 이 여행이야말로 정말 엄청난 여행이라는 걸세." (Kafka 1970a, 321쪽/1997, 570쪽)

작중의 트럼펫 소리가 내게는 성년식을 알리는 천둥소리였다. 그 소리가 가르는 장막의 틈새로 세상이 한줄기 빛이 되어 너무도 생생하게 다가왔다. 진리는 손에 잡힐 듯했고 몸과 마음은 과도하게 각성되었다. 작품에 공명했을 뿐인데 이렇게 세상과 내가 달라질 수 있다는 게 놀라웠다.

나는 〈돌연한 출발〉의 주인공처럼 여행에 나서기로 결심했다. 아무것도 두렵지 않았다. 굶어 죽고 말 것이라 해도 상관이 없었다. 아무런 준비도 되어 있지 않았지만 여행에 나서지 않으면 인생이 모두 무의미할 것만 같았다. 나는 그 여행의 이름이 철학이라는 것만 어렴풋이 알고 있었다.

훗날 엘리아데Mircea Eliade의《샤머니즘》을 읽고서 당시 내가 겪었던 성장통이 신 내림과 비슷한 것임을 알게 되었다(Eliade 1964). 정말 신 내림을 받거나 신을 본 것은 아니었지만 나는 신에게 감사했다. 나를 이 여행길로 이끌어준 것에 대해, 그리고 이 엄청난 감수성을 벼락같이 내려준 것에 대해서.

나는 세상을 경외심으로 탐구하기 시작했다. 책을 통해 선각자들을 하나둘 만나게 되었다. 그들의 위대한 사상과 예술이 내 영혼의 양식이 되었다. 체험과 생각과 독서를 밑천으로 나름의 언어를 지어보았다. 서투른 언어로 지은 집은 보잘것없었지만 꿈과 열정에 몰입해 고독한 작업을 계속했다. 네루다Pablo Neruda의 〈시詩〉(네루다 2014, 235-237쪽)에서 그때의 내 모습을 떠올려본다.

그래 그 무렵이었다. … 시가
날 찾아왔다. 난 모른다. 어디서 왔는지
모른다. 겨울에선지 강에선지.
언제 어떻게 왔는지도 모른다.
아니다. 목소리는 아니었다. 말도,
침묵도 아니었다.
하지만 어느 거리에선가 날 부르고 있었다.
밤의 가지들로부터

느닷없이 타인들 틈에서

격렬한 불길 속에서

혹은 내가 홀로 돌아올 때

얼굴도 없이 저만치 지키고 섰다가

나를 건드리곤 했다.

난 무슨 말을 해야 할지 몰랐다.

입술은

얼어붙었고

눈 먼 사람처럼 앞이 캄캄했다.

그때 무언가가 내 영혼 속에서 꿈틀거렸다.

열병 혹은 잃어버린 날개들.

그 불탄 상처를

해독하며

난 고독해져갔다.

그리고 막연히 첫 행을 썼다.

형체도 없는, 어렴풋한, 순전한

헛소리,

쥐뿔도 모르는 자의

알량한 지혜.

그때 나는 갑자기 보았다.

하늘이

흩어지고

열리는 것을

행성들을

고동치는 농장들을

화살과 불과 꽃에

들쑤셔진

그림자를

소용돌이치는 밤을, 우주를 보았다.

그리고 나, 티끌만 한 존재는

신비를 닮은, 신비의

형상을 한,

별이 가득 뿌려진

거대한 허공에 취해

스스로 순수한

심연의 일부가 된 것만 같았다.

나는 별들과 함께 떠돌았고

내 가슴은 바람 속에 풀려났다.

네루다가 노래했듯이 "그때 무언가가 내 영혼 속에서 꿈틀거렸다." 그래서 학교를 떠나 어느 섬에 가 있던 친구, 《데미안》을 권해준 바로 그친구에게 편지를 썼다. 문학과 사유를 논할 수 있는 친구가 하나 더 있었다. 건강 문제로 역시 학교를 떠난 같은 반의 친구였다. 그들이 학교를 자퇴해 비교적 먼 곳에 있어 자주 만날 수 없었기 때문에 대화는 주로 편지로 이루어졌다. 그들은 서로를 잘 알지 못했지만 나는 그들 각자에게서 영적인 우정을 느꼈다. 대학 입시 준비에 정조준된 학교생활은 삭막했지만 나는 그와는 아랑곳없이 내면적 폭풍성장의 진통을 겪어나갔다. 세상의 모든 것이 신비로웠고 마음의 모든 센서가 그 신비를 향해 활짝 열려 있었다. 이 체험을 편지에 담아 보냈고 그들이 보내올 편지를 기다렸다. 얼치기 시도였지만 시를 짓고 소설을 쓰고 철학을 구상했다. 그즈음 읽은 헤세의 《싯다르타》는 내가 가야 할 길이 철학임을 명확히 일러준 사랑의 편지였다. 철학의 의미가 지혜의 사랑 아닌가. 나는 소설 속의 싯다르타처럼 철학하는 수행자 혹은 수행하는 철학자가 되기로 결심했다. 철학의 문을 두드리고자 대학에 지원했다. 본고사를 마치고 쇼펜하우어의 《의지와 표상으로서의 세계》를 배낭에 꾸린 채 겨울 여행을 떠났다.

철학과에 들어왔지만 내가 추구하는 철학에의 길은 보이지 않았다. 많은 철학자들의 사상을 학습해도 그것이 나의 삶과 어떤 관계인지가 절실하게 해명되지 않았다. 정치적으로도 암울한 시기여서 대학은 늘 어수선했다. 방황과 모색 끝에 졸업할 즈음에서야 나와 코드가 맞아 보이는 철학자를 비로소 발견하게 되었다. 그는 비트겐슈타인이었다. 사실 그의 책보다 그의 벗인 맬컴Norman Malcolm이 그를 추억하며 쓴 《회상록》을 먼저 읽었다(Malcolm 1958). 비트겐슈타인은 내가 읽은 소설 속 싯다르타, 맬컴은 싯다르타의 벗인 소설 속 고빈다의 투영 같았다. 지행일치의 신념을 굽히지 않는 고행의 수행자가 걸은 여정과 서로 간에 주고받은 우정의 편지가 담긴 《회상록》을 뛰는 가슴으로 단숨에 독파했다. 비트겐슈타인의 철학에 대해서는 잘 알지 못했지만 이런 삶을 산 사람이야말로 내가 찾던 진정한 멘토일 것이라고 확신했다. 비트겐슈타인을 깊이 공부해보기로 결심하고 대학원에 진학했다.

그 즈음에 나는 평생의 반려자가 될 사람을 만나게 되었다. 온 세상이 사랑으로 채색되는 느낌이었다. 대학원을 졸업하고 절에서 생활을 할 때에, 그리고 군에 입대해 사관학교와 전방에서의 밤에 그녀를 생각하며 편지를 써내려갔다. 편지가 사랑의 감정을 더욱 깊고 풍성하게 해주었다. 강은교의 시 〈우리가 물이 되어 만난다면〉이 내 마음을 잘 표현해주는 작품이었다.

나는 철학의 길을 걸었고 그 도정에서 국내외의 훌륭한 스승들을 만날 수 있었다. 그러나 언제나 누구의 도움 없이 책을 통해 저자와 독대獨對하는 것을 선호했다. 레비-브륄Lucian Lévy-Bruhl에 의하면 선교사가 현존 원시인들에게 신의 말씀이 담긴 책이라며 성경을 건네자 그들은 그 책에 귀를 들이대고 그 말씀을 직접 들으려 했다고 한다. 나는 그들의 그러한 태도에 멸시가 아닌 공감을 표한다. 나는 사랑의 편지를 읽는 마음으로 책을 읽었고 그 책에 담긴 저자의 사유와 체험에 공명하려 했다. 그 시간은 내게 세상에서 가장 경건한 시간이었다.

나는 내 삶을 뒤흔들고 방향 지은 사랑의 순간들을 존재 사건이라는 독특한 언어로 설득력 있게 표현한 철학자를 재발견했다. 전부터 알고 있기는 했지만 낯선 사람으로 눈여겨보지 않았던 하이데거였다. 존재 사건에 대한 그의 성찰을 이해하게 되면서 그에게서 철학적 동질감을 느꼈다. 그를 통해 사랑의 순간이 존재의 역운歷運; Geschick에서 유래한 것이며 내가 받은 사랑의 편지들이 존재가 내게 말 건네 온 것임을 알게 되었다. 그의 편지는 이전과는 달리 강렬한 포르테로보다는 브루크너의 음악처럼 지속적이고도 장엄한 크레셴도로 그러나 압도적으로 다가왔다.

나는 지금도 세상이 새롭고 신비스럽다. 그 신비를 머금은 자연의 품으로 순례 여행을 떠나고 그 신비를 표현하고 있는 음악을 들으러 연주회장을 찾는다. 새 학기를 맞으면 강의실에서 어떤 새내기들을 만나게 될지 마음이 설렌다. 이 모든 고귀한 선물을 선사한 신에게 감사한다. 그러나 아직도 내 영혼에 가장 직접적으로 말 건네 오는 것은 사랑의 편지들이다. 그 편지들을 읽으며 내가 체험한 동조同調 현상을 자신만의 언어로 조탁해내는 데 심혈을 기울인다. 시간과 능력이 허여한다면 나는 내가 존경하는 베토벤, 브루크너, 말러Gustav Mahler가 그랬듯이 아홉 편의 교향곡과 같은 작품을 쓰고 싶다. 세상을 향한 아홉 통의 사랑의 편지를 말이다.

다른 한편으로 나는 고독을 느낀다. 세상과 사람들이 변했음을 실감한다. 독서와 사유가 사라지고 컴퓨터와 스마트폰과 TV 매체가 사람의 마음을 도배하는 문화적 야만 상태가 도래한 것이다. 존재의 말 건넴과 같은 표현은 외모와 돈에 경도된 젊은이들에게 외계 용어로 치부된다. 사랑의 핵심이 몸으로 단일화되고 아다지오의 장중한 사상은 가볍고 발빠른 실용 매뉴얼로 바뀌어가고 있다. 자본주의와 과학기술 이외에는 다른 대안이 없다는 궁핍한 시대정신에 인문학과 예술이 시들어가고 있다. 모든 것에서 깊이와 진정성이 고갈되고 있음을 느낀다. 니체가 최후의 인간들이라 부른 왜소한 사람들이 잔뜩 부추겨진 욕망에 이끌려 허무의 도시를 배회하고 있다.

편지를 기다리던 시절은 희미한 옛사랑의 그림자로 사라져버릴 것인가. 그러나 물질적 풍요의 반대급부로 찾아온 정신적 고갈의 철없는 시간도 결국은 한때의 소동으로 지나가버릴 것이다. 사랑의 기적과 부활을 믿는 마음으로 이 편지를 쓴다.

헤세와 카프카를 처음 읽은 지 어언 40여 년이 흐른 지금도 당시 내 영혼을 일깨웠던 언어는 그 모습 그대로 작품 안에 간직되어 있다. 내 마음을 고양시켰던 작가들을 읽을 때면 행간에서 그때의 가빴던 숨결과 희열이 다시 느껴진다. 돌연히 출발했던 나는 시작점에서 얼마나 멀리 온 것일까? 아니면 비트겐슈타인의 말처럼 내가 걸은 철학이라는 길은 원래 늘 제자리를 맴돌게 되어 있는 그런 것일까?

그동안 많은 것을 보고 읽고 듣고 체험했다. 하나로 갈무리하기에는 다채롭고도 단편적인 소소한 성과들과 함께. 나는 대학 새내기들에게 영화 〈사운드 오브 뮤직〉에 나오는 〈모든 산을 오르라〉를 노래해주었다.

> 모든 높고 낮은 산을 찾아 오르라.
> 네가 알고 있는 오솔길을 따라서
> 모든 시내를 건너 산을 오르라.
> 무지개를 따라서 너의 꿈을 찾을 때까지.

비록 모든 산을 오르지는 못했지만 내가 가는 오솔길에 놓인 시내와 산들은 비껴가지 않고 호기심 어린 즐거운 마음으로 건너고 올라보았다.

언어의 집으로부터 가출하기도 했다. 수행자를 만나 그들로부터 생각을 끊고 언어에서 놓여나는 수행법을 배우고 익혔다. 작곡가를 만나 그들이 노래하는 언어 아닌 음의 무궁무진한 폭과 깊이에 공명했다. 경이로운 자연을 만나 그 말없는 침묵의 메시지에 귀 기울였다.

그러나 읽고 쓰는 일을 영원히 멈출 수는 없었다. 수행과 음악과 자연도 언어의 집과 대립되어 보이지 않았다. 바깥 체험에서 얻은 영감을 바탕으로 더 집약된 언어를 쓸 수 있었고 다시 언어의 문을 나서면 세상은 더욱 선명하게 느껴졌다.

이 길의 끝에서 어떤 결론을 내릴 수 있을까? 주변에서 세상을 떠나는 사람들을 보았지만 스스로 어떤 명확한 결론에 도달한 것 같아 보이지는 않았다. 그들은 더 살고자 발버둥 치다 이승에서처럼 바삐 사라져갈 뿐이었다. 작별을 고할 틈도 없이.

세상에 대한 가설적 결론들은 이미 넘쳐난다. 거기서 얻는 정보나 깨달음도 적지 않다. 그러나 세상의 신비는 나의 이해를 넘어 영원히 고갈되지 않을 듯싶다. 여행의 끝에서 어떤 결론을 내리지 못한다 해도 괘념치 않는다. 무얼 바라고 떠난 것이 아니지 않는가.

나는 신이 내게 준 시간이 다할 때까지 이 순례의 길을 갈 것이다. 내세가 있다면 거기서도 무지개를 따라서 이 여행을 계속하련다. 그리고 벗들에게 이렇게 말할 것이다. "실로 다행스러운 것은 이 여행이야말로 정말 엄청난 여행이라는 걸세."

10장
대화

1. 〈한겨레〉와의 대화[1]

한겨레　이승종 교수님의 저서 《동아시아 사유로부터》(이승종 2018)의 주제인 동서 간의 철학적 대화가 학계나 대학에서 금기시되어왔다면 그 배경은 무엇입니까?

이승종　근대 이래로 서양의 학문은 분과화가 가속화되었고 학문의 연구와 교육을 담당해온 대학도 이에 발을 맞춰왔습니다. 서양의 학문과 대학의 학제를 답습한 동양의 경우에도 사정은 마찬가지입니다. 이러한 추세

1　이 절은 2018년 7월 20일 연세대학교에서 있었던 〈한겨레〉 강성만 선임기자와의 대화를 옮긴 것이다.

는 철학에 빛과 그늘을 던지고 있습니다. 철학도 학문인 이상 분과화의 대세를 거스를 수는 없었고 이는 일정 부분 필요하기도 합니다. 그러나 양의 동서를 막론하고 철학은 원래 통합적인 학문이었음을 기억해야 합니다. 거의 모든 분야를 아우르던 학문인 철학으로부터 이런저런 학문들이 갈래를 쳐 나온 것입니다. 철학의 본래적인 통합성은 근대에 와서 촉진된 학문의 분과화 과정에서 와해되기 시작합니다. 분과화는 철학의 통합성과 상극입니다. 현대에 철학은 하나의 분과 학문으로 왜소해졌고, 그 안에서도 자체적인 분화로 치닫습니다. 이 와중에 동양철학과 서양철학 사이의 장벽이 높이 세워지고 서양철학 안에서도 대륙철학과 영미철학 사이의 장벽이 높이 세워집니다. 그 사이사이에 다시 이런저런 장벽들이 촘촘히 들어서게 되고요. 이러다보니 장벽들의 월경은 위험한 것으로 금기시되기에 이르렀습니다.

한겨레 그럼에도 불구하고 이승종 교수님은 금기시되어온 동서 간의 철학적 대화가 필요하다고 생각해 이 책을 내셨습니다. 이승종 교수님은 서양철학 전공자인데 이러한 크로스오버적 시도에 대해 동료 학자들의 반응은 어땠습니까?

이승종 학술적 연구는 학회에서의 심사와 토론을 통해 객관적으로 검증되거나 반증되는 과정을 거치게 됩니다. 저의 연구도 이러한 절차를 밟으며 인정을 받기도 하고 비판을 받기도 했습니다. 제 책의 2부는 그 과정을 그대로 담아내고 있습니다. 연구의 추진은 가급적 은밀히 했어도 연구의 발표에는 적극적인 자세로 임했습니다.

한겨레 철학의 통합성을 되살릴 수 있도록 대학의 교과과정을 개편하는 작업은 잘 추진되고 있습니까?

이승종 미디어에서의 논의와 실제와의 괴리가 적지 않은 게 한국의 현실입니다. 미디어에서는 융합적 사유와 학제 간 연구를 강조하지만 학계나 대학에서 저러한 시도가 현재 진정성 있게 이루어지고 있다고 보기는 어렵습니다. 변화가 있다 해도 과거에 비해 그렇다는 것일 뿐입니다. 미디어는 시대의 변화에 민감할 수밖에 없지만 학문의 세계, 학자들의 세계는 꼭 그렇지만은 않은 것 같습니다.

한겨레 융합적 사유를 지향하는 방향으로 대학의 제도를 개선하는 것에 대해서는 어떻게 생각하십니까?

이승종 그것은 교육 행정가분들, 교육 정책을 추진하시는 분들의 몫이라고 봅니다. 제게 더 어울리는 일은 융합적 사유라는 이름에 걸맞은 작품을 지어내는 것이라고 생각했습니다.

한겨레 현재 융합적 사유를 기를 만한 과목들은 대학에 개설되어 있습니까?

이승종 네. 그리고 융합적 사유는 교수자의 의지와 역량에 따라 어떠한 과목에서도 다루어질 수 있습니다. 과목의 내용과 방향을 융합적인 방향으로 잡아 이끌면 되는 것이니까요.

한겨레 학문의 분과화만을 좇기보다 융합적 사유를 지향할 때의 이점은 무엇입니까?

이승종 이미 마련된 학문의 분과 지형도를 따라 어느 한곳에 정착하여 연구하면 그 분야의 전문가가 되겠지요. 그러나 그 지형도가 정해놓은 칸막이를 허물고 이종異種적인 연구를 할 때 새로운 창의성이 싹틀 여지가 커집니다. 동서와 고금이라는 시공간의 칸막이를 해체하여 이종적인 텍스트들을 한자리에 호출해 대화를 시도하는 이유가 여기에 있습니다.

한겨레 사변적인 학문인 철학과 창의성은 서로 잘 어울려 보이지 않습니다.

이승종 창의성은 학문의 알파와 오메가입니다. 이는 동양에서도 마찬가지입니다. 저는 동양의 전통인 온고지신溫故知新의 '신新'을 창의성으로 새깁니다. 창의성이 없는 학문은 죽은 학문입니다. 그렇다고 창의성이 전무후무한 새로움을 뜻하는 것은 아닙니다. 하늘 아래 새로운 것이 없다는 성경의 구절을 잘 이해할 필요가 있습니다. 이전에 있던 것들을 재구성하고 서로 섞을 때 창의성이 발현되는 것입니다. 과거와는 다른 방식으로 섞을 때 새로운 것이 나오게 됩니다. 그 섞음이 곧 융합입니다.

한겨레 동서 융합의 시도들은 과거에도 있었는데 만족스럽지 못했다고 보십니까?

이승종 옥석을 가려서 평가해야겠지요. 연세대 철학과에서 저를 가르치신 박동환 교수님과 저술을 통해 알게 된 한국학중앙연구원의 김형효 교수님이 저의 멘토이신데 융합적 사유의 경지를 높인 분들입니다.

한겨레 이승종 교수님은 비트겐슈타인을 전공한 서양철학자인데 동양철학을 더 높게 보시는지요.

이승종 제 이번 책은 동서철학에 대한 그러한 비교와 평가의 이분법과는 다른 지점에서 기획되었습니다. 서양철학을 공부하면서도 저는 제 고향, 배경, 제가 받은 교육, 제 몸과 마음의 계보학적 주소지가 동양임을 잊어본 적이 없습니다. 저를 철학의 길로 이끈 헤세의 소설《싯다르타》는 인도의 불교 사상을 보여주었는데 이것이 철학에 대한 저의 첫사랑이었습니다. 이 두 계기가 동양철학에 대한 저의 관심과 친화력을 간직시켜주었습니다.

한겨레 그렇다면 이승종 교수님은 왜 서양철학을 전공하게 되었습니까?

이승종 서양은 제게 동양에 대한 돌파구로서 부각되었습니다. 젊음은 기존의 전통 질서에 대한 반항, 그리고 새로움에 대한 갈구를 특징으로 합니다. 젊은 시절의 제게 동양의 고전은 기존의 전통 질서로, 서양의 현대 학문은 새로움으로 다가왔습니다. 과학의 신봉자인 제가 분석철학을 전공하게 된 연유도 그것이 과학을 닮아서였습니다. 서양의 현대 학문이 주는 새로운 메시지가 당시의 제게 복음으로 여겨졌습니다.

한겨레 철학이 인류에 던지는 의미는 무엇입니까?

이승종 서양철학은 소크라테스에서 시작했는데 그는 자신을 단죄한 아테네 시민들이 아무것도 모르면서 알고 있다고 생각하는데 반해, 자신은 아무것도 모른다는 사실만큼은 알고 있음을 역설한 바 있습니다. 너 자신을 알라는 고대 그리스의 격언은 소크라테스에 의하면 결국 너 자신의 무지를 알라는 말입니다. 불교철학의 핵심인 연기론의 12단계 중 첫 단계도 무지입니다. 양의 동서를 막론하고 철학은 무지의 자각에서 출발합니다. 자기가 이미 알고 있다고 생각하는 사람들은 더 이상 무엇을 배울 수가 없습니다. 안다는 편견이 세상에 대한 이해를 가로막고 있는 것입니다. 소크라테스와 부처가 강조한 무지의 자각은 편견을 내려놓으라는 뜻입니다. 그들이 보았을 때 사람은 편견 덩어리입니다. 장자는 그 편견을 성심成心이라 불렀는데 그의 철학도 성심의 해체를 골자로 하고 있습니다. 편견은 자기 이익의 관점에서 생겨난 이데올로기인데 사람들은 거기에 사로잡혀 그것대로 살아갑니다. 우선 그걸 내려놓아야 세상을 있는 그대로의 풍성한 모습으로 볼 수 있습니다.

한겨레 한국에서 칸트 번역을 둘러싼 작금의 논쟁을 어떻게 보십니까?

이승종 번역자는 번역한 작품으로 말하면 됩니다. 예술가가 예술 작품으로 말하듯이 말입니다. 칸트의 대표작이라 할 수 있는 《순수이성비판》의 새 번역이 나오면 기존의 번역과의 우열이 갈릴 것으로 예상합니다.

한겨레 번역에서 작품의 원의와 가독성 사이에 어느 편이 더 중요하다고 보십니까?

이승종 훌륭한 번역이라면 둘은 충분히 양립 가능하다고 생각합니다. 하지만 번역하는 텍스트가 드러나야지 이를 제치고 번역자가 부각되어서는 안 됩니다. 연주하는 작품이 드러나야지 이를 제치고 연주하는 교향악단이나 지휘자가 부각되어서는 안 되듯이 말입니다.

한겨레 이승종 교수님의 경우 비트겐슈타인의 《철학적 탐구》를 번역하면서 가장 어려웠던 점은 무엇이었습니까?

이승종 내 글을 과연 이해하고 번역한 것이냐는 비트겐슈타인의 질책이었습니다. 이해를 동반한 번역은 당연한 요구이지만 지난한 것임을 혹독히 깨닫게 되었습니다.

한겨레 미국의 신학자 강남순 교수는 성별과 나이를 따지는 한국에서는 학문적 대화가 불가능하다고 일갈했는데, 이번 책의 후반부를 대화로 채운 이승종 교수님은 이러한 진단에 대해 어떻게 생각하십니까?

이승종 한국이 대화에 익숙한 사회가 아니라는 지적에 동의합니다. 그러나 저는 대화의 장을 적극 활용하였습니다. 학문은 독백이 아니라 시대에 던지는 목소리이기 때문에, 어렵더라도 시대와 대화를 해야 합니다. 그래서 대화를 공유하고 생산적인 방식으로 작품에 녹여냄으로써 대화의 중요성을 부각시켜보았습니다.

한겨레 대화의 장점과 실익은 무엇이라고 보십니까?

이승종 제가 미처 짚어내지 못한 부분을 대화 상대자가 짚어주거나 대화를 통해 스스로 깨닫게 되곤 합니다. 사람은 저마다 달리 조건 지어진 유한자이기 때문에 각자에게 주어진 한계를 넘어서기 어렵습니다. 그렇지만 대화 상대자의 눈을 통해 세상과 텍스트를 달리 보게 되는 대리 체험을 할 수 있으며, 이를 통해 자신의 이해의 경계를 깨뜨려 변화의 계기를 얻게 되곤 합니다. 이에 비해 대화에서 누가 옳고 그른지는 2차적인 문제라고 생각합니다. 제가 대화를 제 말로만 매듭짓지 않은 이유도 그 때문입니다. 일치에 이르지 못해도 차이를 인정하고 존중하는 것만으로도 대화의 성과는 충분하다고 보았습니다.

한겨레 법정 스님을 찾아가 출가의 길을 여쭈었다고 하셨는데요.

이승종 1985년 봄학기에 서강대학원 철학과에 교환교수로 오신 로시 Philip Rossi 교수님(미국 마켓대Marquette University 신학과)의 칸트 수업에 참여하였는데, 학기가 끝나고 교수님을 모시고 한국의 사찰들을 기행하였습니다. 그 여정 중에 송광사에 들렀는데 어느 스님께서 송광사의 3대 보물의 하나로 법정 스님을 꼽으시면서 그분이 계신 암자를 일러주었습니다. 당시 저는 애초에 제가 생각했던 철학과 제가 대학에서 공부해온 철학 사이의 괴리로 고민해오던 차였습니다. 수행이 빠진 철학 공부에 만족할 수 없었던 것입니다. 글을 통해 평소 존경해오던 법정 스님을 직접 뵐 수 있다기에 단숨에 찾아갔습니다. 수행도량인 절로 출가해 스님 밑에서 정진하고 싶다고 말씀드렸습니다. 하지만 스님께서는 절도 속세고 중도 속인이라면서 제게 자신이 있는 자리에서 정진하라고 말씀하셨습니다. 스님의 눈빛이 추상같아 거역할 수가 없더군요. 기행을 마치고 돌아왔지만 미련이 남아 천안의 성불사를 찾아가 절 생활을 체험하기도 했습니다. 30년 뒤인 2015년 안식년 기간 중 미얀마에서의 수행으로 불교와의 인연을 이어가게 되었습니다.

한겨레 헤세의 《싯다르타》는 이승종 교수님에게 인생의 책입니까?

이승종 네. 작가인 헤세가 깨달음의 경지에 이른 사람이어서가 아니라 저 작품에서 그가 깨달음에 이르는 길을 선명하게 그려내고 있기 때문에 그렇습니다. 성장한다는 것은 무엇이 되어가는 과정인데 저도 제가 가야 할 길에 대한 갈구가 절실했습니다. 그때 제게 그 길을 보여준 이정표와도 같은 작품이 《싯다르타》였습니다. 당시의 간절한 희구가 저를 오늘에 이르기까지 이끌었습니다.

한겨레 당시와 지금에 생각이 달라진 바는 없습니까?

이승종 제가 출가를 하였다면 부처님의 말씀대로 살고 그분의 말씀만을 믿어야 할 텐데, 진리에의 길이 하나만은 아니라는 것을 알게 되었습니다. 그러나 어느 길을 가건 진정성 있게 그 길을 간 사람은 훌륭한 사람이라고 봅니다. 반면 진정성 없이 여러 길을 기웃거린 사람은 그렇지 못합니다.

한겨레 앞으로 계획하고 계신 다른 저술들을 소개해주시지요.

이승종 《우리와의 철학적 대화》라는 가제하에 우리 사회의 학자와 예술가들에 대한 연구와 대화를 담은 원고를 준비 중입니다. 김형효, 박이문 등의 철학자를 비롯해 미학자 고유섭, 소설가 서영은 등이 주요 등장인 물들입니다.《철학적 동역학》이라는 가제하에 동역학의 '역'자를 힘力, 변화易, 시간曆, 역사歷 이렇게 네 동음이의어로 풀고 아우르는 원고도 준비 중입니다. 그러나 이번 책이 그러했듯이 저 원고들이 책으로 나오기까지 는 오랜 시간이 걸릴 것입니다.

한겨레 이승종 교수님이 전공하신 비트겐슈타인의 삶과 철학은 우리 시 대에 어떤 의미를 던진다고 보십니까?

이승종 비트겐슈타인은 깨달음을 추구한 구도자입니다. 깨달음을 위해 죽음도 불사했습니다. 징집 면제된 그가 1차 대전에 자원하면서 자신을 가장 위험한 곳에 배치해달라고 부탁한 것도 이런 맥락에서입니다. 목숨 을 내놓을 때에야 진리가 임재한다고 믿었던 것입니다. 전쟁터에서의 깨 달음을 기록해 출간한 것이 그가 생전에 출간한 유일한 책인《논리-철학 논고》입니다. 그는 "아침에 도를 듣고 깨우쳤다면 저녁에 죽어도 좋다"는 《논어》의 명제를 실천한 사람입니다. 철학이 분과 학문이 되고 철학자가 철학 교수라는 직업으로 변모한 현대에 비트겐슈타인이라는 존재는 불 편한 충격이자 절망 속의 축복이라고 생각합니다. 제가 그의 철학에 끌린 것도 거기에 녹아 있는 구도 정신 때문이었습니다.

한겨레 동서 철학의 지속적인 융합 시도가 이승종 교수님의 철학을 숙 성시키는 데 실제 어떤 도움이 되었는지 궁금합니다.

이승종 융합은 제 철학의 전부라 해도 과언이 아닙니다. 융합이 아닌 철학적 시도를 상상할 수 없습니다.

한겨레 동서 철학의 융합을 지속적으로 시도해오셨는데요, 그럼에도 동양과 서양의 철학자들 사이에 건너기 힘든 간극이 있겠다는 생각도 듭니다. 정약용과 주희의 사유에 대한 토론에서 그런 생각을 했는데요, 이승종 교수님도 동양과 서양 출신 철학자들 사이, 혹은 동서철학 사이에서 끝내 만나기 힘든 사유의 간극 같은 것을 생각해보신 적은 있는지요?

이승종 만남이나 융합이 곧 일치로 귀결될 필요는 없습니다. 오히려 저는 철학이 불일치에서 출발한다고 생각합니다. 차이와 불일치를 긍정하는 만남이 진정한 만남입니다.

2. 여은희 작가와의 대화²

a) 전통과 현대

여은희 무라카미 하루키의 책 《언더그라운드》를 읽었습니다. 옴진리교 신도들이 지하철에서 치명적 독가스인 사린가스를 살포, 11명이 죽고 수

천 명이 중경상을 입은 사건을 다루고 있습니다. 그는 이 책에서 형체가 없는 사회가 나약한 개인에게 행하는 폭력을 고발하며 인간의 자기중심적 사고가 얼마나 남에게 상처를 줄 수 있는지를 보여줍니다. 언더그라운드는 우리가 살아가는 사회가 잘 돌아가는 것처럼 보이지만 그 내면에 광신도, 개인주의, 제대로 작동하지 않는 시스템이 있다는 것을 의미합니다. 하루키는 우리의 내부에 언제나 옴진리교 같은 파괴성과 전체주의가 나타날 수 있는 가능성이 있다고 봅니다. 그는 옴진리교 사건이 현대사회에 있어서 선과 악, 즉 윤리라는 것이 무엇인지라는 큰 문제를 던지고 있다고 봅니다. 옴진리교 사건에 대해 어떻게 보시는지요.

이승종 하루키와는 달리 저는 윤리가 더 이상 우리 시대의 화두가 아니라고 봅니다. 시대의 화두는 종교에서 윤리로 그리고 법으로 이행해왔습니다. 세속화의 과정이지요. 물론 아직도 선과 악이라는 윤리적 용어가 사용되고는 있지만 그것은 법을 매개로 재해석됩니다. 예컨대 범법은 악이고 준법은 그 자체로 선은 아니지만 최소한 악은 아니라는 식으로 말입니다. 그 외에 선과 악은 수사적 표현이나 다른 의미로 간주됩니다. 미국의 부시 대통령이 북한을 악의 축이라고 했을 때 사람들은 그 표현을 액면 그대로 받아들이지 않았습니다. 그 표현의 의미는 윤리보다는 국제정치의 역학 관계하에서 이해되어야 합니다.

옴진리교에 대해 저는 아는 바가 없습니다. 그러나 그것이 종교인 점에서 그 자체로 차별을 받게 될 것이라고 생각합니다. 현대는 소수의 기성 종교를 제외하고는 종교에 대해 우호적이지 않기 때문입니다. 기성 종교조차 문명의 권역에 따라 다른 취급을 받게 마련입니다. 예컨대 미국에서 이슬람교에 대한 태도는 곱지 않습니다.

여은희 이슬람을 비이성적 광신도나 테러집단으로 생각하곤 하지요.

이승종 반면 신의 영광을 위해 자신의 목숨을 초개와 같이 버릴 준비가 되어 있는 무자헤딘이 보기에 서양인들은 물질에 절어 있는 허약한 개인주의자, 신성이 말라버린 좀비에 불과할 것입니다. 이란의 종교 지도자 호메이니가 세상을 떠났을 때 천만이 넘는 조문객이 장례식에 참석해 그중 여러 명이 사망하고 수백 명이 부상당했습니다. 호메이니의 시신을 싼 천은 달려든 조문객들의 손에 찢겨서 그들의 유품이 되었지요. 이천 년 전 예수의 옷을 찢어 보관했듯 말입니다. 세속화가 주류를 장악한 서구의 안목으로는 이 모든 것이 더 이상 이해할 수 없는 사건이었을 것입니다.

여은희 어떻게 그런 일이 일어날 수 있는 건가요?

이승종 호메이니를 정치 지도자 이상으로, 종교 지도자로서 인정하고 존경했기 때문입니다.

여은희 그만큼 우상 숭배 작업이 철저했던 것 아닌가요?

이승종 현대적인 해석입니다. 과거에는 호메이니의 경우와 같은 사건이 흔했지요. 순장旬葬도 그러한 맥락에서 이해해볼 수 있습니다. 과거의 정치는 덕치德治를 지향했고 그 덕의 감화로 순장이 성립할 수 있었던 것입니다. 그러나 현대는 이를 인정하지 않습니다. 정치는 더 이상 덕치가 아니라 권력가들의 술수요 사기라는 생각이 지배적입니다. 마키아벨리의 《군주론》이 그 한 정전正典입니다. 이러한 태도는 고전에 대한 현대인의 해석에도 드러납니다. 왕을 그리워하는 과거의 시조나 왕의 덕을 기리는 고전을 우리는 액면 그대로 받아들이기보다 시대의 질곡과 허위의식의 발로라고 읽어냅니다.

우리 시대의 역사소설이나 영화에도 정치에 대한 현대적 관점이 그대로 반영되어 있습니다. 김훈의 《칼의 노래》에 묘사된 조선 임금과 그에 대한 이순신 장군의 태도나, 《현의 노래》에 묘사된 순장에 대한 가야인들의 태도는 실제 조선이나 가야의 상황과는 거리가 멀게 느껴집니다. 이집트나 다른 고대 문명을 무대로 한 할리우드 영화들에서 우리는 당대의 의상을 걸쳤을 뿐인 현대의 미국인을 봅니다.

여은희 그것이 곧 문학 작품이나 영화의 본질적인 성격 아닌가요?

이승종 일리가 있습니다. 그러나 그 작품들은 역사를 당대의 관점에서 다루지 않았다는 점에서 판타지의 장르에 더 가깝습니다. 역사의 관점에서 보자면 그것은 픽션을 넘어 왜곡입니다.

여은희 픽션과 판타지는 어떻게 다른가요?

이승종 픽션은 역사적 조건들을 존중하는 범위에서 그 조건들 중 몇 가지에 변형을 가하는 것입니다. 반면 판타지는 역사적 조건들을 벗어나 새로운 (현대적) 조건들을 창작해 덧붙이는 것입니다. 현대의 안목으로 과거를 이해하는 것은 후자의 경우에 속합니다.

여은희 그러나 우리는 모든 것을 자신의 안목에서 볼 수밖에 없는 것 아닌가요?

이승종 봄의 대상에 따라 우리의 안목은 조절되어야 한다고 봅니다. 우리의 안목은 세속화라는 현대의 흐름에 철저히 영향 받고 있습니다. 앞서 논의했던 정치와 종교만 해도 그렇습니다. 현대의 정치는 경영과 구분되지 않습니다. 정치가뿐 아니라 대학의 총장, 심지어 종교 지도자도 경영자를 모델로 합니다. 제정일치祭政一致의 이념으로 세상을 이끌던 종교가 현대에 와서는 서비스 산업으로 변모하였습니다. 예컨대 불교나 힌두교는 미국에서는 명상과 웰빙 산업처럼 여겨집니다. 고대인들의 눈에는 현대의 종교인들은 그저 비즈니스맨으로 보일 겁니다. 그들의 관점에서 보자면 현대의 종교는 종교가 아닙니다.

b) 우리 시대의 세계관과 철학

여은희 모든 것이 혼란스러운 우리 시대야말로 세계관이, 세계를 보는 안목이 중요하다고 봅니다.

이승종 우리 시대에 통용되고 인정되는 세계관이 있다면, 그것은 과학적 세계관이 유일할 겁니다. 호킹Stephen Hawking, 도킨스Richard Dawkins 등의 과학자들이 자신들의 대중적 저술들을 통해, 그리고 내셔널 지오그래픽 채널 등을 통해 과학적 세계관을 전도하고 있습니다.

여은희 그러한 세계관은 원래 종교나 철학의 영역 아닙니까?

이승종 더 이상은 아닌 것 같습니다. 종교나 철학에 대한 현대의 공식적 입장은 다원주의입니다. 다양한 종교나 철학이 저마다의 동호회를 이루어 공존하기는 하지만, 그것들의 영향은 미미합니다. 그냥 동호인들의 클럽 활동일 뿐입니다.

여은희 현대에서 철학은 무엇인가요?

이승종 아쉽게도 현실과 상관이 없는 탁상공론으로 오해되곤 하는 것 같습니다. 심지어 철학이 존재하고 있는지조차 모르는 경우도 있습니다. 누가 철학과를 나왔다면 대학에 아직도 철학과라는 것이 있느냐고 의아해하기도 합니다. 철학 이야기를 들어보아도 내용을 알 수도 쓸모도 없는 그들만의 방언으로 여겨 더욱 멀리하게 되고요. 그럴수록 철학은 더욱 자신들만의 방언 속으로 움츠러듭니다. 악순환이지요.

여은희 철학과에서는 요즈음 무엇을 가르치고 배우나요?

이승종 여전히 과거와 현대의 철학을 가르치고 배웁니다. 그러나 그것이 곧 철학인 것은 아닙니다. 철학에서 중요한 것은 어떻게 사느냐 하는 것입니다. 여전히 플라톤과 아퀴나스와 스피노자를 읽지만, 현대의 그 누구도 그들처럼 살지 않습니다. 현대의 삶은 자본주의라는 단일한 방식으로 방향 잡혀 있기 때문입니다. 플라톤과 아퀴나스와 스피노자를 읽는 까닭도 그들처럼 살기 위해서가 아니라 학점을 따기 위해, 그들에 대한 학위논문을 쓰기 위해, 그걸로 직업을 얻기 위해서일 뿐입니다.

여은희 요즈음 학생들은 철학을 어떻게 받아들이고 있는지 궁금한데요?

이승종 철학은 사람으로 하여금 철이 들도록 인도하는 학문입니다. 그러나 대중문화에 익숙한 젊은이들은 그것을 거부하는 것처럼 보입니다. 그들은 철이 든다는 것을 나이 드는 것으로 이해하는 것 같습니다. 철이 든다는 것은 성숙해진다는 것을 의미하고 이는 곧 어른이 됨을 의미합니다. 그런데 우리 시대의 대세는 안티 에이징anti aging입니다. 남녀노소가 모두 20대의 얼굴과 몸매를 추구하는 것 같습니다. 철학은 프로 에이징 pro aging을 지향하는 시대착오적인 학문으로 여겨집니다. 한마디로 부담스러운 괴물인 것입니다.

여은희 그렇다면 요즈음 학생들의 인생관은 뭘까요?

이승종 "인생 뭐 있어?"라는 유행어가 우리 시대의 인생관의 한 단면을 표현하고 있습니다. 탈주술화disenchantment로 요약되는 근대성modernity이 초래한 허무주의입니다. 탈주술화로 말미암아 인생의 의미와 가치가 함께 뿌리 뽑혔습니다. 별스런 것들이 다 사라진 마당에 인생은 이제 별게 아닙니다. 내가 죽음으로써 나의 세계도 종말을 고한다는 이기적 유아론唯我論, solipsism이 즐기다 가면 그만이라는 천박한 쾌락주의를 부추깁니다. 그러나 이는 우리 시대가 신봉하는 자연과학의 관점에서만 보더라도 아무런 근거가 없는 잘못된 생각입니다. 에너지 보존의 법칙으로 알려진 열역학 제1법칙에 의하면 우주에 편재한 에너지의 총량은 상수 값으로 고정되어 있습니다. 그 에너지가 이합집산하고 돌고 도는 과정에서 내가 태어나고 살고 죽는 것입니다. 나의 죽음이 곧 모든 것의 종말이라는 생각은 이 법칙에 의해 간단히 부정됩니다. 나의 죽음은 에너지의 리사이클링recycling 과정의 일부에 불과합니다. 다가올 나의 죽음을 그렇게 슬퍼할 이유도 없지만, 이를 기화로 세상을 지금처럼 무책임하게 망쳐놓을 권리도 없는 것입니다. 우리 시대의 방만한 삶의 방식은 전 지구를 망가뜨리는 지속 불가능한 막다른 길입니다.

여은희 이 길의 끝은 공멸일까요?

이승종 변화가 세상의 이치일진대 지금의 이 흐름이 영속되지는 않으리라고 봅니다. 어떤 것이 극단에 이르면 필연코 되돌림이 수반된다는 물극필반物極必反의 지혜를 믿습니다.

c) 마르크스주의

여은희 지금 우리가 겪고 있는 이 진통은 1970~80년대를 풍미한 거대담론의 상실로 말미암은 후유증 아닐까요?

이승종 거대담론이란 마르크스주의를 말하는 것인가요?

여은희 그렇습니다.

이승종 후유증은 맞지만 상실되어야 할 것이 상실된 것이라고 생각합니다.

여은희 무슨 말씀인지요?

이승종 당대를 풍미하던 마르크스주의가 동구권의 몰락과 소비에트의 해체로 말미암아 그 실상을 드러낸 것입니다. 현실로서의 마르크스주의는 환멸스러운 결과만을 남기고 역사로부터 사라지고 있습니다. 그러한 마르크스주의에 아직도 미련을 갖고 있는 사람들이 우리 사회나 대학가에 있습니다. 북한의 참담한 현실을 보더라도 마르크스주의의 현실로의 회귀는 재앙입니다.

여은희 속단이 아닐까요? 동구와 소비에트의 마르크스주의가 진정한 마르크스주의라고 하기도 어렵습니다. 저는 마르크스주의는 못다 핀 채 지고 만 꽃이 아닌가 하는데요. 마르크스주의가 현실에 뿌리를 내리던 상황이 그것에 매우 불리했던 것도 사실이구요.

이승종 마르크스주의는 흔히 전 지구적 자본주의의 위협이라는 아주 불리한 여건 속에서도 불굴의 투쟁을 통해 자신의 여건을 넓혔다고 선전해 왔습니다. 그러나 세상을 바꾸려는 이념 중에 그렇지 않았던 경우가 있었나요? 사실 마르크스주의의 경우에는 오히려 상대적으로 여건이 좋았다고도 할 수 있습니다. 양차 대전을 전후로 한 제국주의의 몰락과 식민지 지배하에 있던 약소민족들의 해방이라는 세계사적 흐름은 마르크스주의와 같은 변혁 이데올로기와 그 코드가 맞았던 것입니다. 돌이켜보면 당시의 세계사적 흐름이 요청한 민족주의와 민족, 계급, 국가를 부정하는 마르크스주의는 서로 길이 다름에도 전략적 동거를 한 것뿐입니다. 마르크스주의가 민족주의에 전 지구적 연대성을 가능케 하는 이념을 제시하고, 민족주의는 마르크스주의에 투쟁의 동력을 제공한 것입니다. 단결의 대상은 만국의 노동자뿐 아니라 만국의 민족이었고, 계급투쟁은 민족투쟁으로 번져간 것입니다.

민족주의와 마르크스주의의 밀월은 북한의 경우가 잘 보여주듯이 대부분 마르크스주의자들의 배신에 의해 민족주의를 불쏘시개로 한 일당독재로 귀결되었습니다. 정도의 차이는 있지만 그것이 마르크스주의의 거의 정해진 진행 코스였습니다. 현재 마르크스주의를 표방하는 공산국가들은 그 이념과는 정반대로 가장 국가주의적이고 민족주의적인 독재국가들로 각기 고립되어 있습니다. 그 국가들이 추구하는 민족주의가 건강한 것도 아닙니다. 그것은 다만 독재를 미화하기 위한 조작된 민족주의일 뿐이기 때문입니다.

여은희 미래의 다른 환경에서 마르크스주의가 체질 개선을 통해 자본주의에 대한 대안으로 떠오를 수도 있지 않을까요?

이승종 유교나 마르크스주의나 모두 나름대로 훌륭한 철학입니다. 그러나 유교를 근간으로 하는 사회가 문치文治와 관료주의로 흐르고, 마르크스주의를 토대로 건설된 국가는 비효율적 독재로 흐릅니다. 이는 그들 철학 안에 이러한 귀결을 초래하는 인자가 들어 있는 것으로밖에는 해석할 수 없습니다. 비록 그것이 당장 전면에 드러나지는 않는다 해도 실제의 사회 운용 면에서 유교나 마르크스주의의 전형적 폐단이 결국은 노출되는 것입니다. 유교의 경우에는 조선왕조 500년을 지탱했습니다. 그럴 만한 융통성이 있었다고 여겨집니다. 그러나 마르크스주의는 채 100년도 되지 않아 사양길에 접어들고 말았습니다. 오히려 유교보다도 융통성이 없는 것입니다.

마르크스주의의 공헌을 폄하하고 싶지는 않습니다. 사회 비판의 시각이나 도구로서의 마르크스주의, 문화이론이나 문학이론으로서의 마르크스주의 등은 보다 긴 생명력을 지니고 여전히 진화를 거듭하고 있습니다. 그러나 사회체제로서의 마르크스주의는 이미 더 이상 작동하지 않고 있습니다. 같은 유물론인 자본주의보다도 효율성이나 민주화 면에서 오히려 못하다는 것이 드러났습니다. 구소련과 중국을 여행하면서 알게 된 것은 공산국가의 자연 오염과 파괴가 서방보다 훨씬 더 심각하다는 점이었습니다. 마르크스주의 계획경제의 폐해입니다. 자본주의화되면서 구공산권 사람들의 심성이 망가진 것은 사실이지만, 자연은 공산주의 치하에서 이미 더 망가진 상태였습니다.

d) 안과 밖, 종과 횡

여은희 자본주의에도 마르크스주의에도 비판적이신데 그렇다면 선생님의 자리는 어디입니까? 비판이 선생님의 자리인가요?

이승종 아닙니다. 비판은 네거티브일 뿐입니다. 저는 네거티브를 좋아하지 않습니다. 그렇게 살 수는 없지요. 저는 이 시대와 잘 어울리지 않습니다. 아니 이 시대 속에서 다른 시대를 꿈꾸며 살고 있다고 할 수 있겠지요. 연세대 철학과 이광호 교수님에 의하면 퇴계가 글에서 그렇게 썼다고 합니다. 자신의 글에 공감할 진정한 독자가 100년 후에는 있으리라고 말입니다. 현재에서는 고독하지만 현재는 미래와 이어져 있는 것이기에 그는 현재의 좌절 속에서도 미래를 향해 글을 지었던 것입니다.

몰역사적이고 친시대적인 삶을 횡적인 삶이라 부를 수 있다면, 반시대적이지만 과거와 미래에 연접된 친역사적인 삶은 종적인 삶이라고 부를 수 있겠지요. 저는 후자를 지향합니다. 우리 시대의 횡적인 삶은 각자의 생물학적 개체성에 철저히 묶여 있습니다. 그 한 이유는 바로 우리 시대에 만연해 있는 몰역사성 때문입니다. 종적인 삶은 자신이 역사적 존재임을 자각함으로써 자신의 생물학적 개체성을 넘어서는 삶의 방식입니다. 어쨌든 저는 나름의 역사적 소명의식을 갖고 있습니다.

여은희 그것은 어떤 것입니까?

이승종 잃어버린 우리 상고사상을 복원하고 계승하고 재창조하는 것이 현재 제 관심사의 하나입니다.

여은희 우리는 저마다 자기 자신을 어떤 모습으로 만들고 그려냅니다. 선생님은 지금 자신을 소명이라는 용어로 그려내고 있습니다. 스스로를 그려내는 '자기 자신의 발명'이야말로 근대의 위대한 성취가 아닌가 싶습니다. 모든 것은 결국 자기 자신 안으로부터 발현하는 것이라는 근대의 깨달음 말입니다.

이승종 그것이 칸트가 말한 코페르니쿠스적 전환입니다. 그보다 먼저 데카르트의 코기토cogito 명제가 함축한 바이기도 하고요. 그러나 저는 만듦보다는 발견이나 만남이, 안보다는 바깥이 오히려 더 적절한 용어라고 생각합니다. 제게는 깨달음의 계기가 자신 안으로부터가 아니라 바깥으로부터 왔습니다. 제 삶을 방향 잡은 세 화두, 학창시절의 철학, 젊은 시절의 사랑, 그리고 최근의 역사는 모두 바깥으로부터 왔습니다. 바깥으로부터 온 빛과 음성에 제가 감응한 것뿐입니다. 네루다도 〈시詩〉라는 작품에서 같은 이야기를 하고 있습니다. 저는 데카르트나 칸트보다는 네루다에 더 공감합니다. 네루다의 관점에서 보자면 데카르트나 칸트에 의해 이

록된 인식론의 헤게모니는 자기중심적 인간의 오만함의 정점입니다.

여은희 모던이나 포스트모던보다는 프리모던에 가깝군요. 고대적인 표현입니다.

이승종 깨달음에 프리모던, 모던, 포스트모던이 있을까요? 개인은 망망대해에 이는 파도로 말미암아 잠시 형성되었다가 스러지는 포말일 뿐입니다. 포말의 관점에서가 아니라 망망대해의 관점에서 파도침을 보자는 것입니다. 파도는 포말로부터 비롯되는 것이 아니라 망망대해로부터 오는 것입니다.

3. 학생들과의 대화[3]

a) 2013년 1월 30일
질문 철학은 너무나 모호하고 관념적인 학문이라 실생활에 유용하지 않다고들 합니다. 철학이 삶에서 어떤 방향으로 적용될 수 있을까요?

이승종 사람은 생각하는 존재이고 그 생각은 예부터 지금까지 이어져왔습니다. 수천 년 전에도 삶에 대한 고민들이 존재했고 현대를 살아가는

---

3 이 절은 연세대학교에서 있었던 학생들과의 대화를 옮긴 것이다.

사람들 역시 마찬가지입니다. 사람의 생각을 담은 철학은 이 세상에서 가장 오랜 역사를 지닌 학문인 셈이지요. 삶의 어느 부분에서나 밑바탕이 되는 근본적인 것이고요. 그래서 철학을 통해서는 다양한 길로 나아갈 수 있습니다. 철학과를 졸업한 사람들은 문인, 영화인, 음악가, 교육자, 언론인 등으로 다방면에서 철학을 자신의 삶 속에 녹이고 있습니다.

질문 요즘 들어 철학이 꼭 지식인들만의 전유물 같다는 생각이 듭니다. 철학이 일반인들과 현실에 너무 동떨어져 있다고 생각하는데요, 심지어 플라톤은 철인이라는 계층을 따로 만들 정도였습니다. 저는 개인적으로 사람이라면 누구나 다 자신의 인생이나 가치에 대해서 사고할 줄 안다고 생각하는데요, 그렇다면 현재 철학은 그 역할을 제대로 하고 있는 것이 맞나요?

이승종 지적한 문제점들은 철학을 포함한 '고전' 일반에 대한 접근상의 어려움인 것 같습니다. 철학이든, 문학이든, 음악이든 어느 분야에서나 고전은 넘기 어려운 장벽으로 느껴집니다. 고전의 내용이 지금의 현실과 차이가 많다 보니 접할 때 익숙지 않은 것에 대한 거부감이 드는 것이고 우리는 그 반응을 '어렵다'는 말로 표현하곤 합니다.

　변화와 속도를 코드로 하는 현대에서는 새것도 자고 나면 헌것이 됩니다. 그리고 헌것은 낡은 것이고 이미 유통기한이 지난 것으로 치부됩니다. 기술의 진보에 초점이 맞춰진 이러한 편견이 고전에 대한 접근을 어렵게 합니다. 오래된 고전은 유통기한이 지난 낡은 것이라기보다 긴 세월 동안 그 가치가 검증된 것이라는 발상의 전환이 필요합니다. 오히려 새것이 그러한 검증을 아직 거치지 않은 한때의 유행에 불과한 것일 수 있습니다.

학생이 언급한 플라톤을 예로 들어보지요. 계층과 철인정치를 옹호하는 그의 철학은 우리 시대의 이념인 평등과 민주주의에 맞지 않는 낡고 잘못된 사상인 것처럼 보입니다. 그러나 플라톤은 평등 및 민주주의가 하향적 평등, 중우정치衆愚政治로 전락할 것을 우려했습니다. 그는 평민이 아닌 엘리트의 눈높이에 맞춰 사회와 문화의 수준을 끌어올려야 한다고 본 것입니다. 오히려 플라톤의 눈으로 볼 때 우리 시대야말로 문제가 많습니다. 부의 분배 불평등에 따른 사회의 불균형적 계층화, 연봉에서부터 대학까지 서열화되지 않은 섹터가 없을 만치 만연된 비본래적 불평등과 그에 따른 살인적 경쟁 구도, 연예인들의 엔터테인먼트로 도배가 된 대중매체가 촉진하는 우민화愚民化 등등. 이러한 시류에 경종을 울리는 메시지를 우리는 플라톤이라는 고전에서 읽을 수 있어야 합니다.

질문 철학을 고전에 빗대서 설명하셨는데요, 그렇다면 현대 철학은 어렵지 않습니까?

이승종 물론 어렵습니다. 현대 철학이라는 것도 역시 그 뿌리가 고전이기는 마찬가지인 데다 현대로 올수록 철학은 점점 복잡다기해집니다. 그래서 현대 철학에 접근하기 위해서는 고전에 대해서와 마찬가지로 좋은 가이드와 안내서가 필요합니다. 그러나 철학의 메시지를 받아들이는 것은 온전히 우리 몫이기 때문에 각자 자신에게 맞는 안내서를 찾고 그를 통해 철학을 배울 수 있을 것입니다. 철학은 누구에게나 열려 있지만 누구나 그 문으로 들어오는 것은 아닙니다. 강제로 끌어들일 수도 없는 노릇입니다.

질문 신문에서 철학에 관한 연재물을 본 적이 있습니다. 한국의 사상가들을 인터뷰한 것이었는데요, 인터뷰한 철학자들 중 한 분께서는 한국에 맞는 철학이 존재해야 한다고 주장하시면서 자신 또한 한국철학에 대한 연구를 하는 중이라고 말씀하셨습니다. 한국에 맞는 철학이란 무엇입니까?

이승종 세계화된 이 시대에 우리의 철학을 논한다는 것이 시대착오적으로 보일 수도 있습니다. 우리와 세계 사이의 경계가 그 어느 때보다 모호해지고 있는 것도 사실입니다. 예컨대 세계 어딜 가나 젊은이들의 옷차림이나 소비문화는 비슷합니다. 그러나 역시 차이는 존재합니다. 횡적으로 세계화의 코드에 맞춰진 문화를 향유하는 세계의 젊은이들도 종적으로는 그들을 낳은 서로 다른 역사와 전통에 각각 연결되어 있습니다. 세계화의 시대에 자신만의 강점과 차별성을 찾을 수 있는 소스source는 그가 속한 역사와 전통입니다. 이를 무시하고는 세계화의 흐름에 대해서도 리더leader가 아니라 소비자나 추종자로 그치고 말 뿐입니다. 종적 전통을 창의적으로 계승함으로써 횡적 세계화에 기여하는 지혜가 필요합니다.

질문 역사를 되돌아보면 그 시대를 풍미했던 사상들이 항상 존재해왔습니다. 그렇다면 지금 우리 시대를 이끌고 있는 주요 사상, 철학은 무엇인가요?

이승종 크게 세 가지로 구분할 수 있습니다. 첫째는 자본주의, 즉 물질주의고요, 경제적인 측면을 대변합니다. 돈에 따라 굴러가는 우리 사회를 보면 이를 확인할 수 있습니다. 그리고 두 번째는 민주주의인데, 서민, 국민이 국가의 주가 되는 사상으로 정치적인 면을 보여줍니다. 지금 우리 사회의 선거나 의회제도, 자치제도 등을 예로 들 수 있겠네요. 그리고 세 번째는 과학입니다. 스마트폰이나 컴퓨터 등등 과학기술의 발전을 통해 우리 사회는 지금 이 순간도 끊임없이 변화하고 있습니다.

그렇다면 학생은 다시 이렇게 질문하겠지요. "경제, 정치, 과학이 지금의 세상을 주도하고 있다 하셨는데 그럼 철학은요? 철학은 없지 않습니까?" 그러나 이 모든 것을 통틀어 철학이라고 말합니다. 즉, 이 세 측면을 통해 세상이 변화하고 있다는 것이 이 시대의 철학적 진단입니다.

질문 그렇다면 철학을 통해서 본 세상은 지금 올바로 굴러가고 있습니까?

이승종 많이 어긋나 있습니다. 물질적인 것이 극에 달한 상태이지요. 철학의 관점에서는 물질적인 것보다 정신적인 것이 중요한데 지금은 그 반대입니다.

질문 유물론과 관념론은 양립될 수 없는 건가요?

이승종 유물론唯物論의 '유唯'는 '오직'이라는 뜻을 가지고 있습니다. 오직 물질적인 것밖에 없는 것이지요. 그러나 물질은 정신과 조화를 이룰 수 있습니다. 따라서 유물론의 '유'를 뺀다면 관념론과도 조화가 가능할 것입니다.

그런 면에서 동양의 철학은 서양철학처럼 극과 극의 성격을 띠는 것을 경계하며 예로부터 중용을 중시했습니다. 동양철학의 관점을 빌려오자면 지금은 물질적인 것이 극에 달했으니, 언젠가는 이 상태도 뒤바뀔 날이 올 것입니다. 그러지 않고서는 이미 중병을 앓고 있는 지구가 더 견뎌낼 수도 없을 겁니다.

질문 교수님께서는 왜 철학을 공부하십니까?

이승종 철학은 사람의 정신을 풍부하게 합니다. 보다 사람답게 살 수 있도록 도와주고요. 현대인들은 먹고살기 바빠 생각할 여유조차 없이 기계처럼 살아가는데, 그렇게 아무런 문제의식 없이 살아가는 것은 사람다운 생활이 아닙니다. 철학을 통해서는 보다 사람다워질 수 있습니다.

b) 2014년 8월 21일

질문 철학과에서 이루어지고 있는 철학 교육에 대한 의견을 여쭙니다.

이승종 저의 경우 철학은 우리가 삶을 살아가면서 갖는 가장 근본적인 질문들, 예컨대 무엇을 하면서 살아야 진정 보람 있는 삶인가, 우리는 어디서 와서 어디로 가는가, 등등에 빛을 던지는 학문일 거라 생각하고 철학과에 진학했는데, 철학과에서는 철학을 하나의 전문적인 학문으로서 가르치더군요. 여타의 학문에 대한 교육과 큰 차이를 느낄 수 없었습니다.

질문 그렇다면 철학을 공부하면서 그 근본적인 질문들에 대해 생각을 해보셨나요?

408

이승종 '그렇게 갈망하던 철학인데 왜 이렇게 낯설지?' 하고 한동안 방황을 했습니다. 그렇게 한두 학기를 지내고 나서 제가 문제가 있는 게 아니라 대학에서의 철학 교육에 문제가 있음을 깨달았습니다. 철학은 자신으로부터 우러나오는 순수한 탐구 정신에 맞닿아야 하는데 기성의 학문으로서만 배우니까 열정도 재미도 부족했던 것이었습니다. '철학은 이게 다가 아니다'라고 생각하니 마음이 편해지더군요. 필요한 활기는 지가발전으로 충당하기로 마음먹고 철학을 공부했습니다.

질문 그럼 교수님은 철학을 어떻게 가르치시는지요?

이승종 저는 철학을 가르친다는 말을 좋아하지 않습니다. 철학은 정보전달에 목적이 있는 학문이 아니니까요. 저는 어떻게 철학을 하는지 보여주려 할 뿐입니다.

질문 교수님이 생각하시는 철학이란 무엇인가요?

이승종 철학은 사람이 세상을 살면서 기존의 정해진 가치와 관점을 벗어나서 어떤 근본적인 문제에 대해서 깊이 생각하는 것에서 싹틉니다. 그럼 기존의 가치나 관점은 무엇일까요? 거의 모든 사람들은 세상을 자기이익의 관점에서 봅니다. 정해진 관점과 가치에서 보면 세상은 별게 아닙니다. 그러나 세상에 별게 없어서 그런 것이 아닙니다. 세상은 사실 무궁무진합니다. 특정한 관점과 가치에 사로잡혀 있기 때문에 그게 보이지 않을 뿐입니다. 거기에서 벗어나지 못하면 철학은 하지 못합니다. 거기에서 벗어나기 위한 하나의 시도가 세상에 철학적인 물음을 던지는 겁니다.

질문 지금 하고 계신 일에 만족하시나요?

이승종 다시 태어난다 해도 철학을 할 겁니다.

질문 그 이유는 무엇인가요?

이승종 주관적인 사견입니다만 철학 이외에는 각자의 분야가 너무 좁게 확정되어 있어 답답해 보입니다. 인생도 짧은데 어느 한 분야만 파면 세상을 떠날 때 아쉬울 것 같습니다. 철학은 스케일도 크고 근본적인 것이라 정해진 칸막이가 없습니다. 편의상 철학에 칸막이 쳐진 분야들도 그 분야 전문가들만의 전유물은 아닙니다.

질문 행복하기 위해서는 어떻게 해야 할까요?

이승종 행복의 의미를 잘 새겨야 합니다. 자신의 성장을 도모하지 않는 행복은 추구하지 않는 게 좋습니다. 그런 행복이 반드시 나쁜 건 아니지만 궁극적 목표로 하지 말라는 겁니다. 행복보다는 자신의 성장을 더 중요한 목표로 삼기 바랍니다. 안주安住는 성장과 상극이기 쉽습니다.

c) 2015년 5월 8일

질문 인문학의 위기가 거론되는 현대에 철학이란 어떤 위상을 차지하고 있으며 어떻게 파악되고 있는지요?

이승종 현대인에게 철학은 없는 것이나 다름없습니다. 우리 현대인은 근원적인 철학적 물음을 던지지 않습니다. 기술문명의 발전이 가져오는 편리함과 혜택을 누리는 현대인에게, 철학은 고려할 필요가 없으며 실생활에 직접적으로 돌아오는 것이 없는 공허한 학문으로 여겨지고 있습니다. 우리는 겉으로 드러난 것들만을 경험하지만, 철학이 없이는 그것들마저도 온전히 경험했다고 보기 어렵습니다. 철학은 기술문명을 포함한 모든 것의 기반입니다. 휴대전화와 텔레비전과 같은 현대문명의 필수적 구성요소들의 등장 배경에도 철학적 사유와 철학사의 흐름이 내재되어 있습니다.

질문 철학의 관점에서 오늘날의 진정한 문제는 무엇인지요?

이승종 삶의 표면에만 주목하는 피상성입니다. 이를 극복하려면 '보이지 않는 것을 볼 수 있는 능력'을 키워야 합니다. "행간을 읽어라read between the lines"라는 말이 있듯이 현상 자체의 관찰에서 끝나지 않는, 드러나지 않은 본질과 근원에 대한 탐구 정신이 요청됩니다. 이는 피상성과는 결정적으로 대비되는 삶의 자세로, 우리가 현상 너머, 혹은 현상 속의 본질을 볼 수 있을 때, 현실을 올바르게 이해하게 된다는 것입니다. 철학은 아무런 생각 없이 그저 수동적으로 살아가는 대신, 현상과 그 너머에 대해 스스로 생각해보는 태도에서 비롯되며, 이로부터 '보이지 않는 것을 볼 수 있는 능력'이 계발됩니다.

질문 기술이 지배하는 현실 속, 철학은 어떻게 자신의 가치와 고유성을 입증할 것인지요? 철학은 궁극적으로는 과학에 뒤떨어지는 고전적 학문이 아닌가요?

이승종 그렇지 않습니다. 호킹, 타이슨Neil Tyson 등의 저명한 과학자들은 과학이 급속도로 발전함에 따라 철학은 그 의미를 잃어가고 있다고 주장합니다. 별다른 객관적인 척도나 방법 없이 개인의 사유에만 의존하는 것처럼 보이는 철학은 과학에 비할 바가 못 된다는 것입니다. 과학은 관찰과 실험을 전제로 하며 그 결과가 수치와 양으로 정리되는 학문입니다. 우리는 이렇게 정리되어 조직된 정보를 객관적 진리라고 생각하기 쉽지만, 사실 그것은 인간이 이해한 개연성 있는 그림일지는 몰라도 대상 자체에 대한 완전한 서술로 보기는 어렵습니다. 철학은 선입견 없이 사태를 있는 그대로 포착함을 지향한다는 점에서 과학과 대조된다고 할 수 있습니다.

철학과 과학이 서로 층위를 달리한다는 사실을 하나의 예로 설명해 보겠습니다. 과학의 관점에서 음악을 논한다면 그것은 진동수와 주파수 등의 수치들로 표현 가능한 하나의 소리에 지나지 않습니다. 하지만 그것이 과학적으로 분석되었다고 하여 음악의 가장 중요한 측면이 온전히 포착되었다고 있다고 말하기에는 무리가 따릅니다. 우리가 음악을 감상하면서 느끼는 감정과 감동은 과학적으로 분석이 불가능합니다. 음향학은 음악사나 예술철학을 대체할 수 없습니다. 인간의 관점에서 본 '음악'은 분명 다른 소음들과 구분되는 특별한 의미를 가진 것으로 단순한 '소리'가 아닌 것입니다. 여기서 우리는 '보이지 않는 것을 보는 것'으로 표현되었던 철학의 특성을 다시 한 번 확인할 수 있습니다. 과학에 대한 무조건적 신뢰와 철학적 방법에 대한 경시는 피상적으로 현상을 이해하는 것이며, 보이는 것에만 집착하게 되는 현대적 경향과 과학만능주의적 성향을 함께 보여주는 편견입니다.

질문 서양철학의 흐름에 대해서 말씀해주십시오.

이승종 형이상학과 자연철학으로서 출발했던 철학은, 현대에 이르러서는 언어에 대한 분석적 탐구를 중심으로 진행되는 경향을 보이고 있습니다. 이러한 방법론은 나름의 의미와 효용을 가지고 있는 것이 사실이지만, 간과되어서는 안 될 부분은 철학이 그저 언어를 이용한 '말장난'이 아니라는 점입니다. 언어가 철학의 핵심적 요소임은 분명하지만, 그것이 전부는 아닙니다.

질문 그렇다면 철학의 궁극적 목표는 무엇일까요?

이승종 '실천'입니다. 계보학적으로 철학은 종교와 동근원적^{同根源的}인 것임을 상기할 필요가 있습니다. 종교가 사랑, 자비, 박애와 같은 가치를 전파하고 이들을 실천에 옮기는 데 목표를 두듯이, 철학도 자신이 아는 것을 스스로 행동에 옮기는 것에 의미가 있다고 할 수 있습니다. 철학은 추상적이고 모호한 내용들로 구성되어 있어서 실질적 효용성이 없다는 비판을 받기도 합니다. 그러나 철학은 객관적 지식의 추구에 그치는 것이 아니라, 그 탐구의 귀결을 삶에서 실천할 때 완성되는 것입니다.

질문 과학의 경우에는, 탄생의 배경에서부터 본질적으로 사회적 통용과 객관성의 확립을 전제로 하기에 그 언어인 수치와 양으로 표현된 각종 데이터는 타자 간 교환과 상호 이해가 용이합니다. 반면 철학은 언어 자체를 넘어선 의도와 의미를 내포하기 때문에 과연 상호 간의 적절한 의견과 관찰결과의 교환이 이루어질 수 있을 것인지에 대해 의문이 생깁니다. 철학의 모호함과 추상성으로 인해 초래될 수 있는 소통의 어려움에 대해서 어떻게 생각하시는지요?

이승종 인간은 저마다 다양한 환경과 문화에 놓여 있지만 인류학적 관점에서 보자면 상당한 내적인 동질성을 일정 부분 공유하고 있습니다. 그러므로 상호이해가 완전히 불가능한 소통의 장벽은 존재할 수 없으며, 이로써 철학적 교류의 가능성도 열리게 됩니다. 전문성을 띠는 다양한 분야들의 집합인 과학과는 달리, 인간 자체에 대한 탐구를 지향하는 인문학은 소통가능성의 전제하에서만 성립합니다.

d) 2016년 11월 25일

질문 어떤 계기로 철학을 전공하게 되셨는지요?

이승종 고 2 때가 제 인생이 결정되는 시기였습니다. 당시 학교의 담임 선생님께서 관대한 분이라 저는 학교에 매일 가지 않아도 되었습니다. 그래서 시간이 많았지요. 그 시간에 집에서 마음껏 책을 읽었습니다. 헤세의 성장소설들을 좋아했는데 《데미안》, 《나르치스와 골드문트》, 《싯다르타》 등등이 생각나네요. 철학적인 메시지가 많이 담겨 있는 이런 작품들을 읽는 순간 거기에 빠져들었고, 작품 속의 주인공들이 추구하던 것과 같은 인생을 살아야겠다는 마음을 품었습니다. 그러면 나는 뭘 해야 하나 하고 생각해보니 답이 떠오르더군요. 철학이 길인 것 같았습니다. 그래서 철학의 길로 접어들게 되었습니다. 그런 마음을 먹게 되니까 학교에서 선생님들이 가르치는 교과 내용이 별로 마음에 안 차더군요. 그래서 저는 자신만의 커리큘럼으로 혼자 공부를 하기 시작했습니다. 책이 저의 멘토였고 주변의 몇몇 조숙한 친구들에게서 영향을 받기도 했지요.

저의 의식은 당시에 퀀텀 점프quantum jump에 견줄 만큼 성장했던 것 같습니다. 저는 그런 퀀텀 점프가 인생에서 매번 일어나는 줄 알았는데 그렇지는 않더라고요. 그에 비하면 이후의 삶은 개마고원의 등고선 같았지요. 큰 변화가 없었습니다. 당시 선택한 길을 후에 한 번도 벗어난 적은 없는데 삶에 대한 태도나 마음가짐은 그때 확정된 느낌입니다. 저는 그 길을 스스로 찾아 헤매느라고 고생을 했습니다. 좋은 멘토가 있었다면 시간을 단축하고 방황도 적었을 텐데 그런 행운은 주어지지 않았습니다. 그러나 후회는 없습니다.

저는 저의 커리큘럼대로 철학의 길로 가고 싶었습니다. 학교 공부를 싫어하진 않았는데 제가 읽고 있는 책들에 견주어 큰 의미를 못 찾겠더군요. 학교 공부와 저의 커리큘럼을 연결시켜준 것은 영어였습니다. 그 당시의 영어 참고서들은 사상과 문학예술에 관한 명문들을 담고 있었는데 비록 단편적이긴 해도 그 지문들을 읽으면서 제 영혼이 풍성해지는 걸 느꼈습니다.

돌이켜보면 고등학교 때 배운 것들이 철학을 공부하는 데 도움이 되었습니다. 수학이나 물리학과 같은 이과 학문들이 확실히 그랬습니다. 지금은 그런 이과 학문을 학창시절 때보다 더 좋아하게 되었습니다. 물론 당시에도 영어, 수학, 물리학 등과 같은 교과목들을 좋아하긴 했지만, 철학의 길은 따로 있다고 생각했습니다. 교과목 숫자가 너무 많다보니 철학에 대한 판타지를 가졌던 것 같습니다.

질문 헤세의 책들을 시작으로 철학의 길에 접어들었다고 하셨는데, 그의 책들을 읽고 무슨 생각을 하셨는지 궁금합니다.

이승종 헤세에게 노벨 문학상이 수여되었다는 소식에 문단의 일각에서는, 헤세는 청소년에게나 어필하는 작가가 아닌가 하는 반론이 있었다고 합니다. 문학의 관점에서는 그럴 수 있겠다는 생각도 듭니다. 헤세가 저를 깨달음에 이르는 길을 보여준 작가이기는 하지만, 그가 깨달은 성현이라고 보지는 않습니다. 제가 그에게서부터 배운 것은 그의 메시지가 아니라 삶에 대한 구도자적인 자세였습니다. 헤세는 당시 제 눈높이에 맞았던 것 같습니다. 젊은이가 방황을 통해 깨달음에 이르는 과정이 플롯인 헤세의 작품에 이끌렸습니다. 처음에 읽은 작품은 우정을 테마로 한《데미안》이었습니다. 외로웠던 저는 이 작품을 모델로 주위의 조숙했던 친구들과 우정을 쌓을 수 있었습니다.《나르치스와 골드문트》는 우정으로 맺어진 두 젊은이의 서로 다른 인생 여정을 감동적으로 보여준 작품으로 기억합니다. 그다음에 읽은《싯다르타》는 역사 속의 부처와 싯다르타라는 소설 속의 젊은이가 서로 만나 구도求道를 주제로 토론을 벌이는 대목이 인상적이었습니다. 그 당시에는 완전히 이해하지는 못했지만 오히려 그래서 더욱 지적인 자극이 되었습니다. 새로운 경지가 펼쳐지는 느낌이었습니다.

저로 하여금 구도의 길로 방향을 잡아준 것까지가 헤세의 몫이었고, 그다음부터는 자유롭게 철학의 길을 걸었습니다. 인생의 멘토가 헤세였다면 철학에서는 비트겐슈타인이 멘토였지요. 저에게 영향을 준 다른 분들도 많지만, 헤세와 비트겐슈타인은 첫 멘토였다는 점에서 그 의미가 남다릅니다.

질문 어떻게 해서 비트겐슈타인을 전공하게 되셨는지요?

이승종 학창시절에 저를 철학의 길로 이끈 헤세의 소설 주인공들에겐 공통적인 특징이 있습니다. 생각과 관찰을 좋아하고, 세상을 선한 마음과 열린 태도로 탐구하며 살아가는 사람들이었습니다. 그게 제게는 너무나 매력적이었습니다. 그런데 철학과에 들어와서 보니까 교수님들이 가르치는 철학의 내용과 제가 소설을 통해서 접한 주인공들의 생각이나 체험이 너무나 다르더군요. 대학교에서는 철학자들의 사상과 이론을 공부해야 했지만, 제가 소설에서 읽은 주인공들은 자기가 보고 생각한 것을 실천하는 수행자들이었습니다. 여러 상황에 자신을 내던져보기도 하는 사람들이었지요. 그런데 대학 교수님들은 그런 면이 부족해 보이더군요. 아무도, 심지어 동양철학을 가르치는 교수님도 수행에 대한 말씀이 없었지요. 서양철학도 고·중세 때까지만 해도 그랬지만 동양철학은 특히 수행이 중요한데, 교수님들은 그냥 텍스트에 나와 있는 성현들의 말씀을 설명하는 식으로 수업을 진행하셨습니다. 그래서 다른 학문들을 기웃거려 보곤 했습니다. 철학이 싫어서가 아니라, "이게 전부인가? 대학은 이름대로라면 큰 학문의 전당인데…" 하는 마음에서 말입니다. 수학도 들어보고 물리학도 들어보고 했습니다. 다 재미있기는 한데 제가 생각했던 철학과는 거리가 멀더라고요. 그래서 대학생활 내내 방황했습니다.

그러다가 4학년 때인가 즈음에 비트겐슈타인의 친구이자 제자인 맬컴이 비트겐슈타인의 삶을 회상하며 쓴 책《회상록》)을 읽었습니다. (맬컴은 훗날 제가 미국에 유학 가서 사사한 가버Newton Garver의 스승이더군요.) 읽으며 '내가 찾던 철학자가 바로 이 사람이다!' 하고 유레카를 외쳤습니다. 현대 철학자들의 인생은 대동소이합니다. 공부 잘해서 철학 박사학위 받고, 대학의 교수가 되어 연구하고 강의하다가 은퇴하는 수순으로 별 변화가 없지요. 그런데 비트겐슈타인은 안 그렇더군요. 그는 세상의 부와 명예, 권력을 다 거절했습니다. 뛰어난 철학자였기 때문에 명문 케

임브리지대학의 철학과 교수가 되었고, 세계적으로도 일찍 유명해졌지만 사표를 내고 여러 곳을 전전하다 외롭게 세상을 떠났습니다. 헤세의 작품 속 크눌프와 좀 닮았다고 할까요. 그의 인생이 큰 감동으로 다가왔습니다. '철학자라면 이래야 하는데 왜 이 사람을 이제야 만났지? 이 사람을 공부해야겠다'라고 마음을 먹었습니다. 저는 사실 비트겐슈타인의 철학에 대해서는 잘 몰랐습니다. 그렇지만 이런 삶을 살다 간 사람의 철학은 분명히 저를 성장시킬 거라는 확신으로 비트겐슈타인을 전공하기로 하고, 대학원에 진학해 그의 철학을 공부하게 되었습니다.

질문 교수님의 연구 방향이 궁금합니다.

이승종 제가 헤세와 비트겐슈타인에게서 배운 바는 순수한, 투명한 마음으로 세상을 있는 그대로 대하는 태도입니다. 그러려면 자신의 마음, 감수성이 활짝 열려야 하겠지요. 마음에 사私가 끼면, 예를 들어 큰 이익을 보겠다, 이름을 떨치겠다는 따위의 세속적인 욕망이 끼면 그게 제대로 될 리가 없지요. 저에게 철학은 이처럼 순수한 탐구정신으로 다가옵니다. 비트겐슈타인도 하늘을 우러러 한 점 부끄럼 없는 윤동주 같은 마음을 유지하려고 애쓴 사람이었습니다. 그렇게 살기가 쉽지 않습니다. 온갖 유혹이 난무하는 한국에서는 더욱 그렇습니다. 그럴수록 자기가 가고자 하는 길에 강한 신념이 있어야 합니다. 그 신념의 강도가 그가 얼마나 그 길에서 롱런long run할 수 있는지를 결정합니다. 신념이 강한 사람은 세속적인 가치에 의해서 좌우지되지 않습니다.

우리나라는 교차로에 있습니다. 공간적으로는 동양과 서양의 교차로에 있고, 시간적으로는 과거와 현대의 교차로에 있습니다. 여러 갈등 상황으로 표출되기도 합니다. 남과 북이 갈등하고, 남과 남이 갈등하고, 세대 간이 갈등하고, 남녀 간이 갈등합니다. 그런데 한편으로는 이로부터 배울 것이 많습니다. 세상의 모든 면이 다 드러나는 곳이 한국인 것 같습니다. 동양과 서양이 함께 드러나고, 과거와 현대가 함께 드러나고, 남성과 여성이 함께 드러나고, 구세대와 신세대의 가치가 함께 드러나고 있습니다. 여기서 발생하는 컨퓨전(confusion; 혼란)이 배움의 터전입니다. 저는 그 컨퓨전에서 창의적인 퓨전(fusion; 융합)을 일구어내고 싶습니다.

질문 교수님께서는 지금의 삶에 만족을 하시는지요. 교수님께 삶의 가장 큰 의미가 무엇인가요? 삶이라는 것에 주어지는 다양한 고통들을 어떻게 극복할 수 있을지에 대해서 여쭙니다.

이승종 우리들 각자는 생물학적으로 천문학적 경쟁률을 뚫고 사람으로 태어났습니다. 우리는 지금 기적을 살고 있는 것입니다. 그 기적의 삶을 감사하는 마음으로 잘 살아야겠다는 생각을 갖게 됩니다. 공부를 하면 할수록 세상이 얼마나 신비로운지를 깨닫게 됩니다. 사람들이 일궈놓은 철학, 과학, 문학, 예술도 탁월하지만 그것들도 세상의 신비를 증언하고 있습니다. 저는 방학이 되면 자연을 만나러 순례 여행을 떠납니다. 그 만남에서 얻는 바는 사람들이 만들어낸 문화와 가치보다 더 위대한 것으로 와닿습니다.

저는 우리에게 주어진 시간이 짧음을, 죽음이 언제나 가까이 있음을 통감합니다. 삶은 기적이지만 바로 그 이유에서 그것은 매우 불완전합니다. 이런 삶에 대해 저는 너무 많은 것을 바라지 않습니다. 세상이 제게 보여주는 이 엄청난 파노라마를 받아들이는 것만으로도 충분히 의미 있다고 생각합니다. 다른 욕심이 나지 않습니다.

니체는 운명을 사랑하라고 말합니다. 운명 중에는 고통도 있을 텐데 그것도 사랑하라는 겁니다. 고통에도 배울 점이 있습니다. 청력을 잃는 고통 속에서 위대한 음악을 작곡한 베토벤이 생각납니다.

질문 종교에 대해서는 어떻게 생각하시나요? 혹시 종교가 있으신가요?

이승종 4대 성인을 다 존경한다는 점에서 다신교라고 할 수 있겠습니다. 인생 상담을 하러 찾아오는 학생들에게 저는 종교가 있는지를 물어봅니다. 교회에 다닌다면 성경을, 절에 다닌다면 불경을 잘 읽어보라고 조언합니다. 거기에서 답을 찾으라고요. 경전은 오랜 시간 동안에 걸쳐 축적된 것으로 거기에 바탕을 두어서 하나의 문화권이 형성이 되었고, 그 문화권에서 살다 간 수많은 사람들이 그 경전에 의지해서 삶을 살고 경전에 비추어서 옳고 그름과 참과 거짓, 도덕과 부도덕을 저울질해왔습니다. 그것만 한 고전도 없습니다. 그래서 어느 종교인도 다른 종교에 대해서 함부로 비판할 권리가 없다고 생각합니다.

그러나 우리는 한편으로 근본주의의 함정을 경계해야 합니다. 근본주의자란 자기가 읽고 있는 경전을 문자 그대로로만 이해하고 있는 사람입니다. 저는 그게 잘못된 이해라고 생각합니다. 예수는 청중에 따라서 말씀을 달리했습니다. 그로 말미암아 복음서들 사이에 표현의 차이가 있습니다. 불교의 교리도 예외가 아닙니다. 왜 어떤 사람은 단명短命하는지를 물어온 사람에게 부처는 전생에 나쁜 일을 한 사람은 단명하다고 말합니다. 우리는 단명과 나쁜 일을 함 사이의 필요 충분 관계를 오해해 저 말을 단명한 사람에 대한 모욕이라고 잘못 받아들일지 모릅니다. 그러나 저 말의 핵심은 나쁜 일을 하지 말라는 데 있습니다. 나머지는 아마 핵심이 되는 메시지를 전달하기 위한 수사학적 장치일 겁니다. 경전을 읽더라도 열린 마음, 열린 태도로 읽어야 하겠습니다.

종교인은 자신이 믿는 바대로 살고 실천해야 합니다. 기독교인이나 불교도가 성경이나 불경대로 살지 않는다면, 그는 기독교인이나 불교도가 아닙니다. 서양 현대 철학에는 이런 조항이 없습니다만 비트겐슈타인은 지행합일知行合一을 강조하여 그것을 지키지 못할 경우 스스로를 혹독하게 질책했습니다. 알고도 행하지 않는다면 그의 앎은 진정한 것이 아니라는 게 그의 신조였던 것 같습니다. 비트겐슈타인에게도 앎보다 행함이 훨씬 어려웠던 것입니다.

질문 무신론자들에 대해서는 어떻게 생각하시는지요?

이승종 그들도 어딘가 믿는 구석이 있을 겁니다. 아무것도 안 믿는 사람은 없으니까요. 그렇게는 살 수가 없거든요. 그들은 아마 과학을 믿을 겁니다. 우리 시대의 신앙은 과학인 것 같습니다. 저도 과학에 관심이 많고요. 그러나 한계도 있습니다. 과학은 측정, 관찰, 계산이 가능한 영역에 묶여 있기 때문입니다. 그걸 넘어서는 탐구에 대해서 과학은 "그건 철학 아니야?" 이렇게 냉소하지요. 그런데 사실 위대한 과학자들은 철학자이기도 했습니다. 아인슈타인, 닐스 보어Niels Bohr, 하이젠베르크 등을 그 예로 꼽을 수 있습니다.

질문 철학에 시대성이 있다고 생각하시는지요?

이승종 세상에 어떤 원리가 있다면 그 원리는 변화의 원리일 것입니다. 변화의 흐름을 읽는 것, 변화에 자신을 맡기는 것이 철학의 과제입니다. 철학은 변화와 서로 얽혀 있습니다. 시대의 변화에 동떨어진 철학자는 오타쿠에 불과합니다. 그러나 이는 시대의 흐름을 추종하라는 말이 아닙니다. 필요하다면 그것을 역류시킬 수 있는 반反시대적인 사람이 진정한 철학자입니다. 그는 시대의 흐름을 알고, 시대에 대한 판단을 내릴 수 있고, 비판도 할 수 있는 사람입니다. 옳은 것에 대해서는 풍성하게 만들어주고, 아닌 것에 대해서는 가차 없이 비판할 수 있고, 때로는 자기 생명도 내놓는 사람입니다. 소크라테스나 예수가 그랬듯이 진리와 구원을 위해서 자신을 희생하는 게 철학과 종교의 출발이었습니다. 철학이나 종교는 구름 잡는 이야기가 아니라 사실은 이처럼 살고 죽는 절실한 화두였습니다.

질문 철학이라는 학문에 회의를 느껴본 적이 있으신가요? 회의주의에 대해서 어떻게 생각하시나요?

이승종 회의주의에는 공감이 잘 안되더군요. 회의는 필요하지만 그것을 신조로 삼는 것은 소모적인 네거티브로 여겨집니다. 철학에 대해서 회의를 느낀 적은 없습니다. 철학자에 대해서는 회의를 느낀 적이 있습니다. 비트겐슈타인에 대해서도 그가 너무나 불완전한 사람임을 알게 되었습니다. 그래서 오히려 더 인간적으로 느껴지기도 합니다. 물론 아무리 위대한 가르침이라 해도 그 일부에 대해서 제 마음속의 악마가 "저건 아닌데" 하고 귓속말을 할 때가 있습니다. 그때는 그런 마음에 충실하고자 합니다. 그렇다 해도 특정 부분에서의 의견 차이가 철학 전체에 대한 회의로 증폭된 적은 없습니다.

다른 한편으로 100퍼센트 만족하는 철학을 발견하지는 못했습니다. 그래서 어느 하나에 안주하지 않고 다른 길로 가게 되곤 합니다. 그게 철학자들이 혹은 경전이 의도한 바가 아닌가 싶기도 합니다. "이것만 따라야 돼, 다른 것은 보면 안 돼"가 아니라, "이것을 바탕으로 너의 길을 가라. 이것과 달라도 좋다"가 제가 배운 바입니다.

질문 서양철학을 선택하신 이유는 무엇인지요? 동양철학에 대한 견해는 어떤지요?

이승종 서양철학을 택하게 된 것은 젊음 때문이었습니다. 동양철학은 업데이트가 잘 안 되어 있다는 인상이었습니다. 반면 서양철학은 업데이트와 접근성이 잘 갖추어져 있어 새로움을 추구하는 젊음의 경향과 맞아떨어졌습니다. 그런데 지정학적으로 우리의 계보가 동양임을 무시할 수 없더군요. 우리가 아무리 서양의 학문을 공부하고 서양 스타일로 살아도 완전히 서양 사람이 될 수는 없더라고요. 모방 아닌 창조의 모멘텀은 자신의 뿌리로부터 나온다는 것을 깨닫게 됩니다.

아쉽게도 동양은 너무 왜곡이 되어 있습니다. 중심축의 변화가 잦았고 또 그것을 역사적 사실로 받아들이는 서양의 경우와는 달리, 동양은 중국이 그 긴 역사를 독점하고자 하기 때문입니다. 자신이 세상의 중심이라는 뜻을 담은 중국이라는 용어 자체가 이데올로기적입니다. 그런 국명을 지닌 나라가 생겨난 것은 20세기에 와서부터인데, 그걸 과거에 투사해 마치 단일한 중국사가 있었고 그게 바로 동양사라는 신화가 사실처럼 받아들여지고 있습니다. 중국이 주장하는 동양사로서의 중국사는 이질적인 종족들이 들고 나며 세운 한, 당, 원, 청 등 다양한 왕조들의 역사입니다. 이걸 다 중국이라는 하나의 허구적인 나라가 독식하고 있는 형국인데, 그 그늘에서 벗어나야 합니다. 동양은 중국이라는 장애를 넘어서야 거듭날 수 있습니다.

중국인들은 자신들이 늘 동양의 패권자였으므로 지금도 그럴 권리가 있다면서, 한국사도 중국사의 일부라고 주장합니다. 이런 프레임으로는 그 어느 이웃과도 수평적 동반 관계를 맺을 수가 없습니다. 중국이 공정과 패권주의의 이데올로기를 탈피하는 것이 동양의 평화와 상생의 길입니다.

질문 직관과 비약 사이의 차이가 무엇인지요? 제 직관으로는 이게 맞는 것 같은데 그렇다고 이것이 맞다고 전제하고 그로부터 생각을 전개한다면 그것은 논리적 비약이 아닐까요? 직관적 믿음도 의심해봐야 하기 때문에 말입니다.

이승종 직관은 봄입니다. 무얼 보는 것일까요? 두 가지 시나리오가 있습니다. 첫째, 고대 그리스에서 시작하는 서양의 시나리오에 따르면 무엇을 볼 때 우리는 그냥 보지 않습니다. 우리는 그에 앞서 우리가 만든 그물을 던집니다. 예를 들어 자연을 볼 때 우리는 수학이라는 그물을 던져 자연을 물리학적으로 봅니다. 뉴턴은 자신이 만든 미적분을 자연에 던져 운동하는 물체를 수학적으로 서술할 수 있었고, 하이젠베르크와 슈뢰딩거는 각각 행렬과 파동함수를 자연에 던져 아원자 세계를 서술할 수 있었으며, 아인슈타인은 리만 기하학과 미분기하학을 자연에 던져 시공간을 서술할 수 있었습니다. 그들은 자기가 던진 그물대로 자연을 본 겁니다. 그런데 그들은 거꾸로 자연이 수학적이라고 역설합니다. 예컨대 갈릴레

오는 자연의 언어가 수학이라고 말했습니다. 자연에서 수학을 본 게 아니라, 수학을 통해 자연을 본 건데 이것이 너무 성공적이니까 저렇게 전도된 생각을 하게 된 겁니다.

둘째로, 동양철학, 현상학, 비트겐슈타인의 시나리오에 따르면 그 던짐을 멈추고 선입견 없이 있는 그대로 보아야 합니다. 선입견을 가지고 보면 선입견밖에 안 보입니다. 수학으로 자연을 보니까 물리학적인 자연관밖에는 볼 게 없는 것입니다. 수학은 자연을 번역하는 매뉴얼입니다. 유익한 매뉴얼이긴 한데 그렇다고 수학이 자연에서 나온 것은 아닙니다. 그럼에도 자칫 그것에만 매달리게 될 위험이 있으니 주의하자는 겁니다. 사실 숨겨져 있는 것은 아무것도 없습니다. 다 드러나 있는데 못 볼 뿐이지요. 선입견 때문입니다.

질문 인상이나 직관을 얼마만큼 신뢰해야 되는지요? 자신의 느낌과 확신을 전적으로 신뢰하고 수용해도 되는 건가요?

이승종 자신에 대해서 확신을 가지라는 말은 이기주의자가 되라는 말이 아닙니다. 자신에 대해서 강한 신념을 갖는 것은 자신을 반성하는 것과 양립 가능해야 합니다. 둘 다가 필요합니다. 일단 자신을 잘 알아야 합니다. 자신이 누구인지, 어떤 것을 좋아하는지 등에 대한 탐구가 필요합니다. 두 번째로 자신이 무엇을 제일 잘 할 수 있는지를 알아야 합니다. 관심과 재능이 만나는 지점에서 자신의 길을 찾는 게 좋겠습니다.

질문 사람의 본성이 무엇이라고 생각하시나요? 그리고 이에 대해서 어떤 견해나 생각을 가지고 계신지요?

이승종 사람의 본성은 고정되지 않음에 있는 것 같습니다. 다른 동물들은 본능에 충실하다는 점에서 안정된 메커니즘을 지니고 있습니다. 본능에 어긋나는 행동을 하지 않습니다. 사람은 다르지요. 동물인데도 불안정합니다. 그 불안정성이 사람을 사람답게 하는 것 같습니다. 사람은 변합니다. 이게 아주 유리한 점인데 모든 게 변하기 때문입니다. 사람은 자신을 변화시킴으로써 거기에 잘 적응합니다. 동물도 변화하지만 그 속도는 아주 느립니다. 진화생물학적인 변화에 그칩니다. 반면 사람의 사회문화적 여건은 빠르게 변화하고 사람도 그에 맞춰 빠르게 변모합니다. 그게 사람을 예측 불가능한 존재자로 특성화시키는 것 같습니다. 사람의 빛과 그늘이기도 하지요. 사람은 정해진 게 없다는 점에서 잠재력을 지닌 가능태입니다. 그 대가로 그는 불안정에 따른 정신 신경증과 줄다리기를 해야 합니다. 위대한 사람일수록 자기 나름의 척도가 있고, 자기의 방식대로 가치를 설정하고, 자기의 방식대로 삶을 끌어가는데, 그럴수록 불안정할 가능성이 높지요. 모험이니까요. 안정된 삶을 사는 사람은 행복할지 모르지만, 그만큼 변화가 없기 때문에 발전도 없습니다.

사람의 본성이 고정되지 않은 변화가능성에 있다면, 그것은 사람이 새로운 세계를 개척하며 부단히 성장할 수 있다는 점에서 축복이자, 다른 동물보다 더 불행해질 수 있다는 점에서 저주입니다. 사람은 상승과 추락 사이에서 위태로이 줄타기하는 존재자입니다.

질문 죽음에 대해서 어떻게 인식을 하고 계신지요?

이승종 무모순성을 추구해온 서양의 학문 전통에 죽음은 모순으로 다가옵니다. 우리와 같은 살아 있는 멀쩡한 사람이 죽는다는 게 얼마나 모순입니까? 삶과 죽음은 양립할 수 없는 모순관계에 있습니다. 태어난 사람은 이미 사형선고를 받은 거나 다름없습니다. 죽음이라는 모순에 대한 태도가 그 사람의 그릇이 어떠한지를 가늠하는 리트머스 시험지라고 봅니다. 저는 톨스토이의 〈이반 일리치의 죽음〉을 이 문제를 다룬 명편으로 꼽습니다. 죽음이야말로 세상에 대해서 큰 배움을 얻을 수 있는 마지막 기회인지 모릅니다.

질문 정의를 어떻게 보시는지요?

이승종 정의가 죄에 대한 벌에 의해 구현되는 것이라면 그에 대한 최초의 철학적 성찰은 아낙시만드로스의 잠언일 것입니다. 그는 사물들의 생성과 소멸을 죄와 벌로 이해했습니다. 생성이 죄이고 소멸이 그에 대한 벌이라는 것입니다. 정의의 구현으로 생멸을 설명한 것이지요. 니체는 아낙시만드로스를 염세주의자로 간주합니다. 생성을 악으로 묘사하고 있기 때문입니다. 한 가지 분명한 것은 아낙시만드로스가 정의를 사회나 정치의 차원이 아니라 우주적인 차원에서 이해했다는 점입니다. 우주에 질서가 있다면 그것은 생성이라는 악에 소멸이라는 벌을 내리는 정의의 질서이며, 이는 시간의 경과에 따라 전개된다는 것입니다. 동양에도 이와 비슷한 관점이 있습니다. "하늘 무서운 줄 알아라"라는 경고가 그 한 예입니다. 하늘의 질서가 최후의 법정이라는 것입니다. 자연을 정의라는 도덕적 관점에서 이해했다는 점에서 동양과 서양은 유사성이 있습니다.

e) 2013년 2월 13일
질문 철학은 정당화의 절차가 결여된 구름 잡는 이야기요 삶과 동떨어진 난해한 말장난이라는 세간의 비판에 대해서 어떻게 생각하십니까?

이승종 그러한 비판이 나오게 된 배경에 주목할 필요가 있습니다. 현대는 과학의 시대입니다. 과학이 모든 것의 척도이자 표준으로 군림하고 있습니다. 정당화라는 개념도 과학에 의해 정의됩니다. 과학에서 정당화는 관찰, 실험, 증명으로 대별됩니다. 예컨대 천체망원경이나 현미경을 통한 관찰로 우주나 미생물에 대한 가설을 정당화하고, 실험을 통해 법칙을 정당화하고, 증명에 의해 정리theorem를 정당화합니다. 자연과학에 기반한 이러한 정당화의 절차는 사회과학, 인문과학에도 강요됩니다. 과학의 이러한 요구를 충족시키지 못할 때 철학은 학생이 언급한 비판에 직면하게 되는 것입니다.

　그러나 정당화는 과학의 전유물이 아닙니다. 철학의 입장에서 정당화를 달리 생각해볼 수 있습니다. 동양의 《주역》은 어떤 것이 극에 이르면 필연적으로 그 반대의 경향으로 전환한다는 물극필반物極必反의 메시지를 역설하고 있습니다. 이는 기쁜 일이 있을 때 불행을 예비하라는 우환憂患의식, 극단을 피하고 중용을 취하라는 삶의 태도, 여름이 극에 달하는 시점에서 입추를 예고하고, 겨울이 극에 달하는 시점에서 입춘을 예고하는 자연 이해, 양陽이 극에 달하는 지점에서 음陰이 피어나고 음이 극에 달하는 지점에서 양이 피어남을 형상화하고 있는 태극 문양 등에 두루 반영되어 있습니다.

　《주역》의 메시지는 과학의 입장에서 정당화되기 어렵습니다. 그러나 그 메시지에는 구름 잡는 이야기요 말장난이라고 치부하기 어려운 이치가 심겨져 있음을 우리는 삶을 통해 체득하게 됩니다. 아마 과학자들도 이에 대해 동의할 수밖에 없을 것입니다. 요컨대 그들도 연구실이나 실험실 밖에서는 (혹은 심지어는 그 안에서조차) 저마다의 삶의 흐름 속에서 그 메시지의 영향하에 놓이게 되고 그것이 무시할 수 없는 것임을 자각하게 된다는 말입니다. 이 메시지가 놓인 층위가 과학과는 다른 철학이라는 층위이고, 거기에도 나름의 정당화의 절차와 잣대가 존재함을 인정해야 합니다.

철학이 삶과 동떨어져 있어 보이고 난해하게 여겨지는 까닭도, 한편으로는 우리의 삶이 이미 과학에 방향 잡혀 있고 다른 한편으로는 철학이 우리에게 익숙한 과학의 외부로 밀려나 낯선 것이 되어 있기 때문입니다. 과학의 외피를 벗어나 본연의 삶을 회복하고 철학의 낯섦을 극복하여 자기의 것으로 고유화ereignen하는 과정을 통해 우리는 철학을 만날 수 있고 철학에 익숙해질 수 있습니다.

질문 샌델Michael Sandel은 철학이 익숙한 것을 낯설게 하는 학문이라고 말하는데 교수님은 정반대로 말씀하셔서 혼란스럽습니다.

이승종 샌델이 어떤 맥락에서 그렇게 말했는지는 모르지만 그렇다 해도 그의 말을 저의 말과 서로 양립이 되는 방식으로 해석해볼 수 있습니다. 지금 밀폐된 이 방에서 어느 학생이 갑자기 쓰러졌다고 가정해봅시다. 목에 무엇에 찔린 흔적이 있고 피가 흐르는 것으로 보아 방금 이 방의 어느 누군가에 의해 살해된 것입니다. 이 사건으로 말미암아 그동안 익숙해 의식조차 않던 이 방의 모든 것, 모든 사람이 갑자기 낯설어집니다. 학생들의 알리바이 하나하나가 의심스럽고, 이 방의 물건들 하나하가 혹시 범행에 사용된 도구가 아닐까 의심스럽습니다. 우리는 갑자기 낯섦의 한가운데에 놓이게 되고 그 낯섦에 대해 생각하게 된 것입니다.

철학은 우리가 당연시해왔던 믿음이나 사랑이나 안정이 우리 곁을 떠나갈 때, 그 빈자리를 엄습하는 낯선 충격과 불안과 좌절과 고통과 의혹과 함께 옵니다. 우리는 그 낯섦을 사유로 반추하여 자기화해내는 작업을 통해 철학을 실천합니다. 낯섦의 체험을 계기로 철학이 시작되고, 그 낯섦을 사유해냄으로써 철학이 형성되는 것입니다.

질문 철학사를 읽다 보면 서로 상반된 주장을 하는 철학자들을 만나게 됩니다. 예컨대 유물론자와 관념론자, 반실재론자와 실재론자 등등 말입니다. 이러한 일이 왜 생기는 것이며, 그 경우에 누가 옳고 그른지를 어떻게 판단할 수 있습니까?

이승종 낯섦에 대한 두 접근이 시사하는 바처럼 서로 상반되어 보이는 주장들도 어느 한쪽이 옳고 다른 쪽이 그르다기보다는, 양쪽 다 서로 다른 각도에서 사태를 나름대로 파악하고 있는 것인지도 모릅니다. 어떤 사물에 대해 그것을 혹자는 원이라 주장하고 혹자는 직사각형이라 주장하며 서로 맞설 때, 우리는 아래 그림을 통해 그것이 사실은 원기둥이라는

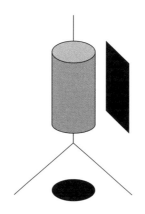

3차원적 대상이 2차원적 공간에 투사됨으로서 생겨난 대립이었음을 볼 수 있습니다.

빛에 대한 입자설과 파동설 사이의 대립을 잠재운 양자역학이 이러한 경우에 해당합니다. 철학사의 반열에 오른 철학자들의 사유가 서로 상반되어 보일 경우 누가 옳은지를 따지는 것도 좋지만, 그 전에 이들의 대립을 통합적으로 이해할 수 있는 보다 입체적인 틀을 생각해보아야 합니다.

질문 철학이 다른 학문과 차별되는 고유한 탐구의 주제나 영역이라고 할 만한 것을 과연 가지고 있습니까?

이승종 학문의 분화와 삶의 파편화, 복잡화로 말미암아 철학이 감당해야 할 몫도 그만큼 많아졌습니다. 심지어 한 철학과 안에서도 세분화된 전공 간에 소통이 어려울 정도로 철학이 복잡다기해져버렸습니다. 그것이 오히려 철학의 발목을 잡고 있습니다. 철학은 사태를 총관總觀할 수 있어야 하는데 그 기능을 제대로 해내지 못하고 있는 것입니다. 세분화와 통합이 우리 시대의 철학이 동시에 짊어져야 할 과제입니다.

맺음말: 유한성을 넘어

나를 철학으로 인도한 것은 다음의 사실에 대한 경이감이었다. 첫째, 내가 살아 있다는 사실, 이보다 더 큰 축복은 없을 것이다. 모든 것은 이 은총에서 출발한다. 그래서인지 모든 생명체는 살기 위해서 발버둥 친다. 생명은 주어진 것이지만, 절로 유지되는 것은 아니기 때문이다. 생명을 하사한 신에게 감사하지만, 그것을 지탱해나가야 하는 생명체의 삶은 시련의 연속이다. 모든 생명체가 매순간 간신히 살고 있다고 해도 과언이 아니다.

둘째, 내 삶이 유한하다는 사실, 이보다 더 나쁜 소식도 없을 것이다. 아무리 발버둥 쳐도 삶을 지속하려는 생명체의 노력은 언젠가 좌절될 수밖에 없는 운명이다. 이는 비단 생명체에 국한된 것이 아니라, 모든 존재자가 공통으로 겪게 되는 자연의 섭리이기도 하다. 유한자의 어떠한 집념도 무화시키는 무한자가 지닌 거역할 수 없는 힘의 비대칭성이 서구문명의 모태가 된 그리스 비극의 주제이기도 하다.

셋째, 내가 이 모든 것을 인식하고 있다는 사실, 이보다 더 절실한 것은 없을 것이다. 내게 주어진 삶과 그 유한성에 대한 인식은 사람과 여타의 생명체를 구별 짓는 기준이 된다. 그 자각이 없다면 나의 삶은 본능에만 충실하다 의미 없이 허무하게 끝나버리고 말 것이다. "너 자신을 알라"는 델포이 신전의 글귀는 소크라테스에 의해 서양철학의 출발을 알리는 화두가 되었다. 반성 없는 삶은 살 만한 가치가 없는 것이다.

20세기 유럽철학을 양분한 후설과 하이데거는 사제지간이기도 했지만, 무엇이 가장 경이로운지에 대해 의견을 달리했다. 후설은 저 셋 중에서 인식을 가장 경이로운 사실로 꼽은 반면, 그의 조교였던 하이데거는 살아 있음과 유한성을 존재라는 하나의 개념에 포섭해 가장 경이로운 사실로 꼽았다. 후설의 현상학이 인식론에, 하이데거의 존재 사유가 존재론에 기여한 바가 큰 것도 경이의 대상에 대한 저들의 선호도 차이에서 연유한다.

나의 경우에는 두 번째 경이, 즉 유한성에 대한 경이감이 다른 두 경이감을 압도하였다. 살아 있음과 인식의 경우와는 달리 유한성은 다른 둘과 상호 양립할 수 없는 모순으로 여겨졌다. 세상에서 내가 살아 있음과 그에 대한 나의 자각보다 확실한 것은 없어 보였다. 내가 체험하는 매 순간이 이를 증명하고 있었다. 그런데 그 확실성이 유한하다는 사실은 모순을 넘어 충격, 아니 공포로 다가왔다. 무엇이 어떻게 해서 나의 확실성을 무너뜨리는 건지, 그 가공할 위력을 지닌, 유한성 너머의 무한성은 무엇인지가 알 수 없었다.

나는 이 문제에 대한 해답을 얻기 위해 동서고금의 철학을 찾아 순례 길에 나섰다. 동양보다는 서양, 고전보다는 현대 사상에서 먼저 시작했다. 다른 이유가 있어서가 아니라 첨단 서양 사상에서 이 문제에 대한 최신의 답을 찾을 수 있을 것이라는 막연한 억측 때문이었다. 그중에서도 현대논리학을 위시한 과학이론들과 함께 그에 가장 어울려 보이는 분석철학을 먼저 집중적으로 공부했고, 그 중심에 놓여 있는 철학자로 판단되는 비트겐슈타인을 전공했다. 압축파일과도 같은 그의 촌철살인적 사유를 풀어내는 일은 그에 못지않은 고도의 긴장을 요하는 지난한 작업이었다. 집중력과 인내심을 극한으로 몰아세운 그의 대표작인《철학적 탐구》(아카넷)를 번역하여 역주를 달아 출간하였고,《비트겐슈타인이 살아 있다면: 논리철학적 탐구》(문학과지성사)라는 연구서를 내었다.

논리학과 분석철학은 문제를 명확한 방식으로 구성하는 데 도움을 주었고, 비트겐슈타인은 모순의 철학적 위상을 알려주었다. 과학이론들로부터는 문제와 연관되는 사실들을 배웠다. 문제에 대한 나의 이해는 명료성과 디테일을 갖게 되었지만, 해답을 얻지는 못했다. 저런 학문들은 문제의 해답을 제시하는 일에 아예 관심이 없는 듯했다. 내가 품었던 문제가 학문의 영역을 넘어서는 사이비 문제라고 속삭이는 것 같기도 했다. 저 학문들로는 만족할 수 없었다. 애초부터 답을 줄 마음이 없는 학문에 평생을 연연할 필요는 없다고 판단했다.

내가 지녀온 문제와 정면 대결을 펼친 하이데거와 그의 후예 데리다를 중심으로 현대유럽철학을 공부했다. 이들은 비트겐슈타인을 위시한 현대영미철학자들이 간과한 철학의 통시성을 각자 자신들만의 스타일과 스케일로 펼쳐보였다. 텍스트에 대한 번득이는 감수성을 바탕으로 한 해체라는 이름의 반전反轉의 내러티브는 가히 일품이었다. 현대영미철학자들이 과학에 경사된 기술적技術的 사상가들이라면, 하이데거와 데리다는 문학적 상상력이 탁월한 철학사가이자 텍스트 철학자였다. 나는 이들을 연구해《크로스오버 하이데거: 분석적 해석학을 향하여》(생각의나무)와《데리다와 비트겐슈타인》(뉴턴 가버와 공저, 민음사; 수정증보판 동연)을 저술했다.

하이데거와 데리다는 분명 내가 간직해온 문제의 의미를 최대한 넓고 깊게 조명해주었고, 나름의 답을 제시하기도 했다. 그러나 현대영미철학자들에게서 나무를 보되 숲을 보지 못하는 아쉬움을 느꼈다면, 하이데거와 데리다를 위시한 현대유럽철학에서는 그 반대의 아쉬움을 느꼈다. 숲을 자신의 사유로 전유하려는, 개성을 넘어선 과도한 욕망이 읽혀졌다. 하이데거와 데리다의 내러티브에 의하면 숲이라는 현실에는 땅거미가 짙어만 가는데, 그들의 사유만 독야청청 빛을 발하는 것 같았다. 하이데거의 경우에는 과학기술문명에 대한 탁월한 비판적 해석에도 불구하고 그 이후 다가올 전향에 대한 비전이, 데리다의 경우에는 인문학의 텍스트들에 대한 현란한 해체의 솜씨에도 불구하고 해체 이후의 비전이 그리 선명하지 않아 보였다.

동양 사람이면서도 서양 사상을 공부하려는 마음에 앞자리를 내주긴 했지만, 동양 사상을 등한시하지는 않았다. 내가 품었던 철학자의 모습은 상아탑의 학자보다는 구도자나 수행자에 가까웠는데, 동양의 사상가들은 그런 이미지에 근접해 있어 보였기 때문이다. 이론중심적인 서양철학에 비해 구체적 삶에 밀착해 있었고, 구사하는 언어도 논리를 중시하는 서양철학에 비해 자유롭고 울림과 향기와 멋이 있었다. 단 한 문장으로 문제를 결자해지하는 도가의 경지, 세상의 섭리를 꿰뚫은 불교의 지혜, 동양적 합리주의를 완성한 유가의 품격은 내가 공부해온 서양 사상과 차원을 달리했다. 이 사유를 서양 사상과 접맥시켜 《동아시아 사유로부터: 시공을 관통하는 철학자들과의 대화》(동녘)를 써보았다.

그러나 동양에는 깊은 그늘이 있었다. 개인의 각자성을 말소하고 도道와 같은 몰개성적 보편을 앞세우는 고루한 일방성, 이르는 과정이 생략된 탓에 실존적 방황을 찾아볼 수 없는, 과연 인간이 도달할 수 있는 것인지 선뜻 받아들이기 어려운, 과장된 고원한 경지의 강요, 현대의 과학적 성과와 부조화를 이루기 일쑤인 시대착오적 세계관, 틀에 맞춘 듯한 주입식 사유체계, 동양을 짓누르는 거대한 암 덩어리인 중화주의가 군내를 풍겼다. 철학에 관한 한 동양의 시계는 과거에서 멈춘 듯했다. 이런 절망 속에서 돌파구를 찾기 위해 일본이 탈아입구脫亞入歐를 갈망했던 게 아닌가 싶었다.

　나를 뒤흔들었던 문제의 해답을 찾아 나선 철학에의 길에서 많은 것을 배우고 생각하게 되었지만, 확실한 결론에 이르지는 못했다. 책을 통해 수십 년간 나를 가르쳐준 선현들은 이제는 네 스스로 답을 찾을 때라고 일깨워주는 것 같다. 나는 철학과 인접학문들을 공부하면서 저 문제에 대한 나의 생각을 대체로 두 가지로 갈무리하게 되었다. 첫째는 저 문제가 문제시하는 사실을 문제가 아닌 사실로 받아들이자는 것이다. 즉, 우리의 유한성은 운명으로 받아들여야 할 사실이고, 그 너머의 무한성 혹은 무한자에 대해서는 우리의 지식을 넘어서는 것으로 인정하자는 것이다.

　이러한 생각은 비트겐슈타인과 양자역학으로부터 시사 받은 바 크다. 비트겐슈타인은 삶의 문제의 해결은 문제의 소멸에서 감지된다고 말한 바 있는데, 나는 그의 이러한 침묵에 공감한다. 나의 경우 문제의 소멸은 문제를 문제가 아닌 사실로 받아들이는 것이다. 이는 중첩superposition이나 얽힘entanglement 등 놀랍기 그지없는 현상들에 대한 양자역학자들의 초연한 태도(코펜하겐 해석)와도 일맥상통한다. 상식을 벗어나는 수수께끼와도 같은 저 현상들에 대해, 자연이 원래 저렇게 되어 있다고 있는 그대로 받아들이는 것이다. 저 현상들이 왜, 혹은 어떻게 일어나는지에 대한 숱한 설명의 시도들이 있어왔지만, 일부는 논파되었고 나머지는 검증된 바 없이 소설의 수준에 머물러 있는 데다, 앞으로도 뾰족한 해결의 실마리가 보이지 않는 교착상태가 장기 지속되고 있기도 하다. 양자역학은 저 현상들에 대한 설명 없이도 수학적 서술과 계산만으로도 아무 부족함 없이 작동한다.

　그러나 철학의 문제에 관한 한 저런 식의 현상학적 처방이 성에 차지는 않는다. 무엇보다도 사실을 더 깊게 알고자 하는 철학의 의지가 좌절된다는 데 불만이 있다. 사실의 표면을 꿰뚫어 그 이면을 파고드는 학문이 철학 아닌가. 나는 철학의 '철'을 기존의 '밝을 철哲'보다 '뚫을 철徹'로 새긴다. 그래서 나는 철학哲學보다는 철학徹學을 지향한다. 유한성이라는 사실의 표면을 꿰뚫는 것이 문제에 대한 나의 두 번째 해법이다. 꿰뚫음은 초월로, 그 작업을 수행하는 철학은 형이상학으로 널리 알려져 있지만, 초월이나 형이상학이라는 용어는 꿰뚫는 과정이 수반하는 마찰과 진통을 온전히 생생하게 담아내고 있지는 못한 것 같다.

　현대물리학에 의하면 입자는 파동함수가 붕괴함에 따라 현상하고, 질량은 에너지와 호환의 관계하에 있다. 구체적으로 현상하는 나의 유한한 삶도 시간의 경과를 통해 상속되는 에너지의 흐름과 사방의 공간으로 확산되는 파동으로 재서술될 수 있을 것이다. 그랬을 때 내가 체험하는 유한성은 고립된 각자성이 아니라 전체와 부분전체론mereology으로 연결된 한 매듭임을 알게 되며, 그렇게 응축된 매듭으로부터 거기에 얽힌 에너지의 시공간적 흐름을 풀어낼 수 있을 것이다.

　시인 블레이크William Blake는 〈순수의 전조前兆〉에서 이렇게 노래하고 있다.

　　한 알의 모래에서 세계를 보고
　　한 송이 들꽃에서 천국을 보라.
　　그대의 손바닥에 무한을 쥐고
　　찰나의 순간에 영원을 담아라.

시인은 고립된 각자성의 표상인 한 알의 모래에서 세계라는 전체를, 현상계의 상징인 한 송이 들꽃에서 초월성의 상징인 천국을 꿰뚫어보며, 유한성의 상징인 손바닥으로 무한을, 찰나의 순간에 영원을 보듬는다. 은유metaphor와 형이상학metaphysics에 각인된 넘어섬meta이 곧 초월이며 꿰뚫음일진대, 블레이크의 시와 철학자의 형이상학, 그리고 내가 생각하는 철학徹學은 서로 일맥상통한다. 인간Mensch의 유한성을 초극über하는 니체의 초인Übermensch 정신과 다름이 아니다.

나는 태어난 지 수십 년밖에 되지 않았지만, 그러한 내게는 우주의 시초부터 지금에 이르기까지의 억겁의 인연이 켜켜이 쌓여 있다. 그 얽히고설킨 인연의 사슬의 끝자락에 내가 놓여 있는 것이다. 나는 유한한 시공간을 잠시 유영遊泳할 뿐이지만, 동시대의 뭇 생명들과 공감하고 교류할 특혜를 부여받았다. 그 특혜를 선용해야 한다. 나는 유한한 삶을 살다가 떠나가지만, 지나간 억겁의 과거와 다가올 억겁의 미래는 나에 의해 연결되는 것이다. 이어달리기 선수의 임무가 그러하듯이 나는 그 연결을 제대로 바르게 이루어내야 한다. 삶을 허투루 살아서는 안 된다.

나는 비록 한 알의 모래나 한 송이 들꽃과 같이 미미한 존재자이지만, 그 미미한 유한성을 꿰뚫어 무한한 세계를 헤아리고 그곳으로 산화하고자 한다. 유한에 절망하기보다 내게 허여된 운명과 권능을 담담히 살아내며 실현하려 한다. 나의 삶이 한 발짝 한 발짝 종말로 다가감의 과정이라는 사실에 슬퍼하기보다, 내게 이 삶이 허락되었다는, 그리고 내가 세상의 여러 위대한 것들과 하나로 연결될 수 있다는 기적에 감사한다.

발문跋文

고영진
일본 도시샤대 글로벌지역문화학부 교수

이 책에서 이승종 교수는 헤세와 비트겐슈타인에게서 배운 바대로, 순수하고 투명한 마음으로 세상을 있는 그대로 대하는 태도를 보여준다. 이것은 달리 말하면 철학을 가르치는 것이 아니라, 그의 평소 지론대로 철학을 하는 자신을 보여주는 것이기도 할 터이다. 그의 철학함을 따라가다 보면 독자들은 어느새 철학을 즐기고 있는 자신을 발견하고는 놀라게 될 것이다. 그의 안내로 열린 마음, 열린 태도로 이 책을 읽는 독자들이 이 책을 덮을 때쯤엔 그들이 걸은 길이 바로 철학의 길임을 알게 될 것이다.

이승종 교수가 말한 바 있듯이 철학의 메시지를 받아들이는 것은 온전히 우리의 몫이므로, 철학자 이승종이라는 바깥으로부터 오는 빛과 음성에 어떻게 감응할 것인지 또한 온전히 독자의 몫일 터이다. 그러나 이 시대 안에서 다른 세계를 꿈꾸며 살고 싶다면, 과거와 미래에 연접된 친親역사적인 삶을 살고 싶다면, 현상 자체의 관찰에서 끝나지 않는 드러나지 않은 본질과 근원에 대한 탐구를 하고 싶다면, 포말의 관점에서가 아니라 망망대해의 관점에서 파도침을 보고 싶다면, 그가 이끄는 대로 철학의 숲을 한번 거닐어보아도 좋을 것이다.

김형효, 박이문 등의 철학자는 물론, 미학자 고유섭, 소설가 서영은에 이르기까지 이승종 교수가 펼치는 철학적 대화의 세계는 넓으면서도 깊다. 또한 시인 윤동주의 〈간판 없는 거리〉를 읽고는, 그보다 갑절이 넘는 삶을 살았으면서도 그런 따스한 마음을 가지지 못하는 자신을 부끄러워할 만큼, 그의 철학은 또한 따뜻하기도 하다.

나는 여기서 이승종 교수의 철학 세계를 상세히 논할 입장에 있지 않다. 그러나 이 책이 '밑 안 빠진 독에 물을 붓'고 있다는 것 하나만은 확실하게 말할 수 있다. 그가 김형효와 박이문의 철학에 대하여 이야기하는 것은, 그가 철학 교수이기 때문도, 승진을 위해서도, 연구 업적을 채우기 위해서도 아닌, 진실로 한국의 학자들과 철학을 하기 위해서라는 것이 그 명확한 증거이다.

참고문헌 ——

저자명 다음의 연도는 본문에서 인용된 논문이나 저서가 처음 간행된 해를 말한다. 이들 논문이
나 저서가 (재)수록된 논문집이나 번역/개정판을 준거로 인용되었을 경우에는 뒤에 이에 해당
하는 연도를 덧붙였다. 본문에서 인용된 쪽수도 이를 준거로 하고 있다.

《康熙字典》.

孔子.《論語》.

金富軾《三國史記》.

老子.《道德經》.

范曄.《後漢書》.

司馬遷.《史記》.

《山海經》.

莊子.《莊子》.

朱子.《論語集註》.

許愼.《說文解字》.

강영안·최진덕. (1999) 〈수양으로서의 학문과 체계로서의 학문〉,《철학연구》, 47집, 철학연구회.

강우방. (2007)《한국미술의 탄생》. 서울: 솔.

고영섭. (2009)《나는 오늘도 길을 간다: 원효, 한국사상의 새벽》. 서울: 한길사.

고유섭. (1932a) 〈고구려의 미술〉, 고유섭 2007a에 재수록.

_____. (1932b) 〈조선 고미술에 관하여〉, 고유섭 2007a에 재수록.

_____. (1934) 〈우리의 미술과 공예〉, 고유섭 2007a에 재수록.

_____. (1935) 〈미의 시대성과 신시대예술가의 임무〉, 고유섭 2013a에 재수록.

_____. (1936a) 〈고구려의 쌍영총〉, 고유섭 2007b에 재수록.

_____. (1936b) 〈고려도자〉, 고유섭 2007b에 재수록.

_____. (1936c) 〈동양화와 서양화의 구별〉, 고유섭 2013a에 재수록.

_____. (1937a) 〈고대미술연구에서 우리는 무엇을 얻을 것인가〉, 고유섭 2013a에 재수록.

_____. (1937b) 〈형태미의 구성〉, 고유섭 2013a에 재수록.

_____. (1938) 〈아포리스멘Aphorismen〉, 고유섭 2013b에 재수록.

_____. (1940a) 〈고대인의 미의식〉, 고유섭 2007a에 재수록.

_____. (1940b) 〈조선 미술문화의 몇낱 성격〉, 고유섭 2007a에 재수록.

_____. (1940c) 〈현대미의 특성〉, 고유섭 2013a에 재수록.

_____. (1941a) 〈유어예遊於藝〉, 고유섭 2013a에 재수록.

_____. (1941b) 〈조선 고대미술의 특색과 그 전승문제〉, 고유섭 2007a에 재수록.

_____. (1941c) 〈조선미술과 불교〉, 고유섭 2007a에 재수록.

_____. (1943) 〈불교미술에 대하여〉, 고유섭 2013a에 재수록.

_____. (1966) 〈조선미술약사〉, 고유섭 2007a에 재수록.

_____. (2007a) 《우현 고유섭 전집 1: 조선미술사 상》. 서울: 열화당.

_____. (2007b) 《우현 고유섭 전집 2: 조선미술사 하》. 서울: 열화당.

_____. (2013a) 《우현 고유섭 전집 8: 미학과 미술평론》. 서울: 열화당.

_____. (2013b) 《우현 고유섭 전집 9: 수상 기행 일기 시》. 서울: 열화당.

권영필 외. (2005) 《한국의 미를 다시 읽는다》. 서울: 돌베개.

김동리. (1939) 〈황토기〉, 김동리기념사업회 2013에 재수록.

김동리기념사업회. (엮음) (2013) 《김동리 문학전집》, 11권. 서울: 계간문예.

김병모. (2006) 《김병모의 고고학 여행》. 서울: 고래실.

김상환. (1996) 《해체론 시대의 철학》. 서울: 문학과지성사.

_____. (1997) 〈탈현대 사조의 공과〉, 《현대비평과 이론》, 13호.

_____. (1999) 〈철학(사)의 안과 밖〉. 한국철학회 1999에 수록.

김여수. (1981) 〈진리란 무엇인가〉, 김태길 1981에 수록.

김운회. (2006) 《대쥬신을 찾아서》. 서울: 해냄.

김원용·안휘준. (2003) 《한국미술의 역사》. 서울: 시공사.

김춘수. (1976) 《의미와 무의미》. 서울: 문학과지성사.

김태길 외. (1981) 《현대사회와 철학》. 서울: 문학과지성사.

김형효. (1999a) 〈낭만적 심학과 사실적 물학〉, 우리사상연구소 1999에 수록.

_____. (1999b) 《노장 사상의 해체적 독법》. 서울: 청계.

_____. (2000) 〈도가 사상의 현대적 독법〉, 한국도가철학회 2001에 재수록.

_____. (2001) 〈데리다를 통해 본 노장의 사유 문법〉, 한국도가철학회 2001에 수록.

_____. (2004a) 〈노자와 불교의 해체철학적 해석〉, 김형효 2010b에 재수록.

_____. (2004b) 《사유하는 도덕경》. 서울: 소나무.

_____. (2010a) 《마음 나그네》. 서울: 소나무.

_____. (2010b) 《사유 나그네》. 서울: 소나무.

_____. (2010c) 〈왜 우리는 지금 노자와 붓다로 사유해야 하는가〉, 김형효 2010a에 재수록.

김혜숙. (편) (1995a) 《포스트모더니즘과 철학》. 서울: 이화여자대학교출판부.

_____. (1995b) 〈해체 논리, 해체 놀이〉, 김혜숙 1995a에 수록.

문명대. (1975) 〈한국미술사의 특수성격론〉, 《문학과 지성》, 20호.

_____. (1978a) 《한국미술사학의 이론과 방법》. 서울: 열화당.

_____. (1978b) 〈한국미술사학의 특수성시론〉, 문명대 1978a에 수록.

박동환. (1993) 《동양의 논리는 어디에 있는가》. 서울: 고려원.

박영식. (1959) 〈공간의 상대성〉,《자유공론》, 7월호.

_____. (1978) 〈비트겐슈타인의《논고》에서의 도시와 밀림〉,《연세논총》, 15집.

_____. (1984)《플라톤 철학의 이해》. 서울: 정음사.

_____. (1986) 〈비트겐슈타인의《논고》에서의 철학의 개념〉,《매지논총》, 2집.

_____. (1998)《비트겐슈타인 연구》. 서울: 현암사.

_____. (2000)《서양철학사의 이해》. 증보판. 서울: 철학과현실사, 2008.

_____. (2005)《대학교육, 확대와 축소의 논리》. 서울: 광운대학교.

_____. (2009)《전환기의 대학》. 서울: 한국연구원.

_____. (2010)《자유도 운명도 아니라는 이야기》. 서울: 철학과현실사.

_____. (2011)《인문학 강의》. 서울: 철학과현실사.

박원재. (2015) 〈'문법'과 '문맥' 사이〉,《동양철학》, 44집.

박이문. (1976)《철학이란 무엇인가》. 박이문 2016에 재수록.

_____. (1977)《현상학과 분석철학》. 박이문 2016에 재수록.

_____. (1978)《하나만의 선택》. 박이문 2016에 재수록.

_____. (1982)《인식과 실존》. 박이문 2016에 재수록.

_____. (1993) 〈예술과 철학과 미학〉,《미학》, 18호.

_____. (1997) 〈음악과 소리〉,《미학》, 23호.

_____. (1998) 〈예술의 철학적 문제〉, 박이문 2003b에 재수록.

_____. (2002a) "'비트겐슈타인', 그는 철학자 이전에 구도자였다," 〈동아일보〉, 8월 23일.

_____. (2002b)《환경철학》, 박이문 2016, 8권에 재수록.

_____. (2003a)《문학의 언어와 꿈》. 서울: 민음사.

_____. (2003b)《이카루스의 날개와 예술》. 서울: 민음사.

_____. (2016)《박이문 전집》. 서울: 미다스북스.

변태섭. (1958) 〈한국 고대의 계세繼世사상과 조상숭배신앙〉,《역사교육》, 3집.

서영은. (1975) 〈사막을 건너는 법〉, 서영은·조해일 1995에 재수록.

_____. (1983) 〈먼 그대〉, 서영은·조해일 1995에 재수록.

_____. (1991a)《내 영혼의 빈들에서》. 서울: 고려원.

_____. (1991b) 〈사막을 건너기 위하여〉. 서영은 1991a에 재수록.

서영은·조해일. (1995)《술래야 술래야/아메리카 외》. 서울: 동아출판사.

서울대학교 역사연구소. (편) (2015)《역사용어사전》. 서울: 서울대학교출판문화원.

서정록. (2001)《백제금동대향로: 고대 동북아의 정신세계를 찾아서》. 서울: 학고재.

세키노 타다시. (1932)《조선미술사》. 심우성 옮김. 서울: 동문선, 2003.

소광희. (1998) 〈논리의 언어와 존재의 언어〉, 한국하이데거학회 1998에 수록.

안호상. (1971)《배달·동이는 동아문화의 발상지》. 서울: 흰뿌리, 2006.

야나기 무네요시. (1920) 〈조선의 친구에게 보내는 글〉, 야나기 무네요시 1984에 재수록.

———. (1922) 〈조선의 미술〉, 야나기 무네요시 1984에 재수록.

———. (1984) 《조선을 생각한다》. 심우성 옮김. 서울: 학고재, 1996.

엄정식. (1990) 〈비트겐슈타인의 철학관〉, 《철학》, 33집.

우리사상연구소. (편) (1999) 《이 땅에서 철학하기》. 서울: 솔.

우실하. (2007) 《동북공정 너머 요하문명론》. 서울: 소나무.

윤세진. (2005) 〈근대 너머에서 근대를 사유하기: 고유섭 연구에 대한 몇 가지 문제제기〉, 인하대학교 한국학연구소 2005에 수록.

이규호. (1964) 《현대철학의 이해》. 서울: 숭의사.

———. (1974a) 〈사회과학 방법론의 철학적 반성〉, 이규호 1974c에 재수록.

———. (1974b) 〈사회과학 방법론의 철학적 반성 재론〉, 이규호 1974c에 재수록.

———. (편) (1974c) 《사회과학의 방법론》. 서울: 현암사.

이명현. (1997) 《신문법 서설》. 서울: 철학과현실사.

이성규. (2015) 〈중화질서〉, 서울대학교 역사연구소 2015에 수록.

이승종. (1993a) 〈언어철학의 두 양상〉, 《철학과 현실》, 19호.

———. (1993b) 〈의미와 해석에 관한 콰인/데이빗슨 논쟁〉, 《철학》, 39집.

———. (1993c) 〈플라톤과 아리스토텔레스의 수리철학〉, 조우현 1993에 수록.

———. (1994) 〈자연언어와 인공지능〉, 《철학연구》, 34집. 철학연구회.

———. (2002) 《비트겐슈타인이 살아 있다면: 논리철학적 탐구》. 서울: 문학과지성사.

———. (2007) 〈비트겐슈타인, 종교, 언어〉, 《철학적 분석》, 15호.

———. (2009) 〈번역의 고고학을 위하여〉, 《대동철학》, 49집.

———. (2010) 《크로스오버 하이데거: 분석적 해석학을 향하여》. 서울: 생각의나무.

———. (2018) 《동아시아 사유로부터: 시공을 관통하는 철학자들의 대화》. 파주: 동녘.

이영호李永鎬. (1974) 〈사회과학과 경험적 접근법〉, 이규호 1974c에 재수록.

이영호李英浩. (1999) 《오늘을 보는 철학자의 눈》. 이학사.

이주형. (2005) 〈김원용: 미추를 초월한, 미 이전의 세계〉, 권영필 외 2005에 수록.

이진경. (2009) 〈인간, 생명, 기계는 어떻게 합류하는가?〉, 《마르크스주의 연구》, 13호.

인하대학교 한국학연구소. (엮음) (2005) 《한국 근대 미학과 우현 미학의 현재성》. 인천: 인하대학교출판부.

임일환. (1993) 〈분석철학의 "방법"에 대한 반성〉, 《철학》, 39집.

정과리. (2003) 〈예술에 대한 기능적 노미날리즘〉, 정과리 2005에 재수록.

———. (2005) 《문신공방 하나》. 서울: 역락.

정대현. (1992) 〈지향성과 반성〉, 한국현상학회 1992에 수록.

———. (1993) 〈분석철학과 한국철학〉, 《철학》, 39집.

_____. (2016)《한국현대철학》. 서울: 이화여자대학교출판문화원.

정세근. (2002)〈해체론과 동양〉,《철학연구》, 56집, 철학연구회.

정수일. (2001)《고대문명교류사》. 서울: 사계절.

정형진. (2006)《천년왕국 수시아나에서 온 환웅》. 서울: 일빛.

조우현. (엮음) (1993)《희랍 철학의 문제들》. 서울: 현암사.

조지훈. (1964)〈멋의 연구〉, 조지훈 1996에 재수록.

_____. (1996)《한국학 연구》. 조지훈 전집 제8권. 서울: 나남출판.

최남선. (1925)《불함문화론》. 정재승·이주현 옮김. 서울: 우리문화역사재단, 2008.

최진덕. (2003)〈도상의 사유로서의 한국철학〉, 최진덕 2004b에 재수록.

_____. (2004a)〈근대 인문과학과 전통 인문학〉, 최진덕 2004b에 수록.

_____. (2004b)《인문학, 철학, 그리고 유학》. 서울: 청계.

파블로 네루다. (2014)《네루다 시선》. 김현균 옮김. 서울: 지식을만드는지식.

한국도가철학회. (엮음) (2001)《노자에서 데리다까지》. 서울: 예문서원.

한국철학사연구회. (편) (2002)《한국철학사상가연구》. 서울: 철학과현실사.

한국철학회. (편) (1999)《철학사와 철학》. 서울: 철학과현실사.

한국하이데거학회. (편) (1998),《하이데거의 언어사상》. 서울: 철학과현실사.

한국현상학회. (편) (1992)《세계와 인간 그리고 의식 지향성》. 서울: 서광사.

한전숙. (1996)《현상학》. 서울: 민음사.

Allen, B. (1993) *Truth in Philosophy*. Cambridge, Mass.: Harvard University Press.

Aristotle. (1984a) *De Interpretatione*. Trans. J. L. Ackrill. Aristotle 1984d에 수록.

_____. (1984b) *Metaphysics*. Trans. W. D. Ross. Aristotle 1984d에 수록.

_____. (1984c) *Poetics*. Trans. I. Bywater. Aristotle 1984d에 수록.

_____. (1984d) *The Complete Works of Aristotle*. 2 vols. The revised Oxford translation. Ed. Jonathan Barnes. Princeton: Princeton University Press.

Benhabib, S. and N. Fraser. (eds.) (2004) *Pragmatism, Critique, Judgment*. Cambridge, Mass.: MIT Press.

Borchert, W. (1946) *Draußen vor der Tür*. Leipzig: Insel Verlag, 1960.

Campbell, J. (2008) *The Hero with a Thousand Faces*. 3rd edition. Novato: New World Library.

Camus, A. (1955) *The Myth of Sisyphus and Other Essays*. Trans. J. O'Brien. New York: Knopf.

Carnap, R. (1947) *Meaning and Necessity*. 2nd edition. Chicago: University of Chicago Press, 1956.

Churchland, P. (1988) *Matter and Consciousness*. Revised edition. Cambridge: MIT Press.

Cooper, J. (ed.) (1997) *Plato: Complete Works*. Indianapolis: Hackett.

Davidson, D. (1984) *Inquiries into Truth and Interpretation*. Oxford: Clarendon Press.

_____. (1986) "A Nice Derangement of Epitaphs," Davidson 2005에 재수록.

_____. (2005) *Truth, Language, and History*. Oxford: Oxford University Press.

Deleuze, J. and F. Guattari. (1972) *Anti-Oedipus*. Trans. R. Hurley, M. Seem and H. Lane. Minneapolis: University of Minnesota Press, 1983.

Derrida, J. (1962) *Edmund Husserl's Origin of Geometry*. Trans. J. Leavey Jr. Stony Brook, New York: Nicholas Hays, 1978.

_____. (1964a) "Cogito and the History of Madness," Derrida 1967e에 재수록.

_____. (1964b) "Violence and Metaphysics," Derrida 1967e에 재수록.

_____. (1967a) *De la grammatologie*. Paris: Minuit.

_____. (1967b) *Of Grammatology*. Trans. G. Spivak. Baltimore: Johns Hopkins University Press, 1976.

_____. (1967c) *Speech and Phenomena*. Trans. D. Allison. Evanston: Northwestern University Press, 1973.

_____. (1967d) "Structure, Sign and Play in the Discourse of the Human Science," Derrida 1967e에 수록.

_____. (1967e) *Writing and Difference*. Trans. A. Bass. Chicago: University of Chicago Press, 1978.

_____. (1968) "Différance," Derrida 1972d에 재수록.

_____. (1971a) "Signature Event Context," Derrida 1972d에 수록.

_____. (1971b) "White Mythology," Derrida 1972d에 재수록.

_____. (1972a) *Dissemination*. Trans. B. Johnson. Chicago: University of Chicago Press, 1981.

_____. (1972b) "les fins de l'homme," Derrida 1972c에 수록.

_____. (1972c) *Marges de la philosophie*. Paris: Minuit.

_____. (1972d) *Margins of Philosophy*. Trans. A. Bass. Chicago: University of Chicago Press, 1982.

_____. (1972e) *Positions*. Paris: Minuit.

_____. (1976) *Spurs*. Trans. B. Harlow. Chicago: University of Chicago Press, 1979.

_____. (1977) "Limited Inc a b c...," trans. S. Weber, Derrida 1988에 재수록.

_____. (1978) "The *Retrait* of Metaphor," trans. P. Kamuf, Derrida 1987b에 재수록.

_____. (1983) "The Time of a Thesis," trans. K. McLaughlin, Montefiore 1983에 수록.

_____. (1987a) "Heidegger's Hand," trans. J. Leavey Jr., Derrida 2003에 재수록.

_____. (1987b) *Psyche: Inventions of the Other*. Vol. I. Ed. P. Kamuf and E. Rottenberg. Stanford: Stanford University Press, 2007.

_____. (1988) *Limited Inc*. Ed. G. Graff. Trans. S. Weber and G. Mehlman. Evanston, Ill.: Northwestern University Press.

_____. (1990) *Limited Inc*. Paris: Galilée.

_____. (2003) *Psyche: Inventions of the Other*. Vol. II. Ed. P. Kamuf and E. Rottenberg. Stanford: Stanford University Press, 2007.

Di Cosmo, N. (2002) *Ancient China and Its Enemies*. Cambridge: Cambridge University Press.

Dummett, M. (1996) *The Seas of Language*. Oxford: Clarendon Press.

Eckhardt, A. (1929) *Geschichte der koreanischen Kunst*. Leibzig: Karl W. Hiersemann.

Eliade, M. (1964) *Shamanism*. Trans. W. Trask. Princeton: Princeton University Press, 2004.

Feenberg, A. (1995) *Alternative Modernity*. Berkeley: University of California Press.

Garver, N. and Seung-Chong Lee. (1994) *Derrida and Wittgenstein*. Philadelphia: Temple University Press; 뉴턴 가버·이승종.《데리다와 비트겐슈타인》. 서울: 민음사, 1998; 수정증보판 동연, 2010.

Hatton, R. (1982a) "A Comparison of *Ch'i* and Prime Matter," *Philosophy East and West*, vol. 32.

_____. (1982b) "A Comparison of *Li* and Substantial Form," *Journal of Chinese Philosophy*, vol. 9.

Heidegger, M. (1927) *Sein und Zeit*. Tübingen: Niemeyer, 1957; 마르틴 하이데거.《존재와 시간》. 이기상 옮김. 서울: 까치, 1998; *Being and Time*. Trans. J. Macquarrie and E. Robinson. London: SCM Press, 1962; *Being and Time*. Trans. J. Stambaugh. Revised by D. Schmidt. Albany: State University of New York Press, 2010.

_____. (1929) "Was ist Metaphysik?" Heidegger 1967에 재수록.

_____. (1935-1936) "Der Ursprung des Kunstwerkes," Heidegger 1950b에 재수록.

_____. (1950a) "Die Zeit des Weltbildes," Heidegger 1950b에 수록.

_____. (1950b) *Holzwege*. Frankfurt: Klostermann, 1977.

_____. (1953) *Einführung in die Metaphysik*. Tübingen: Niemeyer, 1983; 마르틴 하이데거.《형이상학 입문》. 박휘근 옮김. 서울: 문예출판사, 1994.

_____. (1954a) "Die Frage nach der Technik," Heidegger 1954b에 수록.

_____. (1954b) *Vorträge und Aufsätze*. Pfullingen: Neske, 1978.

_____. (1967) *Wegmarken*. Frankfurt: Klostermann, 1976.

_____. (1976) *Logik: Die Frage nach der Wahrheit*. Frankfurt: Klostermann.

Hesse, H. (1919) *Demian*. Hesse 1970에 재수록.

_____. (1922) *Siddharta*. Hesse 1970a에 재수록.

_____. (1930) *Narziß und Goldmund*. Hesse 1970b에 재수록.

_____. (1970a) *Gesammelte Werke*. Vol. 5. Frankfurt: Suhrkamp.

_____. (1970b) *Gesammelte Werke*. Vol. 8. Frankfurt: Suhrkamp.

Husserl, E. (1901) *Logische Untersuchungen*. Zweiter Band. I Teil. Fünfte Auflage. Tübingen: Niemeyer, 1968.

Kafka, F. (1970a) "Der Aufbruch," Kafka 1970b에 수록; 프란츠 카프카, 〈돌연한 출발〉,《변신》(단편전집), 이주동 옮김, 서울: 솔출판사, 1997에 수록.

_____. (1970b) *Sämtliche Erzählungen*. Ed. P. Raabe. Frankfurt: Fischer.

Kahn, C. (1973) *The Verb "Be" in Ancient Greek*. Dordrecht: Reidel.

_____. (1976) "Why Existence Does Not Emerge as a Distinct Concept in Greek Philosophy?" *Archiv für Geschichte der Philosophie*, vol. 58.

_____. (1986) "Retrospect on the Verb 'To Be' and the Concept of Being," Knuuttila and Hintikka 1986에 수록.

Knuuttila, S. and J. Hintikka. (eds.) (1986) *The Logic of Being: Historical Studies*. Dordrecht: Reidel.

Kripke, S. (1982) *Wittgenstein on Rules and Private Language*. Cambridge, Mass.: Harvard University Press.

Lamont, C. (1949) *Humanism as a Philosophy*. New York: Philosophical Library; 콜리스 라몬트.《휴머니슴》. 박영식 옮김. 서울: 정음사, 1963.

Macksey, R. and E. Donato. (eds.) (1970) *The Structuralist Controversy*, Baltimore: Johns Hopkins University Press.

Malcolm, N. (1958) *Ludwig Wittgenstein: A Memoir*. 2nd edition. Oxford: Clarendon Press, 2001.

McCune, E. (1962) *The Arts of Korea*. Vermont: Charles E. Tuttle Company.

Montaigne, M. (1958) *Essays*. Trans. J. M. Cohen. Harmondsworth: Penguin.

Montefiore, A. (ed.) (1983) *Philosophy in France Today*. Cambridge: Cambridge University Press.

Moore, G. E. (1968) "An Autobiography," Schilpp 1968에 수록.

Nagel, T. (1995) *Other Minds*. Oxford: Oxford University Press.

Nietzsche, F. (1882) *Die Fröhliche Wissenschaft*. KGW V-2에 재수록.

_____. (1886) *Jenseits von Gut und Böse*. KGW VI-2에 재수록.

_____. (1888) *Götzen-Dämmerung*. KGW VI-3에 재수록.

_____. (KGW) *Nietzsche Werke: Kritische Gesamtausgabe*. Ed. G. Colli and M. Moninari. Berlin: Walter de Gruyter, 1967-.

Park, Y. (박영식) (1975) "Wittgenstein's Version of Verifiability in the "Tractatus,"" Ph.D. dissertation, Emory University.

Park, Y. (박이문) (1975) "Linguistic Prison," Park 1999d에 재수록.

_____. (1976) "To Say the Unsayable," Park 1999d에 재수록.

_____. (1982) "The Function of Fiction," Park 1998b에 재수록.

_____. (1986) "The Ontological Modality of Artwork," Park 1999d에 재수록.

_____. (1990) "Technology, Ecology and Moral Community," Park 1998b에 재수록.

_____. (1995) "The Transfiguration of the World into an Artwork," Park 1998b에 재수록.

_____. (1998a) "Ecological Rationality and Asian Philosophy," Park 1998b에 수록.

_____. (1998b) *Reality, Rationality and Value*. Seoul: Seoul National University Press.

_____. (1998c) "The Artistic, the Aesthetic and the Function of Art," Park 1998b에 재수록.

_____. (1999a) "Artwork as Language," Park 1999d에 수록.

_____. (1999b) "Challenge of Genetic Engineering and Ethical Response," unpublished manuscript.

_____. (1999c) "Critique of Anthropocentric Ethics," Park 1999d에 수록.

_____. (1999d) *Man, Language and Poetry*. Seoul: Seoul National University Press.

_____. (1999e) "The Poetic Intention," Park 1999d에 수록.

_____. (2001) "The Crisis of Technological Civilization and the Asian Response," Park 2012b 에 재수록.

_____. (2012a) "Does the Human Species Owe Moral Obligation Toward Other Species?" Park 2012b에 수록.

_____. (2012b) *The Crisis of Technological Civilization and the Asian Response*. Seoul: Seoul National University Press.

_____. (2012c) "The Self-Deconstructive Process of Art as a Form of Reconstruction of the World," Park 2012b에 수록.

Peano, G. (1889) "The Principles of Arithmetic, Presented by a New Method," van Heijenoort 1967에 재수록.

Pitcher, G. (1964) *The Philosophy of Wittgenstein*. Englewood Cliffs, N. J.: Prentice-Hall; 죠지 핏처,《비트겐슈타인의 철학》. 박영식 옮김. 서울: 서광사, 1987.

Plato. (1992) *Republic*. Trans. G. Grube. Revised by C. Reeve. Cooper 1997에 재수록.

Quine, W. V. O. (1951) "Two Dogmas of Empiricism," Quine 1953에 재수록.

_____. (1960) *Word and Object*. Cambridge, Mass.: MIT Press.

_____. (1953) *From a Logical Point of View*. 3rd edition. Cambridge: Harvard University Press, 1980.

Ricoeur, P. (1975) *The Rule of Metaphor*. Trans. R. Czerny. Toronto: University of Toronto Press.

Rorty, R. (2004) "Philosophy as a Transitional Genre," Benhabib and Fraser 2004에 수록.

_____. (2007) *Philosophy as Cultural Politics*. Cambridge: Cambridge University Press.

Rousseau, J.-J. (1762) *Emile*. Trans. B. Foxley. London: Dent, 1911.

Ruddick, S. (1980) "Maternal Thinking," *Feminist Studies*, vol. 6.

Russell, B. (1912) *The Problems of Philosophy*. New York: Henry Holt; 버트란드 러셀.《철학이란 무엇인가》. 황문수 옮김. 서울: 문예출판사, 1977.

Saussure, F. (1915) *Course in General Linguistics*. Trans. R. Harris. La Salle, Ill.: Open Court, 1986.

Schiller, F. (1794) *Über die ästhetische Erziehung des Menschen in einer Reihe von Briefen*. Schiller 1962에 재수록.

_____. (1962) *Schillers Werke. Nationalausgabe*. Bd. 20. Weimar: H. Böhlaus Nachfolger.

Schilpp, P. (ed.) (1968) *The Philosophy of G. E. Moore*. La Salle, Ill.: Open Court.

Schopenhauer, A. (1883) *Die Welt als Wille und Vorstellung*. München: Deutscher Taschenbuch, 2002.

Seung, T. K. (1982) *Semiotics and Thematics in Hermeneutics*. New York: Columbia University Press.

van Heijenoort, J. (ed.) (1967) *From Frege to Gödel: A Source Book in Mathematical Logic, 1879-1931*. Cambridge, Mass.: Harvard University Press.

van Peursen, C. (1968) *Phenomenology and Analytic Philosophy*. Pittsburgh: Duquesne University Press, 1972; C. A. 반 퍼어슨.《현상학과 분석철학》. 손봉호 옮김. 서울: 탑출판사, 1980.

Wittgenstein, L. (CV) *Culture and Value*. Ed. G. H. von Wright. Trans. P. Winch. Oxford: Basil Blackwell, 1980.

_____. (NB) *Notebooks 1914-1916*. Ed. G. H. von Wright and G. E. M. Anscombe. Trans. G. E. M. Anscombe. Oxford: Basil Blackwell, 1961.

_____. (PI) *Philosophical Investigations*. Revised 4th edition. Ed. G. E. M. Anscombe, R. Rhees, P. M. S. Hacker and J. Schulte. Trans. G. E. M. Anscombe, P. M. S. Hacker and J. Schulte. Oxford: Wiley-Blackwell, 2009; 루트비히 비트겐슈타인.《철학적 탐구》. 이승종 옮김. 파주: 아카넷, 2016.

_____. (TLP) *Tractatus Logico-Philosophicus*. Trans. D. Pears and B. McGuinness. London: Routledge and Kegan Paul, 1961; L. 비트겐슈타인.《논리철학논고》. 박영식 · 최세만 옮김. 서울: 정음사, 1985.

Wright, K. (1948) *Ancilla to the Pre-Socratic Philosophers*. Oxford: Blackwell.